12개 렌즈로 보는
남북관계

서보혁 · 문인철 엮음

박영사

머리말

처음 이 책을 기획하는데 주저함이 있었는데 그 이유는 두 가지였다.

우선, 한국에서 남북관계나 북한·통일문제는 누구나 말할 수 있는 주제인데 무슨 책을 또 내느냐 하는 회의가 일어났다. 북한·통일문제는 대중과 전문가 구분 없이 각자가 갖고 있는 북한·통일관에 여기저기서 들은 정보를 결합시켜 일장연설을 할 수 있는 주제이다. 그래서 필자는 사석에서 이 문제가 화두로 오르면 그냥 듣는다. 괜히 말했다가는 전문가에 거는 기대에 부응하지 못하거나 논쟁에 빠질 우려가 있기 때문이다. 분단·정전체제 하에 살고 있는 한국인들에게 이 거대 문제는 피할 수 없는 성질이므로 각자가 자기 견해를 갖는 것은 자연스러운 현상이다. 다만, 자신의 특정 시각으로 복잡한 현상을 재단하거나 타인의 견해를 부정하는 일방적인 태도는 지양할 바이다. '남남갈등'이 그래서 발생한 것이고 정략적 이용이 그 나쁜 전형이다. 이를 극복하려면 논리학과 사회과학 이론이 필요하다. 논리학은 자신의 생각을 타인에게 설득력 있게 전달하는 동시에 타인의 주장을 적절하게 이해하는 소통의 틀이다. 사회과학 이론은 북한·통일문제를 체계적으로 파악하고 설명하는 개념과 논리적 장치들을 제공한다. 관련 이론들은 남북관계 등 북한·통일 관련 현상의 특징과 흐름을 분석하고, 인과관계를 밝혀 설명과 전망을 가능하게 해준다. 여기에 한국 및 국제사회와 크게 다른 북한의 입장, 남북관계의 전개

과정, 관련 국제정치의 흐름과 작동양식에 대한 지식이 있을 때 종합적인 이해와 설득력 있는 자기 주장을 마련할 수 있다.

이 책을 기획하는데 주저한 또 다른 이유는 현재 남북관계가 정체되어 있고 남북관계에 대한 관심이 떨어져 있다는 점이다. 2019년 2월 하노이 북미정상회담이 결렬된 이후 한반도 평화 프로세스와 남북관계는 시계 제로 상태이다. 미국에서 정권교체가 일어나 새로운 대북정책이 발표되었지만, 코로나19 사태 및 미중 대결의 지속, 그리고 북한의 높은 대남 불신 등으로 가까운 시간에 남북관계가 개선되기는 쉽지 않아 보인다. 국내에서는 사실상 대선 국면에 들어서고 있고, 북한은 핵보유국 지위를 굳히는 차원에서 제재국면을 이유로 비핵협상에 소극적일 가능성이 크다. 그런데 남북관계에 관해, 그것도 이론서를 낸다는 발상이 학계와 출판계에 누를 끼칠 수도 있다는 생각이 들었다. 그러나 동료 연구자들 중에서는 이럴 때일수록 돌아보고 내다보는 논리의 창, 전망의 틀이 필요하다며 공감해주었다.

사실 오래 전부터 북한·통일연구에서 이론연구는 무시당해 왔다. 연구자 개인 차원에서는 박사학위를 취득한 이후 연구의 상당 부분이 정책연구가 차지하는 환경에 직면한다. 연구 기금이 나오는 곳이 정책결정집단이거나 특정 성향을 가진 기관들이 많아 연구 방향이 주어지는 경우가 많다. 그러다보니 일반 분과학문으로부터 북한과 통일을 연구하는 것이 학문이냐는 힐난을 듣는 경우도 있다. 통일과 평화를 지향하는 한국사회에서 북한·통일연구의 정책적 임무를 무시할 수 없다. 그렇지만 정책연구를 풍부하고 실효성 있게 하기 위해서도 이론연구는 다른 한편에서 일정한 위상과 비중을 갖고 전개해

나가야 할 것이다. 이를 연구자 개개인의 몫으로 돌리는 것은 올바른 대처가 아니다. 관련 학계는 물론 연구기금을 제공하는 기관에서도 관심을 가질 일이다.

이런 문제의식에 공감하는 연구자들이 이 책을 함께 준비하고 토론하고 결국 공동 저술을 내게 되어 기쁘다. 출간을 주저한 이유들이 그대로 살아있지만 남북관계를 성찰하고 전망하는 이론적 틀, 그것도 종합적인 사고를 열어줄 여러 창들을 낸 것에 만족하고 싶다. 물론 남북관계가 북한·통일문제의 전부는 아니다. 한미, 북미, 북중 관계 등 다양한 양자관계와 남북미 등 삼자관계도 작동하고 있다. 그러나 남북관계가 그 중심에 있고 또 있어야 한다는 공감대는 대중과 전문가를 불문하고 형성되어 있다고 본다. 이를 통시적이되 체계적으로, 그리고 분야별로 분석하되 종합하는 연구서는 찾아보기 어렵다. 이 책이 북한·통일연구를 활성화하고 이 문제에 관심 있는 독자들의 교양을 늘리는데 보탬이 되길 기대해본다.

2년 가까이 함께 토론하고 협력해준 동료 연구자들께 감사드린다. 각자의 전공과 연구 환경이 다른 점이 이 책의 장점으로 녹아들었다. 학제간 연구의 사례로 평가할 만하다. 중간에 발표 기회를 제공해준 통일연구원과 한국국제정치학회 임원들, 그리고 어려운 사정에도 출판을 허락해주신 박영사측에도 감사드린다.

2021년 8월
필진을 대표해 서보혁

차 례

제1부
평화와 안보

2장 군사주의 이론과 남북관계 ─────────── 35

이대근

제2부
존엄과 발전

7장 인간안보와 남북관계 ─────────── 163
박영민

왜 이론으로 보는 남북관계인가?

서보혁

Ⅰ. 문제의 제기와 연구목적

2021년 미국에서 정권교체가 일어나면서 한반도 정세가 다시 꿈틀거리고 있다. 4월 28일(현지시각) 바이든 미 대통령이 첫 의회 연설에서 외교와 억지력을 양축으로 한 대북정책 방향을 밝혔다. 북한은 그에 대해 반발하고 대북 전단문제를 거론하며 남한에도 위협성 발언을 내놓았다. 이를 두고 혹자는 북한이 바이든 행정부와의 협상을 염두에 두고 정세 주도권을 확보하려는 것이라 하면서 남북관계[1]를 볼모로 삼고 있다고 지적하기도 한다. 이미 남북관계는 2019년 2월 27~28일 하노이 북미정상회담의 결렬로 북미관계와 동반 중단되어 있었다. 여기서 남북관계는 북미관계의 종속변수라는 평가가 나온다. 그렇지만 하노이 회담 이후 남북관계 중단 원인을 북미관계, 구체적으로 북한의 미국 우선 접근으로만 돌릴 수 있는가? 남북이 관계를 발전시켜 나갈 의지가 없거나, 그럴 계기가 만들어지지 않고 오히려 코로나19 사태로 대화의 계기가 사라진 것은 아닐까? 사실 남한 정부가 북한과 대화의 문을 두드리고 그를 위한 제안을 꾸준히 해온 점을 고려한다면, 북한의 전략적 판단이나 내부 사정이 남북대화의 중단을 가져온 더 큰 이유가 아닌가 추측해볼 수 있다.

이와 같이 한반도 정세나 남북관계에서 나오는 현상들을 소위 북한·통일문제 전문가들이 분석하고 예측하지만, 그 논리가 타 분야 지식인들이나 관심 있는 일반인들보다 질적으로 차이가 나지 않는 경우가 많다. 그 이유는 대부분의 한국인들이 북한·통일문제에 관한 기본적인 지식과 견해를 갖고 있기 때문일 것이다. 그렇지만 언론 등을 통해 나오는 전문가들의 분석과 전망이 전문적인 수준이기보다는 상식적인 경우를 자주 보게 된다. 남북관계나 북한·통일 관련 서적을 검색해보면 이론에 기반한 학술도서보다는 남북관계사, 통일정책 전개과정, 북한의 대남정책, 한반도 국제정세와 남북관계 등과 같은 현상 서술이나 정책 논의에 치우친 것들이 다수이다. 심지어 언론에 정세 평론을 하는 전문가들 중에는 자신의 (정책 집행 혹은 자문) 경험을 내세워 국민들의 판단에 유용한 정보를 객관적으로 제시하기보다는 주관적인 시각을 내놓는 경우도 보게 된다. 북한·통일문제가 '남남갈등'의 진원지가 되어 국론을 분열시키고 시대착오적인 이분법적 사고방식을 재생산해온 사실을 감안할 때 주관적이거나 심지어 편파적인 논의는 지양해야 마땅할 것이다. 이에 대해 정치권은 물론 북한·통일 연구집단과 언론의 자성이 요청되는 바이다. 말하자면 남북관계를 이론적으로 보려는 것은 이 분야 논의에서 주관주의와 경험주의의 문제점을 경계하려는 취지가 있다.

남북관계는 북한·통일문제를 구성하는 주요 영역이자 그 자체가 논의 대상이 된다. 그럼에도 남북관계는 논자에 따라 그 의미가 고정되어 있지 않다. 구체적으로 남북관계는 ① 남한의 대북정책 혹은 북한의 대남정책이 전개되는 영역, ② 남북이 상호작용하는 공간, ③ 한반도 평화 및 통일정책이 전개되는 한 차원,[2] ④ 국제 규범과 민족 담론이 만나는 지점 등 다양하게 의미를 부여할 수 있다. 이렇게 남북관계를 바라보는 것은 자의적이거나 일면적인 논의를 지양함은 물론 논리적이고 객관적으로 파악하는 토대를 제공해준다. 혹자는 남북관계나 한반도 정세가 한치 앞을 모르고 변화무쌍한데 논리적인 판단이 순진한 것이라 말할 수도 있을 것이다. 또 이들 주제가 한국의 미래, 남북통일의 문제, 즉 우리의 문제인데 어떻게 객관적일 수 있느냐고 반문할 수도 있을 것이다. 그런 의견에 담겨 있는 충정에 공감하면서도 그럴수록 차분하고 이성적인 자세로 평가하고 전망할 수 있는 지적 자산을 충분히 확보하는 것이 중요하다. 이 분야를 연구하거나 평화와 통일에 헌신할 이들은 관련 이론을 다양하게 습득해 놓는 것이 객관적 분석은 물론 합리적인 정책개발에도 유용하다. 남북관계 논의에서 현재 주관적인 정책 담론이 과대팽창해 이제 그 부작용은 학술연구의 왜소화를 넘어 정책개발에도 부정적인 영향을 미치고 있다. 남북관계를 이론의 창, 그것도 다양한 이론들로 균형적으로 보려는 이유가 여기에 있다.

이 책의 발간 목적은 12개 이론(혹은 관련 개념)으로 남북관계를 평가·전망함으로써 독자들이 남북관계를 객관적이고 종합적으로 이해하는 데 도움을 제공하는 것에 있다. 또 연구자들이 남북관계를 발전시켜나갈 합리적이고 효과적인 정책을 개발하는 데 유익한 시사점을 도출하는 것도 목적이다. 이 책은 단순히 남북관계에 적용할 수 있는 이론을 나열하는데 의미를 두지 않는다. 남북관계를 다루어온 기성 이론과 함께 부상하는 신흥 이론도 제시하고 있다. 정치·안보 관련 이론만이 아니라 평화, 화해, 발전, 페미니즘 등 대안적·비판적 시각에도 주목하고 있다. 이렇게 남북관계에 적용할 수 있는 이론들을 다양하면서도 균형적으로 제안하는 것은 남북관계가 인간의 얼굴을 하며 발전해나갈 것을 기대하고, 그렇게 그려갈 수 있는 지적 상상력과 창의성을 공유할 필요가 크기 때문이다.

Ⅱ. 연구의 범위와 구성

이 책의 필진은 12개 이론을 다루는 각 장마다 다음과 같은 문제의식을 갖고 서술의 통일성을 기하려 하였다. 첫째, 해당 이론을 남북관계에 적용하는 배경과 의의를 논의하고, 둘째, 해당 이론을 소개한 후 남북관계에 적용한다. 이어 해당 이론을 적용한 남북관계를 평가하고 가능한 전망을 결론에서 제시할 것이다. 물론 필자들의 판단에 따라 이들 구성에 경중(輕重)이 있을 것이다.

'제1부 평화와 안보'에서는 말 그대로 평화와 안보 관련 이론을 남북관계에 적용하며 그 미래상을 다루고 있다. 1부에서도 기존의 주류 이론과 신흥 이론을 적용한 논의를 함께 볼 수 있어 정치군사 중심의 남북관계에 대한 균형적 파악은 물론 정치군사 중심의 남북관계를 넘어설 가능성을 엿볼 수 있을 것이다.

6개 이론들 중 익숙한 것과 그렇지 않을 것들이 같이 있을 것이다. 권력정치, 안보딜레마, 통합이 익숙한 주제이라면 군사주의, 숙적관계, 평화구축은 비교적 생소할 수도 있을 것이다. 평화와 안보라는 제목이 암시하듯이, 전쟁 없는 상태에서 인간답게 살아갈 수 있는 환경을 평화와 안보라는 두 관점에서 생각해 볼 수 있다. 기존에 널리 알려진 시각은 안보의 관점이다. 힘 혹은 권력 행사(의 위협)로 상대의 태도 변화를 추구하는 방식인데, 상대가 불가피하게 응하거나 반발할 수 있어 그 결과로 나타나는 안정이 지속가능하지 않을 우려가 있다. 1~4장이 안보의 관점에 해당한다. 물론 그 대안이 안보의 관점에 머물러있지 않을 수 있다. 예를 들어 군사주의이론으로 본 남북관계(2장)는 탈군사화를, 숙적관계이론으로 본 남북관계(3장)는 관계개선으로, 안보딜레마 이론으로 본 남북관계(4장)는 안보딜레마 해소를 각각 대안으로 검토할 수 있다.

그러나 1장을 비롯한 이들 권력정치론은 남북관계의 동력과 전개과정을 보는 시각이 비관적이다. 정치란 모두 혹은 본질적으로 권력정치이다. 남북관계도 예외가 아니어서 분단의 형성과 분단체제의 지속을 권력정치로 파악할 수 있다. 또 힘에 의한 평화는 그 비평화적 한계에도 불구하고 지속될 수밖에 없을지도 모른다. 평화구축과 통합 이론으로 평화에 더 주목하는 5~6장의 경우에도 해당 이론을 적용해본 남북관계는 평화에 의한 안보 혹은 공존과 통합이 만족스럽다고 평가하지 못하고 있다. 5

장에서는 남북관계에서 평화구축이 이루어지려면 군사안보 분야만이 아니라 정치, 경제, 사회 등 여러 분야가 서로 조화를 이루어야 함을 결론으로 제시하고 있다. 6장에서도 다양한 영역과 차원에서 합의와 제도의 창출과 그를 통해 갈등 조정과 공통의 이익 확대를 시사점으로 제시하고 있다.

제2부는 '존엄과 발전'을 제목으로 하고 있는데 역시 6개 이론을 적용하여 남북관계를 다양하게 평가 전망하고 있다. 2부의 논의 주제들을 1부의 그것들과 비교해보면 이 책의 논의 범위와 시각을 더 잘 이해할 수 있을 것이다. 구체적으로 제2부에서는 ① 논의 주제가 정치군사에서 사회·경제·심리 등으로, ② 분석 수준이 국가에서 개인, 사회집단으로, ③ 논의 시각을 경쟁과 갈등에서 존중과 협력으로 확대하고, ④ 남북관계를 전망함에 있어서 대중과 보편가치의 역할에 주목하고 있다.

7장은 전통적인 국가안보론을 넘어 대중 중심의 안보관을 남북관계에 적용할 때 새롭게 보이는 미래상을 그리고 있다. 물론 현실에서 그 한계도 뚜렷하다. 그러나 남북관계가 국가안보에 바탕을 둔 비관론적 전망에 빠져있지 않으려면 인간안보론의 문제의식과 시도는 권장할 만하다. 페미니즘으로 남북관계를 보는 것(8장)은 이 책에서 가장 생경하거나 급진적으로 보이지만 남북관계의 본질과 목표를 다시 생각할 기회를 제공한다. 고질갈등으로 보는 남북관계(9장)는 생소한 평화학 이론을 적용하고 있지만, 분단·정전체제의 성격과 극복 방향을 복합적으로 이해하는 데 도움을 준다. 화해는 남북관계에 익숙하지만 화해이론으로 남북관계를 평가하는 것(10장)은 아직 익숙하지 않다. 남북이 합의하고 우리에게 익숙한 개념이 남북관계에서 어떻게 이해할 수 있는지, 남북관계 발전이라는 말이 무슨 뜻인지를 다시 생각하게 해준다. 상호의존론은 대표적인 자유주의 국제정치이론의 하나이지만 이 역시 남북관계에 활발하게 적용되어 온 이론은 아니다. 그러나 분석결과, 상호의존론의 적용 여부가 아니라 "적용을 위한 조건들을 만들어가려는 균형감각"이 필요하고, 상대에 대한 인식도 중요하다는 지적을 경청할 필요가 크다. 12장은 남북한의 여대생을 통해 사회정체성의 안정 여부가 남북관계에 영향을 준다는 사실을 말해주고 있다. 여기서 남북관계가 개인 수준, 집단심리의 영향, 미래의 관점에서도 충분히 논의할 수 있고, 논의해야 함을 보여준다.

제2부에서 다룬 6가지 이론들은 상호의존론을 제외하면 최근들어 관심을 받고 있지만, 아직 사례연구나 이론적 논의가 충분하지 않다. 그만큼 이들 주제는 남북관계 연구를 풍부하게 해줄 지적 잠재력을 크게 갖고 있다.

그동안 남북관계 연구의 주류 담론이 힘, 국가, 정치군사, 남성, 통일 등이었다면 앞으로는 규범, 대중, 사회경제, 젠더, 평화 등으로 확대되어 갈 것이다. 이는 국내적 민주화와 지구적 문제의 부상 등을 배경으로 하고 있다. 한반도 평화를 위해서 비핵화가 중요하지만 비핵화 이전에는 이산가족이나 접경지역 주민, 나아가 한반도에 거주하는 모든 대중의 존엄과 미래가 억눌려 있을 수 없는 노릇이다. 이것이 MZ세대의 정서와 가까운지 모르겠으나, 남북관계론이 그동안 위로부터의 접근, 하드 이슈(hard issue) 중심이었음을 성찰해 그 한계를 넘어서야 함을 말해준다. 물론 남북관계가 전쟁의 위험과 폭력문화에 사로잡혀 안보 문제가 다른 관심사들을 압도해온 구조를 무시할 수는 없다.

이렇게 남북관계에서는 기존의 현실과 새롭게 부상하는 경향이 공존하고 있는데 기존의 관련 연구들이 전자에 경도되고 후자에는 주목하지 않았다. 그리고 연구자(집단)들 일부에서 언론 논평과 정책 논의에 치우친 대신, 그것들을 안내할 이론적 논의가 줄어든 것 같이 보이는 점도 반성할 바이다. 이 책은 이런 문제의식을 공유해온 일단의 연구자들이 이론에 기반한 남북관계 논의를 제안하며 그동안의 연구결과를 먼저 내놓은 것이다. 복잡하고 예측불가능한 사회 현상에 대한 객관적이고 체계적인 이해는 사회과학의 본질이자 사회과학자의 책무이다. 남북관계 논의 역시 예외는 아닐 것이다.

제1부

평화와 안보

1장

권력정치론으로 본 남북관계

이승열

Ⅰ. 문제의 제기

분단체제라는 한반도의 특수성이 가장 잘 반영된 남북관계는 국내외 정치적 상황의 상호작용과 냉전과 탈냉전이라는 세계질서의 변화 속에서 매우 복합적인 개념으로 발전되어 왔다. 1953년 7월 27일 체결된 정전협정은 지난 70여 년간 '정전체제'라는 이름으로 한반도의 냉전질서를 구축하였다. 무엇보다 한반도의 냉전질서는 한반도를 중심으로 '남방삼각구조'와 '북방삼각구조' 간의 대립적인 국제질서를 의미한다. 남방삼각구조는 1950년대 초에 형성된 한미안보조약과 미일안보조약의 토대 위에서 1965년 한일조약으로 완성되었고, 북방삼각구조는 1950년 중소동맹의 토대 위에서 1961년 조중우호조약과 조소우호조약으로 완성되었다.

이러한 한반도 냉전적 국제질서는 지난 70여 년간 한반도 내에서 민족분단의 질서를 규정하는 행위의 틀이자 '현상유지'(status quo)의 작동 체계로서 제도화되어 남북한의 국내정치적 구조와 남북관계 형성에 많은 영향을 미쳤다.[1] 이처럼 남북한의 국내적 권력정치가 남북관계에 미친 영향을 '적대적 의존관계'(hostile dependence)라고 하며, 이는 남북한이 서로 적당한 긴장과 대결국면을 조성하여 이를 대내적 단결과 통합 그리고 정권 안정화에 이용하는 관계로서 상호 체제의 정통성 유지를 위한 중요한 도구로서 역할을 했다.[2]

이러한 남북한의 적대적 의존관계는 사실 상호 간에 반면 이미지를 갖는 '거울영상효과'(mirror image effect)를 반영한 것이다.[3] '거울영상효과'는 상호의심과 상호위협의 상승작용에 의한 경쟁구도를 의미한다. 일례로 1970년대 상호적대의 절정의 시점에서 유신체제와 수령체제로 상징되는 남북 각각의 군사주의화와 안보국가화, 권위주의 통치 역시 남과 북에 의해 공유된 상대방에 대한 상호의심과 위협이라는 '거울영상효과'로부터 초래된 것이다.[4]

결과적으로 한반도를 둘러싼 이러한 국제·국내정치적 특징은 남북한 내에서 권력정치의 복합적 형태로 내재화되면서 냉전의 최전선에서 남북한 모두에게 중요한 생존전략이 되었다. 따라서 본 글의 목적은 1953년 정전협정 체결로 시작된 한반도 정전체제라는 냉전질서 속에서 정치학의 가장 기본적인 개념인 정치와 권력의 상호관계를 규정한 '권력정치론'의 관점으로 지난 70여 년간 남북한 정치체제 내에서 일어난 권력정치의 현상을 설명하고, 이를 통해 권력정치가 남북관계 형성에 미친 영향을 살펴보는 데 있다. 이를 위해 Ⅱ.에서는 권력정치론에 대한 이론적 논의를 정리할 것이며, Ⅲ.에서는 남북한 권력정치 형성기의 남북관계 현상을, Ⅳ.에서는 남북한 권력정치 공고화기의 남북관계 현상을 차례로 살펴보겠다.

Ⅱ. 권력정치론에 관한 이론적 논의와 선행연구

1. 이론적 논의

아리스토텔레스(Aristotle)는 『정치학』에서 "인간은 본래(본성적으로) 정치적 동물"이라는 기본명제를 제시하였다.[5] 그는 인간의 정치성이 자기보존과 종족보존이라는 '공동작업'을 수행하데 있으며, 이를 위해 국가라는 공동체를 형성한다고 하였다. 정치는 공동체 속에서 사람들이 의견의 일치를 보지 못하기 때문에 존재한다. 정치는 어떻게 살아가고, 누가 취하고, 무엇을 취할 것인가 그리고 권력과 기타 재원을 어떻게 분배할 것인가에 대해 서로 의견을 달리하기 때문에 존재한다.[6]

고대 도시국가에서부터 정치는 정치공동체인 폴리스(국가)의 행복과 번영을 증진하기 위해 인간이 자신의 삶을 향상시키고 보다 좋은 폴리스를 만들기 위한 사회적 활동이라고 인식했다.[7] 플라톤(Platon)은 "정치를 영혼의 최고선을 실현하기 위한 것"이라고 정의하였으며, 아리스토텔레스는 "정치의 목적이 인간과 사회 전체의 선이어야 한다"고 정의하였다. 정치에 대한 고대 도시국가의 인식은 인간의 선한 본성과 공동체의 번영이 우선되어야 한다는 철학적 관점을 반영하였다.

근대국가에 와서 정치는 통치의 기술로 인식되면서 국가와 법, 권력 등의 가치를 중시하게 되었고, 정치의 의미도 고대 도시국가와 다르게 개념화되었다. 마키아벨리(Machiavelli)는 그의 저작인 『군주』에서 정치를 매우 현실적인 개념으로 발전시켰으며, 특히 전쟁으로 인해 피폐해진 사람들의 삶을 구제한다는 관점에서 정치를 군주의 권력과 연계하여 설명하고 있다.[8] 홉스(Hobbes)는 자연상태를 "만인에 대한 만인의 투쟁상태"로 파악하고, 인간은 자연상태에서 벗어나기 위해 권력에 통제되어야 한다고 주장하였다.[9] 이처럼 근대서양에서 정립된 통치기술로서의 정치는 필연적으로 강력하고 효율적인 통제를 위해 '권력'을 필요조건으로 한다.

'권력'은 권력을 장악한 사람이 타인의 이익을 희생시켜 자신의 이익을 극대화하는 수단이며, 이것은 제한된 재원을 분배하는 과정에서 자신의 이익을 극대화하고자 하는 개인과 집단 간의 투쟁의 성격을 내포하고 있다. 그 결과 정치는 어떠한 수단(권력)을 써서라도 원하는 성과를 달성해내는 능력을 의미한다. 그런 의미에서 정치를 유발하는 본질적인 요소는 '희소성'이다. 인간의 욕구와 욕망은 무한한데, 이를 충족시키기 위해 활용할 수 있는 자원은 항상 제한되어 있기에 정치는 희소자원을 둘러싸고 벌어지는 투쟁이며, 권력은 희소자원을 둘러싼 투쟁의 수단으로 간주된다.[10]

현대 정치학의 대표적인 이론가인 이스턴(D. Easton)은 정치의 개념을 "사회를 위한 가치의 권위적 배분"(the authoritative allocation of values for a society)이라고 정의하였다.[11] 그는 정치의 본질을 배분을 둘러싼 참여자 간에 발생하는 다양한 갈등을 조정하는 과정이라고 설명하고 있다. 라스웰(H. Lasswell)도 정치를 다양성과 갈등에 관한 것으로 인식하였고, 권력을 정치의 구조와 과정을 형성하는 가장 기본적인 개념으로 파악했다.[12]

그렇다면 정치와 권력의 관계는 무엇인가? 이에 대해 뢰벤스타인 (K. Loewenstein)은 "정치를 권력을 둘러싼 투쟁에 불과하다"고 정의하였다.[13] 또한 라스웰은 "권력을 다른 사람이나 집단이 추구하는 가치를 빼앗거나 위협하여 이들의 행동양식을 통제할 수 있는 능력"이라고 정의했다.[14] 그리고 베버(M. Weber)는 "권력을 어떤 사회관계 안에서 자기의 의사를 타인의 행동에 대해 강제시키는 가능성"이라고 정의했다.[15]

이상의 논의를 종합하여 '정치권력'의 특징을 세 가지로 정의할 수 있다. 첫째, 정치권력은 사회구성원을 구속할 수 있는 결정을 만들어낼 수 있는 능력으로 조직화된 강제력을 의미하고, 둘째, 정치권력은 사회력의 하나로 타인의 존재를 전제로 하며, 셋째, 여타의 개인이나 집단이 소유 또는 추구하는 가치의 박탈과 그에 대한 위협을 무기로 타인의 행동양식을 규제하고 변화시킬 수 있는 능력을 의미한다.[16]

이처럼 정치는 권력을 둘러싼 갈등과 투쟁이 일상화된 영역이다. 그런 의미에서 「정치학」은 개인과 개인 그리고 집단과 집단 간의 정치관계를 권력관계로 간주하여 연구하는 학문이라고 할 수 있다. 때문에 '정치권력'은 정치학에서 가장 기본적인 개념이면서 동시에 가장 기본적인 연구가설로서 권력이 없는 곳에서는 정치가 성립할 수 없다.

2. 선행연구

권력정치론을 통한 남북관계를 분석하기 위해 이전 연구에 대한 분석이 먼저 필요하다. 남북관계에서 권력을 키워드로 한 주요 연구는 크게 세 가지로 나눌 수 있다. 먼저 남북한의 특정한 시기 남북한 최고지도자의 리더십과 연계하여 남북관계를 설명하는 연구이며, 다른 하나는 권력구조의 변화, 예를 들어 북한의 후계체제 등 권력관계의 변화가 남북관계에 미치는 영향을 분석한 논문이다. 마지막으로 국제정치와 국내정치의 변수를 동시에 고려하여 남북관계를 분석한 연구결과가 있다.

먼저 최고지도자의 리더십과 연계하여 남북관계를 살펴본 이지수는 1970년대 박정희 정권을 대상으로 한국의 정치권력이 '통제 위주 권력'에서 '지지 위주 권력'으로 변화하는 과정에서 경제개발계획의 성공에 따른 자신감으로 인해 대내외적인 '지지'를 획득하기 위해 남북대화를 시도했다고 밝혔다.[17] 이런 이유에서 그는 남북관계가 정치권력의 성격에 의해 영향을 받는 한편, 정치권력의 성격에도 영향을 주기도 하였다고 주장했다.[18]

다음으로 북한의 권력구조의 변화 중 후계체제 등장 및 권력 승계로 인한 남북관계의 변화를 살펴본 김주수·문은석·윤희철은 북한 김정일에서 김정은으로의 권력승계 과정에서 발생 가능한 북한 정권의 대내외적인 불안정성에 대한 전망을 분석하여 한국정부의 대북정책의 방향을 제시하였다. 김정은 후계체제의 안정적 승계와 승계 실패를 시나리오 분석을 통해 안정적 승계시 북한의 보수정권 유지와 개혁·개방체제로의 전환을 예측하였고, 승계 실패시 급변사태와 보수정권 유지, 그리고 개혁개방체제로의 전환을 예측하여 이에 맞춰 '한반도 신뢰프로세스'의 정책 방향을 제시하였다.[19]

마지막으로 남북관계를 국제환경과 대내구조의 상관관계, 즉 국제정치와 국내정치의 상호 작용의 결과로 분석한 논문이다. 먼저 전재성은 분단 70년간 세계적 냉전의 한 사건으로 한국전쟁이 발발하고 분단은 세계적 사건으로 고착화되었으며, 냉전 종식 이후 미중의 경쟁구도로 한국의 대북·통일전략이 영향을 받았다고 분석한다. 또한 남북한의 국내정치 변수는 한국의 정책결정 과정에 영향을 미쳤으며, 그 결과 분단과 남북관계는 국제변수가 허용하는 범의 내에서 다양한 편차를 보였다고 분석하였다.[20]

이와 함께 임수호는 남북관계 분석에서 국제체제 변수와 국내정치 변수를 연계하는 방안을 제시하였으며, 이를 위해 최고지도자의 정책 성향과 함께 국제변수로서 미중 관계가 여전히 중요한 변수이지만, 점차 소규모 의사결정집단(참모그룹과 후견그룹)과 지배연합(북한의 경우 '정책승리연합')의 역할, 그리고 여론(북한의 경우 '권력정당화')의 역할도 중요해질 것으로 전망하였다.[21]

따라서 본 연구의 특징은 지난 70년 동안 남북한 권력 내에서 이뤄진 권력정치가 어떻게 남북관계의 형성과 공고화에 영향을 미쳤는가를 분석하기 위해 정치를 권력을 둘러싼 갈등과 투쟁이 일상화된 영역이라는 이론적 기반하에서 남북한 권력정치의 현상을 권력투쟁의 관점에서 설명하고자 하였다.

Ⅲ. 남북한 권력정치의 형성과 남북관계

1. 남북한 권력정치의 형성

1) 북한의 권력정치 형성

1945년 해방 이후 정권수립 시기 북한의 최대 목표는 '김일성유일

지배체제' 확립을 통한 북조선 사회주의 혁명의 완성이었다. 권력정
치의 측면에서 '김일성유일지배체제' 확립은 1953년부터 1956년까지
세 차례(1953년, 1955년, 1956년)의 권력투쟁을 통해 김일성 외의 경쟁
세력을 중앙 및 지방 권력에서 최종적으로 배제되는 과정이었다. 그
리고 1957~1959년 동안 전국적 차원에서 이어진 '반종파투쟁' 숙청
과정은 1953년 상층 지도부 수준에서 시작된 권력정치의 재편이 사
회적·토대적 수준으로 확대되어 '김일성유일지배체제'의 완성을 의
미하였다.[22]

〈표 1-1〉 '김일성유일지배체제' 확립을 위한 권력투쟁 과정

시기	계기	숙청된 정파와 주요인물	권력 잔여 정파
1949.6	남·북 노동당 합당		빨치산파·갑산파· 연안파·소련파· 국내파·남노당파
1953.8	제6차 당 전원회의	남로당파 : 박헌영, 리승엽 등 소 련 파 : 허가이 연 안 파 : 무정	빨치산파·갑산파· 연안파·소련파 일부
1956.8	8월 전원회의	연 안 파 : 최창익, 윤공흠 등 소 련 파 : 박창옥 등 국 내 파 : 오기집 등	빨치산파·갑산파
1967.5	제4기 15차 당 전원회의	갑 산 파 : 박금철, 리효순, 김도만 등	빨치산파
1969.1	인민군당 제4기 4차 전원회의	빨치산파 : 김창봉, 허봉학, 김광협 등	김일성 직계

출처: 현성일, 『북한의 국가전략과 파워엘리트』(서울: 선인, 2007), p. 61.

한국전쟁 시기 김일성이 연안파(중국공산당)의 무정, 소련파(소련공산당)의 허가이, 그리고 남로당(조선공산당)의 박헌영을 숙청한 것은 전쟁 책임을 둘러싼 북한 내 권력정치의 시작이었다. 연안파와 소련파의 숙청과 달리 박헌영과 남로당 계열에 대한 숙청 준비는 정전협정이 종반으로 치닫던 1952년 12월에 열린 조선로동당 중앙위원회 제5차 전원회의부터 시작되었다.[23] 제5차 전원회의 이후 남로당파에 대한 '당성검토'가 진행되면서 남로당계열의 핵심인물 12명이 반국가·반혁명 간첩죄로 체포되었다.[24]

정전협정 직후인 1953년 7월 30일 체포된 이승엽 등 12명은 "조선민주주의인민공화국정부 전복음모와 반국가적 무장폭동 및 선전선동에 관한 건"으로 북한최고재판소에 기소되었다. 박헌영은 미국과의 간첩행위, 남한 내 민주세력 파괴행위, 북한 정권 전복 음모 등 세 가지의 혐의로 사형선고를 받았다.

한국전쟁 중에 김일성은 해방 직후부터 자신의 강력한 정적으로 지목되었던 박헌영을 비롯하여 연안파의 무정, 소련파의 허가이를 당으로부터 추출시키는 데 성공하였다. 특히 김일성에게 조선공산당의 주류인 박헌영과의 권력투쟁은 쉬운 일이 아니었다. 한국전쟁이 북한의 정치지형에 미친 가장 큰 영향이 박헌영과 남로당 세력의 몰락이라고 규정할 만큼 박헌영의 영향력이 막강했기 때문이다. 따라서 박헌영의 숙청은 곧 김일성 중심의 단일지도체계 확립이 북한에서 가속화되고 있음을 의미하는 것이었다.[25]

김일성의 유일지배체제 확립에 결정적 영향을 미친 '8월종파사건'은 1956년 2월 제20차 '소련공산당대회'에서의 개인숭배비판이 계기가 되어 발생했지만, 경제발전노선(중공업우선 vs 경공업우선)과 농업협동화 노선에 대한 대립과 갈등이 그 이면에 잠재되어 있었다. 이후 김정일에 의해 '제2의 고난의 행군'이라 명명된 이 사건은 북한 역사에서 최대의 정치적 격변이자, 김일성에 대한 최대의 도전이었다.[26] 특히 이때 '반당종파분자'로 몰린 세력들이 김일성과 그 주류세력에 도전하는 과정에서 중국과 소련 등 외세를 끌어들임으로써 '주체'의 중요성이 부각된 사건이었다.

반(反)김일성 세력의 결집은 김일성이 전후 건설복구 자금을 마련하기 위해 장기간 동유럽을 순방중인(1956.6.1~7.19) 틈을 타서 이루어졌으며, 이를 부추긴 것은 소련이었다.[27] 반김일성 세력을 규합한 국내의 중심인물은 연안계의 최창익과 55년에 교조주의자로 비판을 받고 국가계획위원장과 정치위원에서 밀려난 소련계 박창옥이었다.

1956년 8월 30일, 김일성의 귀국 보고 및 인민 보건사업 관계 토의를 의제로 8월 전원회의가 평양예술극장에서 열렸다. 그러나 최창익과 박창옥 등이 모의한 반김일성 움직임은 사전에 최용건 등 당의 주류세력에게 노출되었다. 그 결과 반김일성 모의는 실패하였으며, 김일성은 윤공흠과 서휘, 리필규를 출당시키고 최창익과 박창옥의 당직을 박탈하는 조치를 내렸다.[28]

'8월종파사건' 직후 중국과 소련은 북한 정치에 개입했다. 소련은 중국공산당 8차 대회에 경축사절로 참석하고 있는 미코얀(Anastas Mikoyan) 부수상을 평양에 파견했으며, 중국지도부는 바로 국방부장이자 한국전쟁 당시 지원군 총사령관이었던 팽덕회(彭德懷)를 북한에 파견했다. 소련과 중국의 즉각적인 개입으로 김일성은 9월 23일 전원회의를 열어 8월 전원회의 결정내용을 번복해 최창익, 박창옥의 중앙위원직을 회복시키고 출당자들을 복당시켰다.[29]

그러나 1956년 11월 헝가리에서 반소련 유혈폭동이 발발하면서 국제공산진영의 분위기가 반전되기 시작했다. 헝가리 사태로 인해 사회주의 진영 내에서 '반사회주의적 책동'에 대한 경각심이 높아졌고, 이는 자연스럽게 김일성에게 권력 강화의 기반을 마련해주었다. 김일성은 이 기회를 틈타 1956년 12월 전원회의를 계기로 반대파들에 대한 아래로부터의 제거작업을 시도하였다. 이른바 전국적인 '반종파투쟁'(권력투쟁)이 시작된 것이었다.

1959년 10월까지 진행된 전국적 단위에서 벌어진 권력투쟁은 북한 사회에서 김일성에 대항하거나 견제할 만한 모든 정치분파나 사회세력을 일소하였으며, 그 결과 권력 분배 및 교체를 위한 당내 경쟁 기능마저 모두 사라져 '김일성유일지도체제'가 완성되었다.

2) 남한의 권력정치 형성

1945년 해방 이후 '김일성유일지배체제'를 내세운 북한과 달리 남한에서는 '반공이데올로기'가 매우 중요한 역할을 했다. 이승만 정부 시기 남북관계를 규정하는 결정적인 사건은 한국전쟁이었다. 한국전쟁의 경험은 당시 국민들에게 반공과 멸공을 내제화하는 결정적 계기가 되었다. 그 결과 이승만 정부의 대북정책은 북한의 실체를 인정하지 않았으며, 한반도의 유일 합법성을 내세워 힘에 의한 '북진무력통일론'으로 나타났다.[30]

전쟁으로 증폭된 대북 적대의식의 토대 위에서 반공주의는 북진무력통일론외에 북한과의 평화통일 혹은 협상통일에 대한 어떠한 주장도 모두 금기의 영역으로 내몰았다. 정치이데올로기로서의 반공주의는 이승만 정부의 대야 권력투쟁의 수단으로 활용되었다. 분단과 전쟁으로 인한 반공주의의 강화 속에서 남한 사회에서는 좌파는 물론 중도적 세력까지 용공세력으로 몰려 정치적 탄압을 받았다.

이승만의 '북진무력통일론'에 대해 진보당의 조봉암이 가장 비판적이었다. 그는 '북진무력통일론'을 배격하고 통일문제를 반드시 평화통일로 해결해야 한다고 주장하였다. 조봉암은 1957년 『중앙정치』 10월호에 게재한 "평화통일에의 길"이라는 글에서 "오직 정치적, 평화적 방법에 의해서 통일을 이룩하되 어떻게 민주적 승리에 의한 통일을 이룩할 수 있느냐 하는 것을 생각하고 노력하는 것이야말로 통일 과업의 중심과제"라고 했다.[31] 결국 조봉암은 대한민국 헌법과 유엔 결의에 위반되는 통일방안을 주장했다는 명목으로 법원에서 사형선고를 받았다.

'4·19혁명'으로 새로운 정치 질서가 형성되면서 수립된 제2공화국 장면 정부는 이전 이승만 정부 시절 '북진무력통일론'에 눌려있던 재야의 통일논의들이 백가쟁명(百家爭鳴)식으로 분출되는 시기였다. 사회당·사회대중당, 혁신당과 교원노조, 민청 등의 여러 단체가 '민족자주통일중앙협의회'(민자통)를 결성하였고, 자주, 평화, 민주 원칙 하에 남북 정치 협상, 민족통일건국최고위원회 구성, 외세 배격, 남북한 대표간 통일협의 등을 제시하였다.

1961년 5월 3일 서울대 민족통일연맹 대의원 대회에서는 '남북학생회담'이 정식 제기되면서 남북대화와 교류, 평화통일 주장 등이 강하게 제기되었다[32] 이 당시 통일논의의 특징은 주로 '민족 자주성의 원칙'을 강조했다는 점이다. 이들은 외국군대 철수, 남북협상, 남북교류, 북한 정권의 존재 인정, 중립화 통일 등 주로 장면 정부의 보수적인 정책과 정면으로 충돌하는 내용이었다. 그 결과 이러한 통일논의는 심각한 국론분열의 요인으로 작용하기도 했다.

1961년 장면 정부가 막을 내리고 박정희 군사정부가 등장하면서 '4·19혁명'을 계기로 활성화된 통일논의도 침체되었다. 박정희 군사정부는 6개 항의 공약을 발표하면서 국가안보에 있어서 반공노선을 분명히 하였고, 통일방안에 있어서 '선건설 후통일'을 천명하였다. 또한 1961년 7월 4일 『반공법』이 공포됨으로써 사실상 정부와 의견을 달리하는 민간 차원의 통일논의는 완전히 봉쇄되었고, 통제를 넘어 용공세력으로 매도되는 정치적 탄압을 당하게 됐다.

2. 남북한 권력정치 형성기 남북관계

북한의 '김일성유일지배체제' 확립은 중국과 소련의 북한 정치 공간으로의 개입과 이에 따른 북한 내의 정치적 갈등, 그리고 남한에서 반공을 국시로 한 군사정부의 등장에 따른 결과였다. 이것은 또한 사상에서의 주체를 비롯해 경제에서의 자립, 국방에서의 자위, 정치에서의 자주 등 소위 주체사상의 등장을 가져온 배경이 되었다.

1961년 5월 16일 이후 북한의 대남정책은 '남조선혁명론'에 입각한 '대남혁명통일전략'으로 바뀌었다. 북한은 박정희 정부가 반공법 제정 등 강력한 반공정책을 펼치자, 이에 대응하여 1961년 7월 6일 소련과 그리고 7월 11일에는 중국과 상호원조 방위조약을 체결하였다. 그리고 1962년 12월 노동당 중앙위원회 제4기 5차 전원회의에서 4대 군사노선을 채택하였고, '남조선혁명론'을 전면에 내세워 미제와 반공정권에 대항한 광범위한 투쟁을 선동하면서 민족해방전쟁을 수행하기 위한 북조선 혁명기지 강화에 들어간 것이다.[33]

이에 김일성은 1962년 10월 23일 최고인민회의 제3기 제1차 회의에서 미군 철수를 전제로 한 '남북한 평화협정' 체결을 주장하였다. 김일성은 "조선의 통일문제는 조선인민의 내정문제"이며, "외국군대를 철거시키고 남북 간에 평화협정을 체결하며 무력을 축소하는 것은 조국통일로 나아가는 길에서 중요한 첫걸음"이라며 통일을 달성

하기 위해서는 미국이 조성한 긴장 상태를 제거하는 것이 중요하다고 주장했다.[34]

1964년 2월 27일 김일성은 당중앙위원회 제8차 전원회의에서 "조국통일의 위업을 실현하기 위하여 혁명역량을 백방으로 강화하자"란 제목의 연설을 통해 '3대혁명역량강화'노선을 구체화하였다. 이를 위해 김일성은 '북조선혁명역량', '남조선혁명역량', '국제적 혁명전략'이 잘 구비되어 있어야 통일을 할 수 있다고 주장했다.[35] 북한은 남조선혁명역량 강화를 위해 군사강경노선의 일환으로 무장 게릴라 침투와 통일혁명당 건설 등을 추진하였다.

1965년 한·일 국교가 정상화되고, 베트남 전쟁의 발발로 베트남 파병이 이루어지자, 김일성은 박정희 정부의 입지가 공고해지고, 미국을 비롯해 일본 등 미국의 아시아 동맹국들과 한국과의 관계가 두터워지는 것을 안보상의 중대한 위협으로 간주하였다. 이에 북한은 1967년 6월 운수봉 지구와 7월 정읍 내장산 지역에 무장공비를 침투시켰고, 1968년 1월 21일에는 청와대 습격을 자행하였으며, 1968년 1월 23일 원산만 근해에서 미군 해군 정보함 '푸에블로호'(Pueblo號)를 나포하고 승무원을 억류하였고, 1968년 11월에는 울진·삼척지역으로 무장공비를 침투시켰다.

그 결과 박정희 정부는 1960년대 말까지 대북 불승인 및 불협상이라는 '대화 없는 대결 시대'의 원칙을 지속하였다. 북한도 때때로 평화공세를 하였으나 '남조선혁명론'에 입각한 미군 철수와 현 정부 퇴진 등에 대한 주장을 지속되었다. 그러나 1960년대 말 북한의 공세적 전략은 국제적 고립과 북미 군사적 대결이라는 불리한 결과를 초래하였다. 이에 김일성은 1969년 1월 인민군당 제4기 제4차 전원회의를 개최하여 민족보위상 김창봉과 대남총국장 허봉학 등 군부강경파를 모두 숙청하고, 그동안 추진되어왔던 대남전략을 실패한 것으로 평가했다. 이를 기점으로 1970년대 이후 국제적 데탕트(détente)의 시작과 함께 남북관계도 '대화 있는 대결의 시대'로 선회하기 시작하였다.

Ⅳ. 남북한 권력정치의 공고화와 남북관계

1. 남북한 권력정치의 공고화

1) 북한의 권력정치 공고화

북한의 권력정치가 공고화된 시기는 후계자의 등장과 깊은 관련이 있다. 무엇보다 후계자의 유일지도체제 확립을 둘러싼 통치엘리트의 권력투쟁이 치열하게 전개되었기 때문이다. 김정일의 후계체제와 김정은의 후계체제의 가장 큰 차이점은 김정일의 경우 1974년 후계자 내정 이후 1994년 김일성 사망 때까지 약 20여 년 동안 매우 안정적으로 권력 이양을 추진한 반면, 김정은은 2009년 후계자 내정 이후 2011년 12월 김정일 사망 때까지 3년 미만의 짧은 후계체제 준비과정으로 인해 상대적으로 불안정하게 권력이양이 추진되었다는 점이다. 그 결과 김정은의 통치기간에 숙청으로 인한 권력정치가 김정일 시대보다 더 광범위하게 일어났다.

김정일 후계체제의 전 과정을 네 단계로 분류할 수 있다. 첫째, 준비단계(1971~1974)로서 북한혁명원로들이 김정일을 김일성의 후계자로 추천하고 후계자로서의 정통성(legitimacy)을 부여한 시기다. 둘째,

내정단계(1974~1980)로서 1974년 제5기 제8차 전원회의에서 김정일이 대내적으로 후계자로 공식화된 이후 후계자의 '조직체계'를 확립한 시기다. 셋째, 공인단계(1980~1990)로서 1980년 제6차 당대회에서 김정일이 대외적으로 후계자로 공식화되어 자신의 유일지도체제를 완성한 시기다. 넷째, 완성단계(1990~1994)로서 1990년 제9기 최고인민회의에서 김정일이 국방위원회 제1부위원장에 임명됨으로써 군 통수권 이양을 공식화한 시기다.

〈그림 1-1〉 김정일 후계체제 확립과정

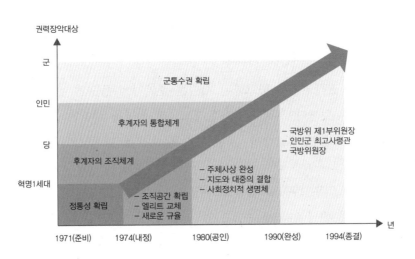

출처: 이승열, 『북한 엘리트 집단의 권력 투쟁과 당조직지도부의 생존전략』(서울: 국방정신전력원, 2017), p. 17.

그러나 김정은 후계체제 전 과정은 세 단계로 분류할 수 있다. 첫째, 내정단계(2009~2010)로서 2009년 1월 8일 김정은이 김정일의 지명에 의해 후계자로 내정된 이후 백두혈통의 후계자로서 정통성을 확립한 시기다. 둘째, 공인단계(2010~2011)로서 2010년 9월 28일 제3차 당대표자대회에서 김정은이 당 중앙군사위원회 부위원장에 추대되면서 김정일의 선군정치를 계승하는 후계자로 대외적으로 공식화된 시기다. 셋째, 완성단계(2011)로서 2011년 12월 17일 김정일의 사망과 12월 30일 김정은이 인민군 최고사령관에 추대되면서 후계체제가 완성된 시기다.

김정일과 김정은의 후계체제 과정에서 나타난 이같은 차이점은 이들의 권력장악 방식에도 영향을 미쳤다고 볼 수 있다. 김정일의 후계자 조직체계는 당의 핵심 부서인 조직지도부를 중심으로 이뤄졌으며, 엘리트 충원도 김정일의 핵심 인민동원 사업인 '3대혁명소조운동'을 중심으로 이뤄졌다. 또한 "온 사회의 김일성주의화"를 실현하기 위해 '유일사상확립10대원칙'을 선포하면서 후계자 중심의 규율을 완성했다.

〈그림 1-2〉 김정은 후계체제 확립과정

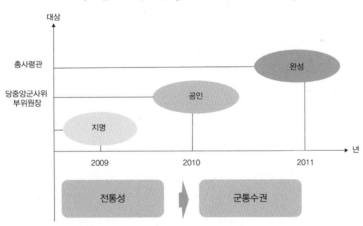

출처: 이승열, 『북한 엘리트 집단의 권력 투쟁과 당조직지도부의 생존전략』 (서울: 국방정신전력원, 2017), p. 26.

그 결과 김정일의 권력정치는 엘리트의 숙청보다는 세대교체를 통해 이뤄졌다. 1980년 제6차 당대회를 기준으로 김정일 후계체제 구축에 앞장섰던 3대혁명 소조원들이 당·정·군의 핵심 권력 엘리트로 등장하였고, 정치국 구성도 혁명 1세대 비율이 90%에서 53%로 줄어들면서 자연스럽게 세대교체가 이뤄졌다. 그 밖에 당중앙위원회의 선출된 중앙위원 중 70.6%에 해당하는 176명(정위원 93명, 후보위원 82명)이 신진 인물로 교체되었다.

김정일은 2010년 9월 제3차 당대표자대회에서 김정은을 후계자로 공식화하면서 그의 경험 부족과 어린 나이를 극복하기 위해 '엘리트 후견체제'를 구축하였다. 이를 위해 김정일은 장성택 당행정부장(국방위원회 부위원장)과 리영호 총참모장(당중앙군사위원회 부위원장)을 각각 당과 군부의 후견세력으로 내세웠다.

그러나 김정은은 2012년 7월 15일 정치국 회의에서 선군정치의 후견인인 리영호 총참모장(정치국 상무위원, 당중앙군사위 부위원장, 인민군 차수)의 모든 직책을 박탈하고 숙청했다. 김정은은 정권 출범 이후 2015년까지 군부의 핵심 요직인 총참모장, 인민무력부장, 작전국장을 각각 4~6회씩 교체하였다.[36]

또한 김정은은 후견세력의 또 다른 한 축인 장성택을 숙청하였다. 2013년 11월 국가안전보위부는 장성택을 가택 연금시켰고, 11월 21~26일 장성택의 최측근인 이용하 제1부부장과 장수길 부부장을 처형했다. 그리고 국가안전보위부는 2013년 12월 12일 특별군사재판소에서 장성택에 대한 사형을 판결했다. 장성택은 2013년 12월 8일 정치국 확대회의에서 '반당반혁명종파행위'로 낙인찍혀 회의장에서 끌려나간 지 나흘만에 형법 제60조 '국가전복음모행위' 혐의로 사형을 선고받고 형장의 이슬로 사라졌다.

2012년 리영호 총참모장 등 10여 명의 군부 최고 엘리트들의 숙청을 시작으로 2013년 장성택 처형 이후부터 2015년까지 대략 400여 명의 권력 엘리트가 숙청되었다. 김정은 정권 등장 이후 북한 체제 내의 숙청 등 권력정치가 치열하게 전개된 것은 김정은 후계체제가 김정일과 비교할 때 공고화 되지 못했다는 점을 보여주는 단면이라고 할 수 있다.

2) 남한의 권력정치 공고화

1970년대 박정희 정부도 세계적 차원의 '데탕트'라는 시대의 변화를 의식하지 않을 수 없었다. 1960년대 대결구조를 깨고, 1972년 남북관계 개선과 통일문제에 대한 남북합의를 담은 '7·4 남북공동성명'에서 통일의 3대 원칙인 자주, 평화, 민족대단결이 결정되었다. 그리고 1973년 박정희 대통령은 '평화통일 외교정책에 관한 특별선언(6·23 선언)'을 통해 이후 남북관계가 통일보다는 분단의 평화적 관리에 초점을 맞춘 대북정책으로 정해지는 계기를 만들었다.

1987년 민주화로의 급속한 이행은 노태우 정부에게 냉전적 통일정책을 탈냉전적 통일정책으로 전환하는 원동력이 되었다. 이 시기 냉전질서의 종식과 함께 사회주의권의 붕괴와 미국 주도의 패권적 질서가 자리잡는 동안 한국에게는 독자적인 대북정책과 외교노선을 선택할 공간이 주어졌다. 노태우 정부는 '북방정책'을 추진하여 소련·중국과 수교하고, '한민족공동체 통일방안'의 제시, '남북기본합의서' 채택, '한반도 비핵화 선언', 'UN 남북동시가입' 등을 실현함으로써 과거 반공에 기반한 반북주의의 경직성을 넘어서는 새로운 계기를 마련하였다.

1998년 김대중 정부의 등장과 함께 대북정책의 기조는 '햇볕정책'

으로 불리는 '대북포용정책'으로 변했다. 김대중 정부의 대북포용정책은 한반도 문제의 국제화를 방지하고, 남북당사자 원칙에 따라 남북관계의 화해협력을 적극적으로 추진해 나가기 위한 정책이다. 이 시기 남한의 권력정치는 분단상황 아래에서 이데올로기적 상호대립관계라는 남북한의 특수한 관계와 세계적 차원의 냉전붕괴와 연결되어 매우 복잡한 형태로 작용하였다. 대북정책을 둘러싼 남한의 권력정치가 여야(與野)의 정치적 대결구도로 정착된 것은 김대중·노무현 정부의 대북포용정책이 반공정책을 넘어서 남북관계의 주류담론으로 전환되면서 시작되었다.

특히 김대중 정부가 2000년 6월 13~15일까지 진행했던 정상회담과 '6.15 남북공동선언'에 대한 여야의 인식 차이는 남북관계를 둘러싼 '남남갈등'의 주요한 원인이 되었다. 노무현 정부의 '평화번영정책'도 2001년 부시 행정부의 출범과 2002년 10월 북한의 우라늄 농축 프로그램을 시인, 이후 북한의 핵동결 해제 및 핵시설 재가동 선언, 2003년 1월 NPT 탈퇴 선언으로 2차 북핵 위기가 조성되면서 새로운 국면을 맞게 되었다.

김대중·노무현 정부 시기 추진된 대북포용정책을 둘러싼 여야간 권력정치의 핵심은 '남남갈등'이며, 이를 크게 세 가지 요인으로 분석할 수 있다. 첫째, 포용정책이 북한을 제대로 변화시킬 수 있는가에 대한 논란. 둘째, 정책추진 과정에서 상호주의가 제대로 관철될 수 있는가에 대한 논란. 셋째, 유화정책과 근본적으로 다르다는 포용정책이 결국 북한의 핵개발을 용인하지 않았는가에 대한 논란이었다.

당시 야당은 김대중·노무현 정부에서 실시된 대북포용정책으로 인해 우리 정부가 북한에 대한 지렛대를 잃어버렸으며, 따라서 포용정책은 곧 '퍼주기'라고 비난하였다. 결과적으로 김대중·노무현 정

부의 대북포용정책이 북한에 대한 탈냉전적 인식의 전환을 가져왔음
에도 불구하고 국내의 권력정치 차원에서는 유화정책이라는 비판과
함께 여전히 '색깔론'의 표적이 되었다.

2. 남북한 권력정치 공고화기 남북관계

김대중 정부는 통일을 낮은 단계에서 높은 단계로 발전해 가는 과
정으로서의 통일로 인식하고, 법적·정치적 통일보다는 '사실상의 통
일' 상태를 지향한다는 점을 분명히 했다. 그러나 남북관계의 발전은
2001년 부시 행정부의 출범과 2002년 10월 북한의 우라늄 농축 시
인으로 2차 북핵 위기가 조성되면서 새로운 국면을 맞게 되었다.
2003년 8월 중국의 중재로 북핵문제 해결을 위해 시작된 6자회담은
'완전하고, 검증 가능하며, 돌이킬 수 없는 핵폐기'(CVID)를 주장한
미국과 일괄타결안과 '동시행동원칙'을 내세운 북한의 주장이 대립되
는 가운데 2008년 12월까지 지속하였다.

2007년 대선에서 남북관계에 대한 전면적 재조정을 주장하는 이
명박 정부의 등장과 2008년 김정일의 건강 문제 이후 김정은 후계체
제의 등장은 남북관계를 매우 불안정하게 만들었다. 특히 2009년 김
정은 후계자 등장부터 2011년 김정일 사망 직전까지 남북관계는 북
한의 '도발'과 '대화'가 반복되면서 매우 불안정하게 전개되었다.

첫 번째 시기는 2009년 1월 오바마 행정부 등장 이후로 북한은 4
월 광명성 2호 장거리 로켓을 시험 발사했고, 5월에는 제2차 핵실험
을 감행했다. 국제사회의 비난이 거세지자, 북한은 2009년 8월 국경
침범으로 억류된 미국 국적의 두 여기자 석방을 위해 빌 클린턴 전
미국 대통령을 평양으로 초대했다. 동년 9월에는 김대중 전 대통령

의 장례식에 김기남과 김양건을 조문 특사로 파견하여 이명박 대통령에게 정상회담 개최 의사를 전달하였다.

두 번째 시기는 2009년 11월 오바마 대통령의 아시아 순방 시기로 북한은 서해 북방한계선(Northern Limit Line: NLL)을 침범하여 남북 간 군사적 충돌을 일으켰고, 2010년 3월 남한의 전투함인 '천안함'을 어뢰공격으로 침몰시켰다. 천안함 도발 이후 악화된 국제여론을 의식한 김정일은 2010년 5월과 8월 중국을 방문하여, 6자회담 재개 의지를 표명하였고, 9월에는 남북 이산가족 상봉 행사를 금강산에서 개최하였다.

세 번째 시기는 김정은이 북한의 후계자로 공식화된 직후로 북한은 2010년 11월에 남한 영토인 연평도에 포격을 가하였다. 남북관계가 최악의 상태로 접어든 상황에서 김정일은 2011년 5월과 8월 연이어 중국과 러시아를 방문하여 "조건 없는 6자회담 재개'를 주장했다. 그리고 김정일은 2011년 12월 17일 사망했다.

북한체제 내에서는 김정은이 후계자로 내정된 2009년 1월 이후부터 새로운 미래 권력의 등장으로 인한 권력 내부의 충성경쟁이 시작되었으며, 이는 남북관계에서 '도발'과 '대화'가 규칙적으로 반복된 원인이라고 볼 수 있다. 즉, 북한 내의 권력정치의 등장이 남북관계에 영향을 준다는 사실을 다시 한 번 확인한 사례였다.

V. 맺음말

해방 이후 국제적 냉전체제의 최전선에서 국내적으로 남북한은 생존을 위한 치열한 체제경쟁을 벌였다. 그러나 탈냉전 이후 2000년 김대중 정부부터 기능주의적 관점에서 남북관계가 점차 협력적 의존 관계로 전환하는 계기를 마련하였다. 물론 북핵문제 등 주요 안보 현 안으로 인해 여전히 적대관계를 유지하고 있으나, 개별적인 분야, 예 를 들어 교류와 협력이라는 차원에서는 상당한 정도의 협력관계를 유지할 수 있는 경험을 공유하게 되었다고 볼 수 있다.

그러나 권력정치론의 차원에서 볼 때 남북한의 국내정치적 적용 은 각각의 체제의 특성에 맞게 상당히 다른 방향으로 전개되었다. 유 일적 영도체계라는 북한식 정치 문화에서 권력정치는 숙청과 같은 극단적 권력투쟁 방법이 동원되었고, 자유민주주의를 구축한 남한의 정치 문화에서는 권력정치가 대북정책을 둘러싼 여야의 정책적 대결 로 체계화되었다.

남북관계에서 권력정치의 단면은 북핵문제가 고조된 지난 2017년 이후부터 다시 반복되고 있다. 북한은 2016년 1월 4차 핵실험을 시 작으로 2017년 11월 29일 화성-15형 대륙간탄도미사일 시험발사 등 모두 세 차례의 핵실험과 44차례의 다종의 탄도 미사일 시험발 사를 실시하여, 한반도의 군사적 긴장을 높였다. 그러나 2018년 2월 북한의 평창동계올림픽 참가를 계기로 조성된 '한반도 평화 프로세 스'는 남북한의 국내정치에 적잖은 영향을 미쳤다.

특히, 남북 정상회담이 2018년 4월 27일과 9월 19일 판문점과 평 양에서 개최되었다. 이를 계기로 동년 6월 12일 북미 정상회담이 싱 가포르 센토사섬 카펠라 호텔에서 열렸다. 남북 정상회담에서 두 정 상은 '한반도 평화시대' 개막을 선언하고, 한반도의 완전한 비핵화 및 평화체제 구축 등에 대해 협의하였고, 이어서 열린 북미 정상회담 에서 한반도의 평화체제와 비핵화를 교환하는 외교적 성과를 나타냈다.

　그러나 2019년 2월 하노이 북미 제2차 정상회담이 '노딜'(no deal)
로 끝나면서 한반도 평화 프로세스의 정치적 성과는 다시 원점으로
돌아갔다. 남북관계 또한 하노이 북미 정상회담 결렬 이후 지금까지
장기적인 교착상태에 빠져들었다. 그 결과 북한에서는 북미 정상회
담을 추진했던 주요 정치 세력들이 숙청되었거나, 일선에서 물러났
으며, 남한에서는 비핵화와 한반도 평화 프로세스의 효용성에 대한
논란이 제기되었다. 이처럼 남북한의 최대 현안인 북핵문제는 남북
관계를 넘어 국제관계의 권력정치로부터 영향을 주고받음으로써 다
시 국내정치로 피드백(feedback)되고 있다. 남북한의 권력정치는 여
전히 서로에게 많은 영향을 끼치고 있다.

2장

군사주의 이론과 남북관계

이대근

I. 문제의 제기: 군사주의 이론과 적용

남과 북은 1953년 전쟁을 치르고도 2021년 현재까지 68년간 오직 하나의 길, 치열한 군비경쟁으로 내달렸다. 그 사이 세계가 탈냉전이라는 역사적 전환을 맞이 했지만 한반도는 여전히 군사적 대결의 장기 지속 상태에 머물러 있다. 2018년 남북화해의 봄도 이 행로를 바꾸지 못했다. 짧은 봄이 지난 후 오히려 남북은 첨단 무기를 동원한, 더 위험하고 더 치명적인 대결 태세로 전환했다. 한반도 군사적 대결 구조가 얼마나 견고한지 말해준다.

한반도 군사적 대결 구조가 어떻게 형성되었으며, 앞으로 변화 가능성이 있는지 이해하려면 북한 군사화 연구만으로는 충분하지 않다. 이미 북한 군사화 연구는 풍부하지만,[1] 남한, 남북관계 요인을 함께 고려할 필요가 있다. 외부 환경과 복합적으로 상호 작용한 결과인 북한 군사화를 북한 내부 요인만으로 설명하는 것은 자칫 동어반복이 될 수 있다. 북한 군사화, 남한 군사화, 남북관계 군사화가 각각 고립된 사건이라기 보다 상호 연계된 것으로 간주하는 것이 타당해 보인다. 이것들은 모두 한 현상, 즉 한반도 군사주의의 각기 다른 측면이기 때문이다.

이 글은 군사주의 이론의 성과를 남북관계에 적용해[2] 한반도 군사적 대결구조를 이해하려는데 목적이 있다. 군사주의 연구는 대체로 알프레드 바그츠(Alfred Vagts)의 군사주의 개념에 빚을 지고 있다. 바그츠는 군사주의를 민간에 대한 군의 지배, 군 요구사항에 대한 과도한 우선권 허용, 군인정신, 군대의 이상과 가치에 대한 과잉 강조 등으로 정의했다. 그는 이것들이 모두 '군대의 진정한(본래의) 목적'을 넘는 것(transcending)이라고 했다.[3] 그의 군사주의 정의는 후대의 군사주의 연구에 많은 통찰력을 제공했다.[4]

연구자에 따라 군사주의 정의는 다소 차이가 있지만 '과잉'이라는 점에서 일치한다. 군사주의는 군사문제를 군사적 목적이 아닌, 어떤 한계를 넘어 적용하는 것, 즉, 군사의 팽창을 의미한다.[5] 군대 본래 목적에 비해 군사력 사용이 넘친다면, 넘치는 부분이 바로 군사주의이다. 한마디로, 군사주의는 군사관계가 사회관계에 침투하고 그것을 가능케 하는 제도와 정책, 가치, 관행을 말한다. 그런데 군사주의는 실제 현실에 적용할 경우 난점이 있다. '어느 정도의 군사력 보유와 사용이어야 군사주의에 해당하지 않는, 적절한 수준이 되는가, 즉 과잉 기준을 세울 수 있는가?'라는 문제에 분명한 답을 주지 못한다는 점이다. 군사주의 연구자들이 내놓은 타협안은 이렇다. 과잉 여부를 추상적 기준이 아닌, 구체적인 상황에 맞춰서 판단하는 것이다.[6]

군사주의 구성 요소는 연구자에 따라 다소 차이가 있지만 대동소이하다.[7] 군사주의가 구성 요소를 다 갖춰야 하는 것은 아니라고 강조하는 점에서도 대다수 연구자들의 견해가 일치한다. 가령, 로빈 럭햄(Robin Luckham)은 군사주의 구성 요소들이 항상 상호 관련된 것도 아니고, 동시에 증가하는 것도 아니며, 단일하고, 통일된 과정을 거치는 것도 아니고, 지역·나라 따라 모두 다르다고 강조했다.[8] 론 스미스는(Ron P. Smith)[9]는 군사주의 4개 측면을 제시하면서 4개 측면 사이에는 구조적 관계가 없으며, 4개 측면 각각이 독자적으로 군사주의를 초래한다는 점을 지적했다. 각 국가가 처한 여건, 그리고 군사주의 요소 혹은 지표들의 조합에 따라 군사주의 발현 양태가 다르기 때문이라고 그는 설명했다.[10]

이 글은 스미스의 군사주의 4개 측면을 보완해 군사주의 구성 요소를 다음과 같이 정리했다. ① 높은 수준의 군비지출과 병력 규모, ② 국내 사회적 관계의 군사화 ③ 남북관계에서 평화적 해결보다 군사적 해결을 추구하는 경향, ④ 핵무기 경쟁, ⑤ 무기거래와 군수산업 집중 육성. 이 요소들은 반드시 상호 관련돼야 할 필요는 없으며, 이 요소 가운데 한 가지만 확인돼도 군사주의가 존재하는 것으로 간주했다. 이 글에서 군사주의는 세 차원, 즉 남한·북한·남북관계 차원을 갖는 것으로 보았다. 국가마다 군사주의 수준과 양태가 다른 현실을 고려해 남한과 북한 군사주의도 같은 기준에 맞추지 않았다.

많은 연구자가 군사주의와 군사화를 혼용하지만, 이 글에서는 구별해서 사용했다. 군사주의는 가치체계, 이념적 상부구조를 의미하는 반면, 군사화는 군사주의가 실행되는 과정 혹은 군사주의의 동적 상태를 이르는 개념으로 구분했다.

또한 이 글은 군사주의를, 군사화라는 일방적 진행 경로의 귀결이 아니라, 군사화라는 하나의 방향과, 탈군사화라는, 그 역방향 간 역동적 관계의 복합체로 제시했다. 군사화의 역진을 의미하는 탈군사화는 국가와 사회 내 군사 부문 규모와 영향력의 감소, 군 자원의 민간으로 재할당으로 정의했다. 즉, 군사주의의 문화적·이념적·제도적 구조의 해체를 말한다.[11] 글은 1953년부터 2021년까지 군사주의 변화의 역사적 과정을 네 단계로 구성했다.

II. 군사주의 형성(1953년~1969년)

1. 북한

북한은 전후 군사력 건설에 총력을 기울이지 않았지만 1962년 소련의 대북군사 지원이 중단된 것을 계기로 방향을 전환했다. 경제·국방 건설 병진 노선을 채택하고 독자적인 군비증강에 나섰다. 이 노선에 따라 북한은 '경제발전과 주민들의 생활을 희생하고 7개년경제계획(1961~1967)을 3년 간 연장해야 했다'[12]고 할 만큼 제한된 자원을 군사력 강화에 투입했다. 이 결과, 정부예산 대비 실질 군사비 지출 비율이 1961~1966년 평균 19.8%(추정치)에서 1967년 30.4%(추정치)로 치솟았다.[13] 북한 경제 수준에 비해 과도한 무장이었다.

병력 규모는 일부 변동[14]이 있었지만, 병진 노선으로 전환한 1960년대 중 후반 40만 명대를 넘겼다. 당시 60만 명대의 남측에 비해서는 적었지만, 북한 인구의 4%에 해당하는, 매우 높은 비율이다. 김일성 주석은 "인구의 비례로 보아 우리는 사회주의 국가들 가운데서

도 군대를 가장 많이 가지고 있는 나라"라고 평가했다.[15]

이 같은 군비 및 병력 확충은 권력투쟁에서 승리한 김 주석이 위계적 정치구조를 구축하고, 사회·경제 부문에 명령과 복종의 군사주의적 질서를 공고히 하는 현상과 병행했다. 김 주석은 자신의 항일 게릴라 활동을 북한체제 원형으로 제시하고, 모든 조직과 인민이 항일 게릴라 전통을 계승하도록 했다. 이후 북한 사회는 "생산도 생활도 학습도 항일 유격대식으로"라는 구호가 말해주듯 하나의 병영으로 변모했다. 병진 노선과 함께 제시한, 새 군사교리 4대 군사노선[16]도 병영체제의 제도화에 결정적 기여를 했다.

군사주의가 전 사회에 침투하면서 1960년대 후반 군부의 정치적 영향력도 전례 없이 제고되었다. 당과 내각에서 군부의 정치적 영향력은 다른 사회주의 국가와 비교하면 매우 높은 수준이었다.[17]

1950년대 북한은 여러 정치세력들이 파벌경쟁, 노선경쟁을 한 특별한 시기였다. 경제발전 노선을 두고 중공업 우선과 경공업 우선 노선이 경합을 했고, 농업집단화 등 사회주의적 개조를 둘러싸고도 파벌간 대립을 했다. 북한 역사에서 가장 다원적인 정치가 펼쳐진 이 예외적 시대는 곧 탈군사화의 탈군사화의 싹이 자라던 시대이기도 했다. 만일 김일성이 권력투쟁에서 패하거나, 최소한 파벌간 경합 상태가 상당 기간 지속되었다면 군사화는 일정한 제약을 받았을 것이다. 그러나 파벌경쟁에서 김일성이 승리하면서 그 가능성은 제거되었다.

2. 남한

남한은 한국전쟁의 교훈으로 군사력 증강에 필사적으로 매달렸다.

우선 휴전 당시 병력 59만 명을 1955년 72만 명으로 늘렸다. 미국이 막대한 군사지원을 했기에 가능한 일이었다.[18] 1960년대 말 병력 규모는 북한의 병력 감축, 미 의회 군사비 감축의 영향을 받아 60만 명으로 조정됐다.[19] 그럼에도 인구 대비 병력 비율은 1950년대 3%, 1960년대 2%대로 매우 높은 수준이었다. 미국의 군사지원 규모는 1970년까지 남한의 총 방위부담의 절반 이상을 차지할 만큼 절대적이었다. 1954~59년 북한의 방위비 총부담이 북한 정부 예산대비 평균 20.2%였던 것에 비해 남한의 방위비 총부담은 남한 정부 예산대비 27% 정도였다.[20]

〈그림 2-1〉

박정희 대통령이 1969년 3월 17일 경기도 여주 남한강에서 열린 포커스 레티나 훈련 현장을 둘러보고 있다. 주한 미군 감축에 따른 한국 불안감을 달래기 위해 미군 공수부 대원이 미국 본토에서 참가했다(사진 국가기록원).
출처: 「한겨레신문」, 2019년 3월 9일.

1950년대 병력 1인당 국방비[21] 대(對) 1인당 총 국민생산(GNP)의 비율을 남북간 비교하면, 북한 군인이 1인당 GNP의 5배 정도를 소비했고, 남한 군인은 6배 이상을 소비한 것으로 추정됐다. 1960년대 초반 들어서는 북한 군인이 1인당 GNP의 2~2.5배를 지출했고, 남한 군인은 3.5배를 지출했다. 1960년대 후반에는 북한이 5배 이상, 남한은 4배 정도를 썼다.[22]

북한이 그랬던 것처럼 이 시기 남한에도 탈군사화의 계기가 있었다. '무력에 의한 북진 통일'을 추구한 이승만 정권이 4.19 혁명으로 무너지고, 혁명 주역인 대학생을 중심으로 전개된 평화통일 운동이 그것이다. 그러나 1961년 군사 쿠데타와 반공을 국시로 한 군부정권의 등장으로 탈군사화의 싹이 짓밟혔고, 군사화는 더 강화되었다.

3. 남북관계

남한과 북한 군사화는 남북관계를 군사화했다. 특히 1960년대 북한의 모험주의적 군사노선 추구는 남북을 전쟁 직전의 상황으로 몰아갈 정도로 군사적 충돌[23]을 야기했다. 1960년대 북한의 대남 침투·국지도발 건수는 1,336건으로 1950년대의 398건, 1970년대의 403건의 세 배에 달했다.[24] 1968년에는 북한군이 청와대를 기습했고 남한은 보복 차원에서 북한에 공작원을 침투시켰다. 북파공작원들은 요인 납치 공작, 북한군 교란 및 장비 획득, 탄약고·유류탱크 폭파, 인민군 내무반 폭파, 관공서 및 군부대 잠입 비밀문서 탈취 등의 보복을 했다.[25] 남북관계 역사상 가장 높은 수준의 '남북관계 군사화' 현상이 나타난 시대였다.

남북 간 군사적 충돌을 완충할 만한 남북대화는 존재하지 않았다.26) 북한이 남북체제 경쟁에서 우위에 있다는 자신감을 배경으로 한, 대남 공세 차원의 대화 제안27)만 있었다. 군사적 경쟁만이 남북 관계를 지배했다.

Ⅲ. 군사주의 공고화(1970년~1986년)

1. 북한

북한은 이 시기에 남조선 혁명 노선 추구,28) 유일지도체계 구축, 주체사상 정립, 전체주의 논리인 사회정치적 생명체론의 정립 등 대내외 문제에서 군사주의를 정당화하는 각종 이론과 제도, 정책을 정착시켰다. 이는 군사주의 공고화, 즉 획기적 노선 전환이 없는 한 군사화를 역진시키기 어려운 상황을 조성한 것을 의미한다.

우선 북한은 체제 병영화에 발맞춰 이 시기 군수산업에 집중 투자29)를 했다. 김 주석은 1970년대 초 "인민 경제를 희생하면서 군수산업에 집중했고, 그 결과, 현대적 무기와 군수물자를 만들어 낼 수 있게 되었다"고 밝혔다.30) 군수산업 발전 속도는 매우 빨라 1980년대 134개 병기 공장을 보유할 정도였다.31)

무기거래도 늘었다. 무기 수출·수입을 합친 무기거래 규모는 1977년 1억 6,000만 달러로 무역 총액의 9.1%였다. 이는 점차 늘어 1988년 17억 달러 즉, 무역 총액의 25.8%로 급성장했다.32) 특히 스커드 미사일을 처음 수출한 1987년 수출액이 7억 7,000만 달러로 전체 무기 수출액의 51%를 점유33)했다. 제3세계의 대표적인 무기 수

출국의 반열에 오른 것이다.34) 1970년대 중반 이후부터 1980년대 초까지는 소총, 야포, 총포, 전차 등을 수출했으나, 1980년대 중반 이후에는 주로 스커드 계열 미사일이나 대함 미사일을 수출35)할 만큼 기술이 발전했다.

실질 군사비는 1970년 GNP의 15.4%~16.8%에서 1970년 대 중후반 10%안팎, 1980년 대 초중반 9%안팎, 1980년대 후반 7%대로 하락했다.36) 북한 경제력이 약화된 결과로 해석된다. 재정 대비 실질 군사비의 부담률도 1970년대 초 40%까지 오르는 등 평균 36%를 상회하는 수준이었으나 1980년대 경제가 하강하면서 20%로 일시 낮아졌다.37)

대신 병력은 계속 증가했다. 1970년 46만 명(인구 대비 3.2%)으로 확대되고, 1973년 50만 명(3.2%)선에 도달한 뒤38) 1979년 63만 명이 되면서 남한(62만 명)을 앞지르기 시작했다.39) 1980년 70만 명(3.9%), 1989년 98만 명(4.7%)을 기록했다. 경제난이 본격화하면서 병력 증강이라는 저렴한 노동집약적 방법에 의존한 결과이다.40)

2. 남한

남한도 미국의 무상 원조감소, 주한 미 7사단 철수, 동맹 자구노력을 강조한 닉슨 독트린 그리고 1960년대 북한 군비증강과 군사도발에 자극받아 군수 산업육성, 군비증강을 시작했다. 1970년 국방과학 연구소 신설과 함께 병기 개발에 나섰고, 1973년 방위산업 육성을 위한 특별법을 제정했다. 이어 핵 개발 계획을 추진하고, 방위세를 신설해 강력한 전력증강 계획인 '율곡사업'(1974~1992)을 펼쳤다. 이는 1970년대 후반부터 1980년대 중반까지 GNP의 6%, 정부 총 예산의 3분의 1을 국방예산으로 지출[41]하는 과잉 투자로 나타났다. 이 결과, 남한은 1976년 이후부터 북한 국방비 지출을 능가할 수 있었다.[42]

1976년 처음으로 한미연합훈련인 '팀 스피릿'을 실시했고, 1983년에는 이를 기존 병력 두 배인 20만 명이 참여하는 대규모 훈련으로 확대했다. 훈련에 전술핵무기를 사용한 공격과, 비무장지대를 넘는 역습작전이 포함되면서[43] 군사적 긴장이 고조되었다.

1980년대 북한 경기가 침체되면서 고도 경제성장을 바탕으로 한 남한의 군사적 우위는 더욱 분명해졌다. 남한의 군비 부담은 1980년 전후 GNP의 6%대에서 2000년대에는 3% 이하 수준으로 감소되었지만, 고도 경제성장에 힘입어 군비증강을 계속 할 수 있었다.[44]

박정희 대통령의 피살로 1980년 '서울의 봄'이란 정치적 공간이 열리자 탈군사화에 대한 기대감이 한때 고개를 들었다. 그러나 신 군부가 12.12쿠데타를 통해 권력을 장악하면서 '서울의 봄'이 단막극으로 끝나면서 탈군사화 동력도 상실되었다. 북한이 그랬던 것 처럼 남한에서도 군사주의는 재생산되면서 공고해졌다.

3. 남북관계

1972년 남북은 분단 이후 처음으로 고위 당국 간 대화를 가진 것을 계기로 대화의 시대를 열었다. 군사적 대결상태 해소를 위한 7.4 남북공동 성명, 남북 불가침 협정 체결을 골자로 한 1973년 남한의 6·23 특별 선언, 북한의 북미 평화협정 제안이 잇달았다. 그러나 이 같은 남북의 선언과 제안은 모두 이를 이행하기 위한 준비나 구체적 후속 조치가 없는, 선전전 차원에서 이루어진 것이었다. 이 때문에 탈군사화로 진전되지 못했다. 이후 남북은 통일 방안과 군축, 군비통제 방안을 경쟁적으로 내놓았지만 체제 우위 경쟁의 방편이자, 군사적 대결의 책임을 상대에게 전가하고, 분단을 관리하기 위한 정치적 공세에 불과했다.[45] 1976년 미군에 대한 북한군의 도끼만행, 1978년 남한 침투용 땅굴 5개 발견은 북한이 대외적인 평화 공세와 달리 내부적으로 군사적 해결을 우선시하고 있음을 드러낸 좋은 사례이다.

1980년대 들어 대화 제의가 더 잦아진 만큼,[46] 대결 상태도 심각해졌다. 대화 제안이 잇따르고 교류가 진행되던 1983년 북한은 미얀마 랑군 묘소를 방문한 전두환 대통령 일행에 폭탄 테러를 했다. 과거 군 특수부대 침투를 통한 군사적 공격에서 테러로 방향 전환을 알리는 신호였다. 테러는 1987년 북한 공작원에 의한 대한항공 858기 공중 폭파 사건에서 반복되었다. 북한의 잇단 대형 테러로 남북 간 군사적 긴장 상태는 최고조에 달했다.

남북 양측에서 군사주의가 공고화한 현상은 남북관계에 그대로 반영되었다. 군사주의가 대화와 협상에도 흔들리지 않을 만큼 뿌리를 깊게 내린 것이다.

Ⅳ. 대화와 군사주의의 동행(1987년~2011년)

1. 북한

북한 경제 위기가 본격화된 시기였지만 군수산업은 크게 성장했다.[47] 재래식 무기개발 비중을 줄이고 미사일과 같은 전략 무기 개발에 집중하면서 질적 성장으로 전환하는데 성공한 결과였다.[48] 1998년 대륙간 탄도미사일급 장거리 로켓 발사는 북한이 제3세계에서는 드물게 미사일강국으로 부상했음[49]을 말해준다.

무기 수출입 규모는 1990년 4억 1,000만 달러로 무역 총액의 11.9%를 차지했다가 1991년 8.1%, 1992년 12.1%, 1993년 10.4%로 등락을 한 뒤 지속적으로 하락해 1997년 4.4%를 기록했다.[50] 군수공장이 생산하는 무기, 장비의 총생산 규모도 1980년대 중반 최고 23억 달러를 기록한 이후 감소해 경제 위기 10년(1989~1999)간 연평균 10억 달러 이하 수준을 유지한 것으로 평가됐다. 재래식 무기가 포화상태인데다 국제 제재로 무기 수출이 감소한 결과로 추정됐다.[51]

군사비는 오히려 증가했다. GNP 대비 군사비는 1990년 8.9%~13.0%, 1994년 15.0%~22.6%에 달하는 것으로 추정됐다.[52] 1991년~2003년 국민총소득(GNI) 대비 군사비 비율 평균 추정치는 28.6%로 높아졌다. 2000년에는 29.8%로 50억 달러를 돌파하고,[53] 2008년에는 30%를 상회한 것으로 추정됐다.[54] 한국국방연구원(KIDA)의 '2010 국방예산 분석·평가 및 2011 전망'에 따르면, 2004년 66억 5,000만 달러, 2005년 73억 5,000만 달러, 2006년 76억 6,000만 달러로 늘었고, 2007년 처음으로 80억 달러를 돌파해 80억 1,300만 달러, 2008년 82억 1,300만 달러에 달했다.[55] 경제난과 국제 경제 제재에도 군사비 규모와 GNI 대비 군사비 비율이 동시 증가한 것이다. 병력도 1992년 100만 명을 넘어선 뒤 2010년 102만 명을 기록했다.[56]

1996~2000년 고난의 행군기, 2002년 경제개선관리 조치(일명 7·1 조치) 시행, 시장화는 전체주의적인 사회 통제를 일정 부분 이완시켰고, 그 때문에 자율적인 공간이 형성될지 주목받았다. 그러나 탈군사화라고 할 만한 변화는 관찰되지 않았다. 오히려 경제난이 심각해지

는 상황에서 전략 무기 개발과 군사비, 병력이 늘었다. 게다가 김정일 총비서가 선군정치를 선언하면서 군대의 정치적 영향력이 확대되는 것은 물론 병영 밖에서 군대가 사회 경제문제를 책임지는 군 역할 확장 현상까지 나타났다. 그렇지 않아도 높은 수준의 군사주의가 더욱 심화된, 군사주의 과잉이었다.

2. 남한

남한은 세계적 수준의 국방비투자를 계속했다. 1990년 GNP 대비 3.8%, 1994년 3.5%로 점차 비율이 감소하기는 했지만. 그것만으로도 이미 세계적 수준이었다.[57] 2010년 GDP 대비 국방비 2.8%는 러시아(3.0%), 대만(2.8%), 이집트(2.9%)와는 비슷하고, 호주(2.5%), 영국(2.3%), 프랑스(1.3%), 독일(1.3%), 일본(0.9%)보다는 높은 것이다.[58] 인구 대비 병력 비율은 1950년대 3%에서 1960년대 2%대, 1970년대는 1%대로 내려가 1994년 1.5%를 기록[59]한 이래 1% 수준을 유지하고 있다.

방산업체의 방산부문 매출액은 꾸준히 증가했다. 2000년 3조 3천여 억 원이었던 매출액이 2008년 7조 2천여 억 원으로 9년 전 대비 117%의 증가율을 보였다. 방산물자 수출은 2000년 55.4억 달러에서 2009년 116.6억 달러로 10년간 두 배로 늘었다.[60] 2010년 기준 남한 국방과학 기술수준도 미국, 영국, 프랑스 등 선진국 대비 78% 수준으로서, 세계 11위권에 해당했다. 선진국 대비 80%를 상회한 기동 및 화력 분야 기술은 남한 독자적 개발이 가능한 수준으로 평가되고 있다.[61]

이같이 군사화 수준이 높아지는 것과 별개로 국가차원에서 의미

있는 탈군사화 노력이 펼쳐졌다. 1987년 민주화 이후 노태우 정부의 북방정책, 남북 대화, 전술핵 철수, 팀 스피릿 훈련 중단이 그것이다. 사회 차원에서도 군사문화 청산 작업이 진행되었다. 분단 이래 가장 가시적이고 실질적인 남한 탈군사화가 이루어진 시기였다고 할 수 있다. 그럼에도 불구하고 김영삼 정부는 북한 붕괴론에 기울어 남북 협력에 부정적 태도를 보였고, 햇볕정책을 추구한 김대중 정부도 군 비 경쟁을 게을리 하지 않았다.[62] 군사 태세는 안보환경 변화에 비탄력적이었음이 확인된다. 탈군사화가 사회 차원에서는 상당 부분 진척된 것과 달리, 국가 차원에는 매우 제한적이었다.

3. 남북관계

이 시기 남북관계는 큰 변화를 겪었다. 첫째, 대화·교류의 장기 지속이다. 1980년대 말~1990년대 초 사회주권의 몰락과 탈냉전을 계기로 남북관계는 분단이래 처음으로 대화와 교류를 본격화했다. 남북은 역사상 최초로 남북 간 군사적 긴장 완화를 위한 '남북 사이의 화해와 불가침 및 교류협력에 관한 합의서' '한반도 비핵화 공동선언'을 채택했다. <그림 2-2>에서 보는 바와 같이 1990년대 초 남북 간 교류·협력이 여러 분야에 걸쳐 펼쳐졌고, 2010년대 중반까지 질적, 양적으로 확대됐다. 대북 인도적 지원도 그런 추세를 따라 점차 증가했다.[63] 과거 대화·교류가 일회성이었던 것과 달리, 이 시기 대화·교류는 단절되었다가도 일정 시점이 지나면 재개되는 복원력을 보였다는 점에서 차이가 있다. 1991년 고위급 회담, 2000년·2007년 남북 정상 회담이 증명하듯 일정한 간격을 두고 대화의 문이 활짝 열렸다.

둘째, 대화·교류협력과 군사적 대결의 병행이다. 북한 핵 개발과 정에 북한의 핵무기확산금지조약(NPT) 탈퇴 선언, 준전시상태 선포, 1994년 6월 영변 핵 단지를 겨냥한, 미국의 외과 수술식 선제 타격 추진 등 한반도가 핵전쟁 불안 속에 빠져 들어갔어도 교류협력은 지속되었다. 핵 개발과 남북·교류 협력이, 서해교전과 금강산 관광·개성공단 사업이 동시에 전개되었다.

〈그림 2-2〉 남북교역액 현황

(단위: 백만 달러)

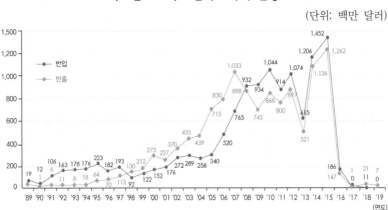

출처: 통일부, 『2020 통일백서』 (서울: 통일부, 2020), p. 273.

셋째, 육상 및 영공을 통한 북한의 무장침투와 물리적 도발, 테러를 둘러싼 군사적 충돌이 해상 경계선을 중심으로 한 충돌로 전환했다.[64]

이 시기 남북관계에는 과감한 탈군사화 조치가 두드러졌다. 금강산 관광 및 개성공단 가동이 상징하는 교류·협력의 질적 전환과, 금강산·개성 인근 북한 전방 부대의 후방 배치 등이 대표적이다.

그러나 이런 변화도 이미 공고해진 남북관계의 군사주의에 균열을 내지는 못했다. 남북관계의 탈군사화가 비가역적 수준에 달할 만큼 축적의 시간을 갖지 못한 채 간헐적·일시적으로 이루어진 결과이다. 변화가 있다면, 재래식 군비 경쟁을 핵과 첨단 전략 무기 경쟁으로 대체한 것이다. 경제 위기로 재래식 전력 증강에 한계를 느낀 북한이 남북 비핵화 합의를 했음에도 핵·생화학 무기 등 비대칭 전력 개발에 박차를 가하고, 남한이 이에 군비 증강으로 맞선 상황이 이를 잘 말해준다. 남북관계 군사주의는 교류·협력과 병행하면서도 그로 인해 도전받지 않을 정도의 단단한 성을 구축했다고 할 수 있다.

V. 핵 시대 군사주의(2012년~2021년)

1. 북한

김정은 집권기는 북한 역사상 핵 및 미사일 개발, 군수산업 강화에 최고로 집중하고 또한 성공한 시기였다.[65] "국방비 증액 없이 인민 생활 개선에 집중할 수 있다"며 2013년 채택한 '경제·핵 건설 병진 노선', 2017년 '국가 핵 무력 완성' 선언이 잘 대변한다. 북한은 2018년 북미간 비핵화 협상을 위해 핵 및 미사일 실험 중지를 발표했음에도 핵·미사일의 고도화, 첨단 무기개발을 멈추지 않았다. 김정은 총비서는 병진 노선이 전쟁 억제력과 방위력을 높임으로써 국방비를 추가적으로 늘이지 않고도 인민생활 향상에 힘을 집중할 수

있다고 했지만 실제로는 국방비가 상당히 증가했을 것으로 추정되고 있다.[66]

남한 국방부가 2014년 북한 연간 실질 군사비 지출로 추정한 규모는 102억 달러(구매력 환율)였다.[67] 이는 북한 GNI 36조 4,000억 원의 30%를 넘는다.[68] 평시 군사비로는 세계 최고에 해당한다.[69] 국제평화학회도 2014년 25차 총회에서 폭력 비용이 세계에서 가장 높은 국가로 북한을 지목했다.[70]

이미 북한의 군수 노동자는 50만 명[71]에 이르고, 전체 경제에서 군수경제가 차지하는 비율은 30~60%[72]에 달한다. 군수산업 없이 북한 경제가 존립할 수 없는 상황이다. 병력은 2017년 기준 128만 명[73](인구대비 4.9%)으로 한국전 이후 최대 규모의 증가이자 세계 최고의 인구대비 동원율이다. 미국 국방대학 산하 국가전략연구소(INSS)는 2020년 11월 '전략 평가 2020' 보고서를 통해 "북한은 핵탄두를 15~60개 보유하고 있는 것으로 추정된다"며 "남한과 일본, 동중국 도시들을 위협할 수 있는 탄도 미사일도 약 650개 보유하고 있는 것으로 보인다"고 평가했다.[74]

김정은 시대 선군정치의 실질적인 종식, 군 엘리트 통제 강화, 인민 대중 제일주의, 시장화의 확산과 같은 정책들은 김정일 통치방식으로부터의 일탈이라고 할 수 있다. 특히 시장화 심화는 사회 통제의 이완을 초래했다. 그러나 '반동문화사상배격법' 제정이 상징하는 것처럼 시장화 부작용을 방지하기 위한 사회 통제 강화 조치도 병행하고 있다. 따라서 탈김정일 통치가 의미 있는 탈군사화로 나타났다고 평가하기는 어렵다. 김정은 총비서는 자신이 핵심 과제로 언명했던 인민 생활 개선에는 실패했지만, 북한을 실질적 핵보유국으로 이끄는 데는 성공했다. 그 결과, 김정일 시대 재래식 무기에 의한 군사화는 김정은 시대 핵에 의존한 군사화로 성격이 바뀌었다. 군사화에는 아무런 변화가 없다.

2. 남한

남한 군사력과 군사비 규모는 남북 경제력 격차 확대의 결과, 북한과 비교할 수 없는 수준인 것은 물론 세계 주요국과도 견줄 수 있는 정도가 되었다. 2017년 18개국을 비교한 '세계 주요 국가의 국방비 현황'에 따르면 남한의 GDP 대비 국방비 비율은 2.3%로 6위를 기록했다.[75] 스톡홀름국제평화연구소(SIPRI)가 발표한 세계 각국의 군사비 지출에선 한국이 2018년, 2019년 연속 10위를 차지했다.

남한 국방연구개발비 총액은 2004년 7,757억 원에서 2013년 2조 4,386억 원으로, 10년간 3배 이상 급성장했다.[76] 2012년 남한 국방연구개발비 총액은 22억 1,000만 달러로 미국과 영국에 이어 세계 3위, 2019년 세계 5위를 기록했다. 2012년 남한의 국방비 대비 국방연구개발비 비율은 미국에 이은 2위, 2019년에는 미국, 프랑스에 이은 3위를 했다. 2019 국방과학기술 수준은 세계 9위로 평가되고 있다.[77]

2008~2018년의 10년간 방위산업 매출은 5.5조 원에서 16.3조 원으로 3배, 수출은 2,800억 원에서 3조 4,100억 원으로 10배 이상 증가했다. 수출품목도 탄약과 같은 재래식 무기를 넘어 항공기, 잠수함 등 첨단 무기체계로 확대됐다.[78] 2015~2019년 남한 무기 수출량은 전 세계 무기 수출량의 2.1%로 세계 10위를 했다.[79] 직전 5년(2010~2014년) 동안 시장 점유율 0.9%에서 143.0% 증가한 것이다.[80] 10위

권 국가 중 가장 큰 증가율이다. 남한 무기를 구매한 나라도 이전 5년간 7개국에서 17개국으로 증가, 수출국이 다변화됐다. 남한은 2015~2019년 무기 수입량에서도 3.4%로 7위를 기록했다. 2010~2014년에 비하면, 6배 이상 폭증한 것이다.[81] 이명박 정부 이래 문재인 정부까지 국방연구개발 투자를 확대하고, 방위산업을 국가가 적극 육성한 결과이다. 이명박 정부는 2020년까지 무기 수출 세계 7위를 목표로 삼고, 분쟁 지역에 맞춤형 무기를 판매하겠다는 정책을 공식화했다.[82] 박근혜 대통령은 방위산업이 창조경제의 핵심 동력이 돼야한다고 강조했다.[83] 문재인 정부는 4차 산업혁명 시대에 걸 맞는 방위산업 육성을 주요 국정과제로 선정했다.[84]

남한 병력 수는 2017년 62만 5천명으로, 주요 18개국 가운데 4위이다. 대략 영국·독일의 4배, 프랑스의 3배 정도이다. 주요 18개국 가운데 남한의 인구 대비 병력 비율은 1.2%로 이스라엘 2.0%에 이어 두 번째이다.[85]

국방부는 2018년 7월 발표한 '국방개혁 2.0'에서 국방력 강화를 위해 2019년~2023년 5년간 270조 7,000억 원이 필요하다고 밝혔다. 원거리 작전능력 및 우주작전 역량 강화가 포함된 국방개혁 2.0은 한반도를 넘어 동아시아를 작전 범위로 하는 군사 능력확보를 목표로 하고 있다는 의미이다. 이러한 군사력 팽창 계획은 문재인 대통령이 강조한 '동북아 다자 평화안보협력체제' 구상과 모순된다.[86] 2020년 8월 국방부가 발표한 '2021~2025년 국방중기계획'도 북한만이 아닌, 미래 위협 등 전방위 안보위협에 주도적으로 대응할 수 있도록 국방 능력을 혁신하겠다는 것이 골자다. 2019년 남한 명목 GNI가 북한의 54.4배, 1인당 GNI는 26.6배[87]에 달하는 상황에서 이 같은 국방비 지출과 무기개발은 과잉 군사화라고 할 수 있다. 이는 남북 정상이 2018년 4월 판문점 선언을 통해 발표한 '단계적 군축 실현' 취지와 충돌한다. 문재인 정부는 남북 간 군사적 긴장 완화와 군사적 대결 상태 해소라는 국정 과제를 주요 목표로 제시했으면서도 가상의 위협을 근거로 민주화 이후 역대 어느 정부 보다 군사주의 논리를 확대했다는 점에서 매우 모순적이라고 평가할 수 있다.

2017년 문재인 정부 출범이래 한반도 평화 프로세스 추구, 세 차례 남북정상회담은 남한 탈군사화의 필요성과 정당성을 부각시킬 수 있는 기회였지만, 국가차원에서나 사회 차원에서 실질적인 탈군사화 진전은 없었다. 국회, 언론도 과잉 군사화 문제를 본격적으로 제기하지 않았다. 군사주의가 이미 남한 사회에 지배적인 이데올로기로 침윤된 결과라고 할 수 있다.

3. 남북관계

2012년 이후 김정은 시대 남북관계는 세 시기로 나눌 수 있지만,[88] 남북관계가 절정에서 갑작스럽게 완전 단절로 급전직하한 시점을 기준으로 하면 남북관계 단절기 이전(2012~2019)과 이후(2019~2021 현재) 두 시기로 나눌 수도 있다. 단절기 이전은 "군사적 긴장과 충돌의 근원으로 되는 상대방에 대한 일체의 적대행위를 전면 중지하기로" 한 2018년의 9.19 남북군사합의서 서명이 말해주듯 군사화가 역진할 수 있는 공간이었다. 이 시기에 북한은 핵 실험 및 미사일 발사를 중단했으며, 한미는 대규모 연합훈련을 중단하고, 남북은 공동경비구역 지뢰를 제거하고, 비무장 지대 일부 초소를 철거했다. 과감한 탈군사화 조치였다. 하지만 그것은 북미 간 비핵화 협상 진전 상황에서만 가능한 조건부였다. 따라서 2019년 2월 하노이 북미정상회담 결렬과 동시에 탈군사화가 전면 중단된 것은 자연스러운 귀결이다.

이후 남한은 핵 추진 잠수함, 경 항공모함 건조를 본격 추진한다는 계획을 발표했고, 북한은 핵 추진 잠수함, 전술핵무기 개발 계획을 공개했다. 남북이 국가 규모를 무시한 채 무모한, 첨단 전략 무기 경쟁에 돌입한 것이다. 이로써 비핵화 협상기에 촉진된 탈군사화 흐름은 핵 무장과 첨단 전략 무기에 기반한, 새로운 단계의 강력한 군사화의 파도에 휩쓸려 사라졌다.

〈그림 2-3〉

송영무 국방부 장관(왼쪽)과 북한 노광철 인민무력상이 2018 년 9월 19일 오전 평양 백화원 영빈관에서 문재인 대통령과 김정은국무위원장이 지켜보는 가운데 판문점 선언 이행을 위한 군사분야 합의문에 서명한 뒤 교환하고 있다.
출처:「연합뉴스」, 2018년 9월 19일.

Ⅵ. 맺음말: 군사화·탈군사화의 불균형

한국전쟁 이후 남북관계는 네 단계의 군사주의를 거쳤다. 첫째, 군사주의 형성기로 또 다른 전쟁에 대비하며, 남북관계를 군사력으로 해결하는 제도·이념·행동의 토대를 구축한 시기이다. 제1장에서 제시한 군사주의 구성 요소 중 ① ② ③ 요소가 큰 영향을 미쳤다. 둘째, 공고화기로 남북은 각각 군수산업 육성, 병력 증강, 군사비 지출 확대 등 본격적 군비경쟁을 한 시기이다. 그로 인해 남북간 군사적 충돌이 잦아졌고 그 결과 군사주의가 되돌리기 어려운 국면으로 진입했다. ① ② ③ ⑤ 요소의 영향이 컸다. 셋째, 대화와 군사주의 동행시기로 군사적 대결, 대화와 교류, 남북화해 등 남북관계에서 나타날 수 있는 다양하고 모순된 현상이 동시에 나타난 시기이다. 특히 남한 민주화는 남한 사회의 탈군사화를 촉진했지만, 남북관계를 탈군사화는데 영향을 미치지는 못했다. 민주화는 군사주의에 전혀 균열을 내지 못함으로써 군사주의 견고성을 역설적으로 입증했다. 군사주의를 구성하는 5개 요소 모두가 영향을 미쳤다. 넷째, 핵시대 군사주의 시기로 단계적 군축 합의에도 불구하고 탈군사화 계기를 살리지 못한 채 오히려 재래식 군비경쟁을 핵과 첨단전략 무기 경쟁으로 대체하며 군사주의를 더 강화하고 '혁신'했다. ④ ⑤의 영향이 두드러졌다. 전 단계에 걸쳐 꾸준히 증가해온 ① ⑤ 요소가 군사주의 지속성을 보장했다면, ④ 요소는 질적 전환을 가능케 했다고 할 수 있다.

군사주의가 네 단계를 거치며 형성되고 공고화하고 심화되는 동안 그 어떤 남북 대화와 교류 협력, 화해도 이 이데올로기에 효과적으로 도전하지 못했다. 군사적 위협의 내용과 군사적 대결 방식이 각 시기마다 변할 때 군사주의도 얼굴을 바꾸며 스스로 시대에 적응하고 강화한 결과라고 할 수 있다.

이 글은 남북관계 군사주의의 견고성이 북한 군사주의, 남한 군사주의의 원인인지 결과인지, 북한 군사주의와 남한 군사주의 가운데 어느 요인이 남북관계 군사주의를 초래했는지 인과관계를 규명하지 않았다. 그러나 북한 군사주의, 남한 군사주의, 남북관계 군사주의가 매우 높은 상관관계를 갖고 있다는 사실은 분명하다. 전후 68년 동안 영향을 주고받은 순서가 어떻든 북한, 남한, 남북관계 사이 군사화 연쇄반응이 있었고, 그 결과가 바로 굳건한 남북관계 군사주의이다.

군사주의는 시종 일관 군사화라는 한 방향으로만 진행했던 것은 아니다. 남한 내부에서, 남북관계의 특정 국면에서 어느 수준이든 탈군사화의 싹이 존재했고, 일정한 진전도 있었다. 문제는 군사화-탈군사화 간 길항관계의 결과가 언제나 군사주의였다는데 있다. 이는 군사화를 상쇄할 수 있는 탈군사화가 부재했음을 의미한다. 이것이 바로 군사주의-군사주의-군사주의 순환 고리는 존재해도 탈군사화-탈군사화-탈군사화 순환 고리는 존재하지 않은 이유이다.

이 문제는 다음과 같은 질문을 던진다. 남한 민주화 이후 탈군사화는 왜 군사화를 억제하는데 실패했는가? 군사화가 군사화를 촉진하는 것처럼, 탈군사화는 왜 탈군사화를 촉진하지 못했는가? 군사화-탈군사화의 관계는 왜 불균형적이었는가?

이 글은 남북관계 군사주의 외적 조건[89)]을 다루지 못했지만, 미국의 대북정책이라는 외적 조건이 사실 남북관계 군사주의를 결정할 수 있는 매우 중요한 변수라는 사실은 이론의 여지가 없다. 한반도 안보 현실을 고려하면, 탈군사화에 관한 지역적 합의도 매우 중요하다. 동북아시아에 공동 안보가 존재하지 않는 것이 군사주의를 초래한 한 요소라고 할 수 있기 때문이다.

  탈군사화 실패의 또 다른 이유는 남한의 기득권이다. 물론 북한이 스스로 탈군사화하지 못하는 것도 중요한 요인이지만, 군사주의 상호 의존성을 고려하면, 한반도 군사주의 책임을 북한 탈군사화 부재로만 돌리는 것은 탈군사화의 복잡성을 무시하는 것이다. 남한은 대북 군사력 우세 조건에서 형성된 힘의 균형 상태를 변경할 의사가 없는 것으로 보인다. 이 균형을 토대로 한 남북관계 군사주의를 유지하는 것이 탈군사화가 가져올 불확실성 보다 낫다고 믿기 때문일 것이다. 이같은 남한 기득권, 군사주의로 체제 유지에 성공한 북한의 경험으로 인해 탈군사화는 가까운 미래에 달성하기 어려울 것 같다. 선후 없이 남북 각각 내부와 지역적 차원의 탈군사화가 동시적으로, 다차원적으로 진행되지 않으면 남북관계 군사주의 구조는 쉽게 깨지지 않을 것이다.

3장

숙적관계이론으로 본 남북관계[*]

문인철

Ⅰ. 문제의 제기

2017년 남북관계는 한반도 전쟁 위기설이 나돌 정도로 매우 경색된 상태였다. 불과 1년도 채 지나지 않은 2018년에는 한반도 평화 분위기가 고조되었다. 2021년 현재 남북한 간에는 아무런 대화나 교류도 이루어지지 않고 있다.

2021년 1월 5일 북한은 제8차 당대회를 개최하였다. 김정은 위원 장은 중앙위원회 사업총화보고에서 남북관계 경색의 책임을 남한 정부에 돌렸다. 김 위원장은 한미 합동군사훈련과 첨단 군사장비 반입을 남한의 대북 적대행위로 규정하며 중단을 요구했다. 여기에 덧붙

---

* 이 장의 일부는 국립외교원 주최 '한국전쟁 70주년 학술회의'에서 발표되었고, 이후 국립외교원 외교안보연구소 외교사연구센터, 『한국외교사 논집』, 제1호 (2020)에 자료집으로 실린 논문을 수정보완한 것이다.

여 김 위원장은 남한의 태도를 반통일적 행태라고 비난하였다.[1] 한편, 2021년 1월 11일 문재인 대통령은 신년사에서 '전쟁 불용', '상호 간 안전보장', '공동번영' 등 세 가지 원칙을 재확인하며 남북이 맺은 합의의 이행을 주문하였다. 문 대통령은 이를 토대로 한반도 '평화·안보·생명공동체' 형성을 북한에 제안하였다.[2] 그런데 8차 당대회에서 김정은 위원장도 남한에 합의 이행을 요구했다. 남북한 모두 합의 이행을 주문하면서 현 상황(남북관계 경색)의 책임을 상대에게 전가하는 모습을 보였다. 주지하듯이 분단 이래로 남북한 모두 반복적으로 통일과 평화를 외쳤다. 하지만 정작 통일과 평화를 위한 서로의 노력은 단발적이고 일시적이었다. 왜 남북한은 통일과 평화를 원하면서도 갈등을 지속하는가?, 남북갈등이 끝날 수는 있는 것인가?

8차 당대회의 김 위원장 발언에서 엿볼 수 있듯이, 군사안보 문제는 남북한 장기갈등의 주요 원인이다. 군사 갈등은 남북한 분단과 통일 문제가 근본 원인이다. 국가 간 관계로 보면, 남북통일은 체제·영토·주권과 관련된 사활적 문제이다. 대한민국 헌법 제3조의 영토 조항은 이를 잘 나타낸다. 이에 따르면 북한 지역은 대한민국 영토이고, 북한 정권은 이를 점유하고 있는 불법 정부이다. 마찬가지로 북한도 남한을 미국 제국주의로부터 해방해야 할 대상으로 본다.[3] 남북한 유엔 동시 가입이나 남북기본합의서, 그 밖에 여러 협정 등에서 서로는 존재를 인정하지만, 상대에 대한 인식이나 태도는 꼭 그렇지도 않다. 그동안 남북한이 제시한 통일 방안만 보아도 이를 잘 알 수 있다.

남북한 통일의 방식과 모습은 다양할 수 있다. 하지만 통일 한반도는 최소한 정권의 세습이 이어지고, 인권을 유린하며, 정치·경제·사회적 폭력이 난무한 체제가 되어서는 안 된다. 또 통일 한반도는 민주주의와 자유, 건전한 자본주의적 경제 질서로 작동되어야 할 것이다. 그렇게 볼 때 북한 정권이 변하지 않는 한 현 상태로는 통일이 어려울 것이다. 따라서 남북한 모두 통일을 외치지만 이는 역설적으로 정치·외교·군사안보적 갈등을 지속시키는 원인이 되고 있다. 실제로 2020년 4월 초 북한 대남 인터넷 매체인 '메아리'는 독일 통일 방식을 수록한 통일부 국립통일교육원 학습 교재인 『2020 통일문제 이해』를 두고 남한이 체제통일, 흡수통일을 지향한다고 비난한 바 있다.[4]

국제정치학에서는 쉽게 해결하기 어려운 유·무형적 차원의 문제를 둘러싸고 장기간 갈등을 지속하는 국가 간 관계를 '숙적관계'라고 한다. 숙적관계를 형성하는 갈등 사안은 한 가지이거나 여러 개일 수 있다. 그러나 중요한 점은 문제의 개수가 아니다. 갈등을 지속시키는 문제가 국가의 핵심이익 또는 사활적 이익과 연결되는지의 여부이다. 그 때문에 숙적관계 속 국가는 여러 문제를 둘러싸고 갈등을 지속하며 해결 방법으로 군사적 수단을 활용하기도 한다. 예를 들어 남북한 통일은 크게 보아 단일한 이슈이지만 영토, 주권, 체제 등 사활적 이익과 연결된 복합적 문제이다. 더군다나 남북한 통일은 한반도를 둘러싼 강대국 간 세력 갈등과도 연결되어 있다.

보통 숙적국가 간에는 개인적 차원부터 사회 및 국가적 차원에 이르기까지 편견과 적대감, 불신이 만연해 있다. 숙적국가는 서로를 주요한 위협으로 간주하며, 협력과 대화 등 갈등 완화를 위한 노력은 제한적이다. 무엇보다 숙적국가는 정권 유지 및 확보를 위해 종종 갈등을 확대 재생산시킨다. 냉전기 남북한 정권 모두 통일 주체의 정통성 및 정당성을 주장하며 서로를 정복해야 할 존재로 규정하였고, 그 가운데 각자의 권력을 공고화했다.

숙적관계이론에 따르면 남북한은 명백한 숙적관계이다. 남북관계는 이론에서 말하는 숙적관계의 특징과 유형 대부분을 나타내고 있다. 기본적으로 남북한 간에는 불신이 존재해 있고, 사실상 서로를 적으로 간주한 군비 경쟁을 지속하고 있다. 미 국무부의 "2018년 세계 군비지출 무기이전 보고서(World Military Expenditures and Arms Transfers 2018)"에 따르면, 2006년부터 2016년까지 북한은 국내총생산(GDP) 대비 23.3%를 국방비로 지출했다. 북한의 GDP 대비 국방비 지출은 세계 1위이다.[5) 한편, 'Global Fire Power'에 따르면 남한의 2021년 국방예산은 480억 달러로 세계 8위를 차지하고 있다.[6) 2020년 1월 기준 남한의 GDP 대비 국방예산은 2.5%로 일본의 GDP 대비 0.9%보다 약 3배가 높다.[7)

〈그림 3-1〉 북한 정권 수립 70주년 열병식

출처: "국무부 북한 GDP 대비 국방비 세계 1위," 「VOA」(온라인), 2019년 2월 16일; <https://www.voakorea.com/korea/korea-politics/4789106> (검색일: 2021년 5월 4일)

2018년과 2021년의 상황에서 볼 수 있듯이 그동안 남북한 간에는 대화와 협력이 이루어지다가도 이내 갈등이 재개되었다. 여전히 남한 사회에는 대북 불신과 편견이 존재하며 이를 활용해 특정 세력이 권력을 획득하기도 한다. 이론적으로 볼 때 남북한 간에 통일의 문제가 표면적이든 암묵적이든 그것이 존재하는 한 숙적관계는 쉽게 해체되기 어려울 것이다.

그동안 남북관계를 적실성 있게 설명하기 위해 다양한 이론적 시도가 있었다. 대표적으로 '분단체제론', '적대적 상호의존론', '대쌍관계 동학이론', '거울영상 효과이론'이 있다. 이들 이론은 숙적관계이론과 마찬가지로 남북관계를 설명하는 데 매우 유용하게 활용되고 있다. 그러나 이들 이론은 그 유용성만큼 많은 한계가 지적되었다. 예를 들어, 이들 이론은 남북한 관계적 측면에만 초점을 맞추고 있다거나 독립적 부분을 간과하고 세계체제의 하위 부분으로 이해한다. 또는 분단으로 오는 일방적 영향만을 강조하거나 적대적인 상호의존적 부분을 지나치게 강조하기도 한다.[8] 그에 반해 숙적관계이론은 남북한 문제를 내·외부 동시에 살펴본다는 점에서 의미가 있다. 숙적관계이론은 남북갈등을 지속시키는 주요 문제가 어떻게 인식돼 이를 지속시키는지 이해할 수 있게 도와준다. 그러한 점에서 한기호의 연구는 많은 함의가 있다. 그는 남북관계의 역동성을 체계적으로 규명하는 데 숙적관계이론이 매우 유용하다고 주장한다. 그는 남북 숙적관계를 지속시키는 여러 측면을 다각적으로 살펴보기 위해 동맹이론이나 사회심리학 등을 활용하기도 했다. 그는 숙적관계이론을 통해 남북관계 특성을 이해하는 것이 곧 탈분단의 시작이라고 본다.[9] 다만, 한기호의 연구는 기존 연구들과 같이 주로 남북한의 군사적 분쟁에만 초점을 맞춤으로써 좀더 복잡하고도 다양한 남북 숙적관계속 갈등 문제를 놓치고 있다.[10] 따라서 이 장은 남북 숙적관계를 지속시키는 근본적인 원인인 통일 문제를 좀더 복합적 차원의 정치·사회·군사안보·심리적 갈등의 맥락에서 주목하고 있다.

물론 숙적관계이론도 많은 한계점을 가지고 있다. 우선 용어에서도 나타나듯이 숙적관계이론은 냉전기에서부터 탈냉전기에 이르기까지 기본적으로 남북관계를 갈등 관계로 규정한다. 그 때문에 숙적관계이론은 남북한 간에 존재하는 대화와 협력보다는 정치·외교·군사적 경쟁과 갈등에 초점을 둔다. 숙적관계이론은 주요 갈등에도 협력과 대화가 이루어지거나 문제를 해결하기 위해 스스로 노력하는 이유를 설명하는 데 제약이 존재한다. 그럼에도 숙적관계이론은 남북관계를 설명하는 매우 유용한 분석 틀이 된다. 남북한은 분단 이래로 여전히 갈등을 지속하고 있고, 그 양상은 일반적인 국가 간 경쟁과는 다르다.

이 글은 숙적관계이론을 통해 남북관계를 이해하는 데 첫 번째 목적이 있다. 다음으로 이 글은 남북관계를 숙적관계적 맥락으로 설명하는 데 두 번째 목적이 있다. 마지막으로 이 글은 숙적관계이론에 따라 향후 남북관계를 전망하는 데 세 번째 목적이 있다. 이러한 작업은 남북관계에 대한 이해의 폭을 높일 것이다.

Ⅱ. 숙적관계에 대한 이해[11]

그동안 숙적관계에 관한 연구는 주로 전쟁 가능성이 높은 두 국가 관계를 대상으로 이루어졌다. 그 때문에 숙적관계는 주로 두 국가 간에 잠재적인 군사적 갈등이 존재하는 관계로 이해되었다. 이는 갈등이 상존한다는 무정부 상태 속 국가 간 관계와도 차이가 있다. 숙적관계는 자신의 이익과 생존에 영향을 미치는 적대국 혹은 경쟁국 관계로 갈등 해결 수단으로 전쟁이 활용될 가능성이 높은 관계를 의미한다. 따라서 숙적관계는 (신)현실주의 패러다임이 상정하는 국가 간 갈등의 무의식적 일상화와는 다르다. 숙적관계 속 국가 간 갈등은 명확한 사안에 대한 연속된 긴장과 누적된 상호 피로도를 보인다. 그러한 점에서 숙적관계는 단순히 전쟁 가능성이 높은 국가 관계만을 지칭하지 않는다. 숙적관계에 있는 국가는 쉽게 해결하기 어려운 주요 사안을 두고 갈등을 지속하는 관계에도 해당된다.

숙적관계는 반복적인 적대적 행위가 계속되는 국가 간 관계를 지칭하기도 한다. 거츠와 딜(Goertz and Diehl)에 따르면 '경쟁성'과 '시간', '공간적 일관성'은 숙적관계를 구성하는 주요 요소이다. 거츠와 딜은 권력 정치적 차원에서 숙적국가 간 경쟁성 문제에 특히 집중하였다. 이들에 따르면 숙적국가는 정치적·이념적·종교적 우월성과 같은 무형적 갈등과 영토나 자연자원과 같은 유형적 갈등을 지속한다.

베넷(Bennett)은 숙적관계를 두 국가가 특정 사안에 대해 오랫동안 합의를 이루지 못하고 반복적으로 정치·경제·외교·군사적 대립을 하는 관계로 본다. 그에 따르면 두 국가 간 대립이 불필요한 경제·외교·군사적 소모로 이어지게 되고, 그것이 반복될수록 관계 악화는 심화된다.

숙적국가 간 갈등의 지속과 심화에서 영토 문제는 특히 중요하다. 레슬러와 톰슨(Rasler and Thompson)에 따르면 영토 갈등을 겪고 있는 두 국가 간에는 전쟁 가능성이 현저히 높아지기 때문이다. 영토는 국가를 구성하는 주요 요소 중 하나로 대부분의 국가에서 사활적 이익으로 간주된다. 영토 갈등은 이 지역을 누가 차지하느냐의 문제로 상대방 국가가 영토를 차지하고 있거나 차지하려고 할 때 이를 저지하거나 물리치기 위해서는 물리적 방법이 동원될 수밖에 없다. 국가 간 관계에서 물리적 해결방법이라는 것은 결국 군사력 사용과 관련된다. 만약 숙적관계에 있는 국가 중 하나가 군사력을 사용해 영토 문제를 해결하고자 할 때 다른 국가도 같은 방식으로 대응하게 된다.

이 밖에도 숙적국가 간 장기갈등은 대내 정치적 상황과도 관련된다. 미쉘과 프린스(Mitchell & Prins)에 따르면, 대내 정치적 불안정성은 숙적관계 지속에 영향을 미치는 주요 요인 중 하나이다. 보통 내부 결집과 정권 및 체제 불안정성 해소를 위해 외부의 갈등을 활용하는 것처럼 숙적관계는 정권 및 체제 안정을 꾀할 수 있는 유용한 수단이 된다.

숙적관계는 크게 세 가지 유형으로 정리할 수 있다. 첫 번째는 '산발적 또는 고립적 숙적관계'이다. 이러한 유형의 숙적관계는 두 국가 간 갈등이 한동안 반복되었으나 오래 지속되지 않고 상대적으로 빨리 끝나는 형태를 말한다. 두 번째는 '과도기적 숙적관계'이다. 이 유형은 두 국가 간 갈등의 지속이 '고립적 숙적관계'보다는 길고 '지속적 숙적관계'보다는 짧은 형태를 의미한다. 세 번째 유형은 방금 언급한 지속적 숙적관계로 오랜 기간 갈등을 지속해 왔으며 앞으로도 지속될 가능성이 높은 형태를 말한다.

관계의 지속성에 초점을 둔 숙적관계 유형은 유의미하나 결과론적이라는 점에서 미래 예측에 한계가 존재한다. 각 유형이 단계적이거나 마지막 유형이 앞서 두 유형을 포함한다고 볼 수 없기 때문이다. 딜과 거츠에 따르면 세 유형은 각각의 특징을 가지고 있다. 첫 번째 유형에서는 정치, 경제, 군사, 외교 등 다양한 갈등이 존재하며 때론 격렬해지기도 한다. 하지만 이는 상대적으로 쉽게 문제가 해결된 형태를 나타낸다. 그리고 이후 이러한 문제는 두 국가에게 더 이상 핵심 사안으로 존재하지 않는다. 그러나 지속적 숙적관계는 고립적 숙적관계와 달리 갈등의 원천이 쉽게 해결되지도 않고 시간이 흐를수록 오히려 더 심화되는 모습을 보인다.

두 번째 유형은 첫 번째 유형과 달리 두 국가 간 주요 갈등이 좀처럼 해결되지 않고 반복되는 특징을 보인다. 따라서 이 유형은 지속적 숙적관계로 이어질 가능성이 있다. 하지만 이 유형에서 존재하는 갈등은 지속적 숙적관계 속 문제보다는 상대적으로 높은 해결 가능성을 가지고 있다. 지속적 숙적관계에서의 갈등은 해결의 가능성이 매우 낮다는 점에서 과도기적 숙적관계와는 다른 특징을 보인다. 만약 지속적 숙적관계가 앞의 두 가지 유형의 단계를 거쳐 형성되었다고 한다면 논리적으로 두 유형은 애초부터 성립되지 않는다. 딜과 거츠는 숙적관계의 종료 시간에 따라 유형을 분류했지만 본질은 갈등의 성격에 있다.

톰슨(Thompson)은 '갈등의 성격'에 초점을 맞춰 숙적관계 유형을 분류한다. 그는 '경쟁성', '군사적 갈등이 발생할 실제적이고 잠재적인 위협의 원천', '적대성'을 기준으로 세우고 이를 토대로 숙적관계를 '경쟁 유형'과 '경쟁 지역 또는 범위 유형'으로 구분했다. 경쟁 유형으로는 '공간적 숙적관계'와 '위상적 숙적관계'가 있다. 공간적 숙적관계는 특정 장소 또는 지역의 점유를 둘러싼 갈등 관계를 의미한다. 위상적 숙적관계는 서로의 위신과 영향력을 둘러싼 갈등 관계를 의미한다. 다음으로 경쟁 지역 또는 범위 유형으로는 '두 국가 간 숙적관계,' '지역적 숙적관계,' '지구적 숙적관계,' '지역적 – 지구적 숙적관계'로 구분된다. 두 국가 간 숙적관계는 일반적인 유형으로 한정된 지리적 범위를 둘러싼 갈등 관계이다. 지역적 숙적관계는 좀더 확장된 지리적 범위를 둘러싼 갈등 관계이다. 지구적 숙적관계는 문자 그대로 지구적 차원에서 존재하는 갈등 관계이다. 마지막으로 지역적-지구적 숙적관계는 특정 지역과 더불어 지구적 차원에서 존재하는 갈등 관계이다. 이 밖에도 정치 체제나 사회적 우월성, 종교 및 가치, 신념 등을 둘러싼 갈등 형태를 보이는 '이념적 숙적관계'도 있다.

Ⅲ. 남북한 숙적관계의 형성과 지속

1. 남북 숙적관계의 형성

남북 숙적관계는 냉전이라는 국제적 차원과 민족 분열이라는 국가 관계적 차원, 자본주의 및 사회주의 발전이라는 체제 내적인 차원 등이 복합적으로 작용해 형성되었다. 남북 숙적관계는 분단 극복을 위한 통일을 전제로 각 정권의 권력 공고화에 영향을 미쳤다. 그리고 이는 다시 남북 숙적관계를 공고히 했다. 남북한 모두 정권의 형성과 지속은 서로에 대한 대항 세력, 즉 적대적 존재에 의해 정당화되었다. 서로가 느끼는 위협은 군대의 역할을 확대시켜 권력 지속에 활용되었다. 분단 초기 남북한 각자가 주장한 체제 우위성은 통일의 주체적 정당성으로 연결되었다. 이는 결국 '지속적 숙적관계'를 형성하게 만든 '전쟁'으로 이어졌다. 그러나 전쟁은 남북한 사활적 이익인 통일 문제를 해결하지 못했고, 오히려 남북 숙적관계를 강화시켰다.

휴전 이후 북한은 '평화통일방안'을 1954년 제네바회의에서 제시했다.[12] 남한도 1954년 개최된 제네바회의에서 '14개항 통일방안'을 제시했다.[13] 남한의 '14개항 통일방안'과 북한의 '평화통일방안'은 한반도 통일의 정통성[14] 문제와 관련돼 있었기 때문에 서로의 제안은 받아들여지지 않았다.

〈그림 3-2〉 1954년 제네바 회담

출처: "제네바 회담, 4월 26일 1954년 (61년전) [금주의 역사 스페셜]," 「상해한인신문」(온라인), 2015년 4월 22일; <https://m.blog.naver.com/PostView.nhn?blogId=shkonews&logNo=220338305360&proxyReferer=https:%2F%2Fwww.google.com%2F> (검색일: 2021년 5월 4일)

1960년대 들어와 남북갈등은 숙적관계의 주요 특징인 군사화된 형태로 나타나기 시작했다. 통일은 남북한 모두의 핵심 목표이자 사활적 이익으로 존재했기 때문에 의지적 차원에서라도 두 정권은 군사적 갈등을 발생시킬 필요가 있었다. 그러한 가운데 1960년 4월 19일 이승만 정권이 몰락했다. 이는 북한의 체제 자신감을 더 높이는 계기가 되었다. 북한은 구체적이고 확장된 평화통일론(연방제 및 기능주의적 통합론)을 제시했다. 북한은 정치·경제적 우월성을 기반으로

남북교류를 주장했다. 북한의 남북교류는 흡수통일을 전제로 한 기능주의적 접근이었다.[15]

박정희 정권이 등장하면서 남북갈등의 양상이 변하기 시작했다. 박정희 정권은 김일성 주석의 연방제 및 기능주의적 통합론에 대항한 혁명공약을 발표하였다. 박정희 정권은 혁명공약 제1항으로 반공을 위한 체제정비 강화를 제시하였다. 또 박 정권은 혁명공약 제5항에 북한과의 대결 승리를 위한 국력 강화를 명시하였다.[16] 혁명공약 제5항에서 제시한 북한과의 대결 승리는 민족적 숙원인 통일을 전제로 한다.

박정희 정권의 통일정책 노선인 반공체제 및 국력 강화는 북한에 위협으로 작용했다. 박정희 정권은 혁명공약 이행을 위해 군사력 강화와 경제발전에 집중했고, 한미동맹 강화와 한일관계 개선을 추진하였다. 이는 북소동맹 및 북중동맹 체결의 계기가 되었다. 현재까지도 이어지고 있듯이 한미동맹은 북한의 최대 위협 중 하나이다.

박정희 정권의 '선 건설 후 통일론'과 마찬가지로 북한도 1961년 9월 조선노동당 제4차 대회에서 '선 혁명, 후 통일' 전략을 선언하기에 이른다. 또 남한의 군사력 강화에 대응하기 위해 북한도 국방력 강화를 위한 '경제-국방 병진 노선'과 '4대 군사화 방침'을 채택하였다. 북한은 남조선 인민 혁명을 주한미군 철수와 남한 군사정권의 전복전략으로 추진하였다.[17] 1964년 2월 27일 북한 통일전략 방침으로 당 중앙위원회 제4기 제8차 전원회의에서 '남조선 혁명론'이 제시되었다. 그리고 이는 북한의 지역혁명[18] 중 하나로 포함되었다. 북한의 지역혁명은 '3대 혁명 역량의 강화' 노선이라는 행동방침으로 나타났다. '3대 혁명 역량 강화' 노선은 '북한의 혁명역량 강화,' '남한의 혁명역량 강화,' '국제적 혁명역량 강화'로 구성되었다.[19] 북한은 '3대

혁명 역량 강화' 노선에 맞게 남한 정부와 직접적으로 대결하기보다는 '통일혁명당'과 같은 지하조직을 적극 활용하였다. 북한은 1966년 말까지 소규모의 물리적 갈등과 간첩을 남파하는 등의 은밀한 형태로 대남 전략을 수행했다.

그러나 북한의 대외적 환경은 남한에 비해 유리하게 흘러가지 않았다. '북·중·소 북방삼각관계'는 균열을 보인 반면 '한·미·일 남방삼각관계'는 강화되는 모습을 나타냈다. 남한의 경제와 군사력은 계속 발전했지만, 북한의 경제 사정은 좀처럼 개선되지 않았다. 특히 북한의 내부 정치적 불안정성은 완전히 해소되지 않았다. 숙적관계에 있는 국가는 내부 문제를 해결하기 위해 외부 갈등을 활용할 개연성이 높다. 1960년대 중·후반부터 북한은 적극적으로 대남 군사 도발을 감행하였다.[20] 이 과정에서 김일성의 권력 확장과 공고화가 한층 더 심화되었고, 김정일 후계구도도 윤곽을 보이기 시작했다.

2. 남북 숙적관계의 공고화

1970년 8월 15일 광복절 25주년 경축사에서 박정희 대통령은 '평화통일 구상 선언(이하 8.15선언)'을 발표하였다. '8.15선언'은 '한반도 긴장 완화 구축'과 '적대적 군사 갈등 지양', '선의의 체제 경쟁'을 담고 있다.[21] 8.15선언은 남한 정권이 북한 정권을 인정했다는 점에서 큰 의미가 있다. 이는 반공 및 통일 주체 정통성을 활용해 확보했던 정권의 정당성을 훼손시키는 것이었다. 실제로 8.15 선언 구상 초기에 반공법을 근거로 관계 장관들이 반대 의사를 표시하기도 하였다.[22] 하지만 8.15 선언은 북한의 실체 인정과 남북 평화공존이라는 표면적 의의보다는 데탕트(détente)로 인한 안보적 공백을 만회하는

데 주로 목적이 있었다. 즉, 박정희 정권은 이를 통해 군사력 및 경제력 강화에 필요한 시간을 벌고자 하였다.

북한은 남한의 제안에 반발하였다. 과거 니키타 흐루쇼프(Nikita Khrushchyov)의 평화공존론을 받아들이지 않았듯이 북한도 남한의 8.15 선언은 정권의 정당성 차원에서 받아들일 수 없었다. 북한은 "남조선 인민의 반미 · 반정부 투쟁을 조금이나마 무마하고 미국과 일본의 이중적 침략음모를 위장하려는 것(이며) …… 남조선의 현 정권을 타도하고 인민정권이 수립되거나 혁신세력이 집권할 때만 협상이 가능하다"고 8.15 선언을 비난했다.[23] 이후 북한은 당대회에서 대남정책 및 통일정책을 재확립하였다. 북한은 남한의 혁명을 모든 혁명의 구성 부분으로 전제하고 이를 '민족해방혁명'인 동시에 '인민민주주의혁명'이라고 정의했다. 북한은 통일을 인민이 현 남한 정권을 전복할 때 실현된다고 주장하였다.[24]

1971년 8월 6일 북한은 남한의 모든 정당 · 대중 집단 및 개별적 인사와 만날 수 있다는 뜻(소위, 8.6제의)을 나타냈다.[25] 북한의 '8.6제의'는 궁극적으로 주한미군 철수에 목적이 있었다. 북한은 8.6제의 이전인 1971년 4월 12일 최고인민회의 제4기 제5차 회의에서 주한미군 철수와 통일전선 구축을 핵심 내용으로 한 8개 항의 통일 방안을 발표한 바 있었다.[26] 사실 북한이 8월 6일에 제안한 통일 방안은 이전과 크게 다르지 않았다. 다만, 북한이 남한의 현 집권당을 배제하지 않고, 그 실체를 인정했다는 점에서 큰 의미가 있었다. 북한도 데탕트 시기의 안보적 공백을 만회하기 위한 대남 통일전선전략의 일환으로 8.6제의를 활용했다.[27]

1971년 8월 12일 남한은 남북적십자회담을 제안하였고[28] 8월 14일 북한은 이를 수락하였다. 남과 북은 1971년 9월 20일 남북적십자

예비회담을 시작으로 협상을 진행하였고 결과적으로 1974년 7월 4일 '7.4 남북공동성명'이 발표되었다. 그 과정을 보면 남북 숙적관계의 주요 특징들이 잘 나타난다.

〈그림 3-3〉 7.4 남북공동성명과 남북한 정상[29]

출처: "北, 7.4성명 통해 박정희 정권 기반 흔들려했다," 「연합뉴스」(온라인), 2012년 7월 3일; <https://news.naver.com/main/read.nhn?oid=001&aid=0005674707> (검색일: 2021년 5월 4일)

1972년 11월 30일 제1차 본회의를 시작으로 1973년 6월 13일까지 남북조절위원회는 총 3차례 개최되었다. 세 차례 회의 모두 유의미한 결과를 도출하지 못한 채 남북한의 입장차이만 나타냈다.[30] 이러한 상황에서 1973년 6월 23일 남한은 7개 항의 '평화·통일외교정책에 대한 특별성명'(이하 6.2 3선언)을 발표했다.[31] 6.23 선언에는 남북한 유엔 동시 가입 내용이 들어가 있었다. 남북한 유엔 가입은 실질적 주권국가로서 남북한의 실체를 국제적으로 인정하는 것이었다. 그러나 이는 역설적으로 한반도 분단 구조를 공식화하는 것과 같았다. 즉, 정권 유지의 정당화로 활용되던 통일 주체의 정통성 주장을 훼손하는 것이었다. 남한은 '힘에 의한 통일 구축'이라는 정권의 자신감으로 이를 합리화하였다.

북한도 '조국통일 5대 방침'으로 응수했다.[32] 이는 지금까지 북한이 주장한 내용을 반복한 것에 불과했다. 단지 달라진 점은 '단일 국호에 의한 UN' 가입뿐이었다. 북한은 남한의 제의를 거절할 수 없었다. 남한의 단독 유엔 가입은 북한 스스로 국제사회의 고립을 초래하는 것이기 때문이다. 북한은 남한의 유엔 동시 가입 제안 거부와 남북대화를 중단할 명분이 필요했다. 북한은 1973년 8월 8일의 '김대중 납치사건'과 '두 개의 조선 음모'를 명분으로 8월 28일 남북 대화 중단 성명을 발표했다. 북한은 남북대화 재개를 위한 4개 항의 전제조건을 제시했다.[33] 북한이 제시한 4개 항은 남한이 절대로 받아들일 수 없는 것이었다.

이와 더불어 북한은 1973년 10월부터 1976년 사이 대남 군사 도발을 반복적으로 일으켰다.[34] 북한의 의도적인 군사적 갈등은 오히려 안보적 위협이 되었다. 박정희 정권이 했던 것과 같이 북한도 남한의 대북 상대적 우위를 만회하기 위해 현상 유지 전략을 활용할 필요가 있었다. 북한의 대남 군사 도발은 남한의 군사력 강화로 이어졌다. 급기야 북한은 1976년 8월 18일 판문점에서 도끼로 미군을 살해하는 모험을 감행함으로써 대미 굴복이라는 체면 손상을 경험하였다. 1977년부터 1978년 사이 남북한 간에는 아무런 접촉도 일어나지 않았다. 1977년 1월 12일 남한이 대북 식량 원조를 제안했을 때,[35] 북한은 크게 반발했지만[36] 대남 군사행동으로 이어지진 않았다.

1979년 10월 26일 박정희 대통령 사망 이후[37] 1980년 10월 10일 조선노동당 제6차 당대회에서 김일성 주석은 '고려민주연방공화국 창립방안'을 제시했다.[38] 그동안 북한이 주장한 연방제는 과도기적 통일 방안이었다. '고려민주연방제'는 과도체제가 아닌 '완성형의 통일 국가'였다. 북한은 두 개의 지역 자치정부를 인정한 하나의 통일 국가 구성을 제안했다. 이는 남북한 간 사상과 제도의 상호 인정을 전제로 한다는 점에서 현실적 방안이었다. 북한은 '고려민주연방제'에서 남북한 사상과 제도 인정을 전제하면서도 전두환 정부 타도를 외쳤다. 또 북한은 남북한 간 제도의 상이성을 인정한다고 하면서도 국군과 인민군의 통폐합(민족연합군)을 주장하였다. 이는 북한이 지속적인 군사 갈등의 책임을 남한에 전가하는 것이었다. 북한은 군사적 통합을 먼저 제안함으로써 남북한 군사적 갈등 유발의 책임성을 상쇄시키려고 했다.

북한의 통일 방안에 대응하기 위해 1981년 1월 12일 전두환 대통령은 새해 국정연설에서 '무조건의 남북정상 상호방문'을 제의(1.12제의)하였다.[39] 북한은 '조국평화통일위원회' 위원장 김일 부주석 명의로 남한의 '1.12제의' 거부 성명을 공식 발표했다. 그러면서 동시에 북한은 남북대화 재개를 위한 5개 항의 선결 조건을 제안했다.[40] 1981년 6월 5일 '평화통일자문회의' 개회사에서 전두환 대통령은 다시 한번 '남북한 당국 최고책임자간의 직접회담'을 제의했다. 1981년 7월 1일 '재북평화통일촉진협의회' 결성 25주년 기념식에서 김일성 주석은 전두환 정부와 어떠한 대화나 접촉도 하지 않겠다고 발표했다.[41] 북한의 대화 거부에도 불구하고, 1982년 1월 22일 전두환 정부는 '민족화합 민주통일 방안'을 제시했다.

1989년 12월 미국과 소련은 냉전 종식을 선언하였고, 동유럽 사회주의 정권이 줄줄이 붕괴하였다. 냉전 해체 이후 북한은 우리식 사회주의를 외치며 위기를 극복하고자 했다. 반면, 남한의 국력은 북한이 비교할 수 없을 정도로 더욱 커졌다. 북한은 더 이상 남한의 경쟁국이 될 수 없었다. 그러나 북한은 반복적으로 남북 군사 갈등을 통해 정권 및 체제 유지 정당성을 확보하고자 했다. 북한은 남북한의 커다란 국력 차이를 만회하기 위해 핵무기를 개발했다. 현재 북한은 핵무기 보유로 남북 국력이 대등하다고 판단하고 있다.

Ⅳ. 숙적관계 이론으로 본 남북관계

숙적국가인 남북한은 통일 문제를 해결하기 위해 군사적 · 정치적 · 이념적 차원의 모든 유 · 무형 재화를 수단으로 사용해 왔고, 앞으로도 지속할 가능성이 크다.[42] 여전히 남북한은 숙적관계의 전형적인 모습을 나타낸다. 남북한 간에는 높은 불신이 형성돼 있다. 2019년과 2020년의 대남 비난과 제8차 당대회에서의 김 위원장의 발언은 이를 잘 보여준다. 과거보다는 그 빈도가 줄어들었지만, 북한은 내적 단결성(정권 및 체제 유지)의 수단으로 남북 숙적관계를 활용하고 있다.

탈냉전기에 들어와 북한은 본격적으로 핵을 이용해 대남 우위성을 확보하고자 노력했다. 북한은 소위 '통미봉남' 전략을 활용해 남한을 끊임없이 핵문제 및 한반도 문제에서 배제시키고자 했다. 두 번의 북미 정상 회담은 북한에게 남한의 대미 종속성과 대비된 대등한 북미관계라는 국제적 위상 제고의 수단이 되었다. 비록 북미정상회담이 북핵 문제 해결을 위한 자리였지만, 결과적으로 북한에게는 국제사회에 핵무기 보유를 알리는 좋은 기회가 되었다. 북한은 남한을 핵 협상의 대상으로 인정하지 않고 있으며 이는 앞으로도 계속될 것이다. 그러나 북한의 이러한 전략이 성공하기 위해서는 남북 숙적관계가 반드시 필요하다. 갈등의 지속적 고조는 자칫 체제 유지 가능성을 낮출 수 있는데, 역설적으로 숙적관계는 북한에게 일정 수준으로 갈등을 제약하는 순기능적 역할을 하기 때문이다. 북한이 미국과의 갈등을 고조시킬 수 있는 것도 남북 숙적관계가 존재하기 때문이다. 제8차 당대회에서 김정은 위원장은 미국을 최대의 주적으로 규정하였다.[43] 숙적관계적 맥락에서 보면, 이는 북한이 미국과의 갈등을 활용해 남한의 위상을 의도적으로 낮춤과 동시에 남한을 활용해 북미 갈등을 일정 수준 이하로 억제하는 것이다.

신현실주의 국제정치이론에 따르면 국가는 절대적 이익보다 상대적 이익에 민감하다. 국제 무정부 상태에서 국가에 가장 중요한 문제는 생존, 즉 안보이기 때문이다. 그런데 숙적국가 간에는 상대적 이익의 민감성이 일반적 국가관계보다 더 크다. 냉전 해체와 남한의 지속적 발전은 북한의 대남 상대적 이익의 민감성을 한층 더 고조시켰다. 결국, 북한의 국제적 고립과 경제난, 남한의 상대적 우위는 핵무기 개발에 박차를 가하게 만들었다.

크게 보아 북한 핵은 숙적관계의 특징인 군사적 갈등이다. 하지만 냉전기와 달리 북한 핵은 통일이라는 목표로 수렴되지 않는다. 북한 핵은 통일 문제와 별개로 체제 유지와 남북 세력 균형에 목적이 있다. 따라서 탈냉전기 북한 핵은 남북 숙적관계를 지속시키는 새로운 요인이 되었다.

분단과 통일은 남북 숙적관계를 지속시키는 핵심 요인이다. 남북 분단과 통일은 한반도가 지리적으로 분리된 것으로 사실상 영토 문제를 내재하고 있다. 특히 남북한과 같이 지리적으로 인접해 있는 숙적관계에서 영토 갈등은 군사적 운용이 용이하다. 영토 갈등이 존재하는 숙적관계는 일반적 숙적관계보다 더 빈번한 군사적 갈등이 발

생하는데, 분단 이후 남북 간에 발생한 군사적 충돌은 이를 잘 나타
낸다.

남북한에는 커다란 국력 차이가 존재함에도 숙적관계를 지속하고
있다. 우선 북한은 남한과의 차이를 인정하지 않는다. 북한은 자신의
능력을 과대평가하며 군사적 차원과 이데올로기적 차원에서 남한보
다 더 우월한 것으로 평가한다. 북한은 대남 적개심을 빈번하게 표출
하고 있다. 반면 남한은 북한의 대남 군사도발이나 비난이 고조될수
록 평화와 통일을 강조한다. 그러나 남한이 통일과 평화를 강조할수
록 북한의 대남 적개심과 위협 인식은 더욱 커져 갈등이 끊이지 않
는다. 남한이 통일을 언급할수록 북한의 점령 위협은 고조된다.

이처럼 남북 숙적관계의 형성과 지속 원인인 통일문제가 평화적
으로 해결되지 않는 한 남북갈등은 지속될 것이다. 그리고 북한 핵문
제도 남북 숙적관계를 지속시키는 주요 요인이 될 것이다. 북한이 핵
을 통해 보장받고자 하는 체제 유지는 통일과 별개의 사안이지만, 그
렇다고 무관한 건 아니다.

V. 맺음말

남북통일은 단일한 사안이 아닌 매우 복합적 문제이며 국가 핵심
이익이자 사활적 이익이다. 통일은 정치, 경제, 사회, 문화를 비롯해
사실상 영토적 문제로까지 이어진다. 물론 탈냉전 이후 이제 더 이상
과거와 같이 남과 북이 통일 그 자체를 두고 갈등을 벌이고 있진 않
다. 게다가 남한은 더 이상 북한을 체제 경쟁의 상대로 인식하지도

않는다.

만약 남과 북이 일반적인 국가 관계라면 지금과 같이 군사적 갈등을 지속할 이유가 없다. 비록 국경을 맞대고 있지만 남한이나 북한 모두 서로를 정복할 만한 뚜렷한 이유가 존재하지 않는다. 북한이 대외 지원을 거부하는 상황에서 남한은 대내 정치적 위험을 감수하며 굳이 북한을 도와줄 이유도 없다. 반대로 북한도 체제를 유지하기 위해 굳이 대북제재를 감내하며 핵무기 개발에 심혈을 기울일 이유가 없다. 물론 위험을 무릅쓰고 미국과 갈등하거나 남한의 지원을 거부할 이유도 없다. 그러나 이러한 가정은 의미가 없다. 남과 북은 하나의 민족으로 서로의 관계를 부정하려고 해도 할 수 없기 때문이다. 새로운 정권이 등장할 때마다 대북정책과 통일정책이 발표된다. 대한민국 헌법에 명시되어 있듯이 평화통일은 우리의 사명이다.

숙적관계이론에 따르면 대화와 협력이 일시적이고 갈등이 반복되더라도 이는 서로 분리된 현상이 아니다. 오랜 숙적관계는 그 자체로 안정성이 있기 때문이다. 이론에 따르면 오랜 숙적국가 간에는 갈등이 일정 수준을 유지하며 끊임없이 고조되지 않는다.[44] 남북관계도 이와 마찬가지이다. 2018년 사례에서 볼 수 있듯이 남북한 대화와 협력은 고조된 긴장과 갈등을 완화하는 완충 역할을 한다. 즉, 남북한은 안정적 숙적관계를 유지하고 있다.

숙적관계이론에 따르면 숙적관계 해체는 정치·경제·군사적 차원 등 대내·외적인 환경적 충격이 발생해야 한다. 예를 들어, 현 숙적관계를 압도할 제3의 세력과 갈등이 급격이 고조되고 지속될 때 숙적관계는 변화될 가능성이 크다. 또는 힘으로 굴복돼 어느 한쪽에 흡수되거나 대내·외적인 환경 변화로 심각한 체제 위기가 발생해 스스로 붕괴될 때 숙적관계는 해체될 수 있다.

남한의 관점에서 볼 때 숙적관계가 해체되려면 전쟁으로 북한을 붕괴시켜야 한다. 아니면 스스로든 강제적으로든 북한을 민주주의와 자본주의 체제로 변화시키기 위해 강도 높은 대북제재를 유지하거나 국제사회로부터 완전히 고립시켜야 한다. 혹은 북한이 현 체제를 포기하고 남한 우호적인 체제가 될 수 있도록 끊임없이 대화하고 협력해야 할 것이다. 또는 남북한 모두 한반도 통일을 완전히 포기하고 독립된 국가 관계가 되어야 한다. 그러나 한반도는 복잡한 국제정치가 작동하는 지정학적 요충지로 전쟁을 통한 남북 숙적관계 해체는 쉽지 않아 보인다. 한국전쟁 사례에서도 잘 나타나듯이, 남북한 전쟁은 미국과 중국 등 강대국 세력 균형과 연계되어 있다. 남북한 전쟁은 남북한만의 문제로 그치지 않는다. 다음으로 강력한 대북제재를 활용한 북한 체제의 변화나 붕괴도 쉽지 않다. 현재 잘 나타나고 있듯이 강도 높은 대북제재는 북한을 더욱 폐쇄적이고 군사력 증강(핵개발)에 매진하게 만들고 있다. 북한의 대외적 위협 인식이 고조될수록 남북 숙적관계는 더욱 공고화되는 모습을 보인다. 반면, 대화나 협력은 평화적이지만 앞의 방법만큼 북한 체제 변화에 충격을 주지 못한다. 마지막으로 통일을 포기하고 남북한 각자가 서로 다른 국가로 존재하는 것은 갈등을 완화할 순 있으나 국제정치적 속성상 지속되지 못할 것이다.

숙적관계이론은 남북관계를 이해하고 설명하는 데 매우 유용하다. 그러나 자칫 이러한 접근은 한반도 분단과 긴장을 운명론적으로 사고하게 만들 수 있다. 대표적 숙적관계였던 서독과 동독의 통일에서 볼 수 있듯이, 숙적관계가 반드시 내·외적 '충격'만으로 해체되는 건 아니다. 숙적관계 완화를 위한 끊임없는 노력은 해체의 과정이자 조건이 된다. 일시적이고 단발적인 대화와 협력일지라도 남북한은 이를 끊임없이 반복해야 할 것이다. 남북한은 서로가 약속한 많은 합의 사항을 이행하기 위해 노력해야 할 것이다. 종전 선언도 필요하고 평화협정도 이루어져야 할 것이다. 한미동맹과 북중동맹의 성격도 달라져야 하며, 상호 신뢰를 구축하고 불신 및 위협을 제거할 수 있도록 다양한 제도적 장치도 마련해야 할 것이다.

이론으로 보나 현실적으로 보나 남북 숙적관계는 꽤 오랜 시간 지속될 것이다. 그러나 이를 해결하고자 하는 남북한의 적극적이고 능동적인 노력은 숙적관계 완화로 이어질 것이고, 이는 결국 해체의 계기가 될 것이다.

4장

안보 딜레마 이론으로 본 남북관계*

임상순

I. 문제의 제기

이 글에서는 다양한 국제 정치 이론 중에서 안보 딜레마 이론으로 남북관계를 설명한다. 안보 딜레마라는 개념을 처음 사용한 학자는 허즈(John H. Herz)이다. 그는 무정부 사회에서 자신의 안보를 염려하는 개인과 집단이, 타인이나 타집단의 공격으로부터 안보를 확보하기 위해서 점점 더 많은 힘을 얻기 위해 노력하게 되는데, 이러한 노력이 역으로 타인이나 타집단을 더욱 불안정하게 만듦으로써 결국 모든 개인과 집단이 안보를 지키기 위해 끝없이 힘을 축적하게 되는 악순환에 빠지게 된다고 설명하면서, 이러한 역설적 상황을 '안보 딜

---

* 이 장은 "안보딜레마 이론을 통해서 본 북한의 핵 개발과 남한의 대응," 평화통일학회, 『평화통일연구』, 제3호 (2021)의 내용을 수정 및 보완한 것이다.

레마'라고 명명했다.[1] 이러한 안보 딜레마는 개별 국가들이 주권을 가지고 자신의 영토 안에서 정당한 폭력을 독점적으로 행사하게 되고, 국제사회가 연약한 분권체제를 갖추게 되면서, 개인과 사회의 수준으로부터 국가와 국제사회 수준으로 그 영역이 확장되었다.[2]

왈츠(Kenneth Waltz)에 의하면, 무정부 상태인 국제사회에서 개별 국가들은 자신의 생존을 최소목표로 그리고 패권적 지배를 최대 목표로 설정하게 되고, 이 목표를 달성하기 위해 내적 노력과 외적 노력을 하게 된다. 내적 노력으로 경제적 능력 향상, 군사적 능력 강화, 현명한 전략의 개발을 하고, 외적 노력으로 동맹을 강화하거나 확대하고, 상대방을 약화시키거나 위축시키고자 한다.[3] 그런데 무정부 상태인 국제사회에서 개별 국가들의 이러한 노력들은 상대 국가들의 안보를 위태롭게 함으로써 군비 강화를 촉진시키게 되고, 결국 모든 국가들이 군비경쟁에 나서게 되는 안보 딜레마 상황에 직면하게 된다.

2021년 현재 국제사회에서 안보 딜레마 상황이 가장 첨예하게 나타나고 있는 곳이 한반도이다. 1990년대 초 국제체제 규모에서 냉전 질서가 붕괴되었지만, 한반도에는 여전히 정전체제를 대체하는 평화체제가 구축되지 않고 있으며, 남북관계 측면에서 남북한 일방이 '군비강화'를 통해 자신의 안보이익을 극대화하려는 행위가 상대방의 군사적 대응을 야기하고 결국 자신의 안보이익을 감소시키는 '안보 딜레마의 일상화'가 지속되고 있다. 특히, 북한은 탈냉전 이후 동맹국인 중국과 소련으로부터 안전을 보장받을 수 없는 사실상의 '방기' 상태에서 핵 개발을 본격화하였으며,[4] 이로 인해 '한반도 안보 딜레마'는 북한 핵 개발과 이에 대한 한미의 대응 형태로 전환되었다.[5]

이러한 배경 하에 이 글은 Ⅱ.에서 안보 딜레마 이론을 설명하고, Ⅲ.·Ⅳ.·Ⅴ.에서 김일성, 김정일, 김정은 집권 시기 북한의 핵 개발과 남한의 대응을 정리한 후 Ⅵ. 결론에서 남북관계를 전망해 보고자 한다.

Ⅱ. 안보 딜레마의 이론적 탐구

안보 딜레마에 대한 기존의 평면적 설명을 벗어나 다양한 이론적 틀로 분석을 시도 한 대표적인 학자는 저비스(Robert Jervis)와 스나이더(Glenn H. Snyder)이다. 저비스는 게임이론과 2개의 변수를 적용하였고, 스나이더는 동맹 정치(동맹 게임)를 안보 딜레마에 대한 설명의 틀로 추가하였다. 다음에서 이 두 학자의 이론을 중심으로 안보 딜레마를 정리하고자 한다.

1. 저비스의 안보 딜레마 이론[6]

국제사회의 무정부성으로 인해, 개별 국가들은 사슴 사냥게임과 죄수의 딜레마 게임 참여자들과 같이, 모두 협력(무장 약화－무장 약화)하는 것이 아니라 서로를 배신(무장 강화－무장 강화)하는 안보 딜레마 상황에 빠진다.

안보 딜레마 상황은 두 가지 변수를 기준으로 네 가지 세계로 구분된다. 두 가지 변수 중 첫 번째 변수는 공격과 방어 중 어느 것이 더 우세한가이고, 두 번째 변수는 공격무기와 방어무기가 구분이 가능한 가이다. 각 변수에 따른 네 개의 세계를 도표로 정리하면 <표 4-1>과 같다.

〈표 4-1〉 두 가지 변수에 따른 네 가지 세계

	공격이 우세함	방어가 우세함
공격무기와 방어무기의 구분이 불가능함	[제1세계] 강한 형태의 안보 딜레마	[제2세계] 완화된 형태의 안보딜레마
공격무기와 방어무기의 구분이 가능함	[제3세계] 안보딜레마가 없음. 하지만 현상유지 국가는 항상 다른 국가의 군비 전개 상황을 경계함	[제 4세계] 이중으로 안전함 (안보 딜레마 완전 해제)

출처: Robert Jervis, "Cooperation under the Security Dilemma," *World Politics*, Vol. 30, No. 2 (1978), p. 211.

위의 표에서 보듯이 안보 딜레마는 공격과 방어의 우세에 상관없이 공격무기와 방어무기의 구분이 불가능한 제1세계와 제2세계에서 나타난다. 따라서, 세계 각국이 공격무기와 방어무기를 구분할 수 있다면 안보 딜레마는 극복할 수 있다.

한편, 북한과 같이 강대국을 상대하는 약소국 입장에서 핵무기는 억지 무기로서 방어를 우세하게 해주기 때문에 안보 딜레마를 완화시킨다. 핵무기는 비교적 적은 비용으로 안보를 유지할 수 있게 해주는데, 미국의 적대국인 경우, 미국이 지출하는 군사비의 1%도 되지 않는 비용으로 핵무기를 준비하여 미국의 직접적인 공격을 억지할 수 있다. 그리고 핵무기는 2차 공격 무기로 사용될 수 있기 때문에 핵 무기 보유국은 적대국의 군비증강에 대해서 빠르고 강력하게 군사적으로 대응할 필요가 없다.

2. 스나이더의 동맹 정치에서의 안보 딜레마 이론[7]

동맹은 국가들이 특정 목적 달성을 위해 각 국가의 행동조정을 수용하면서 만든 국가들의 연합체이다. 대부분의 동맹은 공통의 위협 및 이와 연관된 국제안보 문제 등을 명시한 조약을 공식적으로 체결하며, 비교적 장기간 유지된다.[8]

동맹과 관련된 안보 딜레마는 두 가지 국면에서 나타난다. 먼저, 동맹이 형성되는 국면에서 나타나는 안보 딜레마가 있는데, 이를 1차 동맹 딜레마라고 한다. 그리고 동맹이 유지되는 국면에서 나타나는 안보 딜레마를 2차 동맹 딜레마라고 한다.

1차 동맹 딜레마는 국가들이 동맹을 결성함으로써 자국의 안보를 증대시키고자 할 때, 적대국가들이 안보 불안을 느껴 적대적인 동맹을 결성하는 것을 말한다. 이러한 결과가 나타나는 것은 동맹의 결성이 공격을 위한 것인지 아니면 방어를 위한 것인지를 판단하기 어렵기 때문이다. 사실, 동맹을 형성하기 위해서는 많은 비용과 부담이 들어가기 때문에, 죄수의 딜레마에서 보듯이 국가들이 동맹을 형성하지 않는 것이 가장 이익이 된다. 하지만, 국제사회가 무정부 사회이기 때문에, 국가들은 동맹을 형성하는 선택을 하게 된다.

2차 동맹 딜레마는 한 국가가 동맹국과의 관계에서 경험하게 되는 '연루(entrapment)'와 '방기(abandonment)'의 긴장상태를 의미한다. '연루'란 동맹국의 이익을 위해, 자국에 이익이 없거나 그 이익이 매우 적음에도 불구하고, 갈등상황 속에 끌려 들어가는 것을 말하며, '방기'는 동맹국이 지원을 필요로 할 때 동맹 상대국이 명백한 안보 공약의 책임을 이행하지 않는 것을 의미한다. 방기는 네 가지 형태로 나타나는데, 첫째는 적대국과 (동맹이나 외교) 관계를 맺는 것이고, 둘째는 동맹조약을 파기하는 것이며, 셋째는 명백한 공약을 충분히 이행하지 않는 것이고, 넷째는 위기 상황 속에서 약속한 지원을 제공하지 않는 것이다.

북중동맹처럼 강대국과 약소국 간에 맺어진 동맹을 비대칭 동맹이라고 하며, 이 경우 약소국이 강대국의 이해관계에 '연루'되거나 강대국에 의해 '방기'될 가능성이 높다. 비대칭 동맹에서 강대국이 가장 바라는 것은 약소국에게 안보지원을 해주되 강대국이 원하지 않는 약소국의 분쟁에 연루되지 않고, 자신의 정책을 약소국의 정책에 반영하는 것이다. 한편, 약소국이 바라는 것은 강대국의 안보지원을 받으면서도 강대국의 정책과 이익에 연루되지 않고 자신의 정책을 자율적으로 결정하는 것이다.[9] 한편, 양극체제는 동맹의 선택이 다양한 다극체제에 비해 동맹국 사이에 '방기'가 일어날 가능성이 적다. 양극체제에서 양대 강대국들은 자신들의 동맹국을 방어하는 것이 자신들에게 이익이 되기 때문에 확고하고 명확한 방위 공약을 제공하게 된다.

핵무기와 관련해서 동맹 딜레마는 핵보유 동맹국의 비핵보유 동맹국에 대한 '핵 연루'와 '핵 방기'로 나타난다. '핵 연루'는 비핵보유 동맹국을 위하여 핵보유 동맹국이 억지가 실패할 경우 실제로 핵무기를 사용하는 것을 의미하고, '핵 방기'는 핵보유 동맹국이 비핵보유 동맹국을 위한 핵무기 사용을 포기하는 것을 말한다. '핵 방기'에는 핵보유 동맹국의 핵 억지력 철수와 핵무기 사용 공약의 철회가 포함된다. 한편, 비핵보유 동맹국은 핵을 보유한 적대국으로부터 위협을 받게 될 경우, 핵보유 동맹국에 대한 의존이 증가하게 되고 결국, '방기'의 위험을 줄이기 위해 핵보유 동맹국에게 '연루'될 가능성이 높아진다.

Ⅲ. 김일성 집권기 북한 핵 개발과 남한의 대응
(1980년대 말~1994년)

1. 김일성 집권기 북한 핵 개발

1990년대 초 사회주의 진영이 붕괴되고, 북한의 두 핵심 동맹국인 소련과 중국이 북한의 강력한 반대에도 불구하고, 남한과 국교를 정상화 함으로써 북한은 '동맹국으로 부터의 방기'라는 위기상태에 놓이게 되었다. 그리고 북한이 추진하던 남한, 미국, 일본과의 관계개선 프로세스가 실패한 이후 북한 지도부는 핵 개발을 본격화하였다.

1) 김일성 집권기 북한의 핵 교리[10] – '부인'

김일성 집권기인 1992년 1월 20일 북한은 폐연료봉 재처리를 통해 플루토늄을 추출하고 있으면서도 남한과 핵 재처리를 부인하는 '비핵화 공동선언'에 합의하였다. 그리고 1차 북핵위기가 한창이던 1994년 김일성은 신년사를 통해, "있지도 않은 '북의 핵개발 의혹'을 들고 나온 것도 미국이며 한반도에 실지로 핵 무기를 끌어들여 우리를 위협하고 있는 것도 미국이다"[11]라고 하면서 핵 개발 사실을 부인하였다.

1998년 8월 31일에는 핵 무기 운반수단인 장거리 미사일을 시험 발사하면서 북한 외무성은 대변인 담화를 통해, 3단계로 구성된 다계단 위성 운반로케트를 발사했으며, 우주 공간을 평화적으로 이용하는 것은 국제적으로 공인된 주권국가의 자주적 권리이자 현대 과

학기술이 지향하는 강력한 추세라고 강조하였다.[12]

2) 김일성 집권기 북한의 핵 태세[13] – '핵 개발' 시작

북한 지도부는 한국전쟁 시기 미국의 핵 공격 위협에 노출되면서 핵 무기개발의 필요성을 깊이 인식하게 되었다. 한국전쟁 직후인 1955년 4월 북한 과학원은 제 2차 총회에서 '원자 및 핵물리학 연구소' 설치를 결정하였고, 1959년 9월 북한은 소련과 '원자력의 평화적 이용에 관한 협정'을 체결하였으며, 이 협정에 기반하여 모스크바 근교의 두브나(Dubna)에 위치한 핵연구소에 연구 인력을 파견하였다. 그리고 1962년 핵 물리 연구를 위한 연구소를 설립하고, 1965년 소련의 지원 하에 영변에 4천kw급 연구용 원자로를 설치하면서 핵 개발에 본격적으로 나섰다.[14]

이후 1969년부터 북한은 '핵 무기 개발'을 국책 사업으로 진행하여, 1979년 자체 기술로 실험용 핵 반응로 건설에 착수해 1986년 정식 운전을 시작했고, 1985년에는 '사용후 핵 연료봉'을 재처리하여 플루토늄을 추출하는 실험실 건설에 착수했으며, 이후 이 실험실에서 플루토늄 재처리에 성공하였다.[15]

소련 연방이 붕괴되기 이전까지 북한은 소련으로부터 핵 개발에 필요한 기술을 지원받았고, 소련의 핵 우산의 보호를 받았기 때문에, 소련의 요구에 따라 1985년 NPT에 가입하는 등 본격적인 핵 무기 개발에 나서지는 않았다. 하지만, 소련의 핵 우산이 더 이상 효력을 발휘하기 어려워진 1980년대 말부터 1993년까지 북한은 영변 핵시설 내부의 모래밭에서 핵무기 개발에 필요한 고폭 실험을 70여 차례 실시했으며, 원시적인 '핵 장치'를 제조하기 시작했다.[16]

2. 김일성 집권기 북한 핵 개발에 대한 남한의 대응
- 미국의 '핵 우산 지속 제공'

남한은 핵 무기를 보유하지 않고 있기 때문에, 북한의 핵 개발에 대응하기 위해서 한미동맹에 크게 의존하게 된다. 그런데 한미동맹은 미국이라는 강대국과 한국이라는 비강대국 간에 맺어진 비대칭 동맹이기 때문에 한국은 미국에게서 '방기' 당하지 않기 위해 '자율성'과 '안보'를 교환하게 되며, 미국에 대한 의존도가 클수록 한국의 '자율성'과 '전략적 위상'은 약화된다.[17] 이러한 상황에서 한국 정부는, 한미동맹 강화를 통해 대북 핵 억제력을 유지하는 한편, '자율성'과 '전략적 위상'을 높이기 위해 북한 핵 전략에 대응할 수 있는 자체 군사력을 확보하고, 평화 조성 노력을 통해 북한의 핵 사용 가능성을 줄이는 전략을 취한다.

1) 미국과의 동맹 강화

1993년 3월 북한의 NPT(핵 확산 금지조약) 탈퇴 선언으로 한반도에 북핵 위기가 고조되고 있던 1993년 11월 한미 국방장관은 서울에서 한미 안보협의회의를 개최하였다. 이 회의에서 미국은 한국에 '핵 우산'을 계속 제공할 것을 재확인하였고, 미국의 '신국방정책' 상의 '2개 전장 동시승리 전략'을 발전시키는 과정에서 북한의 핵위협을 고려할 것이며, 한반도 유사시 효과적으로 대응하는데 충분한 전력을 보유할 수 있도록 주한 미군의 군사력 구조를 신중하게 조정하겠다고 공약했다.

미국이 남한에 지속적으로 제공하기로 약속한 '핵 우산'이란, 비핵 보유국 남한이 핵보유국 미국에 의존하여 국가의 안전보장을 도모하는 것으로, 남한이 핵보유국으로부터 핵무기 공격 또는 공격 위협을 받을 경우, 미국이 핵무기로 대신 보복할 수 있음을 보여줌으로써 핵 억지력을 확보하는 것을 말한다. 남한에 대한 미국의 핵 우산 정책은 1978년 제11차 한미안보협의회회의에서 브라운(Geroge Broun) 미 국방 장관에 의해 최초로 천명되었다.[18]

1991년 11월 21일 한미 국방장관은 '한미정부 간 전시지원에 관한 일괄 협정(WHNS)'을 체결하였는데, 이 협정에서 한미는 1953년 10월 1일자 상호방위조약에 따라 상호 의무를 재확인하였고, 미국은 한국에 대하여 핵을 포함한 군사적 억지력 역할을 계속할 것을 약속했다.[19]

2) 대응 군사력 확보

김일성 집권시기 남한 정부는 북한의 핵 개발에 대해서, 남한에 대한 실질적인 위협으로 인식하지 않고, 체제 위기에 빠진 북한이 북한식 사회주의 체제를 수호하고, 대남적화통일의 최대수단으로 활용하기 위해서 핵 무기를 개발하는 것으로 평가했다. 그리고, 북한의 핵 전략에 관해서, 북한이 핵 카드를 최대한 활용하여 대미 및 대일 관계를 개선시켜 정치·경제·군사적 실리를 취하는 한편, 궁극적으로는 대미평화협정 체결을 통해 대남 무력 적화통일에 유리한 국면을 조성하려고 한다고 분석하였다.

북한 핵 개발에 대한 분석과 평가에 따라 남한 정부는 북한 핵 공격을 상정한 군사준비 태세를 갖추기 보다는, 북한의 기습 선제공격, 스커드 및 노동 1호와 같은 각종 미사일 공격, 그리고 기계화 부대 증강과 화학무기 사용 가능성에 대비하고자 했다. 이를 위해, 1987년부터 1994년까지 19조 3,530억 원을 투입하여 '전력정비' 사업을 실시했다. 이 사업을 통해, 전차, 장갑차, 자주포를 양산하였고, 헬기, 잠수함, F－16 전투기를 도입하였으며, 조기 경보체계를 강화하였다.[20)

3) 평화 조성 노력

대한민국 헌정사 처음으로 1987년 10월 개정헌법에 통일, 통일정책에 대한 내용이 삽입되었다. 헌법 전문에 '조국의 평화통일 사명'을 천명했고, 제4조에 '자유민주적 기본질서에 입각한 평화적 통일정책의 수립과 추진'을 명시했으며, 제66조 3항에 '대통령은 조국의 평화적 통일을 위한 성실한 의무를 진다'고 규정하였다.[21)

1980년대 말 노태우 정부에서 소련, 중국과의 관계 개선을 추구한 북방정책과 북한 김일성 정권에서 추진한 미국, 일본, 남한과의 관계 개선 추구 정책인 남방정책이 조화를 이루어 1992년 남북사이에 '남북사이의 화해와 불가침 및 교류협력에 관한 합의서'(이하 남북기본합의서)와 '한반도의 비핵화에 관한 선언'(이하 비핵화 선언)이 채택되었다. 1991년 12월 13일 서명된 남북기본합의서에서 남북은 상호 관계를 나라와 나라 사이의 관계가 아닌 통일을 지향하는 과정에서 잠정적으로 형성되는 특수관계로 규정하면서 상대방 체제를 인정하고 존중하기로 하였다. 그리고, 상대방에 대하여 무력을 사용하지 않으며, 민족경제의 통일적이며 균형적인 발전을 위해 경제교류와 협력을 실시하기로 약속했다. 그리고 1992년 1월 20일 서명된 비핵화 선언에서 남북은 핵무기의 시험, 제조, 생산, 접수, 보유, 저장, 배치, 사용을 하지 않기로 공약했다. 하지만 북한이 핵시설에 대한 국제사찰을 거부하고 핵 위기가 고조됨에 따라 이 두 공동선언의 실효성은 상당히 저하되었다.[22)

Ⅳ. 김정일 집권기 북한 핵 개발과 남한의 대응 (1994년~2011년)

1. 김정일 집권기 북한 핵 개발

1) 김정일 집권기 북한의 핵 교리 – '부인'과 '2차 공격'

김정일 집권기인 2002년 10월 북한을 방문한 미국 대통령 특사 켈리의 '북한 핵 개발 시인' 주장에 대하여, 북한은 "특사에게 미국의 가증되는 핵 위협에 대처하여 우리도 핵 무기는 물론 그 보다 더한 것도 가질 당당한 권리가 있다고 말해 주었을 뿐 그 어떤 핵 개발시 인도 한 적이 없다"[23]고 발표함으로써 핵 개발을 부인하였다.

그러던 북한이 2005년 1월 18일 라이스 미 국무장관 지명자가 인 사청문회에서 북한을 '폭정의 전초기지'라고 비난한 직후인 2월 11 일, 외무성 성명을 통해, "자위를 위해 핵무기를 만들"었으며, "핵 무 기고를 늘리기 위한 대책을 취할 것"이라고 하면서, 북한의 "핵 무기 는 어디까지나 자위적 핵 억제력으로 남아 있을 것"[24]이라고 강조하 였다.

그리고 북한은 1차 핵 실험 5일 전인 2006년 10월 3일 외무성 성 명을 통해 "절대로 핵 무기를 먼저 사용하지 않을 것이며, 핵 무기를 통한 위협과 핵 이전을 철저히 불허할 것"이고, 핵 무기는 "한반도에 서 전쟁을 막는 믿음직한 전쟁 억제력"이 될 것이라고 선언하였다. 그리고 1차 핵 실험을 성공적으로 진행한 후 발표한 외무성 성명에 서 "핵 무기를 먼저 사용하지 않을 것"을 다시 한 번 천명하였다.[25]

이러한 북한의 2차 공격 주장은 미국의 압도적인 군사력을 기준으로 보았을 때, 미국의 공격에 대한 억지의 의도가 강하다. 즉, 미국이 북한을 공격할 경우 북한이 핵 무기를 사용할 수 있다는 것을 선언함으로써, 미국이 북한을 공격할 경우, 미국이 큰 손해를 입을 수 있음을 확신시켜서 미국의 북한에 대한 공격을 예방하고자 하는 것이다.[26]

2) 김정일 집권기 북한의 핵 태세 – '핵 개발' 발전

김정일 집권기에 북한은 두 차례 핵 실험에 성공했고, 핵 무기의 운반수단인 대륙간탄도미사일 시험발사를 지속하였다. 김정일 집권기 핵 실험은 플루토늄을 원료로 한 핵 무기 실험이었고, 위력은 2006년 1차 0.8kt, 2009년 2차 4kt으로 3년 만에 위력이 5배 이상 증대되었다. 북한은 2003년 10월 3일 외무성 대변인 담화에서, "(동결되어 있던) 영변의 5MW 원자로를 재가동하고, ,8000여 대의 폐연료봉에 대한 재처리를 성과적으로 끝냈다"[27]고 발표했는데, 이 재처리 작업을 통해 북한은 4~6개의 핵무기를 제작할 수 있는 25kg의 플루토늄을 확보한 것으로 추정된다.[28]

김정일 집권기 북한은 핵 무기의 원료인 플루토늄을 지속적으로 확보함과 동시에 우라늄 농축을 시작하였다. 2011년 12월 1일 외무성 대변인은 담화를 통해, "시험용 경수로 건설과 그 연료 보장을 위한 농축우라늄 생산이 빠른 속도로 추진되고 있음"을 분명히 하면서, 핵 에너지의 평화적 이용권리는 자주권과 발전권에 속하는 사활적인 문제라고 선언하였다.[29] 2010년 11월 북한을 방문했던 해커 박사는 새로 건설된 건물 안에 원심분리기 1,000여 개가 정교하게 설치된 것을 보고 '깜짝 놀랐'으며, 그 시설에서 얼마든지 핵 무기 원료로 사

용될 수 있는 고농축 우라늄 생산이 가능하다고 증언하였다.[30)

김정일 집권기에 북한은 핵 무기 운반수단 확보를 위해 1998년 9월 4일 사거리 2,500km 이상의 대포동 1호 '장거리탄도미사일' 시험 발사에 성공했고, 2009년 4월 5일에는 사거리 6,700km 이상인 대포동 2호 개량형 '대륙간탄도미사일'을 성공적으로 발사했다.[31)

김정일 집권기에 북한은 플루토늄 원자탄 실험에 성공했고, 우라늄 고농축을 시작했으며, 공격용과 방어용에 모두 사용할 수 있는 대륙간탄도미사일을 확보했다.

2. 김정일 집권기 북한 핵 개발에 대한 남한의 대응 - 미국의 '확장된 억제'

1) 미국과의 동맹 강화

북한 1차 핵 실험 직후인 2006년 10월 20일 워싱턴에서 열린 제38차 한미연례안보회의에서 미국방장관은 이전의 '한국에 대한 핵우산 제공'을 넘어 '한국에 확장된 억제'를 제공해 주기로 약속했으며, 한미상호방위조약에 따른 미국의 한국에 대한 굳건한 공약과 신속한 지원 보장을 재확인하였다.[32) 미 국방장관이 공약해 준 '확장된 억제'란 억제자가 자국뿐만 아니라 동맹국이나 우방국을 보호하기 위해 핵 억제력을 발휘하는 것으로, 이 개념 속에는 핵우산 제공과 함께 재래식 무기에 의한 억제, 그리고 미사일 방어가 포함된다.[33)

이후 2008년 4월 한미 정상은 한미동맹을 지역 및 범 세계적 차원의 평화와 번영에 기여하는 '21세기 포괄적 전략동맹'으로 발전시키기로 합의하였고, 이를 기초로 2009년 한미정상은 '한미동맹 미래비전'을 채택하였다.[34] 이 '미래비전'에서 한미 정상은 "핵우산을 포함한 확장 억제에 대한 미국의 지속적인 공약을 더욱 강화"하기로 하였다.[35] 그리고 2011년 10월 한미 안보협의회에서 한미 국방장관은, 북한 핵 및 대량살상무기 위협에 대한 억제방안을 제고시킬 수 있는 '맞춤식 억제전략'을 개발하기로 하였다.[36]

한편, 한미 양국은 북한의 핵 및 탄도미사일 위협에 효과적으로 대비하기 위해서 2012년 10월 '한미 미사일 지침'을 개정했다. 이 지침 개정으로 남한이 개발할 수 있는 미사일의 사거리가 300km에서 800km로 연장되고, 탄도의 중량도 증대되어, 기존보다 2배 이상의 탄도 중량을 가진 미사일로 북한의 모든 핵 시설과 미사일 작전 기지를 공격할 수 있게 되었다. 그리고 이 지침 개정으로 무인 항공기의 경우 항속거리 300km 이하에서는 탑재 중량의 제한을 두지 않게 되었고, 항속거리 300km 이상의 무인 항공기의 탑재중량 제한도 기존 500kg에서 2,500kg까지 확대되었다. 이로써 현대전 수행에 필요한 감시·정찰 장비와 무장을 무인 항공기에 탑재할 수 있게 되었다.[37]

2) 대응 군사력 확보

남한 정부는 2006년 북한이 1차 핵 실험을 단행한 이후 북한 핵 미사일 공격을 방어하기 위해 패트리엇 PAC-2 48기를 독일에서 1조 원에 도입하기로 결정하였고, 2009년부터 실전배치를 시작하였다. 노무현 정부가 이 당시 독일이 사용하던 미사일을 수입하게 된 것은, 미국과 일본이 추진하고 있던 미사일방어(MD) 시스템에 우리가 편입되는데 대한 반대여론이 강했기 때문이다.[38] 남한 정부는 패트리엇 PAC-2에 더하여, 러시아로부터 기술을 도입해 한국형 중거리 지대공 미사일(KMSAM)을 개발해 '독자적 대공방어망'을 구축한다는 복안을 마련하기도 했는데, 군에서는 이를 가리켜 '한국형 미사일 방어체계(KAMD)'라고 표현한다.[39] 이와 함께, 2006년 북한의 1차 핵 실험으로 북한의 핵 위협이 현실화 됨에 따라, 핵 위협에 대비하기 위한 '감시 및 정찰－정밀타격－요격 및 방호 전력 소요'를 파악하고, 이를 현실화하기 위한 장기 계획을 수립하였다.[40]

　남한 정부는 2009년 북한의 2차 핵 실험 등 증대되는 군사적 위협에 대응하기 위하여 '국방개혁 기본계획'을 수정 보완하였다.[41] 이 수정 보완(안)에는 핵 무기와 미사일 등 북한의 비대칭 위협이 남한 지역에 영향을 미치기 전에 북한 지역에서 최대한 차단 및 제거될 수 있도록 감시·정찰, 정밀타격, 요격 능력을 확충하는 계획이 포함되어 있다. 이를 위해, 다목적 실용위성과 고(高)고도 무인정찰기인 '글로벌호크', 금강(영상)·백두(통신) 정찰기, 탄도탄 조기경보레이더 등을 이용해 북의 핵무기 공격이나 미사일 발사 징후를 24시간 탐지, 감시하며, 핵·미사일 도발 위협이 탐지되면 F15K 전투기의 합동 원거리공격탄(JASSM), 이지스함의 해상요격유도탄, 지상의 패트리엇 미사일 등을 이용해 발사대와 발사기지를 타격하고자 했다.[42]

　남한 정부는 북한의 핵이나 미사일 발사 또는 전쟁 징후가 포착되면 북한 군 기지와 전쟁지휘부 시설을 선제 타격하여 북한의 도발 의지 자체를 원천적으로 억제하는 '능동적 대북 억제전략'을 수립[43]하고 이를 실현하기 위해, 북한의 지하 핵 시설 등 군사시설을 정밀 타격하고 장사정포를 무력화 할 수 있는 '벙커 버스터(벙커 파괴자)'라고 불리는 레이저 유도폭탄 'GBU－28'을 실전 배치하기 시작했다.[44]

3) 평화 조성 노력

대북 포용정책을 추진해 온 김대중 대통령은 2000년 6월 북한을 방문하여 김정일 국방위원장과 남북정상회담을 개최하였다. 이 회담에서 남북은 경제협력을 통한 민족경제의 균형적 발전, 사회, 문화, 체육, 보건, 환경 등 제반 분야의 협력과 교류의 활성화에 합의하였다.[45]

북한 1차 핵 실험이후, 남한 정부는 한 차례의 정상회담과 한 차례의 국방장관 회담을 통해 북한 핵 문제를 평화적으로 해결하고자 했다. 2007년 10월 평양에서 진행된 2차 남북정상회담에서 남북 정상은 한반도에서 어떤 전쟁도 반대하고 불가침의무를 확고히 준수하기로 했으며, 현 정전체제를 종식시키고 항구적인 평화체제를 구축해 나가야 한다는데 인식을 같이했고, 한반도 핵 문제 해결을 위해 6자회담 '9.19 공동성명'과 '2.13 합의'가 순조롭게 이행되도록 공동으로 노력하기로 하였다.[46]

남북정상회담 개최 다음 달인 2007년 11월에 열린 국방장관회담에서 남북은 분쟁의 평화적 해결 원칙을 재확인하고 이를 위한 실천적 대책을 마련하기로 했으며, 현 정전체제를 종식시키고 항구적인 평화체제를 구축해 나가기 위해 군사적으로 상호협력하기로 하였다.[47]

이명박 정부는 한반도 평화 조성을 위해, 한반도 비핵화 문제를 북한과 함께 논의할 수 있다는 입장을 여러 번 천명하였지만, 전임 정부에 비해 남북대화가 많이 이루어지지는 못했다. 노무현 정부 마지막 해인 2007년에 모두 46차례의 정치, 군사, 경제 분야의 남북 회담이 진행되었지만, 북한의 천안함 폭침으로 '5.24조치'가 취해지면서, 이명박 정부 시기 5년 동안에 남북대화가 14차례 개최되었다. 이 중 남북 군사적 긴장을 완화시킬 수 있는 군사회담이 4회 개최되었으며, 이 군사회담(군사실무회담)에서 남북 철도화물 수송, 전단 살포, 천안함 피격사건 등에 대한 논의가 진행되었다.[48]

V. 김정은 집권기 북한 핵 개발과 남한의 대응 (2012년~현재)

1. 김정은 집권기 북한 핵 개발

1) 김정은 집권기 북한의 핵 교리 – '1차 공격'

김정은 집권기인 2013년 4월 1일 제정된 법령 "자위적 핵 보유국의 지위를 더욱 공고히 할 데 대하여"를 통하여, 북한은 '핵 억제력과 핵 보복타격력을 질량적으로 강화하기 위한 실제적인 대책을 세운다'고 함으로써 2차 공격을 명문화 하는 한편, '적대적인 다른 핵 보유국이 우리 공화국을 침략하거나 공격하는 경우' 또는 '(남한과 같은) 비핵국가가 적대적인 핵 보유국과 야합하여 우리 공화국을 반대하는 침략이나 공격행위를 하는 경우' 핵 무기를 사용할 수 있다고 함으로써 1차 공격도 구체적으로 법제화하였다.

북한은 2016년 1월 6일 수소탄 실험 성공 이후 1차 공격을 더욱 강화하는 주장을 하기 시작하였다. 수소탄 실험 직후 발표한 정부 성명을 통해 "침략적인 적대세력이 자주권을 침해"할 경우 핵 무기를 사용할 것이라고 했으며, 3월 7일 발표된 국방위원회 성명에서 "엄중한 상황에 대처하여, 선제공격적인 군사적 대응방식을 취하게 될 것"이며 "이 대응방식은 보다 선제적이고 공격적인 핵 타격전이 될 것"이라고 밝혔다. 그리고 "정의의 핵 선제 타격전은 최고 사령부가 중대성명에서 지적한 순서대로 실행될 것"이라고 하였는데, 최고 사령부가 밝힌 선제 핵 공격 1순위는 청와대, 남한통치기관이고, 2순위는 아시아 태평양지역 미군 기지와 미국 본토이다.[49]

김정은은 2017년 1월 1일 신년사에서는 '핵 무력을 중추로 하는 선제공격능력을 계속 강화해 나갈 것'이라고 선언하였고, 조선인민군 총참모부는 대변인 성명을 통해, '미국의 예방전쟁 징조가 나타나면 그 즉시 미국 본토를 핵 전쟁 마당으로 만들어 버릴 것'이라고 밝혔다.[50]

이를 통해, 북한의 핵 교리가 '부인'에서 '2차 공격', '1차 공격'으로 점차 공세화되고 있다는 것 그리고 미국과 같은 핵 무기 보유국뿐만 아니라 핵 무기를 보유지 않은 남한까지도 1차 핵 공격의 대상으로 북한이 지정하고 있음을 확인할 수 있다.

2) 김정은 집권기 북한의 핵 태세 – '핵 개발' 완성 및 고도화

2011년 12월 김정일 사망 직후 권력을 승계한 김정은은 김정일이 개발해 놓은 핵 무력을 완성하고 고도화하는 작업을 진행하였다. 2013년 2월(우라늄탄, 6~7kt), 2016년 1월(증폭핵분열탄, 6kt), 2016년 9월(증폭핵분열탄, 10kt), 2017년 9월(수소탄, 50kt) 네 차례의 핵 실험을 단행[51]했고, 대륙간탄도미사일과 잠수함발사탄도미사일의 성능을 지속적으로 향상시켰다.

김정은 집권기 북한은 우라늄 원자탄, 증폭핵분열탄, 수소탄 시험에 성공함으로써 다양한 종류의 핵 무기를 보유하게 되었고, 핵 무기의 위력도 김정일 시기에 비해 10배 이상 향상되었다. 2017년 9월 대륙간탄도미사일에 장착할 수소탄을 시찰하는 자리에서 김정은은, "수소탄의 모든 구성요소들이 100% 국산화되었고, 생산공정부터 부품 정밀가공, 조립에 이르기까지 모든 공정이 주체화됨"으로써 수소탄을 "마음 먹은대로" 대량생산할 수 있게 되었다고 주장했다.[52]

김정은 집권기 북한은 사거리 13,000km의 '화성 15형' 대륙간탄도미사일 발사에 성공했을 뿐만 아니라 잠수함발사탄도미사일 '북극성 3형'의 수중발사 시험도 성공시켰다. 이후 북한은 핵 무기, 대륙간탄도미사일, 잠수함발사탄도미사일의 성능과 운영능력을 고도화시키고 있다.[53]

〈그림 4-1〉

	1차	2차	3차	4차	5차	6차 (추정)
실험일자	2006.10.9	2009.5.25	2013.2.12	2016.1.6	2016.9.9	2017.9.3
인공지진 (규모)	3.9	4.5	4.9	4.8 (기상청)	5.04 (기상청)	5.7 (기상청)
실험 장소	풍계리 동쪽 갱도	풍계리 북쪽 갱도	풍계리 북쪽 갱도	풍계리 북쪽 갱도	풍계리 북쪽 갱도	풍계리 북쪽 갱도
원료	플루토늄	플루토늄	고농축 우라늄 추정	북한, 수소탄 발표 ·증폭핵분열탄	증폭핵분열탄	북한, 수소탄 실험 발표

출처: "[북 6차핵실험] 1년만의 핵실험…김정은 체제 출범후에만 4차례," 「연합뉴스」(온라인); <https://www.yna.co.kr/view/AKR20170903055800014> (검색일 2021년 5월 4일)

2. 김정은 집권기 북한 핵 개발에 대한 남한의 대응 - 미국의 '맞춤형 억제'

1) 미국과의 동맹 강화

2013년 북한의 3차 핵실험 이후 개최된 45차 한미 안보협의회에서 한미 국방장관은 북한의 핵, 대량살상무기 위협에 대한 억제방안으로 '맞춤형 억제전략'을 공식적으로 승인하였다. 맞춤형 억제전략이란 북한의 핵 무기 사용 위협 단계부터, 핵 무기 직접 사용 단계까지 상황을 세부적으로 설정한 다음, 각 상황에 맞게 한국과 미국의 이행 가능한 군사적 대응조치와 비군사적 대응조치를 실행하는 것이다.54) 한미는 맞춤형 억제전략의 실행력을 높이기 위해 2015년 4월 차관보급 정례 협의기구인 '한미 억제전략위원회'를 출범시켰다.

2014년 한미는 북한의 핵 탄두 미사일 개발에 대한 대응으로, 4D 즉, 탐지(Detect), 교란(Disrupt), 파괴(Destroy), 방어(Defend) 작전개념에 합의하였다. 그리고 다음해인 2015년 한미는 4D 작전개념의 이행 지침을 승인하고, 이 지침을 체계적으로 실행하기로 합의하였다.55) 한편, 박근혜 정부는 중국 정부의 강력한 반대에도 불구하고,56) 북한 핵무기와 미사일 위협으로부터 국민의 안전을 보장하고 한미동맹의 군사력을 보호하기 위한다는 명목으로 주한미군의 사드(THAAD)체계 배치를 결정하였다.

2017년 6월 한미 정상은 양국 간 굳건한 파트너십을 재확인하고, 한미동맹을 '포괄적 전략동맹'으로 발전시켜 나가기로 합의하였다. 2017년 9월 북한이 6차 핵 실험을 강행하고 다수의 탄도미사일을 발사하여 한반도 위기상황이 고조되었을 때, 한미는 긴밀한 공조 하에 B-1B, F-15K, F-35B 등 전략자산 전개, 연합훈련 강화 등을 실시하였고, 미국 트럼프 대통령은 남한의 미사일 탄두중량 제한 해제 요구를 승인해 주었다. 이를 통해, 한국 군은 유사시 지하 깊숙이 포진한 북한의 군사시설 등을 타격할 수 있는 초강력 미사일을 개발할 수 있게 되었다.57) 이후 2020년 7월 28일 한미는 '미사일 지침'을 개정하여, 한국의 고체연료 사용 제한을 완전히 해제했다. 이로 인해, 북한 핵 시설과 미사일 기지를 24시간 감시할 수 있는 정찰위성을 궤도에 올릴 수 있는 강력한 로켓 개발이 가능해졌으며, 유사시 이 로켓을 대륙간탄도미사일 등 중장거리 탄도미사일로 전환할 수 있는 길이 열리게 되었다.58)

그리고 문재인 정부 시기인 2018년 1월 제 2차 '한미 외교·국방 확장억제 전략 협의체 고위급회담'에서 한미는 박근혜 정부 때 채택된 '맞춤형 억제전력'을 발전시키기로 합의하였고, 미국 전략자산의 효과적인 한반도 순환배치 방안, 확장억제 협력체계 발전 등 미국의 확장억제 제공 공약의 실행력을 높이기 위한 다양한 정책, 군사방안을 논의하였다.59)

2) 대응 군사력 확보

박근혜 정부 시기 북한은 2013년 1회, 2016년 2회 총 3회에 걸쳐 핵 실험을 단행했다. 박근혜 정부는 북한 핵 위협에 효과적으로 대응하기 위해 '한국형 3축 체계'를 구축하였다. 3축 체계란 북한의 핵 미사일 발사 징후를 미리 탐지하여 타격하는 타격순환 체계인 'Kill Chain(킬 체인, 1축)'과 킬 체인의 선제공격을 피해 날아오는 핵 미사일을 지상에 도달하기 전에 요격하는 한국형 미사일 방어체계인

'KAMD(Korea Air Missile Defence, 2축)' 그리고 북한이 핵무기로 위해를 가할 경우, 동시·다량·정밀타격이 가능한 미사일 전력과 전담 특수작전부대 등으로 북한 지휘부를 직접 겨냥하여 응징 보복하는 체계인 'KMPR(Korea Massive Punishment & Retaliation, 3축)'로 구성되어 있다.[60]

〈그림 4-2〉

출처: "[김대영의 밀덕] 묻지도 따지지도 않는 한국형 3축 체계," 「비즈한국」(온라인); <http://www.bizhankook.com/bk/article/16776> (검색일 2021년 5월 4일)

박근혜 정부는 킬 체인을 실현하기 위해 지대지 미사일, 장거리 공대지유도탄, 합동직격탄(JDAM), 레이저 유도폭탄 등을 추가 확보하였고, 잠대지 및 함대지 미사일의 성능향상과 전술함대지 미사일 개발을 시작하였다. 그리고 KAMD를 위해 탄도탄 조기경보 레이더, 이지스함, 패트리엇 등을 전력화하였으며, 성능이 개량된 패트리엇, 중거리 지대공 미사일, 장거리 지대공 미사일을 국내 기술로 개발하여 2020년대 중반까지 배치완료하기 위한 작업에 착수하였다. KMPR 즉, 응징보복이 가능하도록 탄도 및 순항 미사일의 능력을 향상시켰으며, 추가적으로 이에 최적화된 발사체계 및 대용량 고성능 탄두 등을 개발하기 시작했다.[61]

문재인 대통령은 취임 직후인 2017년 8월 "북한 핵과 미사일에 대한 대응전력과 자주국방 능력을 강화하기 위해 대통령이 행사할 수 있는 책임과 권한"을 다할 것이며 이를 위해 "3축 체계를 조기에 구축할 것"이라고 발표했다.[62]

2017년 북한의 6차 핵 실험 이후, 문재인 정부는 3축 체계 조기 구축을 위해 2018년 총 4조 3,628억 원, 2019년 총 5조 691억 원, 2020년 총 6조 2,156억 원의 예산을 배정했으며, 이 예산을 군 정찰위성, 고고도 정보탐색능력, 스텔스 기능의 항공전력, 원해작전수행 해상전력, 공격·방어용 유도무기 개발 및 구입에 집중적으로 투입했다.[63] 그리고 북한 핵, 미사일 위협에 대응하기 위하여, 2019년부터 2023년까지의 국방중기 전략증강계획에 군 정찰위성, 중·고고도 정찰용 무인항공기 등 북한의 도발 징후를 탐지 및 식별할 수 있는 감시정찰전력과 탐지·식별된 정보를 통합하고 타격체계와 연동할 수 있도록 하는 지휘통제전력 그리고 탐지 및 식별된 표적을 장거리에서 타격할 수 있는 미사일 전략과 은밀 타격이 가능한 F-35A 확보를 명시하였다.[64]

한편, 문재인 정부는 2020년에 전략 무기인 잠수함발사탄도미사일(SLBM)의 지상사출 시험을 성공적으로 완료하였고, 2021년 3월

3,000t급 잠수함인 도산 안창호함에 탑재해 수중 시험발사를 실시할 계획이다.[65]

3) 평화 조성 노력

박근혜 정부는 북한의 비핵화가 한반도 평화 조성의 기초라는 인식을 가지고 있었다. 이에 따라, 박근혜 정부는 북한의 계속 되는 핵실험과 장거리 미사일 발사에 대응하여 개성공단을 폐쇄하고, 북한과의 대화도 '비핵화'에 기여해야 한다는 입장을 견지하였다. 2016년 5월 21일 북한이 군사당국회담 실무접촉을 제안했을 때, 박근혜 정부는 '진정성'이 없는 대화 제안이라고 하면서, 북한 정권에게 비핵화에 대한 입장부터 표명할 것을 요구하였다.[66]

박근혜 정부 기간 동안 남북 군사회담은 2014년 10월 15일 단 한 차례 개최되었다. 이 회담은 서해상에서 발생한 쌍방 함정 간 교전상황을 해소하기 위한 것이었는데, 북한은 전단살포 중단, 언론을 포함한 비방중상 중지 등을 요구하였고, 남한은 체제 특성상 당국이 민간단체, 언론을 통제할 수 없다는 입장을 강조함으로써 아무런 합의도 없이 종료되었다.[67]

문재인 정부시기에 세 차례 남북정상회담이 개최되었다. 이 중 두 차례의 정상회담에서 양 정상은 북핵 관련 사항에 합의하였다. 정상회담의 주요 내용을 표로 정리하면 <표 4-2>와 같다.

<표 4-2>에서 보듯이, 남북정상은 판문점 회담에서 한반도 비핵화 실현을 공동의 목표로 설정하였고, 평양회담에서 이 목표를 달성하기 위한 구체적인 방안과 과정에 대하여 합의하였다.

〈표 4-2〉 문재인 정부 시기 남북정상회담 북핵 관련 합의 내용

회담 일시	회담 장소	북핵 관련 합의 내용
2018.4.27.	판문점 평화의 집	– 완전한 비핵화를 통한 핵 없는 한반도 실현을 공동 목표로 확인 – 한반도 비핵화를 위한 국제사회 지지와 협력 확보 적극 노력
2018.9.18. ~9.20.	평양	– 북측은 동창리 엔진시험장, 미사일 발사대 영구적 폐기 – 북측은 미국이 상응조치를 취하면 영변 핵시설의 영구적 폐기와 같은 추가조치 용의 표명 – 남북은 한반도의 완전한 비핵화 추진 과정에 함께 협력

출처: 김창희, 『남북관계와 한반도 평화』(고양: 삼우사, 2019), pp. 432~437.

Ⅵ. 맺음말

이 글은 1990년대 북한이 핵 개발을 본격화한 이후부터 현재까지의 남북관계를 국제정치 이론의 하나인 안보 딜레마 이론으로 설명한다. 국제사회에서 유일하게 냉전체제가 소멸되지 않은 한반도에서 '안보 딜레마의 일상화'가 지속되고 있으며 특히, 북미 간 적대관계의 지속 하에서 북한의 핵 개발과 이에 대한 한미의 대응이 하나의 패턴으로 굳어져 가고 있다.

안보 딜레마 이론에 의하면, 북한에 핵 우산과 핵 기술을 제공해 주던 중요 동맹국들인 소련과 중국이 북한과 적대관계에 있는 한국과 외교관계를 수립하는 등 북한을 '방기'하는 상황에서 북한은 한미 군사력 강화에 대응하여 핵 무기와 운반수단의 개발을 본격화하였다.

북한의 핵 전략 분석을 통해 북한의 핵 교리가 '부인'에서 '2차 공격', '1차 공격'으로 점차 공세화 되었고, 북한의 핵 태세는 플루토늄탄에서 우라늄탄, 증폭핵분열탄, 수소탄으로 더욱 고도화되었음을 확인할 수 있었다. 그리고 핵 무기 운반수단과 관련해서 북한은 ICBM(대륙간탄도미사일)뿐만 아니라 SLBM(잠수함발사탄도미사일)을 모두 보유하고 있으며, 그 성능을 향상시키고 있다.

북한은 핵 무력 완성과 고도화를 통해, 상대적으로 적은 비용을 투입하여 한미연합군의 공격을 억지할 수 있게 됨으로써, 저비스의 제1세계(강한 형태의 안보 딜레마) 상황에서 제2세계(완화된 형태의 안보 딜레마) 상황으로 한반도 안보 딜레마 상황을 변화시켰다.

남한은 핵 무기와 대륙간탄도미사일을 모두 보유하고 있지 못하기 때문에, 핵을 가진 북한을 상대하기 위해서 미국과의 동맹이 매우 중요하다. 그런데 한미 동맹은 비대칭동맹이기 때문에, 한국이 미국에 대한 의존도가 높을수록 미국으로부터 '방기'될 위험과 미국의 안보문제에 끌려들어갈 '연루'의 가능성이 높아진다. 따라서, 한국의 역대 정부들은 미국과의 동맹을 강화하여 북한의 핵 공격을 억제하는 한편, 미국에 대한 의존도를 낮추기 위하여 자체적인 대응 군사력을 향상시키고, 남북대화 등을 통해 한반도 평화정착을 이루기 위해 노력했다.

한반도에 평화체제가 정착되어 전쟁이 종식되고 '한반도 안보 딜레마의 일상화'가 종료되기 전까지, 북한은 지난 8차 당대회에서 김정은이 강조한 것과 같이 "핵 선제 및 보복 타격능력을 지속적으로 고도화"할 것이며, 이에 대응하여 비핵국가인 남한 정부는 2021년 문재인 대통령이 신년사에서 밝힌 것과 같이 '방기'와 '연루'의 위험에도 불구하고 "한미동맹을 강화"하는 한편 대응 군사력을 확충하고, "멈춰있는 남북대화에서 대전환을 이룰 수 있도록 최선의 노력"
을 다하게 될 것이다.

5장 ─────────────────────────────

평화구축이론으로 본 남북관계[*]

황수환

I. 문제의 제기

한반도에서 평화는 언제 가능할까? 이 질문은 분단과 한국전쟁으로 인해 남북 간 반세기 이상 지속되고 있는 갈등과 적대적 긴장상황이 언제, 어떻게 해결될 수 있는지와 연결된다. 1953년 7월 정전협정 체결이후 남북은 불안정한 상황을 극복하기 위한 다양한 평화구축 노력들이 시도되었으나 2021년 현재 여전히 평화의 상태라 할 수 없는 불안정한 상태가 지속되고 있다. 그동안 남북 및 북미는 반세기 이상 지속된 한반도의 불안정한 상태를 평화의 상태로 만들기 위해 여러 회담과 합의 등을 통한 다양한 노력들을 진행했지만, 여전히 성

---

* 이 장은 "평화구축이론을 적용한 남북한 관계 평가," 한국평화종교학회, 『평화와 종교』, 제11호 (2021)의 내용을 수정 및 보완한 것이다.

공하지 못하고 있는 상황이다. 불안한 정전체제 속에서 남북 간 경제협력, 이산가족 상봉 등 화해와 협력의 시도가 존재했지만 여전히 한반도에서 군사적 긴장은 지속되고 있고, 특히 북핵 문제로 인해 긴장상태는 한반도를 넘어 지구적 차원으로 확대되고 있는 상황이다.

2018년 한해 한반도에서는 남북 간 긴장상태를 벗어나기 위한 외교·안보적으로 큰 변화의 움직임이 발생했다. 남북관계 차원에서는 2018년 4월 27일 '한반도의 평화와 번영, 통일을 위한 판문점 선언'과 같은 해 9월 19일 '9월 평양공동선언' 등 남북정상회담을 통해 한반도의 항구적 평화를 실현하기로 합의했다. 그리고 북미 간에는 6월 12일 싱가포르 북미정상회담을 통해 새로운 관계 수립과 평화체제, 완전한 비핵화 등을 조성하기로 합의했다. 2018년 3차례의 남북정상회담[1]과 1차례의 북미정상회담을 통해 반세기 이상 지속된 한반도의 불안정한 안보질서와 적대관계에 대한 해결의 실마리가 보이기 시작한 것이다.

문재인 대통령은 2018년 9월 19일 평양 능라도 5.1경기장에서 "우리 두 정상은 한반도에서 더 이상 전쟁은 없을 것이며 새로운 평화의 시대가 열렸음을 8,000만 우리 겨레와 전 세계에 엄숙히 천명"한다고 연설했고,[2] 김정은 위원장도 2019년 1월 1일 신년사에서 "불신과 대결의 최극단에 놓여있던 북남관계를 신뢰와 화해의 관계로 확고히 돌려세우고 과거에는 상상조차 할 수 없었던 경이적인 성과들이 짧은 기간에 이룩된 데 대하여 나는 대단히 만족하게 생각합니다"라며,[3] 남북 정상이 남북 간 긴장완화 및 화해의 분위기가 조성되었다고 언급했다. 남북 정상 모두가 2018년 남북정상회담으로 남북 간에는 신뢰가 형성되어 한반도 평화를 위한 기반이 조성되기 시작한 것으로 평가한 것이다. 북미관계도 2017년 말까지 북한의 핵과 미사일 시험발사로 인해 서로 가시 돋친 설전을 주고받던 상황에서 2018년에는 상대방에게 덕담을 주고받는 사이로 변화하기도 했다.[4) 한반도에서 평화구축의 본격적 신호로 해석되기도 했다.

〈그림 5-1〉 문재인 대통령의 평양 5.1경기장 연설

출처: 남북정상회담, <https://koreasummit.kr/Newsroom/Photos>(검색일: 2021년 3월 15일)

하지만 2019년 2월 28일 베트남 하노이에서 열린 제2차 북미정상회담은 북핵문제의 해결과 새로운 북미관계가 형성되는 중요한 진전이 있을 것으로 기대했지만, 북한의 핵폐기 문제와 미국의 상응조치에 대한 양측의 입장차이로 인해 합의문이 만들어지지 않고 종료됐다. 미국은 북한에게 영변 핵시설의 영구폐기뿐만 아니라 다른 핵시설 폐기를 요구했고, 북한은 유엔 안보리의 제재 완화를 요구하는 부분에서 양측이 입장 차이를 좁히는데 실패했다. 제2차 북미정상회담의 합의 결렬로 2018년부터 이어진 한반도 평화구축에 대한 기대가

회의적으로 변화하기 시작했다. 2018년 한해 대내외 정세에서 커다란 변화가 발생하여 한반도에서 평화구축이 본격적으로 이뤄질 것으로 기대했지만, 2019년 2월 북미정상회담의 합의 결렬로 인해 평화구축의 기대가 줄어들게 되었고, 평화의 달성이 결코 쉬는 일이 아니라는 것을 인식하게 된 것이다.

이처럼 한반도에서 평화가 마치 우리 손에 잡힐 듯 가시권에 들어오기도 했지만, 진정한 평화구축은 쉽게 이뤄지지 않고 있다. 평화의 개념을 어떻게 규정할 것이냐에 따라 평화의 상태가 달라지기도 하지만, 인류 역사상 평화를 완전히 달성했다고 할 수 있는 사례도 손꼽을 정도다. 평화는 본래 결과가 아니라 지속적으로 만들어나가는 과정이기 때문이다. 즉 평화는 결코 완성품이 아니라 끊임없이 모양을 만들어 나가는 과정인 것이다. 개인별·집단별로 평화로 생각하는 모습이 다르기 때문에 평화라는 모습은 정해진 것이 아니라 해당 당사자가 어떻게 규정하느냐에 따라 그 형태와 모양이 달리 나타날 수 있다.

2018년 당시 한반도의 상황을 어떻게 규정하느냐에 따라 평화의 정도를 각자가 달리 규정할 수 있다. 그렇기 때문에 평화는 완성품이 아니라 만들어 나가는 과정으로 인식해야 하며, 평화는 만드는 방식에 따라 그 형태는 얼마든지 다양하게 나타날 수 있다. 그렇다면 평화를 끊임없이 달성하기 위한 과정의 관점에서 바라볼 때, 평화는 어떻게 해야 잘 만들어질 수 있는 것인가라는 의문이 발생할 수 있다. 평화를 잘 만들기 위한 과정에는 어떠한 방법이 있는지를 살펴볼 필요가 있다. 평화를 구축하는 방법이 폭력적인 방식이 아닌 평화적인 방식이어야 함은 당연하겠지만 평화를 만들어가는 과정에서 어떠한 방식이 적절한지를 살펴볼 필요가 있다. 이러한 관점에서 본 글에서는 남북 간 평화를 만드는 과정을 평화구축이론이라는 관점에서 살펴보고자 한다. 평화구축이론이라는 관점에서 남북관계 상황에 대해 분석하고 평가하여 향후 재개될 한반도 평화의 흐름이 이어나갈 수 있는 가능성을 고찰하고자 한다.

Ⅱ. 평화구축에 대한 이론적 논의

평화구축(peace building)의 개념은 평화학은 물론 국제기구, 국제협력, 개발협력 분야에서 주로 사용되고 있는 용어이다. 평화구축은 폭력적 갈등상황을 초래하는 요인들을 진단하고 처방하여 평화로운 구조와 관계를 만들어나가는 과정으로 정의할 수 있다. 평화구축은 요한 갈퉁이 1975년 전쟁 종식 후 적극적 평화(positive peace)로의 이행을 설명하기 위해 고안한 용어로 알려진다.5) 갈퉁은 기존에 논의되던 평화유지(peace keeping), 평화조성(peace making)과는 차별된 개념으로 평화구축에 대한 개념을 제시했다. 갈퉁은 평화유지가 주로 중립적인 제3자의 군사력을 이용하여 휴전을 보장하고 관리감독을 하는 조치로서 파괴를 줄이는 데 중점을 두는 활동이라고 보았다.

이에 반해 평화조성은 중재와 협상을 통해 관련 당사자들을 이해시켜 화해를 도모하도록 하는 활동을 말한다. 폭력적 상황을 중지시키고 외교적 노력을 통해 비폭력적인 대화를 하도록 하고 궁극적으로는 평화협정을 체결하여 평화를 만들어 나가도록 하는 행위를 말한다. 이에 갈퉁은 평화유지와 평화조성의 개념과 달리 평화구축은 해당 사회 내에서 존재하는 구조적 갈등을 보다 장기적인 관점에서 지속 가능한 평화로 전환시켜 나가기 위해 사회경제적 재건과 발전을 통해 평화로운 사회변화를 추진하는 포괄적인 활동들로 보았다.[6] 평화유지, 평화조성이 단기적이고 소극적 평화를 추구하는 것에 비해 평화구축은 장기적이고 적극적 평화를 구현하기 위한 개념으로 볼 수 있다. 즉 평화유지와 평화조성을 통해 폭력적 상황이 어느 정도 해결된 이후에도 지속적으로 진행되는 평화의 노력과 과정을 평화구축으로 보았다.

1992년 부트로스 부트로스 갈리(Boutros Boutros – Ghali) 당시 유엔 사무총장이 "평화를 위한 의제: 예방외교와 평화의 조성 및 유지"(An Agenda for Peace: Preventive Diplomacy, Peacemaking and Peace – Keeping)라는 보고서에서 평화구축이라는 용어를 사용하면서 평화구축의 개념이 더욱 주목을 받게 된다.[7] 이 보고서는 무장갈등을 중단시키는 평화조성(peace making)과 평화협정의 준수를 지원하는 평화유지(peace keeping) 활동과 더불어 여러 측면에서 평화구축의 노력이 필요하다고 강조했다 특히, 분쟁 후 평화구축(post – conflict peace building)을 무장갈등의 재발을 예방하기 위한 평화의 강화로 보면서, 무장갈등으로 무너진 각종 기반시설의 재건을 위해 교전 당사자들 간 평화적 상호관계를 형성시켜야 할 필요가 있다고 강조했다.[8] 갈퉁과 마찬가지로 폭력적 상황 이후 재건을 통해 폭력적 상황이 발생하지 않도록 예방하는 장기적인 평화의 노력들로 파악했다.

2000년대 이후 평화구축의 개념은 분쟁과 갈등 사회의 복원을 넘어 사회 전반에 퍼져있는 폭력적 구조를 해결하여 정의롭고 지속 가능한 평화를 달성하기 위한 과정과 그 과정 속에서 발생한 다양한 문제를 해소, 해결하려는 접근방식과 활동까지 포함시켜 사용하고 있다.[9] 즉 평화구축에 대해 단순히 평화를 조성하는 차원을 넘어 분쟁 이후의 국가 및 사회 재건 등을 통한 갈등 전환적 차원으로 확대시켜 파악하고 있다.10) 이런 맥락에서 평화구축은 "지속 가능한 평화지대의 형성을 위해 요구되는 모든 노력들"로 사용되기도 하고,11) "모든 폭력을 예방하고 감소 및 전환하여 모든 사람들이 모든 형태의 폭력에서 벗어나 삶을 정상적으로 회복할 수 있도록 돕는 것"12)을 의미하기도 한다. 최근 평화구축의 개념은 갈등의 구조적 전환과 평화적 환경의 형성 그리고 변화된 평화적 환경의 유지를 위한 개인 및 사회의 역량 형성을 목표로 한다. 평화구축은 갈등상황의 핵심이 무엇인지 파악하고 상황과 관계의 패턴을 분석하여 이를 통합적인 해결방식으로 제시하는 분석역량을 요구한다.

호커(Joyce Hocker)와 윌못(William Wilmot)은 갈등을 전환하고 평화를 구축하는 과정에서 나타나는 목표들을 세 가지로 제시했다.13) 첫째, 전망적(prospective) 목표는 특정한 갈등을 다루는 과정을 시작하기 전에 이미 분명하게 지니고 있는 목표이다. 둘째, 교류적(transactive) 목표는 갈등의 진행 중 발생하는 사건 속에서 좀더 분명해지는 목표이다. 회상적(retrospective) 목표는 사건이 발생한 지 오래된 뒤에도 사람들은 무엇이 발생되었는지에 대해 계속해서 이해하려고 노력한다는 의미를 지니고 있다. 이러한 목표들은 각각 서로 연결되어 있어 평화를 구축하는 과정에 대한 진행방식, 평화를 이해하는 방법, 평화를 실천하기 위한 노력들이 무엇인지 파악하는 데 도움을 줄 수 있다.14) 만약 평화를 구축하는 과정 속에서 합의문이나 협정이 체결된다면, 이는 갈등 및 분쟁을 해결하기 위한 장치이자 평화를 구축하기 위한 목표를 지닌 적극적인 합의의 결과로 파악할 수 있다.15)

쿱찬(Charles Kupchan)은 화해, 안보공동체, 연방의 단계로 평화구축이 가능하다고 주장했다.16) 우선 화해가 달성되기 위해서는 일방적 양보, 상호 간 자제, 사회적 통합, 새로운 서사와 정체성의 형성 등 네 가지 단계가 필요하다고 설명했다. 화해 단계에서 힘이 강한 국가가 먼저 양보하고 힘의 사용을 자제하는 것이 장기적으로 평화를 구축하는 데 유리하다고 주장했다. 이렇게 형성된 신뢰관계 속에서 사회적 통합과 새로운 정체성의 형성이 이뤄진다면 상대국가를 적이 아닌 친구로 여기게 되어 평화적 관계와 평화공동체가 형성될 수 있다고 보았다. 적대국과 폭력적인 경쟁이 아닌 평화적 공존을 통해 얼마든지 상호 신뢰와 이익이 형성되어 평화구축이 될 수 있다고 주장했다. 화해를 통해 적대국 간 경쟁이라는 것이 완전히 없어지는 것이 아니라 감소시키는 것으로도 안정적인 평화가 구축될 수 있다고 보았다. 그리고 화해, 안보공동체, 연방은 연속선상에서 놓여진 것으로 화해단계에서 연방단계로 진행될수록 협력이 제도화되고 여러 요소들이 연결되어 안정적 평화가 심화되어 평화가 구축된다고 파악했다.

댄 스미스(Dan Smith)는 평화를 형성하기 위해 방안에 대해 네 가지 부문으로 구분하여 평화구축의 제도화를 모색했다. 안보, 정치구조, 사회경제적 기반, 화해와 정의 등 네 가지 부문으로 나누고 각 부문에서 평화구축 역량을 어떻게 제도화해 나갈 것인가를 파악할 수 있다고 보았다.17) 첫째 안보부문은 인도주의적 활동, 군축, 무장해제, 군사력 해체 및 재통합, 안보제도의 개혁, 지뢰제거 등의 기능을 포함한다. 주로 군사적 신뢰구축을 위한 조치들을 강조한다. 둘째, 정치구조부문은 정당과 미디어, NGO의 민주화 및 민주문화 교육, 책임성과 법치, 사법제도를 통한 거버넌스, 제도구축과 인권증진 등의 역량을 의미한다. 셋째, 사회경제적 기반 부문은 재건, 경제기반시설, 보건과 교육 인프라, 난민과 국내실향민의 송환, 식량안보 등의 역량을 가리킨다. 넷째, 화해와 정의부문은 적대적 집단지도자들 간 대화, 풀뿌리 차원의 대화, 기타 중재활동, 진실화해위원회, 트라우마 치유에 관한 활동을 말한다. 댄은 이러한 네 가지 부문의 활동들이 각 영약의 역량들을 조합하여 평화구축의 역량을 강화시키는 것이 중요하다고 강조한다. 중요한 점은 네 가지 부문이 각기 다른 활동을 하는 것이 아니라는 점이다. 예를 들어 그림을 그리기 위해서는 여러 물감을 팔레트에 놓은 뒤, 섞어서 다양한 색감을 나타내는 것과 같이 해당 부문들이 조화를 이룰 때 진정한 평화구축이 실현될 수 있다고 강조했다.

〈그림 5-2〉 평화구축을 위한 파레트

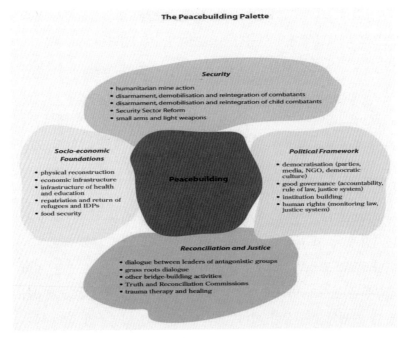

출처: Dan Smith, *Towards a Strategic Framework for Peacebuilding: Getting their Act Together* (Oslo: PRIO-International Peace Research Institute, 2004), p. 28.

Ⅲ. 남북 간 평화구축 사례

본 장에서는 댄 스미스가 제안한 평화구축의 역량 네 가지 요소에 따라 남북관계의 상황에 맞게 평화구축 사례를 적용하여 파악하고자 한다. 첫째, 군사안보부문에서는 군사적 신뢰구축관련 남북 간 합의사항을 중심으로 살펴본다. 둘째, 정치부문에서는 민주시민 교육, 적대적 법제도 정비를 중심으로 살펴본다. 셋째, 사회경제적 부문에서는 경제교류협력, 인도적 협력을 중심으로 살펴본다. 넷째, 화해와 정의부문은 지도자들 간의 대화인 남북정상회담과 이산가족문제의 내용을 중심으로 살펴본다.

1. 군사부문의 평화구축

한국전쟁으로 발생된 군사적 긴장상황을 해소하기 위해서는 남북 간 군사적 신뢰형성이 가장 필요하다. 남북 간 군사적 신뢰구축을 위한 주요 논의 및 합의사항은 1972년 '7.4 남북공동성명', 1991년 '남북기본합의서', 2000년 '제1차 남북국방장관회담', 2007년 '10.4 남북정상선언', 2007년 '제2차 남북국방장관회담', 2018년 '판문점 선언'과 '9.19 평양공동선언', '판문점선언 군사분야 이행합의서(이하 9.19 남북군사합의)' 등이 있다.

우선 '7.4 남북공동성명'에서 "크고 작은 것을 막론하고 무장도발을 하지 않는다," "불의의 군사적 충돌사건을 방지하기 위한 적극적 조치를 취하기로 합의한다" 등과 함께 돌발적 군사사고를 방지하고 남북 간 문제들을 신속히 협의하기 위해 서울-평양 간 상설 직통전화를 설치하기로 했다.

1991년 '남북기본합의서'에서는 군사적 신뢰구축과 군축 등을 논의하기 위한 남북군사공동위원회 구성, 대규모 부대이동 및 군사연습 통보·통제, 비무장지대 평화적 이용, 군인사 교류, 대량살상무기 공격능력 제거 및 단계적 군축 및 검증, 군사 당국 간 직통전화 설치 등에 대해 합의했다. 특히 남북불가침 부속합의서를 통해 상호일체 무력사용행위 금지, 상호 정규·비정규 무력 불침입, 군사분계선 일대 무력 증강 및 정찰활동 중지, 영해·영공 봉쇄 금지, 우발적 충돌 가능성 발견 시 상대측 즉시 통보, 상대측 관할을 침범하는 인원·선박·함정·비행기 송환, 합의서 위반시 공동조사 등 구체적인 군사적 신뢰구축에 대한 내용을 합의했다.

2000년 9월에는 '6.15 공동선언'에서 누락된 군사분야의 내용들을 논의하기 위해 별도로 남북국방장관회담이 진행됐다. 2000년 9월 26일 1차 남북국방장관회담을 통해 민간교류협력 군사보장, 철도·도로공사 군사 보장, 남북관할지역 설정문제 협의, 차기 국방회담 개최 등에 대해 합의했다.

2007년 '10.4 남북정상선언'에서는 남북 간 적대관계 종식하고 한반도에서 어떠한 전쟁도 반대하며 불가침의무를 확고히 준수하기로 합의했다. 또한 서해 공동어로구역·평화수역 설정, 각종 협력사업에 군사적 보장조치 협의, 종전선언 추진 등에 대해 합의했다. 2007년 11월 29일 제2차 남북국방장관회담을 통해 이미 채택된 남북 간 군사적 합의들을 철저히 준수하기로 하고, 통신 연락체계의 현대화, 남북군사공동위원회 구성, 공동어로구역과 평화구역 설정, 한강·임진강 하구의 공동 골재채취, 종전선언, 유해발굴, 서해특별평화협력지대의 군사적 보장대책, 북측 민간선박들의 해주항 직항 허용, 문산-봉동 간 철도 화물 수송의 군사적 보장, 통행·통신·통관을 위한 군사적 보장, 백두산 관광 직항로 관련 군사적 보장 등 다양한 분야에서 합의했다.

2018년 '4.27 판문점 선언'을 통해 남북은 군사적 긴장완화와 전쟁위험 해소를 위해 공동의 노력을 진행하기로 합의했다. 상대방에 대한 모든 적대행위 전면 중지, 비무장지대의 평화지대화, 서해 평화수역 조성으로 우발적 충돌 방지 대책 마련, 안전어로 보장, 국방부장관회담 등 군사당국자회담 수시 개최, 장성급 군사회담 개최, 무력불사용과 불가침 합의 재확인 및 엄격 준수, 상호 군사적 신뢰의 실질적 구축에 따라 단계적으로 군축 실현, 종전선언, 한반도의 완전한 비핵화 목표 확인 등에 대해 합의했다. 특히 '4.27 판문점 선언'에서는 남북 간 비핵화와 군축을 합의하여 실질적인 평화공존과 공동번영을 통한 평화구축의 전기를 마련했다고 볼 수 있다.

2018년 '9.19 평양공동선언'에서는 한반도 전 지역에서의 실질적인 전쟁위험 제거와 근본적인 적대관계 해소하여 한반도를 항구적인 평화지대로 만들기 위한 실천적 조치들을 적극 취해나가기로 합의했다. 이를 위해 남북군사공동위원회를 조속히 가동하기로 합의했다. 또한 한반도를 핵무기와 핵위협이 없는 평화의 터전으로 조성하기로 합의했다. 이를 위해 북한은 동창리 엔진시험장과 미사일 발사대를 폐기하기로 했다. '9.19 남북정상선언'의 부속합의서인 '9.19 남북군사합의'는 남북 간 적대행위 중지와 비무장지대 평화지대화, 서해지역의 평화수역화, 남북물류협력과 접촉 왕래 활성화를 위한 군사적 보장대책 강구, 군사적 신뢰구축 조치 강구 등 남북한 군사적 긴장완화와 평화정착을 위한 내용을 포함하고 있다. 사실상 한반도에서 전쟁상태를 종식하는 합의라고 평가하기도 한다. '9.19 남북군사합의'

를 통해 군사분계선 기준으로 육상과 해상에 완충지대를 설정하고, 비무장지대 GP를 시범 철수했고, 정전협정 이후 최초로 비무장지대 내에서 유해발굴을 시작했으며, 2018년 11월부터 12월까지 한강하구 공동이용 수역에서 남북이 공동수로조사를 진행했다. 무장해제 차원에서 2018년 10월 27일부로 JSA 내 지뢰제거, 초소·화기 철수와 인원 조정, 공동 현장검증 등 JSA 비무장화 조치를 완료했다. '9.19 남북군사합의'는 남북이 최초로 군비통제를 통해 우발적 충돌을 방지하고, 군사적 신뢰구축을 실천하려는 점에서 의미가 있다. 군사분야에서 합의가 가능한 부분을 합의하고 실천했으며, 대북제재 상황에서 군사적 신뢰구축의 토대를 마련했다는 점에서 의미가 있다.

<그림 5-3> 비무장지대에서 남북 군인의 만남

2018년 11월 22일, 남북 군사당국이 강원도 철원 '화살머리고지' 일대에서 남북 도로개설을 추진하고 있는 중 군사분계선(MDL) 인근에서 인사를 나누는 모습
출처: 대한민국 정책브리핑, "9·19 남북군사합의," <https://www.korea.kr/special/policyCurationView.do?newsId=148865808> (검색일: 2021년 3월 15일)

중요한 점은 1972년 '7.4 남북공동성명'부터 현재까지 군사적 평화구축을 위한 수많은 합의가 존재함에도 불구하고 대부분이 이행되지 못한 한계가 있다. '9.19 남북군사합의'에 따라 남한 11개, 북한 11개 등 비무장지대의 GP 22개를 철거했고, 한강하구 공동수로 조사했으며, JSA 비무장화 조치를 취했고. 철원 화살머리고지 일대 비무장지대에서 남북공동유해발굴 시범사업 등이 진행된 것을 제외하고 군사분야에서 대부분 이행되지 못했다.

2. 정치부문의 평화구축

　장기적 평화구축을 지속시키기 위해서는 남북 모두 정치적 성숙과 민주시민의식의 함양이 필요하다. 이를 위한 상호 적대적인 법과 제도들의 정비가 요구된다. 우선 남과 북은 여전히 적대적인 인식과 제도를 지니고 있다. 특히 한국전쟁과 분단은 남북 간 적대적인 경쟁체제를 형성했을 뿐만 아니라 우리 일상생활에서 냉전문화, 반공문화의 형태로 나타나 남남갈등을 야기하는 요소로 작용하고 있다. 이러한 적대적 인식을 해소하기 위한 교육적 차원과 법제도적 정비를 위한 정치부문의 평화구축 노력이 진행되었다.

　우선 통일관련 법령 및 제도는 한반도 상황의 변화에 따라 점진적으로 그 내용과 폭이 확대되어 왔다. 정부 수립초기에는 헌법과 국가보안법이 남북관계를 규율했다. 1990년대 이후 남북관계를 보는 시각이 변화하면서 북한을 교류협력의 파트너로 인식하게 되었고, 그 결과 1990년 8월 남북교류협력법과 남북협력기금법이 제정되었다. 1997년에는 북한이탈주민법이 제정되었고, 1999년에 통일교육지원법을 제정하여 사회교육 차원의 통일교육을 지원하는 다각적인 방안을 강구하기 시작하였다. 2000년 남북정상회담으로 이산가족교류의 물꼬가 트이자 이산가족교류를 지원하는 법령도 부분적으로 정비가 되었다. 국가보안법의 폐지의 필요성이 꾸준히 제기되고 있지만, 남북관계의 과도기적 이중성이 지속되는 상황에서는 국가보안법과 남북교류협력법을 병존하는 구조가 지속되고 있는 상황이다. 북한에 대한 이중적인 법적 지위를 인정하거나 이를 고수하려는 태도는 평화지향적인 관점에서 볼 때 바람직하다고 보기 어려울 수 있다. 이러한 입장이나 태도는 냉전적이고 대결적인 문화를 확대 재생산할 수도 있기 때문이다. 따라서 남북 간 다시 화해·협력의 여건이 조성되고 남북관계가 질적으로 발전할 경우에는 국가보안법에 대한 전향적 검토가 요구된다. 이때 북한의 형법 개정 등 상호 적대적인 법제도의 개정이 진행될 수 있다.

교육적 차원에서 2000년대 이전까지 반공안보교육과 통일·안보교육 차원에서 통일교육이 진행되었다. 2000년 남북정상회담 이후 남북 간 교류협력이 심화되면서 통일교육에 대해 안보적 관점을 강조하기 보다는 미래지향적인 평화의 가치를 중시하는 방향으로 전환되게 된다. 2018년 남북정상회담에 따른 한반도 평화분위기에 맞춰 이후 통일교육 패러다임을 '통일로 가는 평화교육'으로 전환하여 평화, 다양성, 관용 등의 가치적 측면을 강조하는 평화·통일교육으로 변화시켰다.[18) 평화·통일교육은 통일에 대한 다양한 의견이 존재할수 있고 서로의 차이점을 인정하고 만약 의견대립으로 인한 갈등상황이 발생하더라도 폭력적 방식으로 해결하는 것이 아닌 대화와 협력을 통해 해결하는 평화적 감수성과 가치를 확산시켜 나가는 과정을 강조하는 것을 목표로 삼았다. 이는 국가관 함양, 통일정책의 정당성, 북한의 대남전략, 북한 체제의 실태 등 과거 냉전적이고 대결적 사고에서 진행되던 통일교육의 패러다임을 전환하고자 한 것이다. 또한 한반도의 평화공존과 공동번영에 부합하는 평화·통일교육을 추진하고, 민족과 체제 중심의 통일지상주의적 접근에서 개인과 일상 등 젊은 세대의 일자리, 경제 등과 밀접하게 연관되고 한반도 평화정착에 개개인의 삶의 변화에 영향을 미친다는 관점으로 평화·통일교육의 담론을 전환하고자 했다.

적대적인 법제도 정비 및 평화교육의 확대를 통한 남북 간 정치적 성숙의 토대가 마련되어야 한다. 이는 한반도에서 진정한 민주주의의 실현을 위해 필요하다. 즉 평화롭고 정의로운 한반도를 구현하기 위해서는 민주주의 실현이 필수적이다. 민주주의의 실현을 통해 차별과 불평등이 해소되는 공정한 사회를 구현할 수 있다. 분단으로 인한 각종 모순을 지양하고 항구적 평화를 정착시키는 것은 한반도에서 살고 있는 모든 구성원들의 인간다운 삶을 위한 것이다. 특히 북한은 인권탄압국이라는 오명에서 벗어나 진정한 민주주의 실현을 통해 인권을 구현하고 공정하고 평등한 세상을 실현해야 한다. 민주주의의 발전이야말로 인권문제의 해결뿐만 아니라 한반도 평화와 안정에 기여할 수 있기 때문이다.

3. 사회경제부문의 평화구축

사회경제부문의 평화구축은 남북교류협력사업 등을 통해 그 정도를 파악할 수 있다. 남북교류협력사업은 남북교류협력사업을 명시된 바와 같이 남북 간 공동으로 하는 환경, 경제, 학술, 과학기술, 정보통신, 문화, 체육, 관광, 보건의료, 방역, 교통, 농림축산, 해양수산 등에 관한 모든 활동을 의미한다. 사실상 정치·군사적 활동을 제외하고 모든 측면의 교류협력활동이라 할 수 있다. 남북경제협력사업, 사회문화협력사업, 인도적 대북지원사업 등이 포함된다.

우선 남북 간의 경제교류협력은 대한적십자사가 1973년 남북조절위원회를 통한 경제인 및 물자 교류 제의가 이루어진 뒤, 북한적십자사의 수재물자 지원을 계기로 1984년 11월부터 1985년 11월까지 남북경제회담이 개최되면서 논의가 시작되었다. 1990년 8월 '남북교류협력에 관한 법률'과 '남북협력기금법' 등 관련 법령이 제정됨으로써 남북교류협력이 법제도적으로 보장되어 안정적으로 이루어질 수 있게 되었다. 이후 남북 경제교류협력은 본격적으로 진행되었다. 1995년 대북 식량지원 15만 톤 진행, 1998년 금강산 관광, 2000년 대북식량차관 최초 실시, 2002년 경의선 및 동해선 철도·도로 연결 착공식, 2003년 개성공단 착공식과 2004년 준공 및 2007년 운영으로 이어졌다. 1998년 금강산 관광, 2007년 개성관광 등 관광차원의 교류협력이 진행되기도 했다. 그 외 체육, 문화, 예술 등 다방면의 사회경제적 교류협력이 진행됐다. 개성 만월대 남북공동발굴조사 사업, 겨레말큰사전 남북공동편찬 등 종교 및 사회단체의 학술, 문화예술 교류가 진행되었다. 특히 2000년, 2007년, 2018년 등 5번의 남북정상회담이 개최되는 시기를 전후하여 남과 북의 문화, 예술 공연단의 교류는 활발하게 진행됐다. 그리고 올림픽 등 국제경기에서 단일팀 혹은 공동입장 등을 통해 협력을 진행했다. 지자체와 민간차원에서도 다양한 교류협력사업이 진행되기도 했다.

남북 인적왕래는 1989년 1명을 시작으로 2008년에는 18만 6천여 명까지 증가를 기록했고, 2020년 5월 기준으로 총 147만여 명이 왕래를 했다. 남북교역액은 1989년 1천 9백만 달러에서 2015년에는 27억 1천 4백만 달러까지 증가하기도 했다.[19] 하지만 2010년 5.24 조치 이후 인적왕래 및 교류협력은 감소하기 시작했고, 2016년 개성공단 가동 중단 이후 정체상태에 있다. 대북 인도적 협력사업은 당국차원, 민간단체 기금지원, 국제기구 등 무상지원으로 1995년부터 2019년까지 15,289억 원을 지원했다.[20]

중요한 점은 남북 간 3대 경제협력 사업이라 불리는 철도·도로 연결 사업, 금강산관광 사업, 개성공단 사업은 모두 비무장지대의 일부 구역에 대한 개방이 필요했다는 측면에서 필연적으로 군사적 논의를 수반해야만 했다. 남북한 사이의 군사적 논의 전개는 경의선·동해선 철도·도로 연결 사업을 중심으로 진행될 수밖에 없었다. 금강산관광 사업과 개성공단 조성 사업이 모두 북한 지역에서 이뤄졌고, 이를 위해서는 남북한의 인원과 장비, 물자들이 비무장지대를 관통해 오고 가야만 했기 때문이다. 금강산관광의 경우 초기에는 배를 인적·물적 운송 수단으로 활용하여 비무장지대를 관통하지 않고 동해 북방한계선(NLL)을 월선한 뒤 귀환하는 방식으로 이뤄졌으나, 이러한 방식은 수익성 측면에서 오랫동안 지속되기는 어려웠다. 개성공단 조성 사업 역시 비무장지대의 일부 구역을 통과하는 남북한 왕래에 대한 군사적 보장 문제가 해결된 2003년 이후에야 본격적으로 진행되기 시작했다. 결국 남북경제교류협력 사업은 정상회담을 비롯해 국방장관회담, 장성급군사회담, 군사실무회담 등 다양한 수준의 군사 당국자 간 회담을 개최함으로써 군사적인 부문에서 상호 간의 신뢰를 폭넓게 구축하는 기반으로 작용했다고 볼 수 있다. 2000년대 이후 진행된 남북 경제교류협력사업은 북한의 지속적인 무력도발에도 불구하고, 갈등이 확대되지 않도록 하는 일종의 '안전판' 기능을 수행했다고 볼 수 있다.[21] 남북한 사이의 물리적 충돌 이후 전체적인 남북관계의 진전이 일시 정지됐음에도 꾸준하게 진행된 남북한 사이의 경제교류협력은 향후 남북 간 평화구축의 노력과 진정을 모색하는 데 있어서 상당한 의미가 있다고 평가할 수 있다.

4. 화해와 정의부문 평화구축

남북정상회담은 만남 그 자체만으로도 민족적 화해를 도모한다는 차원에서 의미가 있다. 분단 이후 오랜 기간 대립과 반목을 지속해 온 남북의 정상이 직접 대면을 통해 한반도 평화를 위해 논의했다는 것 자체로 의의가 있다. 남북은 2000년 6월 첫 남북정상회담을 시작으로 2007년 10월과 2018년 4월, 5월, 9월 3차례 총 5번 진행했다. 정상회담은 외교관계에서 진행되는 최고위급 회담으로 다른 회담과 달리 그 중요성은 높다고 할 수 있다. 특히 남북정상회담은 남북 간 분단 이후 지속된 상호 불신을 완화하고 관계 증진을 위한 중요한 계기로 작용했다.[22] 2018년 4월 판문점에서 진행된 남북정상회담은 분단 이후 북한 최고지도자가 남측 관할지역인 판문점을 방문했다는 점에서 의미가 있다. 이는 남북관계 개선에 대한 김정은 위원장의 확고한 의지를 재확인하고 한반도 분단의 상징인 판문점에서 정상회담을 개최하여 판문점을 평화와 화해, 협력의 공간으로 전환시키겠다는 실천적 의지를 나타낸 것으로 볼 수 있다.

2000년 '6.15 남북공동선언'의 자주적 통일, 통일방안의 공통성에 대한 합의는 남북 간 통일문제에 대해 자주적인 관점에서 풀어 가기로 한 점이다. 이는 과거 우리 정부의 흡수통일노선을 통한 대북압박과 고립정책을 포기하고 화해와 협력을 통한 통일을 추구하는 것을 의미한다.[23] '6.15 남북공동선언'은 반세기 가량 지속된 적대적이고 대결적인 남북관계를 정리하고, 공존관계로 진입하는 첫 걸음을 내

딛는 의미를 지니며, 남북 간 평화와 화해와 협력을 위한 발판을 마련했다는 점에 의미가 있다. 2018년 '4.27 판문점 선언'에서 한반도 평화와 통일문제에 있어 주도적이고 당사자 해결의 원칙에 의한 민족자주의 원칙을 재확인했다. '9.19 평양공동선언'에서도 민족자주와 민족자결의 원칙을 재확인하고, 남북관계를 민족적 화해와 협력, 확고한 평화와 공동번영을 위해 일관되고 지속적으로 발전시켜 나가기로 합의했다. 2000년 이후부터 2018년까지 남북정상회담을 통해 지속적으로 남북 간 화해와 협력을 통한 통일과 평화구축을 합의했다.

1971년부터 2020년까지 정치분야 261건, 군사분야 53건, 경제분야 136건, 인도분야 155건, 사회문화분야 62건 등 총 667건의 남북회담이 개최됐다.[24] 수백차례의 남북회담 및 대화는 정상회담의 합의사항을 실천하기 위한 목적과 함께 본격적인 남북 간 상시적 대화의 시대로 진입하기 위한 것으로 볼 수 있다. 남북관계의 발전을 위해서는 당국 간 지속적인 대화를 통해 합의사항을 조정하고 실천하는 과정에서만 가능할 수 있다. 지속적인 대화를 통해 북은 대결적인 적대관계 속에서 긴장을 지속하던 모습에서 벗어나 평화를 창출하기 위한 노력을 시작했고, 불신과 소모적 경쟁을 대신하여 화해와 협력을 이룰 수 있는 토대와 계기를 마련하게 된 것으로 볼 수 있다.

정부가 운영하고 있는 '이산가족정보통합시스템'에 등록되어있는 이산가족 찾기 신청자는 2019년 12월 기준으로 총 133,3370명이며 이중 80,640명이 사망했고, 52,730명이 생존해 있다.[25] 2000년 '6.15 남북공동선언부터 2018년 '9월 평양공동선언'까지 약 18년 간 남북정상회담을 진행하는 합의서에 이산가족문제는 빠지지 않고 등장한다. 민족적 차원에서 비극이자 아픔인 이산가족문제를 남북 간 화해의 내용으로 포함한 것이다. 이산가족문제는 2007년 '10.4 남북정상

선언'에서 이산가족 및 친척의 상봉 확대와 영상 편지 교환사업 추진, 금강산면회소에서 이산가족 상시적 상봉 추진 등에 대해 합의로 이어진다. '4.27 판문점 선언'에서는 8.15를 계기로 이산가족과 친척 상봉을 추진하고 했고, '9월 평양공동선언'에서는 이산가족 상설면회소 개소 및 복구, 이산가족 화상상봉 및 영상편지 교환에 대해 합의했다. 남북관계의 인도적 차원 특히 남북화해 차원에서 이산가족문제는 더 이상 미룰 수 없는 시급한 과제임을 남북이 서로 인정하고 있다. 이산가족 대면 상봉 사업은 1985년 이산가족 고향방문단을 시작으로 2000년 8월 1차 이산가족 상봉부터 2018년 8월 21차까지 진행됐다. 이산가족 화상상봉은 2005년 8월부터 2007년 11월까지 7차례 진행됐다.

화해와 정의의 회복차원에서 분단과 전쟁으로 발생된 각종 국가폭력의 희생자들의 상처를 치유하여 정상적인 삶으로 회복해나가는 작업도 진행됐다. 남북 간 역사적 사건으로 인한 직접적 피해자들인 전사자, 납북자, 이념폭력의 희생자, 이산가족에 대한 사회적 치유 활동을 통해 진행될 수 있다. 분단으로 인해 발생한 각종 부당한 폭력 상황에 대한 피해와 억울함을 해소하는 노력이 진행되어야 한다. 법적인 명예회복과 보상절차와 함께 정신적인 치유와 화해의 노력이 병행되어야 한다. 분단이라는 명목 하에 남북한에서 이뤄진 국가폭력으로부터 피해를 당한 사람들의 아픔에 공감하고 치유해가는 작업이 이루어져야 한다. 2005년 출범한 진실·화해를 위한 과거사 정리위원회는 반인권적, 반민주적 사건에 대해 은폐된 진실을 밝혀 과거와의 화해를 통해 국민적 통합을 모색하였다. 그리고 1999년 4.3 사건의 진상규명과 희생자 명예회복을 위해 '제주 4·3사건진상규명 및 희생자명예회복에 관한 특별법'을 제정하여 사건의 진상규명과 명예회복, 대통령의 국가폭력에 대한 사과, 정부의 국가추념일 지정 등 국가와 사회 차원에서 치유와 화해의 노력을 진행하기도 했다.

Ⅳ. 맺음말: 평가 및 전망

한반도에서 평화유지, 평화조성이라는 소극적 평화의 의미를 넘어 평화구축이라는 적극적 평화를 실현하기 위한 여러 조치와 논의가 진행된 것은 사실이다. 남북 간 평화구축을 위한 논의는 군사, 경제, 사회, 정치, 화해와 정의 등 다방면에서 진행됐다. 단기적인 평화유지와 평화조성 차원에서 주로 군사적 신뢰 구축과 긴장완화를 위한 논의가 진행된 점이 특징이다.[26) 하지만 군사적 신뢰 구축과 긴장완화는 북한의 물리적 도발에 따른 남북 긴장 국면이 간헐적으로 발생한 현실적 측면에서 지속적으로 유지되지 못한 것이 현실이다. 2000년대 이후 남북관계가 비교적 우호적 분위기가 형성되고 있음에도 불구하고 1999년, 2002년, 2010년 서해에서 남북 간 군사적 충돌이 발생했고, 2006년부터 2017년까지 6차례 진행된 북한의 핵실험으로 한반도에서 군사적 긴장상황이 고조되기도 했다. 그럼에도 불구하고 한반도에서 평화유지, 평화조성을 위한 노력이 진행되면서 극한적인 대립이 아닌 평화의 노력과 과정이 진행된 측면이 존재한 것도 사실이다.

평화구축을 장기적이고 포괄적인 관점에서 보면 앞서 언급한 남북관계 차원에서 진행된 대부분의 내용들은 평화조성에 가깝다고 볼 수 있다. 엄밀히 말하면 대부분 남북 간 합의사항 및 조치사항, 이행사항들이 평화구축의 개념보다는 평화조성에 더 가깝다. 소극적 평화 즉 전쟁의 재발방지에 초점을 두고 평화조성 차원에서 진행된 조치들이 대부분이다. 남북 간 정상회담, 실무회담이 진행되고 합의사항이 도출되는 과정이 평화조성이라 할 수 있다. 중요한 것은 남북 간 합의사항, 실천사항들이 지속적이지 못했다는 점에서 장기적인 관점에서 평화구축으로 이어지지 못한 한계가 있다.

2021년 현재 남북관계는 단절된 상황이다. 개성공단, 금강산 관광은 중단됐고, 2018년 남북정상회담에서 합의된 내용들 중 상당수는 실천되지 못하고 있다. 환경, 산림분야 협력, 전염성 질병 유입 및 확산방지를 위한 방역 및 보건·의료협력, 2032 하계 올림픽 공동유치, 이산가족문제 해결 등의 사회문화 및 인도적 측면뿐만 아니라 서해 경제공동특구, 동해관광공동특구 조성, 개성공단, 금강산관광 재개 등의 경제적 부문과 동창리 엔진시험장, 미사일발사대의 영구적 폐기, 영변 핵시설 폐기, 남북군사공동위원회 운영 등 군사적 부문까지 모든 부문에서 합의사항의 이행이 진행되지 못하고 있다. 평화조성 차원에서 해당 사항들의 이행이 이뤄져야 하고, 합의이행을 통해 평화로운 구조와 관계를 형성하는 평화구축이 실현되어야 한다. 평화를 과정적 측면에서 보면, 평화구축을 위해서는 지속적으로 평화를 실천하기 위한 노력들이 요구되는 것은 당연하다. 평화를 위한 합의사항의 실천적 노력을 통해 지속성이 담보될 때 평화구축은 생명력이 유지되기 때문이다.

댄 스미스가 주장한 네 가지 평화구축을 위한 부문들은 한반도의 지속 가능한 평화를 위해 서로 융합되고 조화를 이루며 진행되어야 한다. 네 가지 평화구축을 위한 부문들이 조화를 이루기 위해서는 각 영역별 평화를 추진할 수 있는 역량이 어느 정도 가능한지 파악하는 작업이 선행되어야 한다. 한 특정 부문의 역량만으로 갈등과 폭력의 상황을 해결하기 어렵기 때문이다. 모든 부문들이 어떻게 조합되어 어울리느냐에 따라 평화구축의 정도가 심화, 발전될 수 있다. 평화의 형태는 다를 수 있으나 평화를 만드는 과정에서는 여러 부문별로 섞이고 조화를 이루는 모습이 발생될 수밖에 없다. 현재 단절된 남북관계에서도 하나하나 정상화를 통해 전체가 조화를 이룰 때 평화구축 과정이 진행될 것으로 보인다. 남북교류협력, 금강산 관광 등을 통해 군사적 긴장완화에 기여하기도 했지만, 정치부문과 화해와 정의부문에서는 여전히 평화구축을 위한 조치가 미흡하다고 볼 수 있다. 정치부문 특히 민주교육 등에 대한 부분은 남과 북 모두 정치적 실체를 인정하지 않는 분위기 속에서 매우 어려운 부분임을 알 수 있다. 정치제도적 통합뿐만 아니라 반세기 이상 분단으로 지속된 남북 간 긴장과 갈등, 불신과 대결을 해결하기 위해 평화와 화해 등의 협력적 상황이 일상적으로 이뤄져야 한다.

한반도에 평화를 구축하고, 구축된 평화를 지속적으로 유지시켜 궁극적으로 완전한 평화의 상태를 정착시키는 것이 우리에게 놓인 미래의 과제라 할 수 있다. 구조적 차원의 평화구축은 폭력적 갈등의 근본적 원인을 찾는 것에서 시작해야 한다. 폭력적 갈등에 대한 근본적 원인을 찾고 사회구조의 변화를 시도하여 평화를 구축해야 한다. 평화구축은 상호소통과 상호이익의 관점에서, 화해와 용서, 신뢰구축, 미래적 상상, 회복적 정의 등 관계적 평화를 구축하는 데서 진행되어야 한다.

현재 남북 간에는 적대와 불신, 두려움과 원망의 감정 등 상호 심리적 갈등의 상황이 쌓여 있다. 남북 간 불신과 적대감은 1950년 한국전쟁부터 2020년 개성공단연락사무소 폭파와 서해상 민간인 피살까지 다양한 사건들로 인해 감정의 골이 깊게 형성되어 있다. 남북이 경험한 각종 물리적 폭력 상황을 비롯하여 상호 비방으로 인해 불신의 벽 역시 높게 형성되어 있다. 남북 분단으로 인해 발생된 폭력과 갈등, 배제와 적대의 문화가 구조화되어 있는 상황에서 평화를 구축하기 위해서는 우선 폭력적 상황을 없애 상호신뢰를 형성하는 노력부터 시작해야 한다. 남북 간 갈등을 빚고 있는 문제들을 상호이익과 신뢰를 기반하여 해결해야만 진정한 평화구축이 가능하다.

덧붙여 분단체제 하에 자행되던 각종 인권탄압을 규명하고 그 관행을 중단시키기 위해 남북 주민들 모두가 민주·인권의식이 높아져야 한다. 분단으로 인해, 또 분단을 명분으로 발생되는 다양한 폭력이 한국 사회에 구조화되어 있기에 쉽게 해결될 수 없는 문제이다. 이를 해결하기 위해 분단구조를 타파하고 통합을 추진하는 과정에서 강제적인 힘을 사용하는 것은 또 다른 폭력을 불러일으키기에 바람직한 방법이 아니다. 분단폭력문제를 해결하기 위해서는 갈등과 대립하고 있는 문제들을 중재하고 트라우마를 치유할 수 있는 통합적인 정치 리더십이 요구된다.[27] 분단으로 인해 발생된 각종 폭력과 갈등, 대립적 상황으로 만들어진 왜곡된 감정과 트라우마도 함께 해소해 나가야 한다. 정서적이고 감정적인 문제를 해결하지 못하면 화합과 공감의 평화구축은 어렵기 때문이다. 특히 북한 및 통일문제를 둘러싼 남한 사회 내 보수와 진보 간의 '남남갈등'은 심각한 수준이다. 정치적 이해관계의 차이와 다름을 '종북', '수구' 등으로 상대방을 매도하는 상황이 다반사이다. 이러한 적대적인 인식을 전환하기 위해서는 일상생활에서 대결적·이분법적 사고를 지양하고 대신 융합적이고 포용적인 태도를 지향해야 할 것이다. 일상에서 갈등과 대립을 조장하는 냉전의 잔재를 청산하고 정치적 차이와 다름을 인정하고 서로를 존중하며 배려하는 공존과 관용의 문화를 만드는 것에서 평화구축의 과정이 시작될 수 있다.

6장

통합이론과 남북관계

최규빈

Ⅰ. 문제의 제기

    분단 이후 남북한은 적대 관계를 유지하면서 체제 경쟁을 해 왔지만 평화를 모색하면서 다방면의 교류협력을 추진해 왔다. 통합이론은 영토 혹은 지역의 기반에서 역내 행위자들 간의 교류와 협상을 통해 공통의 기구, 제도, 규범을 형성하는 것과 관련된 이론이다. 비록 통합이론은 유럽을 토대로 하고 있지만[1] 분단체제를 유지하는 가운데 이를 평화체제로 전환하고자 하는 한국 입장에서도 많은 관심을 받아 왔다. 70년 넘는 분단체제에서 지속된 남북한 간의 적대와 갈등, 반목과 긴장을 종식시키고 남북한 간의 체제와 사회를 평화적으로 통합하는 것은 정부의 변화나 정치적 이념을 떠나 핵심적인 국가적 과제이기 때문이다.

하지만 각 기능과 부문별 교류와 협력이 초국가적 통합을 유도한다는 기능주의 입장은 무정부체제 하에서 행위자들은 제로섬(zero-sum) 게임을 할 수밖에 없다는 현실주의로부터 적지 않은 비판을 받아왔다. 또한 (신)기능주의 통합 및 경제적 상호의존의 심화 노력이 한반도에서 정치적 파급을 가져왔는지에 대해서는 여전히 논란이 되고 있다. 즉 탈냉전기 유럽이 보여준 통합과정과 이를 바탕으로 한 기능주의 통합이론이 한반도 차원의 통일환경 조성에 있어서도 적실성과 현실성을 갖는지를 살펴보는 것은 여전히 중요하다.

이런 배경에서 이 장은 우선 통합이론의 의미를 재조명하고 남북관계에서 시도되었던 기능주의적 통합 노력을 통일방안, 남북합의, 남북교류를 중심으로 검토한다. 이러한 시도를 통해 한반도에서의 통일과 평화에 대한 정책적 시사점을 도출해 볼 것이다.

Ⅱ. 통합이론의 배경과 이론적 논의

1. 통합이론의 범주와 맥락

통합이론(integration theory)은 다양한 국가적 배경을 가진 정치적 행위자들의 충성심과 기대, 정치적 활동이 새로운 중심으로 이동함으로써 기존의 국민국가에 부여되었던 권한을 소유하고 요구하게 되는 것을 뜻한다.[2] 광의의 개념으로 이러한 통합은 충성심의 이동이라는 사회적 과정과 통합을 추동하는 새로운 정치 체제의 구축이라는 정치적 과정을 포괄한다.[3]

통합이론의 배경은 유럽이다. 즉 통합이론에 관한 연구에는 무정부체제 하에서 민족국가의 분열을 극복하고 경계를 초월하는 활동을 통해 유럽 사회를 통합함으로써 항구적 평화를 정착하고자 하는 상황적 맥락이 존재하는 것이다. 1952년 8월에 발족된 유럽석탄철강공동체(ECSC)는 유럽의 석탄과 철강을 중심으로 지역협력제도를 만들어 초기 6개 가맹국들이 공동으로 시장을 관리하는 초국가적 기구를 형성하였다. ECSC의 중요한 제도 중 하나는 참여국들의 공동 시장 관리를 위해 가격, 생산량, 쿼터 등의 조정 기능을 담당했던 고위관리기구였다.[4] 이를 바탕으로 ECSC는 유럽경제공동체(EEC) 및 유럽원자력공동체(EAEC 또는 Euratom)와 통합하여 1967년 7월 유럽공동체(EC)로 출범되었다. 유럽통합의 노력은 제도적으로 1986년 2월에 서명된 단일유럽법(SEA)을 통해 역내 단일시장 체제 출범, 유럽 정상회의 및 의회기능 강화, 유럽정치협력(European Political Cooperation: EPC)을 명문화한다.

제한적으로 본다면 통합이론은 민족주의에 토대를 둔 국민국가가 전쟁을 경험한 후 분열되었던 유럽이 통합되는 과정과 결과를 설명하는 방식이지만 국민국가가 충성심의 이전과 기능적 협력을 통해 공통의 정치적 제도를 만들어가는 것을 논증한다는 점에서 이론의 확장 가능성을 내포한다. 실제 통합이론의 창시자인 데이비드 미트라니(David Mitrany)는 통합이론이 기능적인 기반에서의 초국가 기구의 네트워크를 통해 국가를 제약하고 미래의 전쟁을 예방할 수 있다는 규범적 의제를 강조한 바 있다.[5] 이러한 논의는 제1차 세계대전 이후 평화가 주어진 것이 아니라 건설되어야 한다고 믿는 자유주의와 맥을 같이한다.

2. 기능주의와 신기능주의

통합이론의 중요한 근간은 미트라니의 기능주의(functionalism)라 할 수 있다. 기능주의는 인도주의, 사회, 경제, 과학기술 분야의 국제협력을 지지하는 초국가적 조직이 형성되는 일련의 접근 방식을 의미한다.[6] 미트라니는 무정부 상태의 국제질서 하에 공동의 문제를 해결하기 위한 초국가적 협력은 필수불가결하며, 공동의 한 영역에서의 협력과 상호의존의 증대는 정부들로 하여금 다른 영역으로의 협력 확대를 이끌 수 있다고 주장한다.[7] 기능주의는 국가 이외의 제도와 기구들이 공공의 이익을 추구함으로써 국가에 대한 충성심을 이전 혹은 약화시킬 수 있으며, 전통적인 민족과 국가라는 정치적 경계를 뛰어넘어 상호작용을 통해 협력, 관용, 이해를 제고할 수 있음을 강조한다.[8] 또한 기능주의는 각 개별 정부들이 자발적으로 구체적이며 제한된 책임을 수행하고, 규칙과 절차를 준수하도록 합의할 수 있다고 보았다. 세부 영역과 조직에서의 성공적인 협력은 다른 국가들로 하여금 무력의 사용이나 위협을 억제하는 긍정적 유인을 제공한다는 점을 전제하고 있다.[9] 여러 국가들의 '전문가'들이 모여 공통의 문제들을 합리적으로 해결하고, 다양한 직무들은 협력을 제고하는 '수단'으로서 활용되는 것이 기능주의의 기본 인식이다.[10]

기능주의는 다양한 기구와 조직이 국경을 초월하여 형성될 수 있다는 점을 강조하였고, 실제 유럽의 석탄 및 철강, 우편, 교통 분야에서 기능적 기구가 조직되었다는 점에서 주목을 받았다. 하지만 기능주의가 기술 전문가를 중시하고 네트워크를 통한 의사소통을 강조함에 따라 법과 제도 중심의 권위체 조직과 운영을 경시한 측면이 있었다. 특히 비판론자들은 국가 간의 갈등의 소지가 있는 정치 영역에서의 비용과 복잡성, 예측 불가성을 반영하지 못하고 국가 간 조정의 필요성을 충분히 고려하지 못했다고 지적한다.11) 특히 기능주의 접근을 통해 어느 한 기술적 영역에서의 초국가적 협력과 이러한 협력을 통한 혜택과 교훈들이 어떻게 다른 기능적 영역으로 확산되고 이전되는지에 대한 논리와 과학적 증거가 부족하다는 비판이 거론되었다.

신기능주의(neo-functionalism)는 유럽통합에 대한 기능주의의 입장을 계승함과 동시에 확장을 추구하였다. 기능주의와 마찬가지로 인간은 구체적인 기능에 관여함으로써 문제를 해결할 수 있다는 인식을 공유했다. 지지자들은 국가 간 사회·경제적 교류 패턴과 공동 관리 필요성에 주목해 민족국가들의 공통의 노력을 통해 초국가적 제도 구축이 가능하다고 보았다.

신기능주의의 대표적 설계자인 하스(Ernst B. Haas)는 민족국가가 자신들의 이익을 추구하는 점을 부인하지 않으면서도 민족국가 간과 지역 차원에서 초국가적 상호의존은 가능하고 이 안에서의 교역과 자본, 교류의 네트워크는 자본주의 경제 확대를 이끌 뿐 아니라 국가 간 제도의 전환에도 기여할 수 있다고 보았다.12) 하스는 통합의 최종적 결과가 반드시 공식적인 조약체결로 귀결되거나 세부적인 합의 양식이 될 필요는 없다고 보았으나 제도적 구속력이 있고 충성심이 이전된 새로운 정치 공동체(a new political community)라는 점은 분명히 하였다.13)

하스나 린드버그(Leon N. Lindberg)와 같은 신기능주의 지지자들은 하나의 영역에서 또 다른 영역으로의 확산, 저위정치(low politics)에서 고위정치(high politics)로의 '확산효과'를 특히 강조하였다.14) 유럽

통합의 맥락에서 무역 정책에 기초한 초국가적 협력이 여타 영역으로 확대 되는 '기능적 확산'이 가능하다는 것이다. 예를 들어 장 모네 (Jean Monnet)는 석탄과 철강과 같은 기간산업의 통합은 다른 에너지 분야의 협력 필요성을 야기하고 궁극적으로 전체 경제의 통합을 이끌 것으로 예상했다.

주목할 부분은 신기능주의자들은 기구나 제도 내의 관료적 활동과 학습이 타 분야로의 이전되는 것이 '자동적'이라고 보지 않았다는 점이다.15) 확산과 협력의 주체를 국가 정부로 한정하지 않았으며, 비정부 행위자도 통합에 있어 중요한 역할을 할 수 있다는 입장이었다. 즉 통합과정에서 다양한 국가와 배경을 가진 정치 엘리트들이 중장기간에 걸쳐 일종의 사회화 과정을 통해 '정치적 확산'이 이루어진다고 주장하였다.

더불어 신기능주의는 제도적 장치나 다양한 이익을 조정할 수 있는 정치 지도력을 보다 중시하고 있는 점에서 기능주의와 차별성을 가진다. ECSC의 고위관리기구나 EC의 유럽위원회(European Commission) 는 가맹국들의 이익과 입장을 조정하고 의사결정을 통해 해결책을 제시하며 협력을 뒷받침 하는 일종의 '구축 확산'(cultivate spillover)의 역할을 담당하였다.16) 즉 통합과정을 촉진하기 위한 일종의 높은 수준의 권위기구의 필요성을 인정하고 기구 내의 다양한 제도적 합의들이 협력을 강화하는 토대가 될 수 있다고 보았다.

신기능주의에 대한 한계도 다분히 존재한다. 첫 번째는 기능적 상호의존이 어떻게 지역 협력으로 나아 갈 수 있는지 그 중간 과정이나 임시적 구성에 대해 설명하지 않는다. 슈미터(Philippe C. Schmitter) 가 지적한 바와 같이 어떠한 상황적 조건이 확산을 촉진시키는지에 혹은 그 반대의 경우인지에 대해 신기능주의는 분명한 답을 제시하

지 못했다.[17]

둘째, 신기능주의는 유럽통합을 전제하고 있다는 점에서 다른 지역으로의 적용이 제한적이라는 점이다. 유럽통합이 가능했던 것은 높은 수준의 경제적 교환과 정치적 다원성, 지도자들 간의 공유된 이념이 있었기 때문이다. 신기능주의 역시 행위자, 민족국가, 지역차원에서 유럽 국가들이 통합의 필요성과 유용성을 인정하고 무력이나 조직적 폭력 사용에 동의하지 않을 것이라는 기본 전제에서부터 출발한다.[18] 아시아태평양, 남미, 아프리카에서의 지역 통합의 속도는 유럽에 비해 더딘 것이 현실이다.

셋째, 신기능주의의 통합은 통합의 대상이 되는 행위자가 상호 적대적이지 않은, 기본적인 규범과 정책들에 대한 합의나 조정 의지가 있다는 것을 전제한다는 점이다. 비록 신기능주의 이론이 모든 행위자가 동일한 목표를 갖는다고 보지는 않지만, 통합과정에서 불가피한 갈등과 이익의 조화를 위해 행위자들이 노력하고 공동의 의무를 수행할 것을 강조한다. 이런 관점에서 본다면 경쟁관계나 숙적관계에 있는 국가들 간의 협력이나 통합은 어려울 수밖에 없다.

넷째, 신기능주의의 핵심인 확산효과가 제한적으로 이루어진다는 것이다. 즉 통합 회원국들 간에 상호이익이 충분히 발생하는 분야나 상대적으로 논쟁적이지 않는 이슈에 대한 협력은 활발히 일어나지만 이러한 기능적 협력이 정치적 확산으로까지는 잘 나아가지 않는다. 유로화 결정에 따른 개별 국가의 이해관계의 충돌이 대표적인 사례가 될 수 있다.[19] 유럽연합의 경우도 정치 분야에서의 협력이나 대외정책에서의 조정은 상대적으로 쉽지 않은 것이 현실이다.

Ⅲ. 통합이론의 관점에서의 남북관계

1. 통일방안과 통합

앞서 살펴본 것처럼 신기능주의는 국가 간 교역과 자본, 교류의 네트워크는 자본주의 경제 확대를 가져오며, 초국가적인 상호의존의 형성이 국가 간 제도의 전환을 이끌고 새로운 정치 공동체 형성에 기여한다고 주장한다. 이 과정에서 국가 간의 물자와 사람의 이동, 각 기능별·부문별 협력에 대한 호혜적인 이익은 중요한 역할을 한다. 이런 점에서 한반도 차원에서 통합을 국가적 차원의 통일과 남북한 차원의 제도 및 교류협력 측면에서 살펴보고자 한다.

남북관계에서 통합에 대한 담론은 '통일'이라는 국가적 목표와 긴밀히 연동되어 있다고 볼 수 있다. 물론 대한민국 헌법은 북한을 독립된 국가로 인정하지 않는다.[20] 남북한 간의 물자교역이나 투자 역시 민족내부의 거래로 규정하는 것도 이러한 이유이다. 남한과 북한은 분단국이면서도 각각 정통성과 합법성을 주장하면서도 통일 국가를 지향하고 있다.[21] 따라서 남북한의 통일과 통일 이후의 통합 과정은 국제법상 상호 승인한 일반 국가 간에 이루어지는 것이 아니기에 (신)기능주의가 전제한 국민국가 간의 통합이라고 보기는 어렵다. 하지만 국제법상으로 독립된 국가적 실체로 인정받고 있는 남한과 북한의 통합은 장기적으로 평화공존을 바탕으로 통일의 과정을 포함할 가능성이 크다. 한반도의 통합은 보다 점진적으로 이루어지며 경제, 사회, 문화, 정치 등 각 부면별 통합을 아우르게 되는 것이다.

〈표 6-1〉 통일과 통합

통일	통합
폭력적 통일 가능	폭력 사용 배제
정치적 결합이 중요	경제통합, 사회통합, 문화통합, 정치통합 등 부문별 통합 가능
열정의 문제	합리적 이익의 문제
과정 보다 결과	과정 중시
총제적 접근	점진적 접근
통일의 달성/실패의 진위 문제	통합의 정도의 문제

출처: 김학노, "평화통합전략으로서의 햇볕정책,"『한국정치학회보』, 제39권 5호 (2005), p. 246.

한국 정부의 통일에 대한 공식적인 입장과 원칙들은 통일방안을 통해 제시되어 왔다. 현재 한국 정부의 공식 통일방안은 김영삼 정부가 1994년 8월 15일 49주년 광복절 경축사를 통해 제시된 '민족공동체 통일방안'이다. 1989년 9월 '한민족공동체 통일방안'을 토대로 통일과정이 화해협력 단계 → 남북연합 → 1민족 1국가의 통일국가 완성 단계로 실현한다고 보았다.[22] 한국 정부의 통일 방안은 평화적 공존, 과도기적 전환이 전제된 단계적 접근이라고 할 수 있다. 이는 화해협력 단계에서 '남북연합' 단계까지 2체제 2정부를 유지하면서 평화정착, 교류협력, 민족동질성 회복을 거쳐 1체제 1정부의 완전 통일 국가를 건설하는 방안이다. 분단체제 하에서 성급한 통일이나 흡수통일은 가능하지도 바람직하지 않다는 현실 인식을 바탕으로 상호 체제를 인정하는 토대 위해 점진적·단계적 통일을 지향한 것이

다.[23]

이에 반해 1980년대 북한은 '고려민주연방공화국 창립방안'을 제시하고 1국 내 2체제를 두고 연방정부가 외교권과 군사권을 갖되 2개의 지역정부가 자치를 하는 형태인 '연방제'안을 주장한다. 중간단계는 불필요하고 '연방상설위원회'를 구성하여 남북한 지역 정부를 지도하는 형태인 것이다. 아울러 북한은 연방공화국 창립을 위해서는 주한미군 철수, 반공법·보완법 철폐를 지속적으로 요구해 왔다.[24]

1972년 7월 '7.4 남북공동성명'을 통해 남북한은 '자주', '평화', '민족대단결'이라는 통일 3원칙은 합의하였지만, 1980년대 남북한 정부의 통일방안은 상호간의 인식의 차이를 드러냈을 뿐 아니라 남북한 사이의 정치, 군사, 외교적 차원의 합의나 협력은 시기상조임을 보여주는 계기가 되었다. 기능주의적 협력은 어려웠고, 남한과 북한은 체제 안정화를 꾀하고 각기의 정체성을 더욱 유지하는 상태가 지속되었다.

2000년대 들어서는 남북한의 정상이 직접 만나 통일 방안에 대해 직접 논의를 했다는 점에서 새로운 기대를 불러일으키기도 하였다. 김대중 대통령은 김정일 위원장과의 2000년 6월 남북정상회담을 통해 '6.15 남북공동선언'을 발표하고 남한의 '연합제'와 북한의 '낮은 단계의 연방제' 안이 서로 공통성이 있다는 점을 인정하고 통일을 지향하기로 합의한다.[25] 두 방안은 모두 통일에 대한 점진적·단계적 접근 방식이며 평화적 교류협력이 장기간 이루어지는 과도기를 상정하고 있다. 이 선언은 분단 후 역사상 처음으로 남북정상이 통일방안에 대한 청사진을 제시한 점에서 특별한 의미를 갖는다.

이명박 정부와 박근혜 정부는 모두 새로운 통일방안을 내지 않았으며 2017년 5월 출범한 문재인 정부도 민족공동체 통일방안을 계승하고 있다. 경제와 사회문화 영역에서의 기능적 협력의 토대를 마련하고 통합의 역량을 강화하는 방향은 일관되게 유지되고 있다. 하지만 북한 핵문제로 인한 안보위협이 가중되면서 평화의 가치와 지속성은 더욱 중요해지고 있다. 문재인 정부는 민족통일에 우선하여 평화적 공존이 필요하며 남북관계의 발전과 한반도 비핵화 문제의 진전을 통해 새로운 평화협력 질서를 만들 것을 강조한다.26) 비핵화와 평화체제라는 토대 위에 경제협력을 통해 경제공동체를 형성하면 통일은 자연스럽게 다가 올 것이라는 것이다. 정부 차원의 통일 방안이 남북한 차원의 통일과 통합의 거시적 방향을 보여주는 점에서는 유의미하나 국제 질서와 외부 환경의 변화에 따른 사회적 인식과 대중의 지향, 수용 가능성을 얼마나 반영하고 있는지는 고찰해 볼 필요가 있다.

2. 남북합의와 통합

제도적 통합과정의 중요한 부분은 사회 각 제반 분야에 대한 합의 도출과 합의에 근거한 규범의 공유라 할 수 있다. 기능주의 통합 방식은 경제·사회적 요인들이 통합을 촉진한다는 점에서 정치기구나 제도의 구축이 반드시 선행되어야 하는 것은 아니다. 신기능주의 역시 하위정치 영역의 통합과 경제 분야의 통합이 우선되고, 확산효과가 심화되면서 초국가적 조직과 제도화가 발생한다고 본다. 다만 통합이 규정되는 과정에서 참여자들의 합의와 제도화는 필수적이다. 이러한 점에서 볼 때 남북한 간의 관계의 진전과 통합 단계로 나아가기 위해선 각 부분별 혹은 기능별 합의는 촘촘히 이루어질 필요가 있다.

정전협정체제 하에서 남북관계에서 맺어지는 합의는 긴장의 완화 및 협력의 제도를 마련하는 일종의 소극적 평화를 유지하기 위한 목적이 크다. 남북관계에서도 각 기능과 영역에서의 다양한 합의들이 존재했었고 이는 남북한 간의 대화와 연계되었었다. 1971년 남북적십자회담을 시작으로 2019년 까지 남북한은 다양한 의제로 회담을 진행하고 합의를 채택해 왔다. <표 6-2>에서 살펴볼 수 있듯이 남북대화 측면에서 가장 많은 횟수가 진행된 분야는 정치분야로 총 261회가 이루어졌고, 다음으로 인도적 분야가 총 155회, 다음으로 경제분야에서 136회 진행되었다. 회담 빈도가 가장 낮았던 것은 군사분야로 약 50여 차례에 불과했다.

〈표 6-2〉 분야별 남북회담 개최 및 남북합의서 채택 현황, 1971-2019

(단위: 회/개)

분야	남북회담	남북합의서
정치	261	30
군사	53	10
경제	136	76
인도	155	27
사회문화	62	13
전체	667	156

주: 남북합의서 채택 건수는 남북 공동 보도문을 제외한 수치.
출처: 남북회담본부 통계를 바탕으로 재구성.

남북한 최초의 정치 회담은 1972년 10월부터 11월까지 세 차례 7.4 남북공동성명 이후의 이행의 문제와 남북한의 현안을 논의한 남북조절위원회 공동위원장 회의였다.[27] 그 이후로 정치분야 남북회담은 그 필요성에 의해 꾸준히 개최되었고, 1992년 남북고위급 회담 및 남북정상회담이 개최된 2000년, 2007년, 2018년도에 관련 실무 접촉 및 회담이 활발해지면서 빈도수가 늘어나게 되었다.

경제분야는 1984년 11월 15일 판문점 중립지역에서 개최된 제1차 남북경제회담이 시초가 되었다. 당시 전두환 정부는 1986년 아시안 게임 및 1988년 서울올림픽게임의 성공적인 개최를 위해 정치적 안정이 필요했고 북한은 1984년 수도권 지역의 대규모 홍수피해와 관련한 수해물자를 남한에 제안한다. 이에 전두환 정부는 관계 개선 차원에서 남북한 간의 경제교역과 이를 주관하는 상설기구 설치를 논의하기 위한 남북경제회담을 북한에 제안하게 된 것이다.[28] 1985년 11월까지 총 5차례 진행되어 "남북간 물자교류 및 경제협력추진과 남북경제협력공동위원회 설치에 관한 합의서"를 채택하기로 하였으나 이는 최종적으로 타결되지 못했다. 그 이후 경제 분야에서는 다양한 회담이 이루어지고 관련 합의서가 도출되지만 그 가운데 2000년 12월 제4차 장관급회담에서 채택된 남북경협 4개 합의서(투자보장에 관한 합의서, 이중과세 방지 합의서, 상사분쟁 해결 합의서, 청산결제 합의서)는 남북경협의 제도화 측면에서 주목할 만하다. 4대 경협합의서는 남북한 기업이 상대 지역에서 자유로운 경제활동을 제도적으로 보장한다는 점과 의의가 있을 뿐 아니라 남북한 당국이 국내 법적 동의를 획득하여 발효되었다는 점에서 중요하다.[29]

2000년 6.15 남북정상회담 이후 제1차 남북국방장관회담이 2000년 9월 제주에서 개최되었다. 이는 분단 이후 남북한 군사책임자 간의 최초의 만남이기도 하였다. 당시 남북국방장관회담 개최 배경에는 군사적 문제해결도 있었지만 남북 교류협력 확대로 인한 철도 연결, 비무장지대 통행 및 왕래, 안전 보장에 대한 논의 필요성이 높아진 이유도 존재했다. 2000년 11월부터 2001년 2월 까지 5차례(11.28 통일각, 12.5 평화의 집, 12.21 통일각, 1.31 평화의집, 2.8 통일각) 이어진 남북군사실무회담에서도 남북 도로와 철도연결 공사가 주된 의제였으며, "남북관리구역 설정과 남과 북을 연결하는 철도와 도로작업의 군사적 보장을 위한 합의서"가 타결되었다. 이후 2002년 9월 6차, 7차 남북군사실무회담을 통해서 "동해지구와 서해지구 남북관리구역 설정과 남과 북을 연결하는 철도와 도로 작업의 군사적 보장을 위한 합의서"(군사보장합의서)가 발효된다. 특히 군사보장합의서는 이후 개성공단 공단 착공 및 금강산 육로관광을 위한 중요한 발판을 마련하였다.[30] 즉 경제분야의 교류협력을 보장하는 데 따르는 군사적 문제를 해결하기 위한 노력이 남북한 합의로 이어지고, 이는 다시 교류협력 확대를 제도화하는 기반이 된 것이다. 남북한 군사분야 회담은 경제분야의 신기능주의 확산을 보여준 사례라는 점에서도 의미가 있다.

남북대화 개최 및 남북합의서 채택 빈도는 1991년 12월 합의하여 1992년 2월 발효된 "남북사이의 화해와 불가침 및 교류협력에 관한 합의서"(남북기본합의서) 이후 현저히 증가했다. 1992년 남북회담은 88회로 역대 한 해 기준 가장 많은 남북대화가 이루어졌다. 남북합의서 채택 이후 남북고위급회담에서 세부 합의서가 만들어지고 부문별 회담이 다양하게 개최되었기 때문이다. 남북 간의 합의서가 가장 많이 채결된 해는 2007년으로 남북한 식량차관 제공, 철도연결, 경공업 및 지하자원 개발, 농업 및 수산업협력, 보건의료 및 환경보호 등 다방면에서 27개 합의서가 채택되었다. 남북회담 역시 55회로 1992년 다음으로 많이 개최되었다. 2018년 역시 많은 변화가 있었던 한 해이다. 전례 없었던 남북정상 간 대화가 연이어 이루어지면서 "한반도의 평화와 번영, 통일을 위한 판문점 선언"(4.27), "판문점선언 이행을 위한 군사분야 합의서"(9.19), "9월 평양공동선언"(9.19)으로 3개의 합의서가 도출되었고 남북대화는 당해 19차례 이루어졌다.

〈그림 6-1〉 연도별 남북회담 개최 및 남북합의서 채택 현황, 1971-2018

(단위: 회/개)

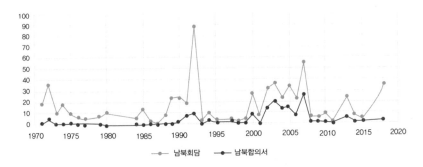

출처: 남북회담 통계를 바탕으로 재구성.

3. 남북교류와 통합

유럽의 기능주의 통합에 있어 중요한 계기를 마련한 것은 1952년 시작된 유럽석탄철강공동체였다. 전쟁으로 반목과 대립 관계에 있던 프랑스와 독일(당시 서독)이 당시 주요 전략물자인 석탄과 철강을 공동 생산, 판매 및 관리하는 기구를 만들고 이러한 노력이 양국 경제를 묶는 결과를 넘어 다른 유럽 국가들과의 경제통합의 토대를 마련한 것이다.

남북경제협력 또한 이러한 기능주의 통합의 기대와 무관하지 않았다. 실제 남북한 간 교류 가운데 가장 많은 진전을 이루어 낸 부분은 경제 부분이다. 남북경제교류는 서로 간의 비교우위 차원에서 행위자와 시장이 만들어지고 재화와 서비스의 교환이 이루어짐으로 이익이 발생하는 경제적 행위로서만 의미를 갖는 게 아니었다. 한국 입장에서 남북경제교류는 대북정책의 수단이자 통합의 전략으로 남북한 주민들의 접촉 확대, 정치적인 긴장 완화 및 관계 개선, 북한의 변화를 유인하는 전략적 의미를 갖고 있었다. 남북 간의 교역과 투자, 원조라는 경제적 행위가 남북한 간의 접촉을 위한 기능적 수단으로, 남북한 간의 군사적 긴장완화와 신뢰구축, 북한의 행동변화를 유인하기 위한 계기를 마련한다는 점에서 중요한 정치경제적 의미를 갖고 있었다.[31]

남북한 간의 경제교류는 노태우 정부 때부터 시작되어 역대 정부를 지나면서 확대, 발전, 조절되어 왔다. 한국 정부의 대북한 인식, 정책 방향, 북한 당국의 태도에 따라 그 변화의 폭은 달라져 왔지만 남북경제교류는 대북한 관여의 정책수단이자 행위인 점은 분명했다. 특히 김대중, 노무현 정부 시기 분야별 교류협력은 현저히 확대되었다. 그러나 이명박 정부가 집권하면서 2008년 이후 식량지원이 중단되고 2010년 5.24조치로 인도적 지원과 사회문화교류가 크게 위축되었다. 남북교역, 위탁가공교역, 금강산관광, 개성공단사업 등 상업적 거래는 2010년대 중반까지 확대되었으나 2016년 개성공단 폐쇄 이후 줄어들어 현재 상업적 거래는 없는 상황이다.

남북한의 경제교류에서 개성공단사업의 성장과 성과는 기능주의 관점에서도 중요한 의미가 있다. 개성공단은 생산 공장의 집합지라는 의미를 넘어 남북한이 경제적 협력을 통해 상호간의 이익을 창출하는 독특한 공간이었다. 개성공단사업은 남한의 기술과 자본, 북한의 노동력과 자원이 합쳐진 민족경제 협력의 대표적 사례가 되었다.[32] 즉 남북한의 공동의 개발특구로 다양한 제도와 합의를 만들어

나가는 새로운 공간이자[33] 경제적 이득과 번영을 추구하는 상생 모델로서의 의미를 가지고 있었다. 개성공단사업이 생산 품목 확대, 고용 및 부가가치 유발, 수출 다변화 등으로 확대 발전된다면 남북경제 공동체 형성의 하나의 실험장으로써의 기능을 갖게 되는 것이다.[34]

개성공단은 비단 경제 영역의 성과뿐 아니라 사회문화적 확산효과를 보여주었다는 점에서 의미가 있었다. 개성공단은 2015년 당시 125개 기업이 입주하여 북한의 54,988명 근로자와 남한의 820명 근로자가 함께 일하는 공간이었다. 남북한 사람들이 만나 함께 일하면서 의사소통을 한다는 것은 규범과 양식을 공유하는 과정이자 서로 간의 이질감을 해소하는 기회를 제공했다. 북한 근로자의 입장에서는 남한의 기업문화나 선진기술을 경험하고 자본주의 경제에 대한 지식과 이해를 높일 수 있는 계기가 되었다. 이러한 의미에서 개성공간은 남북 상호간의 이익을 창출하는 경제의 공간, 남북한이 전쟁 이후 갈등과 대립 속에 있으면서도 협력 할 수 있다는 것을 보여준 협력의 공간, 인적교류와 제도의 실험이 이루어진 작은 통일의 공간이 되었다고 볼 수 있다.[35]

IV. 통합의 현실과 남북관계

1. 교류의 퇴보와 남북통합[36]

상술한바와 같이 남북한 교류 영역 가운데 가장 뚜렷한 성과를 보인 부분이 경제 부분이다. 김대중 · 노무현 정부 기간에는 남북경협이 어느 때 보다도 활발했다. 북한의 붕괴가 임박하지 않음으로 점진적 변화론에 입각하여 외부의 지원 및 협력을 통해 북한의 행동과 정책에서의 변화를 유도하는 것이 효과적이라는 인식이 깔려 있었다. 이런 전략적 판단 하에, 정부 주도의 대북 인도적 지원과 경제교류가 이루어졌으며 정경분리 원칙 및 유연한 상호주의에 의해 군사적 충돌과 같은 단기적인 안보위기 상황에도 남북한 경제협력은 원칙적으로 지속될 수 있었다. 하지만 이러한 정책 기조는 이명박·박근혜 정부 기간에는 달라진다. 교류협력의 필요성이나 경제공동체의 중요성에 대해서는 공감하지만 북핵문제와 같은 안보현안 해결이 전제되어야 경제협력을 할 수 있다는 이른바 조건적 관여 입장이었다. 남북경협을 통해 북한이 얻게 되는 경제적 이익이 북한의 핵개발과 같은 군사적 목적에 사용될 수 있으며 북한의 정권 유지에 도움이 된다는 우려를 갖고 있었다. 북한의 핵미사일 발사와 같은 군사적 긴장은 인도적 지원 중단 및 경제교류 축소에 직접적인 영향을 미쳤고 개성공단 폐쇄의 결정적인 요인이 되었다.

이러한 변화는 남북경제교류를 통한 상호의존의 변화로 뚜렷하게 나타났다. 남북 경제교류가 활발했던 2007년 남북경협이 북한 대외무역에 차지하는 비중은 37.9%까지 증가하였고 중국의 41.7%에 비해 3.8% 차이 밖에 나지 않았지만, 2000년대 말과 그 이후 남북교역의 비중은 급격히 줄어드는 것을 알 수 있다. 대외무역에서 형성된 일시적인 남북한 간 경제적 상호의존이 거의 전무해졌음을 알 수 있다.

다른 한편으로 남북 경제교류의 양적·질적 성장과 확대는 실질적인 남북통합의 수준을 높이는 방향으로 진행되어야 한다는 것을 의미한다. 상호의존 및 남북통합에 미치는 수준이 높을수록 기능주의의 확산효과에 대한 기대도 커질 수 있는 것이다. 서울대학교 통일평화연구원이 산출하는 남북통합지수[37])는 경제영역의 남북통합 수준을 '남북 접촉·교류기'(0~2단계), '남북 협력도약기'(3~5단계), '남북연합기'(6~8단계), '통일 완성기'(9~10단계)로 총 11단계로 구분한다. 이에 따르면 남북한의 경제적 통합 단계는 2005년부터 2008년까지 '협력도약기'로 올라섰지만 2009년부터 '남북 접촉·교류기'로 퇴보하였다. 2005년부터 2008년에는 3단계, 즉 '물적 자원 교류의 비중이 높으며 이를 뒷받침하는 제도적 지원이 마련'된 것으로 평가되었지만 2009년에는 2단계('물적 자원이 교류되고 있으며, 그 비중이 높은 단계'), 2016년에는 1단계로 하락한 것이다. 즉 남북교역 축소와 개성공단 폐쇄로 인한 교류협력 중단되면서 남북 경제통합 수준은 사실상 초보적인 수준으로 퇴보하였음을 알 수 있다.

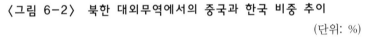

〈그림 6-2〉 북한 대외무역에서의 중국과 한국 비중 추이

(단위: %)

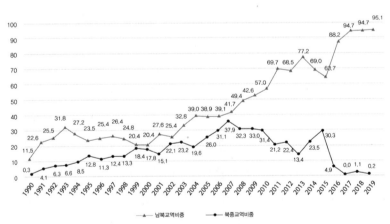

주: 북한 대외무역 추정치는 KOTRA 북한대외무역액에 남북교역액을 합한 수치임.
출처: KOTRA '북한 대외무역동향', 통일부 '주요사업통계'를 바탕으로 재구성.

2. 인식의 간격과 남북통합

남북한의 평화적 공존과 포용적인 통합을 위해 중요하게 고려되어야 할 부분 중 하나는 국민들의 의식의 대한 부분이다. 통일과 통합과정의 주체가 되는 주민들이 정부가 제안하는 통일방안이나 남북한 관계 진전 과정에서의 합의와 대화, 경제교류 등에 어떠한 인식을 가지고 있는지는 공존과 통합의 의지와 이행 방향을 가늠하게 한다는 점에서 중요하다.

남북한 주민들은 공존과 통합의 대상으로 상대를 어떻게 인식하고 있을까? 서울대학교 통일평화연구원의 의식조사(이하 IPUS 조사)[38]에는 남한주민과 북한이탈주민들에게 상대에 대한 인식을 질문하였으며 2020년 조사 결과는 <그림 6-3>과 같다.[39]

〈그림 6-3〉 남북한 관계에 대한 상호인식

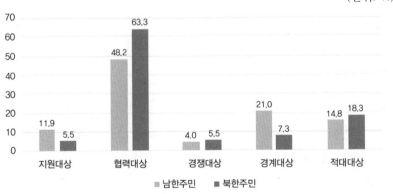

출처: 남한주민 자료는 김범수 외, 『2020 통일의식조사』(시흥: 서울대학교 통일평화연구원, 2021), p. 86을, 북한이탈주민 자료는 김학재 외, 『북한주민 통일의식 2020』(시흥: 서울대학교 통일평화연구원, 2021), p. 78을 참고함.

남한주민은 북한을 협력대상으로 인식하는 응답률이 48.2%로, 북한이탈주민은 남한을 협력대상으로 보는 응답률이 63.3%로 가장 높았다. 서로를 지원대상으로 보는 응답률은 남한주민에서 상대적으로 높았던 반면, 적대대상 인식은 북한이탈주민에서 상대적으로 높게 나타났다. 경계대상으로 보는 응답의 경우 남한주민의 응답률이 21%로 북한이탈주민의 7.3%보다 약 3배 높게 나타났다. 협력대상 의식이 남한주민과 북한이탈주민 모두에서 다수이나 서로를 경계와 적대 대상으로 보는 인식 또한 존재함을 알 수 있다. 평화공존 상황에서 상대를 협력과 지원의 대상으로 인식하는 부분은 교류와 협력의 파트너로 인정하는 것을 의미한다. 남북관계의 변화에 따라 이러한 태도는 달라지겠지만 상대에 대한 포용과 협력의 이미지가 뚜렷할수록 통일이나 통합의 과정에 유리할 것으로 짐작할 수 있다.

다음은 통일의 필요성에 대한 인식이다. 2020년 IPUS 조사에서 '통일이 필요하다'는 응답은 52.3%로 가장 우세하게 나타났다. 남북한 간 세 번의 정상회담이 개최된 2018년의 경우 통일 필요성 응답은 약 60%까지 증가했으나, 하노이에서 개최된 제2차 북미정상회담이 별다른 소득 없이 끝난 2019년에는 53%로 하락하였고, 2020년에는 52.3%로 내려갔다. 이에 반해 통일이 '필요하지 않다'는 견해는 2018년 16.1%였으나 2019년에는 20.5%, 2020년은 25%로 증가하고 있다. 지난 10여 년의 추세를 볼 때 통일의 필요성은 응답자의 절반 수준에서 유지되고 있음을 알 수 있다. 북한이탈주민에게는 "귀가가 북한에 살고 계실 때 통일이 얼마나 필요다고 생각하셨습니까"라고 질문하였고, 여기에 대해 '필요하다' 응답은 93.5%로 나타났고 '필요하지 않다'는 응답은 0.9%로 매우 미미하게 나타났다. 북한이탈주민의 표본의 대표성을 고려할 때 과도한 해석은 지양할 필요가 있지만 남한주민에 비해 전반적으로 통일 필요성에 더 공감하고 있는 것을 알 수 있다.

〈표 6-3〉 통일의 필요성, 20111-2020

(단위: %)

	2011	2012	2013	2014	2015	2016	2017	2018	2019	2020
남한주민										
필요	53.7	57.1	54.9	55.9	51.0	53.4	53.8	59.7	53.0	52.3
반반/보통	25.0	21.6	21.5	22.5	24.3	22.0	24.1	24.1	26.5	22.6
불필요	21.3	21.5	23.7	21.6	24.8	24.7	22.1	16.1	20.5	25.0
합계 (N)	1,201	1,200	1,200	1,200	1,200	1,200	1,200	1,200	1,200	1,200
북한이탈주민										
필요	94.3	93.7	93.2	100.0	97.9	94.9	97.8	95.4	93.1	93.5
반반/보통	3.8	5.5	6.0	0.0	1.4	3.6	1.5	4.6	6.0	5.5
불필요	1.0	0.8	0.8	0.0	0.7	1.4	0.8	0.0	0.9	0.9
합계 (N)	105	127	133	149	146	138	132	87	116	109

출처: 남한주민 자료는 김범수 외, 『2020 통일의식조사』 (시흥: 서울대학교 통일평화연구원, 2021), p. 35를, 북한이탈주민 자료는 김학재 외, 『북한주민 통일의식 2020』 (시흥: 서울대학교 통일평화연구원, 2021), p. 45를 참고함.

V. 맺음말

기능주의는 국가 간 경제활동의 증대 및 상호의존이 정치적 협력을 가능하게 하며 나아가 국가 간의 평화를 가져올 것이라고 전제한다.[40] 정경분리 입장에서 경제적 수단과 통합을 강조하는 신기능주의는 한국의 대북정책 및 남북통합 차원에서 주목을 받아왔다.[41] 통일방안의 단계로 본다면 현재의 남북한 관계는 협력적 공존을 유지하며 상호의존 관계를 추구함으로 남북연합을 지향하고 있다고 볼수 있다. 이는 경제·사회·문화 각 영역의 확대된 교류협력과 정치·군사 측면에서의 협력이 지속적으로 선순환 될 필요가 있음을 의미한다.[42] 정치통합에 앞서 경제통합을 우선하거나 병렬적으로 추구하면서[43] 이 과정에서 연계 효과를 기대한다면 (신)기능주의 이론은 여전히 한반도에서 적실성을 갖는다.

그렇지만 지난 30년의 남북 교류를 되돌아보면 경제 영역은 정치와 안보 영역에 종속된 경우가 많았다. 북한의 핵프로그램 및 군사적 도발을 통한 안보 위협은 남북한의 경제·사회문화교류를 제약해 왔으며, 지난 30년간의 교류협력에도 불구하고 남북한 간의 통합은 매우 초보적인 수준에 머물렀다. 즉 통합이론은 유럽과 달리 체제와 이념이 이질적인 남북한에서 적대적 불신과 군사적 갈등은 쉽게 극복되기 어려웠다는 것과, 이런 상황에서 평화와 통합의 토대가 되는 대화, 합의, 교류가 점진적이고 단계적인 통합을 이끌어 내는데 한계가 있었음을 보여주었다. 남북한의 상호의존 수준이나 경제영역의 통합 수준이 높아지지 않는 한 고위정치로의 확산효과나 북한 내의 변화는 유인하기 어려울 것이다.

또한 통합과정은 물적, 제도의 통합일 뿐 아니라 사람, 마음의 통합이기도 하다.[44] 특히 북한이탈주민들이 기대하는 통일과 통합의 모습은 한국 사회에서 구성된 의식과 차이가 있을 수 있다. 국민들의 통일의식은 변화하고 있으며 북한에 대한 포용과 협력에 대한 태도가 앞으로의 통일과 사회통합 과정에서 중요하게 작용할 가능성이 크다. 정부 차원의 제도적인 통일 방안을 오늘의 현실에 맞게 다듬어 나가는 동시에 시민들의 인식과 이해를 바탕으로 의견을 수렴하고 북한이탈주민들을 포용할 수 있는 통합 방안이 되어야 할 것이다. 이런 점에서 남북한의 다양한 합의를 축적하고 이행하는 것과 더불어 반세기 넘는 기간의 뿌리 깊은 반감과 적대를 고려하여 상이한 체제 하에서의 형성된 사회 정체성에 대한 이해와 회복도 함께 진행되어야 할 것이다.

유럽통합이 가능했던 것은 높은 수준의 경제적 교환과 정치적 다원성, 지도자들 간의 공유된 이념, 통합에 대한 의지가 있었기 때문이다. 신기능주의의 확산효과나 통합 과정은 충분한 시장과 교류 수요를 가지고 있고 활발한 지역 협력이 이루어진 유럽이라는 지역적 맥락에서 고안된 것임을 염두해야 한다. 이런 점에서 유럽 무대의 통합이론을 한반도에 적용하는 것은 무리가 뒤따른다. 그럼에도 유럽의 통합 경험과 기능주의는 남북관계에 유용한 시사점을 제공한다. 특히 신기능주의는 통합의 대상이 되는 행위자가 상호 적대적이지 않고 기본적인 규범과 정책들에 대한 합의나 조정 의지가 있을 때 통합과정이 원활할 수 있음을 강조한다. 한반도 평화 프로세스 추진 과정에서 다양한 합의와 제도를 만들어내고, 이를 통해 갈등을 조정하며 공통의 정책과 이익을 확대해 가는 것은 앞으로도 매우 중요할 것이다.

제2부

존엄과 발전

7장

인간안보와 남북관계*

박영민

I. 문제의 제기

국제정치에 '안보'(security) 용어가 처음 등장한 것은 제1차 세계대전 직후 창설된 국제연맹규약(Covenant of the International League)이다.[1] 이후 냉전 시기 동안 안보는 '국가안보'(national security)를 의미하는 것으로 받아들여졌으며, '국가방위'(national defense)와 유사한 개념으로 사용되었다. 이처럼 20세기 국제관계를 규정했던 '안보'는 무정부적 국제체제에서 외부적 위협에 대응하여 국가가 취하는 군사적 차원의 노력과 동일시되었다. 그러나 '국가안보'가 보편적 용어나 이론적 개념으로 정립된 것은 아니었다.[2] 1990년대 탈냉전 질서가

---

* 이 장은 "인간안보론 관점에서 본 남북 교류·협력의 가능성 연구," 『글로벌교육연구』, 제13집 2호 (2021), pp. 37~61을 부분 수정한 것임.

수립되면서 '국가안보론'으로 다원적 성격의 국제정치 현상을 설명하는 데는 한계가 있었다. 경제와 자원, 사회 및 환경 등 다양한 분야에 걸친 인간 생존과 직결된 문제를 포괄하는 적실성 있는 개념적 도구가 필요하였던 것이다.3) 이에 이론적 측면에서 안보 개념은 필연적으로 다시 정의돼야 했다. 특히 분석 수준에 있어서 '국가 수준'은 '개인 수준'으로 확장되었으며,4) 식량, 환경, 질병, 에너지 등의 영역으로 범위가 크게 넓어졌다. 종래의 '군사안보'는 사회안보, 인간안보, 정체성 안보 등 중범위의 안보 개념으로 분석단위가 크게 다양해졌다.

한편, 안보 개념의 확장은 개별 국가의 관점에서 범세계적 장으로 인식의 지평을 확대시키는 동시에 설명 범위를 확대시켰다. 물론 이러한 배경에는 국제정치 주요 행위자로서 국가들 간 상호의존 관계가 보다 심화된 측면도 없지 않다. 그러나 인류에 대한 새로운 도전적 위협이 무엇보다 중요한 요인으로 작용하였다. 가령 지구온난화와 같은 지구환경 문제, 국경을 초월하는 전염병, 인종분쟁과 테러리즘, 난민, 식량난과 에너지난 등 한 국가의 역량으로 해결할 수 없는 문제들이 부상하게 되었던 것이다.5) 이러한 새로운 안보환경의 출현으로부터 '인간안보'(human security) 개념은 주목을 받게 되었으며, 특히 국제정치학 영역에서 부상하였다.6) '인간안보' 개념은 1994년 유엔개발계획(United Nations Development Program: UNDP)이 발표한 '인간개발보고서'(Human Development Report)에서 두 가지로 범주화되었다.7) 첫째, 기아, 질병, 가혹행위 등 만성적인 위협으로부터 보호하는 것, 둘째, 가정, 직장, 사회 공동체 속에서 일상생활 양식이 갑작스럽게 파괴되는 것으로부터 보호하는 것이다.8) 이처럼 과거 국가 수준의 안보는 개별 인간 수준으로 하향 확장되었다. 그러나 여전히 인간안보는 '~로부터의 안보'의 범주에 머물러 있었다.

한편, 2000년대 접어들면서 '인간안보론'은 한국에 본격적으로 수용되었다. 그간 한국에서의 '안보문제'와 '안보' 개념은 분단 상황과 그것이 배태한 조건에 구속될 수밖에 없었다. 이에 남북관계에서 사용되는 '안보'는 오롯이 '국가안보'를 의미하였다. '인간안보론'이 소개된 이후에도 '국가안보론'은 학문공동체 내에서 여전히 강력한 개념으로 사용되었다. 아울러 남북한 관계를 논의하는 담론과 이론적 설명에 있어 안보문제는 생활세계의 위협 내지 하위 안보(low security)보다 국가 수준의 상위 안보(high security) 관점이 지배적이었다. 이에 따라 남북한 간 실질적 안보협력은 대단히 어려운 것으로 받아들여졌다.

이 글에서는 인간안보론이 지닌 이론적 위상을 검토하면서 북한의 인간안보 문제, 그리고 남북한 인간안보 협력의 가능성을 논의한다. 그간 남북한 관계에서 안보협력은 '군사안보'와 '인간안보'의 양 차원에서 논의되어 왔다. 그러나 '군사안보' 협력은 핵문제와 군축 등 상위 수준의 관계를 분석하는 것으로 남북관계 발전과정의 최종 단계에 위치하게 된다. 그리고 '인간안보'는 북한 주민의 현실적 문제인 식량, 환경, 질병 등 국가의 보호책임(Responsibility to protect: R2P)의 핵심 요소이면서도 남북관계의 촉진 요인이기도 하다. 즉 양자 간 상호 보완적 관계를 이루고 있는 것이다. 따라서 인간안보는 북한의 국가안보인 동시에 남북관계의 발전을 촉진, 확산시킬 수 있는 영역이다.

Ⅱ. 인간안보론의 이론적 위상과 남북관계 적용 가능성

1. 안보 개념의 확장

안보 개념은 국가행위를 설명하는 데 유용한 개념이다. 그러나 개념 정의는 분석 수준과 단위에 있어 다양한 스펙트럼을 보여 왔다. 이와 관련해 가장 쟁점이 되는 것은 안보의 성격 문제이다. 즉, '무엇으로부터 안보인가?' 혹은 '무엇을 위한 안보인가?'의 문제이다. 달리 말하면, '소극적 안보'와 '적극적 안보'의 스펙트럼에서 분석 기준을 어디에 둘 것인가의 문제이다. 이와 관련해 학자들 사이에는 다양한 관점이 존재한다. 우선 '소극적 안보'의 관점을 취하는 학자는 다음과 같다. 우선, 만델(Robert Mandel)은 "'국가안보'란, 심리적 및 물질적 안전의 추구를 그 내용으로 한다. 이는 대체로 정부의 책임인 바, 각국이 주로 외부로부터 오는 위협에 맞서 그 체제와 국민 그리고 생활방식을 보전하는 것이 그 책임의 내용이다"라고 정의하고 있다.9) 또한 트레저(Frank Trager)는 '국가안보'의 목표가 "중요한 국가적 가치를 보호 또는 확대하기 위한 국내적 그리고 국제적 정치 환경을 창출하는 것"이라고 정의하고 있다.10) 이에 반해 부잔(Barry Buzan)은 '국가안보'가 정치적으로 강력한 개념이지만 여전히 모호하게 정의되어 있다고 지적하면서 '적극적 안보'를 강조한다.11) 또한 피터슨과 서베니어스(Peter G. Peterson and James K. Sebenius)는 '안보'를 "해당 사회가 자신들의 근본적 제도와 가치들을 훼손하지 않고 유지되도록 하는 것"으로 제도적 차원에서 이해한다.12) 한편, 이러한 이항

대립의 관점을 넘어 하프텐도른(Helga Haftendorn)은 개별 국가적, 국
제적 수준의 '안보'를 구별하면서, 전통적으로 '국가안보'란 각 개별
국가가 자신을 수호하는 것을 의미하고, '국제안보'는 여러 국가들
사이의 집단적 안보문제를 의미하는 것이라고 구분한다.13) 이처럼
'안보' 개념은 '소극적 안보'에서 '적극적 안보'로 점차 이동하고 있으
며, 동시에 전통적 '국가안보'에서 '국제안보', '인간안보'로 분석 수준
을 설정하는 일이 보다 유연해졌다. 동시에 안보를 구성하는 단위에
있어서도 식량, 에너지, 환경 등 다양한 쟁점 영역으로 확장되고 있다.

2. '인간안보' 개념의 성격과 한계

탈냉전 이후 군사중심적 안보 개념은 설명도구로서 경제와 자원,
사회과 환경 등 제반 분야로 설명 범위가 보다 확대될 필요성이 제
기되었다.14) '인간안보'는 개인적·환경적·물질적 안보로 구성된다
고 보고, 경제안보, 사회안보(나이, 성별, 인종, 종교나 사회적 지위에 의한
차별로부터의 자유를 포괄하는 안보), 정치적 안보, 문화적 안보를 포함시
켰다.15) 바즈파이(Kanti Bajpai)는 인간의 육체적 안전과 자유에 대한
위협, 그리고 당면한 위협에 대처할 수 있는 능력으로서의 규범과 제
도, 민주화 정도에 대한 측정을 제안하였다.16) 특히 타커(Ramesh
Thakur)는 '삶의 질'과 '인간안보' 문제를 관련시키고 있으며,17) 기아
와 고문, 정당한 재판절차 없이 진행된 구속, 소수와 여성에 대한 차
별, 가정폭력으로부터의 자유, 공동체 안보, 인종 분쟁, 성 안보
(gender security), 전쟁기간 중에 발생하는 강간과 같은 문제들을 '인
간안보'에 포함시켜야 한다는 주장도 제기되고 있다.18) 한편 킹과 머
레이(Garry King & Christopher Murray)는 인간안보 개념의 지수화를 시

도하였다. 이에 따라 '일반화된 빈곤상태(the state of generalized poverty)'를 '인간안보'의 중심개념으로 설정하고, 인간안보 수준을 측정하기 위해 국가별 소득(income), 건강(health), 교육(education), 정치적 자유(political freedom), 민주주의(democracy)를 측정 가능한 변수로 설정하였다.[19] 이들은 '빈곤'(poverty)을 단순히 수입의 부족을 의미하지 않고 '기본적 능력의 결핍'을 의하는 광의의 개념으로 사용하였다.

한편, 김우상과 현인택은 '인간안보'가 탈냉전 이후 가장 광범위하게 사용되는 '포괄적 안보'와 공통점이 많다는 사실에 주목하였다.[20] 다만 '인간안보'와 '포괄적 안보'는 군사적 차원에 국한된 전통적 의미의 '국가안보'를 넘어서는 개념이지만 분석단위와 대상에서 차이를 지닌다고 강조한다.[21]

〈표 7-1〉 국가안보, 포괄적 안보, 인간안보

개 념	안보 대상	안보목표	안보수단	안보가치	분석 수준
국 가 안 보	국 가	• 국가생존 • 영토 통합성 유지 • 국내 질서와 국민의 안전	• 군사(무력, 세력 균형, 동맹 등)	• 영토보전 • 국가독립	• 국가
포괄적 안 보	국 가	• 국가생존 • 영토 통합성 유지 • 국내 질서와 국민 안전, 번영	• 비군사(규범과 제도, 국제기구, NGO간 협력 등)	• 영토보전 • 국민안전	• 국가 • 초국가
인 간 안 보	개 인	• 인간 개개인의 안전과 복지	• 군사 • 비군사	• 신체안전 • 개인적 자유	• 개인 • 사회 • 국가 • 지역 • 초국가

출처: 김우상·조성권, 『세계화와 인간안보』(서울: 집문당, 2005), p. 84.

이러한 문제들은 <표 7-2>와 같이 유엔기구들의 인간안보에 관한 범위 설정에 잘 드러나 있다. 유엔개발계획은 인간안보를 경제안보, 식량안보, 보건안보, 환경안보, 개인안보, 사회안보, 정치안보의 일곱 가지 영역으로 대별하였다. 반면 '인간안보위원회'(Commission on Human Security: CHS)와 유네스코는 각각 여섯 가지 안보영역을 제시하였다.

〈표 7-2〉 유엔기구들의 인간안보 개념에 관한 입장 비교

구분	UNDP (1994)	인간안보위원회 (2003)	유네스코 (2008)	반기문보고서 (2010, 2012)
안보 제공자	–	국가, 국제기구, 지역기구, NGO's	국가, 국제기구, 지역기구, NGO's	국가
국가의 주권 인정	불인정	조건부 인정	조건부 인정	절대적 주권
국가의 위상	안보 위협 주체	안보제공자/ 안보위협 주체	안보제공자/ 안보위협 주체	안보 제공자
안보 대상	글로벌 시민	저개발국 국민	저개발국 취약계층	글로벌 시민
안보 영역 (우선 순위)	경제안보-식량안보-보건안보-환경안보-개인안보-사회안보-정치안보	정치안보-사회안보-환경안보-제도안보-경제안보-보건안보	사회안보-경제안보-정치안보-제도안보-문화안보-환경안보	고려하지 않음

출처: 이혜정·박지범, "인간안보: 국제규범의 창안, 변형과 확산,"『국제·지역연구』, 22권 1호 (2013), p. 19.

　그런데, 인간안보 개념은 이론적 개념 도구로서 역시 한계를 지니고 있다.[22] 첫째, '인간안보'는 물질적 차원의 안보에서부터 심리적인 차원에 이르는 범위까지 포괄하고 있어 모호성을 지니고 있다.[23]

특히 인간이 지닌 욕망까지 인간안보의 내용에 포함된다면, 개념의 모호성은 더욱 커질 수 밖에 없다. 이에 대해 부잔은 모든 안보를 개인 수준으로 환원시키려는 것은 문제가 있다고 지적하고, '인간안보'를 구현하는 주요한 행위자인 국가를 배제시켜서는 안 된다고 말한다.[24] 개인, 사회, 국가, 국제 등 모든 차원의 안보를 개인 차원으로 환원시키는 과정에서 '인간안보'는 지나치게 포괄적인 개념으로 변화되었다는 것이다. 즉 모든 인간의 안전을 보장하려는 시도는 현실적으로 실현 불가능하다는 것이다.[25]

둘째, '인간안보' 개념은 국가주권에 대한 개입을 정당화시킴으로써 부작용을 초래할 위험성이 있다는 점이다. 다시 말해서 인권을 위해 '주권을 넘어' 행해지는 군사적 개입은 여전히 정당성의 문제를 안고 있다.[26]

셋째, 인간안보론은 군사적 측면을 의도적으로 도외시 하는 측면이 있다는 것이다. 군사적 안보는 여전히 중요한 안보문제를 구성하며, 개인적 차원의 안보에도 지대한 영향을 미치고 있다는 것이다. 이러한 점에서 군사안보와 개인 간의 관계를 조명하는 것이 필요하다는 점이다.

넷째, '인간안보' 개념에는 주체와 객체 간 부정합이 존재한다. '국가안보'는 그것이 국가가 안보의 주체인 동시에 객체가 됨을 의미한다. 그러나 '인간안보'는 개인이 스스로의 안보를 책임지는 안보의 주체이자 객체가 될 수 없다. 이러한 점에서 개인은 안보의 최종적인 주체와 대상임이 분명하지만 국가를 떠나서 개인의 안보를 논할 수 없는 구조적 한계를 지니고 있다.

3. 인간안보와 국가안보의 상보성

'국가안보'와 '인간안보'는 개념적으로는 독립적으로 보이면서도 현실적으로 상호 긴장 관계를 나타내고 있다. 이는 두 가지 맥락에서 그러하다. 하나는 인간안보가 '주권 제한론'으로부터 출발하고 있다는 점이다. 1990년대 UNDP가 제안한 인간안보 개념은 국가주권의 절대성을 부인하고, 국가 행위자를 안보제공자로 묘사하기보다 자국민의 안보를 위협하는 주체로 설정하였다.27) 그러나 1990년대 '인권'과 '주권' 간 무엇이 우선하느냐의 논쟁이 채 마무리되기도 전에 2002년 9.11테러가 발생하면서 '주권'의 우위로 귀결되었다. 다른 하나는, 주로 독재국가나 전체주의 국가들에서 나타난다. 국가가 국민의 안전을 지키는 본연의 의무를 이행하지 않고 오히려 자국민의 안전을 위협하는 상황이다. '국가폭력'과 같은 경우가 대표적이다. 어떤 조건에서는, 국가는 개인들에게 안보를 제공해야 할 의무를 가지면서 안보를 위협하는 요인을 제공하는 이중적 성격을 지닌다.28)

특히 부잔은 국가로부터 비롯된 위협은 국가 부재로 인해 초래되는 위협보다는 그 정도가 덜하다고 주장한다.29) 나아가 개인적 수준에서 경험하는 안보로서의 '개인안보'(individual security)와 '국가안보' 간에 존재하는 긴장에 대한 절충을 시도한다. 민주주의가 성숙된 정치체제의 경우 대체로 '국가안보'와 '인간안보'의 관계가 상호 보완적인 관계를 보인다. 반면, 독재정치체제는 인민의 생명과 재산을 무차별 강탈하고 자유를 억압하며 기아와 공포에 빠뜨리는 등 '인간안보'의 범위에 속하는 의무를 소홀히 하는 경향이 있다. 즉, 국민의 생명과 재산의 보호, 불안과 공포로부터의 자유, 빈곤과 질병으로부터의 해방은 '인간안보'의 핵심 개념이자 국가가 당연히 수행해야 할 의무이다. 그러나 정치체제와 국가권력의 성격, 민주주의 성숙도에 따라 '국가안보'와 '인간안보'는 상호 긴장관계에 놓이기도 한다. 그럼에도 불구하고 '인간안보'는 국가 중심의 안보와 개인의 권리 간에 충돌하는 모순을 타개하기 위한 현실적인 대안이 될 수 있다. 즉, '인간안보'와 '국가안보'는 상호 보완적 관계를 이룰 수가 있다.30) '국가안보'의 목적이 주권과 영토적 통합을 유지하는데 있으며, '인간안보'는 국민들의 안녕질서를 보호하는데 있기 때문이다. 이런 점에서 '국가안보'와 '인간안보' 간에 존재하는 모순과 긴장은 해소될 수 있다.31)

이처럼, '국가안보'와 '인간안보'는 밀접한 관계에 있다. 국가는 그 자체가 단일체는 아니며, 영토, 정부, 국민 등 여러 가지 요소들로 구성되어 있다. 또한 이들 구성요소들은 상호 밀접하게 연계되어 있다. 예를 들면, 영토나 국민 등 구성 요소들이 위협을 받게 되면 국가 역시 불안정한 상황에 처하게 될 것이다. 이와 반대로 국가의 국력이 인접국가보다 약화되거나 기타 안보상의 위협에 처하게 되면 정부나 국민 등 구성 요소들 역시 불안정한 상황에 빠지게 되는 것은 필연적이다. 국가는 대내적으로 주권을 확립하고 대외적으로 주권을 주장할 수 있어야 하며, 외부 위협 세력으로부터 자국 영토를 수호하는 것을 최대 목적으로 한다. 즉, 국가란 국가영토와 주권의 보존을 통해 그 구성원인 국민의 안전과 존엄성 및 정치적, 경제적, 문화적 권리를 보장하고 인권침해를 허용하거나 영속화시키는 대내외적 조건들을 제거하는 역할을 수행한다. 이러한 차원에서 볼 때, '국가안보'는 곧 국민을 위한 안보가 된다. 그러나 이와 반대로 국민은 자신이 속한 국가에 의해 자신들의 안전을 희생당하는 '국가폭력'에 노출될 수 있다.32) 다만, '인간안보' 문제가 국제적으로 보편성을 확보하기 위해서는 선진국, 개발도상국, 저개발국 사이의 가치에 대한 합의

(consensus)가 필요하다. 일반적으로 개도국이나 저개발국에서는 '인간안보' 개념을 단순히 선진국 중심이라고 보는 경향이 있다. 저개발 국가에서는 일어나는 인권 침해의 배경에는 '가진 국가들'(have-state)이 자신의 정책을 따르도록 압력을 행사하려는 의도가 내재돼 있다는 것이다. 이는 '인간안보'는 국제적 보편성을 수립해야 하는 과제를 안고 있음을 말해 준다.

Ⅲ. 남북관계와 인간안보: 북한의 인간안보 쟁점과 현실

유엔 기구들이 범주화 한 인간안보의 단위를 망라하면, 경제, 식량, 보건, 환경, 개인, 사회, 정치, 제도, 문화 등이다. 이들 중 남북한 간 협력이 실현 가능성이 상대적으로 높은 분야는 식량, 보건, 환경 분야를 꼽을 수 있다. 이들 세 분야는 북한체제가 노출한 가장 취약한 분야였으며, 북한도 이 분야 국제프로그램에 능동적으로 참여해왔다. 그간 한국과 국제민간단체를 중심으로 다양한 프로그램이 파편적으로 추진되어 왔다. 그러나 협력의 제도화 단계에 이르지는 못했다.

1. 식량안보

식량안보(food security)란 개인, 가정, 지역, 국가 또는 세계가 항상 (stability), 안전하고(safety), 영양 있는(nutrition) 식량의 공급이 가용하

고(availability), 접근 가능한(accessibility) 상황을 의미한다. 북한은 만
성적 식량 부족국가, 즉 식량안보 취약국가이다. 북한의 식량안보 수
준과 실태는 이코노미스트(The Economist)가 발표하는 '세계 식량안
보 지수'(Global Food Security Indx)를 기준으로 세계농업기구/식량계
획(FAO/WFP) 보고서를 통해 파악할 수 있다.

〈그림 7-1〉

출처: "북한의 인간안보 위기에 대해 관
심을 가져달라," 「재외동포신문」(온
라인), 2014년 11월 27일; <http://
www.dongponews.net/news/artic
leView.html?idxno=27684>
(검색일: 2021년 4월 30일)

1990년대 초기까지 북한 경제는 생산수단의 국가 소유, 중앙계획
및 자력갱생이라는 주체사상의 원칙에 입각해 왔다. 북한 헌법 제25
조 제3항은 "국가는 모든 근로자들에게 먹고 입고 쓰고 살 수 있는
온갖 조건을 마련하여준다"고 선언한다. 한반도의 지리적·역사적 이
유로 인해 농업은 농사에 적합한 기후와 경작가능 한 토지는 대부분

한반도 남부에 집중되었다. 한반도의 북부 지역은 남부에 비해 춥고 산지가 많아 농업에 유리하지 않다. 이에 북한은 자급자족이 가능한 식량안보 확보에 주력해 왔다. 즉, 경작지 확대, 전통적 작물의 재배보다는 다수확 곡물인 쌀과 옥수수의 증산 그리고 농업생산에 공업화를 접목시키는 방법을 수립하였다.

1960년대 북한은 국가의 농업발전을 위해서는 기계화, 화학화, 수리화, 전기화 등의 4원칙에 근거해야 한다고 천명하였다. 북한이 처한 농업조건으로는 식량의 자급자족을 이루기는 어려웠다. 이에 북한은 스스로 선택한 농경 유형에 필요한 산업적 요소인 농기구, 비료, 연료 등을 해외로부터 수입에 의존해야 했다. 북한 스스로 자력갱생을 내세웠음에도 불구하고 당초부터 해외 의존적 취약성을 지닌 농업구조였다. 북한에게 식량안보 문제는 1987년 소련 체제의 변화와 북한에 대한 모든 형태의 원조, 무역, 투자를 중단하면서 찾아 왔다. 북한은 농업계획을 수행하면서 필요한 식량생산에 소요되는 연료, 비료와 화학약품 등의 구입선이 근본적으로 막히게 되었다. 또한 농업에 소요되는 투입요소의 유입이 감소하면서 동시에 식량생산도 감소하였다. 1993년까지 중국은 북한 식량 수입의 68%를 담당하였다. 그러나 1993년 들어 중국도 식량 부족에 처하게 되면서 대북 식량지원을 대폭 감축하였다. 1992년과 1993년 중국의 대북지원 곡물 선적량은 평균 80만 톤 정도였으나, 1994년에 접어들어 약 28만 톤 아래로 감소하였다. 2018년 식량 총 생산량은 평균 이하인 490만 톤으로 전년도 평균 대비 12% 이하 수준으로 10년 내 최악의 생산량을 보였다. 2019년에도 전체적으로 1,010만 명(인구의 40%)이 식량부족 상황에 처하게 되었다.[33] 이처럼 북한의 식량안보의 취약성은 근본적으로 개선되지 못한 상태에 있다.

2. 환경안보

북한의 환경안보는 미세먼지 등에 따른 대기오염 문제와 더불어 산림훼손 및 토지의 황폐화 문제와 관련된다. 북한 국토환경보호성은 <조선민주주의인민공화국의 임농업 국가전략과 활동계획(DPRK NATIONAL AGROFORESTRY STRATEGY AND ACTION PLAN 2015 – 2024)> 에서 "현재 산림벌채, 토지 황폐화, 자연재해 증가는 인민의 생계와 공화국 경제 발전에 중대한 영향을 미치는 매우 심각한 이슈"라고 설명하고 있다.

〈그림 7-2〉 서울의 대기

출처: "심각한 북한의 환경오염 문제," 「RFA」(온라인), 2016년 6월 17일; <https://www.rfa.org/korean/weekly_program/joosungha/seoul – 0617201 6131442.html> (검색일: 2021년 4월 30일)

또한 북한은 신기후체제하 '유엔자발적 기여'(Intended Nationaiiy Determined Contribution: INDC) 보고서에서 자체 노력으로 온실가스를

2030년 대비 약 8% 정도를 감축하는 수준이지만 국제사회의 지원을 받게 되면 40.25%까지 감축이 가능하다고 주장한다. 이와 더불어 2019년 UN 기후행동 회의에서 "2030년까지 자체 노력으로 온실가스 방출량을 16.4% 축감하며 기후변화에 관한 파리협정에 의한 국제적 협조가 추진되는 데 따라 36% 더 줄일 것을 계획하고 있다"고 밝히고 있다.[34] 더욱이 2019년 UN 기후행동 회의에서는 "2030년까지 자체 노력으로 온실가스 방출량을 16.4% 축감(감축)하며 기후변화에 관한 파리협정에 의한 국제적 협조가 추진되는 데 따라 36% 더 줄일 것을 계획하고 있다"고 선언하였다.[35] 이처럼 북한은 기후변화와 환경문제의 심각성을 인식하고 국제사회의 관련 노력에 적극적 태도를 보이고 있다.

3. 보건안보

미국 핵위협방지구상(Nuclear Threat Initiative: NTI)과 존스홉킨스 보건안보센터(Johns Hopkins Center for Health Security)는 질병에 대한 예방, 감지, 대응, 환경, 법률 등 한 나라의 보건안보 역량과 관련된 6개 항목을 지표를 바탕으로 '세계 보건안보 지수'(Global Health Security Index)를 발표하고 있다. 2020년 3월 발표된 <2019 GHS Index>에 따르면, 한국은 70.2점으로 세계 195개 국가 중에서 9위를 기록하였다. 이에 반해 북한 193위에 머물렀다. 이처럼 남북한의 보건안보 여건은 매우 큰 격차를 보이고 있다. 세계보건기구(WHO)가 발표한 <2019 세계 건강 평가(2019 Global Health Estimates)>에서는 북한 주민의 10대 사망 원인은 다음과 같다.

〈표 7-3〉 2019년 북한 10대 사망 원인

순위	질병	인구 10만 명당 사망자(명)	비고
1	뇌졸중(stroke)	193.4	비감염성
2	심혈관질환(ischaemic heart disease)	122.1	비감염성
3	만성 폐쇄성 질환(chronic obstructive pulmonary disease)	102.0	비감염성
4	결핵(tuberculosis)	67.9	감염성
5	기관지-폐암(trachea, bronchus, lung cancers)	46.3	비감염성
6	하기도 감염(lower respiratory infections)	24.3	감염성
7	교통사고(road injury)	24.2	사고
8	고혈압성 심장질환(hypertensive heart disease)	20.9	비감염성
9	간암(liver cancer)	20.8	비감염성
10	간경화(cirrhosis of the liver)	17.6	비감염성

출처: WHO, *Global health estimates: Leading causes of death*(온라인); <https://www.who.int/data/gho/data/themes/mortality-and-global-health-estimates/ghe-leading-causes-of-death> (검색일: 2021년 4월 20일)

특히 북한은 전통적 감염병인 결핵 문제가 심각한 수준으로 보고되고 있다. WHO가 발표한 '2020 국제 결핵발생 현황 고찰'(Global Tuberculosis Report 2020)에 따르면, 북한은 2019년 결핵으로 인한 사망률 순위에서 6위를 기록하고 있다. 2018년에는 주민 2만여 명이 결핵으로 사망(인구 10만 명당 80명)했으며, 이 수치는 한국의 16배, 세계 평균의 4배가 높은 것이다.

<그림 7-3> 2019년 국가별 결핵 발생률 및 사망률 순위

단위 : 명/인구 10만 명당

순위	국가명	발생률	순위	국가명	사망률
	평균	130		평균	18
1	레소토	654	1	레소토	224
2	남아프리카공화국	615	2	중앙아프리카공화국	158
3	필리핀	554	3	기니비사우	133
4	중앙아프리카공화국	540	4	가봉	110
5	가봉	521	5	나미비아	107
6	북한	513	6	남아프리카공화국	99
7	동티모르	498	7	콩고	92
8	나미비아	486	8	동티모르	90
9	마셜제도	483	9	잠비아	86
10	키리바시	436	10	에스와티니	84
⋮			⋮		
87	대한민국	59	102	대한민국	4.0

출처: WHO, *Global Tuberculosis Report 2020*(온라인); <https://www.who.int/publications/i/item/9789240013131> (검색일: 2021년 4월 25일)

또한 말라리아 감염 건수는 2000년 30만 건에서 2017년 4,626건으로 현저히 감소했지만, 감염 위험은 여전히 높은 상황이다. 특히 B형 간염은 2016년 전체 인구의 0.53%가 감염된 상태이며, 장티푸스, 파라티푸스, 콜레라, 홍역, 디프테리아, 백날기침, 수열, 매독 등 감염성 질환이 주민 건강을 크게 위협하고 있다.

남북한은 2003년 중증급성호흡기증후군(Severe Acute Respiratory Syndrome: SARS), 2009년 신종 인플루엔자(Influenza A virus subtype H1N1), 2015년 중동호흡기증후군(Middle East Respiratory Syndrome: MERS), 그리고 2020년 초 발생한 코로나바이러스감염증-19(Coronavirus Disease 2019)에 이르는 신종 전염병의 통제를 각각 다른 방식을 통해 대응해 왔다. 북한은 코로나바이러스감염증-19가 세계적 대유행 국면을 보이자 이를 안보위기로 인식하고 강력한 대응조치를 취해나갔다. 2020년 1월 22일 국경에 대한 봉쇄 조치를 단행하였으며, 김정은 위원장은 2월 말 열린 노동당 정치국 확대회의에서 '초특급 방역'을 결정하였다.

현재 북한은 국영의료와 무상진료체계를 수립해 운영 중이며, 김정은 집권 이후 의료기관 건설, 보건의료 관련 공장들의 생산 정상화, 보건의료 전문가 양성을 추진해 왔다. 그러나 보건의료 문제에 대응하는 보건안보 역량은 크게 미치지 못하고 있다.

〈그림 7-4〉 북한의 예방 접종

출처: "북한 보건의료 상황 저개발국 중 최악일 것," 「RFA」(온라인), 2019 년 3월 5일; <https://www.rfa.org/korean/weekly_program/b354－ b098c740－bcf4ac74－bcf5c9c0－c138c0c1/healthwealfare－030520 19094830.html> (검색일: 2021년 4월 30일)

Ⅳ. 맺음말: 남북한 인간안보 협력의 가능성

남북 분단 이후 냉전과 탈냉전 시기를 거쳐 오는 동안 남북관계는 줄곧 국가안보 패러다임에 지배되어 왔다.[36] 따라서 인간안보를 통한 남북 협력은 애당초 논의의 대상에서 멀리 떨어져 있었다. 여기에서는 남북한 인간안보 협력 분야를 세 가지 하위 분야로 살펴본다.

첫째, 식량안보이다. 식량문제는 줄곧 북한이 당면해 온 문제였다. 특히 북한은 1990년대 중반 '고난의 행군' 시기 최악의 식량안보 위기를 경험하였다. 그러나 남한의 대북 식량지원은 국가안보의 보조적 수단으로 활용되거나 인도적 요청에 따른 지원 성격이 짙었다.

둘째, 환경안보 영역이다. 봄철에만 일시적으로 불어 왔던 황사는 2000년 이후 미세먼지와 더불어 상시적으로 한반도 대기환경을 위협하고 있다. 북한 또한 미세먼지('황사'로 표현)에 대해서도 민감하게 반응하고 있다. 노동신문은 대기오염을 "인류에게 있어서 사활적 문제"라고 규정하고 국제적 협력을 통해 대응할 수 있다고 설명하고 있다. 이와 같은 대기환경문제를 비롯한 환경오염은 남북한이 공히 처한 문제이다. 따라서 동일한 입장에서 협력 가능한 영역이다. 다만, 북한은 사회 전체적으로 기후변화 대응 역량강화는 물론 기후변화 측정, 농업기술과 융·복합, 산업체의 기술 적용 등이 취약한 실정이다.

셋째, 보건안보이다. 국가는 보건위협을 발생시키는 요인을 차단하고 요인들의 작용을 선제적으로 예방하고 일시적 조치에 그치지 않도록 체계를 구축할 의무를 부담하고 있다. 한국의 입장에서는 평화통일정책 수립의 하나로(헌법 제4조) 남북의 건강격차 해소, 향후 발생할 통일비용 절감을 통해 통일 이후 변수를 최소화하고 체계적인 인도적 지원이 가능도록 해야 한다. 보건위기는 남북 사이의 교류와 협력을 근본적으로 제약하는 요인으로 남북관계 전반에 영향을 미친다.

2018년 남북한은 9.19 평양공동선언을 통해 환경협력, 방역 및 보건·의료 분야의 협력, 이산가족문제 해결을 위한 인도적 협력, 문화 및 예술분야의 교류 증진 등 인간안보 관련 사항을 합의한 바 있다. 이들 남북 합의는 그동안 인도협력, 사회문화교류 등의 분야로 분류됨으로써 인간안보의 관점보다는 국가안보의 관점에서 추진돼 왔다. 남북 간의 인간안보 협력은 서로에게 삶의 질을 향상시키는 긍정적 역할을 하게 된다. 또한 협력을 통한 신뢰 증진을 가져다준다. 인간안보는 국가안보에 생존 위협으로서 위기의 수준이 높다는 점에서 협력 가능성이 높다. 더욱이 다른 협력 사업들에 비해 대중의 남북한 주민 간의 신뢰 형성을 촉진하는 장점을 지니고 있다.

남북 사이의 인간안보 협력은 북한정권이 주민들의 삶의 질 개선을 위해 국제기준(global standard)을 수용하는 조건을 제공하게 된다. 이를 통해 북한 사회의 개방을 유도할 수 있다. 최근 북한은 새천년 개발목표(SDGs) 이행을 위한 협의를 진행해 왔다. 2016년 북한 외무성과 유엔 북한팀은 기존 '유엔전략계획 2011~2015'(The UN Strategic Framework 2011~2015)에 이어 '유엔전략계획 2017~2021'을 채택하였다. 북한에는 국제사회의 대북 제재로 인해 2000년대 중반 이후 대부분 국제기구들이 이미 철수한 상태이다. 그러나 유엔만이 유일하게 남아 북한과 개발협력을 위한 채널을 유지해 오고 있다. 이러한 점에서 남북 사이의 인간안보 협력은 북한에 협력적 방식을 통해 대외개방으로 나아가게 하는 매개 수단이 될 수 있다. 이뿐 아니라 남북 인간안보 협력은 한반도의 미래를 위해서 긍정적 기능을 수행할 수 있다. 즉, 남북 당국과 주민들이 다함께 참여하는 한반도 차원의 민관 합동사업으로서 한반도 생명공동체 건설을 추진할 수 있다. 이처럼, 남북 인간안보 협력은 남북 주민이 '다함께 인간답게 살아가려는 사업'으로서 타당성 높은 평화체제를 구축하고 구현하는 데 정책적 의의가 크다.

페미니즘과 남북관계: 북향여성을 중심으로[*]

전수미

I. 문제의 제기

〈그림 8-1〉

출처: "탈북자 4만명 시대 눈앞에… "법률지원 확대 시급," 「세계일보」(온라인),
2020년 10월 5일; <https://www.segye.com/newsView/20200105505153>
(검색일: 2021년 5월 6일)

* 이 장은 한국여성정책연구원의 『여성연구』, 제109호 제2호 (2021), pp. 325~
349에 게재된 논문을 수정 및 보완한 것입니다.

"안녕하세요. 저는 1년 넘게 성폭행을 당해온 피해자입니다. 신고까지 많은 고민과 어려움, 용기가 필요했습니다. 동생이 정치범 수용소 가고 성폭행까지 매일매일 너무 힘들었고, 잠깐이라도 죄책감과 고통스러운 감정을 피할 수 있는 것이라면 무엇이든 시도해야 했습니다… 이렇게 몇 글자로 저의 억울함과 아픈 마음을 설명하기 어렵지만 조금이나마 삶의 의지를 찾고 싶었고, 더 이상 혼자 숨어 울지 않으려고 용기를 내어 신고를 하게 되었습니다."[1]

2019년 12월 국군정보사령부 군인들에게 1년이 넘도록 성폭행을 당한 한 북향여성이 '미투'(me, too)를 했다. 지금까지 북향여성들은 탈북 후 여정에서, 남한에 정착하면서 수많은 유혹과 자본주의에 대한 잘못된 인식으로 위험에 노출되어 있다. 북향여성 중 25.2%가 성폭행 피해를 입었거나 성 관련 문제로 시달리고 있다. 그러나 보복 우려나 생계유지를 위해 그 동안 자행되어온 성폭력 피해를 함구해왔다.[2]

도대체 왜 북향여성들은 남성들에게 지독한 억압을 받으면서도 자신들의 몸과 마음에 대한 자유와 권리를 향유하지 못했을까. 북향여성들은 북한과 남한의 체제를 온몸으로 경험한 남북분단의 산 증인이자 아픔이다. 북향여성의 수난사는 그들이 겪고 있는 남북관계의 현실을 인식하는 순간부터 생겨난다. 우리 사회는 남한여성과 북한여성의 차이를 최근에서야 인식하게 되었고, 따라서 북향여성에 대한 이해가 부족할 수밖에 없었다.

그동안 남한의 여성운동은 북향여성 문제에 대해 적극적이지 못하였다. 일부 북향여성을 지원하는 단체는 여성운동에 제대로 참여할 수 없었다고 하며, 북향여성들이 도와달라고 찾아가면 소극적 자세로 임하곤 했다는 진술도 있다.[3] 우리는 2019년 한 북향여성의 절규와 함께 시작된 미투로 이제야 북향여성의 처절한 경험을 바라보게 되었다. 일부 페미니즘 학자들은 그동안 이 경험을 심도 있게 고찰하지 못하였고, 지금까지 논의된 페미니즘은 남북 체제경쟁과 대립의 역사 전반에서 북한에서 온 여성들까지 포용하기에는 한계가 있었다고 볼 수 있다.

지금까지 북향여성의 이익은 남성에 의해 남북분단이라는 명분으로 지배당하고 억눌려왔다. 한쪽에서는 남북관계의 개선을 이유로 북향민 인권이라는 단어는 금기시되었고, 다른 한 쪽에서는 남북 체재경쟁의 수단으로 북향민 인권을 부르짖었다. 결과적으로 남북관계의 진보나 퇴보는 어디까지나 '남성들만의' 일이었다. 남북분단과 체제대립의 역사는 인류의 절반의 목소리에만 치중했기 때문에 다른 쪽의 현실이나 목소리는 사라져갔다. 남성중심적으로 역사를 기술하는 과정에서 북향여성들의 현실과 목소리는 반영되지 않았다.

북한과 남한에서 여성으로 살다 보면, 수시로 여자들은 열등한 존재로 남성들의 통제 아래 있어야 한다고 철저하게 믿는 남성들을 만나는 상황을 마주하게 된다. 산업혁명 이후 인간의 삶이 편리한 방향으로 개선되었지만, 남북분단 속에 살아가는 북향여성들이 더 나은 삶을 향유하고 있는지는 의문이다. 오히려 그들은 북한에서 왔다는 이유로 삶이 더 악화되기도 하는 모순을 겪는다. 북향여성들은 사회가 발전하고 국가 간 경계가 허물어질수록 남성브로커와 남·북한 남성들이 가하는 가학적 통제 속에 수많은 모욕과 인권침해를 받아왔다.[4]

본 연구에서 이론적 질문은 두 가지이다. 첫째, 왜 그동안 페미니즘 논의에서 북향여성이 제외되었던 것일까. 남한의 여성운동에서 제대로 다루어지지 않은 문제이다. 두 번째 질문은 페미니즘 이론을 남북관계에 적용하여 본다면 향후 남북관계는 어떻게 발전하여야 하는가. 우리는 페미니즘을 통해 무엇을 해야 하는가이다. 즉 페미니즘을 바탕으로 한 우리들의 역할에 대한 문제이다.

본 연구에서는 북향여성을 주 논의 대상으로 삼아 기존의 남북관계를 성찰하고 대안적인 남북관계를 제안하고자 한다. 이 논의를 통해 페미니즘의 시각에 서서 국가안보 패러다임을 비판적으로 파악하고, 인간안보 패러다임에 서서 북향여성의 인권은 물론 남북관계를 풍부하게 전망할 수 있음을 발견할 것이다.

II. 남북관계 연구에서 페미니즘 시각이 필요한 이유

1. 페미니즘의 역사와 현황

근대 서구 페미니즘 운동의 역사는 크게 네 개의 흐름으로 분류할 수 있다.[5] 첫 번째는 19세기와 20세기 초 여성의 권리증진을 위해 여성의 투표권을 주장한 여성참정권 운동이다. 두 번째 여성해방운동은 1960년에 시작되어 여성의 법적·사회적 평등을 위한 캠페인을 벌였다. 세 번째로 1992년경 여성의 개성과 다양성에 초점을 맞춘 운동이,[6] 네 번째 흐름은 페이스북이나 트위터와 같은 소셜미디어를 통한 성희롱, 여성에 대한 폭력과 강간의 이슈화, 미투 운동 등이 있다.[7] 수십 년에 걸쳐 수많은 페미니스트 운동과 이데올로기가 발전하였으며, 시대에 맞춰 다양한 관점을 포용하면서 여성운동의 목표가 달라지고 있다.

페미니즘(feminism)은 한국 사회에 정착하는 과정에서 시대의 요구와 사용자의 목적에 따라 번역어를 달리했다. 1970년대에는 남성과 여성이 동등하다는 사실을 알리고 남성과 동등한 법적으로 권리를 갖는 것에 방점을 두어 '여권론'이라는 용어로 번역되어 도입된다. 이후 1980년대에는 법적으로 남성과 동등하더라도 남성 중심적 사회에서는 현실적으로 동등하지 못하다는 문제의식을 가지고 '여성해방론'이라는 용어로 번역되었다. 1990년대 이래로 동성애 해방 운동 등으로 활동 범위가 다양해졌고, feminism은 '여성주의'로 번역하거나 또는 원문 그대로 '페미니즘'이라고 불린다.[8]

이처럼 feminism 용어의 번역 역사는 한국의 여성 운동과 흐름을 같이 하였으며, 구조적 · 제도적 폭력으로서의 남성 중심 사회를 향해 도전해왔다. 한국 사회에서 페미니즘은 진보된 사상의 하나로 대학 내 운동권 여성들을 중심으로 학습되는 이론이며, 성폭력 특별법 제정과 호주제 폐지, 안티 미스코리아 운동, 부모 성 같이 쓰기 운동 등 여성 인권 향상 실천의 기반이 되었다.[9]

그러나 최근 논의에서는 모든 억압과 차별에 대항하는 이론과 실천을 의미하는 페미니즘과 '여성'이라는 소수자를 중심으로 한 여성 우선 페미니즘을 구별하는 경향성을 보인다. 포스트모던 페미니즘은 페미니즘을 모든 차별에 대항하는 총체적 해방운동, 포괄적 차별반대 운동으로 확장한다. 그러나 여성학자 정희진은 위와 같은 '모두(everybody)를 위한 페미니즘'은 일종의 허상이며, 여성 해방 운동이자 '여성 우선 페미니즘'을 지지한다. 사회에서 일어나는 '여성'에 향한 구조적 억압을 해석하고 이를 근간으로 여성 차별과 여성 폭력에 대항하는 해방적 실천과 이론만을 페미니즘이라고 정의해야 남성 중심의 불평등한 사회를 철저히 비판할 수 있다는 것이다.[10]

2. 페미니즘과 안보 패러다임의 변화: 국가안보에서 인간안보로

다양한 국제정치이론이 등장하면서 페미니즘은 국제정치학과 결합하였고, 페미니즘 국제정치학의 한 영역으로서 페미니즘 안보이론이 등장하기 시작했다. 페미니즘 안보이론은 전통적 국제정치학에 대한 비판적 입장에서 이론을 다듬어 나가며 경험적인 연구로 나아가고 있지만 비판적·대안적 이론의 성향 상 분단현실에서 받아들여지기 어려운 측면도 존재한다.[11]

그동안의 안보연구는 안보에 대한 남성성과 가부장제를 바탕으로 한 군사적 시각을 통해 국가 및 국가안보에 초점을 맞추어 진행되었다. 군사주의와 폭력이 기존 안보연구의 핵심주제였다면, 페미니스트 안보연구는 안보의 성별차원에 집중하는 안보연구의 하위분야로서 젠더 렌즈를 통해 안보의 다양한 형태와 의미를 연구한다.[12] 국제정치의 군사화나 전쟁, 성별, 인종, 경제 및 권력정치 같은 문제가 세계에서 어떻게 작동하는지 이해하고 분석하는 형태로 진행된다. Feminist security studies(FSS)에서는 전쟁이나 갈등, 조직적 폭력 및 평화와 같은 안보연구 내 확립된 주제를 바탕으로 젠더의 사회적 구성이 제도적이나 구조적으로 어떻게 작동하며 어떠한 영향을 미치는지를 조사하고 있다.[13]

여성주의의 관점에서 국가를 보면 젠더위계의 구조적 폭력 즉 여성의 체계적 비안보(불안정)가 드러나지만, 이와 같은 여성의 비안보 문제는 잘 보이지 않거나 여성의 비안보의 문제가 아닌 다른 문제로 간주된다. 여성 비안보의 문제가 제대로 부각되지 않은 것은 젠더화된 정체성과 이데올로기가 이러한 구조적 폭력을 재생산하고 탈정치화하고 있기 때문이다. 또한 지배적인 국제관계학 담론인 현실주의

가 남성의 경험, 남성의 세계관, 남성의 언어를 기초로 구성되어 있다는 문제도 있다.[14)]

코펜하겐 학파의 배리 부잔(Barry Buzan)은 기존의 선행연구에 대하여 냉전의 결과로 인한 안보연구 속에서 조직적 폭력에 대해 초점을 두고 분석하고 있다.[15)] 부잔은 안보가 '위협으로부터의 자유'라고 정의 내린다.[16)]

〈그림 8-2〉 페미니즘과 안보

출처: "FEMINISM AND SECURITY," THE FEAS JOURNAL(온라인), 29 May 2020; <https://thefeasjournal.com/2020/05/29/feminism-and-security> (검색일: 2021년 5월 6일)

더불어 티커너(J.A. Tickner)는 평화학이 안보를 물리적·구조적 생태학적 폭력의 제거라는 측면에서 정의하기에 페미니즘 이론과 양립할 수 있음을 주장[17)]하며 구조적 폭력의 해결을 위한 규범적 접근을 시도하고 있다. 티커너는 국제관계 이론에서 젠더 문제를 검토하여 남성의 관점에서 인식되고 정의된 시스템 속에서 소외되고 식민지화된 문제에 대해 비판적인 태도를 취한다. 갈등과 경쟁에 과도하게 초점을 맞추고 권력에 기반한 국가 중심의 안보 개념에 집착할 때 생기는 소외의 문제를 해결할 것을 촉구한다.[18] 티커너는 전쟁과 평화에 관하여 여성주의적 접근을 시도하며, 현실주의적 관점과 달리 질서와 정의 사이의 이분법적 사고를 거부한다. 그녀는 전쟁은 보호자와 피보호자 관계를 촉발시키며, 특정한 사람이 남성이라는 젠더를 가진 사람의 보호를 받을 것을 요구한다고 주장한다. 여성주의 시각을 통해 국제 관계에서의 이미 확립된 지식 구조에 의문을 제기하여 결과적으로는 여성과 남성 모두에게 안전한 세계를 만들어야 한다고 주장한다.[19]

피터슨(V. Spike Peterson)는 조직적 불법행위에서의 보호라는 관점에서 구조적 폭력, 여성 비안보를 가시화할 수 있다고 주장한다. 불법행위자(Racketeer)는 위협을 창조해놓고 그 감소를 위해 돈을 내라고 하는 사람이다. 그리고 이것이 바로 보호자가 하는 역할이라는 것이다. 국가는 보호라는 조직적 불법행위로서 위계와 구조적 폭력으로부터 보호를 구실로 그 위계와 구조적 폭력을 재생산하고 있다고 본다. 국가의 경우, 보호는 맞바꾸기라고 할 수 있는데, 국가는 외부 전쟁의 위협을 흉내 내거나 자극하거나 심지어 날조한다는 것이다.

국내에서는 페미니즘 국제정치학에서 안보와 그 과제에 대한 논의와,[20] 유엔 안보리 결의안 1325와 페미니즘에 대해 분석한 연구,[21] 한반도 안보에 대해 젠더화의 관점에서 바라보며 국제정치학 이론을 비판적으로 고찰한 연구[22] 및 인간안보와 여성안보의 관점에서 동아시아 여성안보에 대한 논의에 관한 연구 등이 있다. 페미니즘과 안보이론은 기존의 국제정치이론의 다양화 속에서 국제정치학의 분과학문으로서 성장했지만, 여전히 주변적 연구로 치부되고 있다. 그중 페미니즘 국제정치학과 안보연구는 위에서 열거한 대로 극히 드물며, 수준 또한 이론의 소개 및 국제정치학에 주는 함의 정도로 그치고 있다는 한계가 있다.

이러한 관점은 오랫동안 군국주의와 국가라는 조직적 폭력에서 남성이 오랫동안 수행한 역사적인 역할, 안보에 대한 직접적 이해관계자로서 국가안보 내 여성이라는 요소가 억제되거나 외면되어 왔음을 보여준다. 또한 이제는 한반도 문제에서도 국가안보와 남북의 체제경쟁이라는 이름으로 북한여성에게 가해지는 군사적 안보의 헤게모니적 남성성의 한계를 인식하고 젠더의 역할이 필요함을 역설한다.

본 연구에서는 티커너의 여성주의 관점에 입각한 안보론을 바탕으로 북향여성 문제가 남성 중심적 안보 개념과 국가 중심의 국제관계에서 어떤 방식으로 소외되고 배제되었는지를 조명하고, 인간안보 측면에서 북향여성 보호와 향후 남북관계가 지향해야 할 방향을 제시하고자 한다. 따라서 북향여성을 주 논의 대상으로 삼아 기존의 남북관계를 성찰하고 대안적인 남북관계를 제안하고자 한다. 이 논의를 통해 페미니즘의 시각에서 국가안보 패러다임을 비판적으로 분석하고, 나아가 인간안보 패러다임을 기초로 북향여성의 인권뿐만 아니라 남북관계 발전 방향을 제시할 것이다.

Ⅲ. 페미니즘을 통한 남북관계 성찰

1. 복합적인 폭력에 노출된 북향여성

1) 국가안보에 기반한 북향민에 대한 국가폭력[23]

냉전체제를 겪으며 남·북은 이데올로기 대결로 치달았고, 한반도는 남과 북으로 분단되었다. 한국전쟁은 제2차 세계대전 이후 시작된 동서냉전을 전 세계로 확산시키는 계기가 되었으며, 전쟁 이후에도 한반도는 동서대결의 장으로서 '국가안보'라는 이름 아래 지속적인 상호 불신과 대립·갈등 및 경쟁 상태에 있으면서도, 남북공존을 통한 체제유지를 지속하고 있다.

남한은 북한을 반국가단체로 규정하고 한반도 이북지역을 불법점령하고 있는 북한을 방문하거나 북한으로 출국하는 행위를 철저히 통제하고 있다. 이러한 관점에 기인한 남한의 대북한 국가안보는 남북관계에서 북한을 '반국가단체'로 규정하고 남북교류를 제한하거나 남·북한 대화에 대한 자기검열 장치로 작동한다. 이 냉전체제의 잔영은 '국가안보'라는 명분 아래 '국가폭력'의 모습으로 북향민들에게 투영되고 그들을 옭아매고 있다.

북향민들은 기존 국가폭력의 틀 아래에서 대한민국 국민이자 인간으로서의 존엄성과 정체성을 보장받지 못한 채 잠재적 범죄자로 간주되어 왔다. 이 '국가폭력'은 북향민들이 남한 자유민주주의 체제를 위협하게 될 것을 대비하여 국가가 미리 조직한 폭력의 동원체계로 구성되어 있다.

부잔은 안보는 위협으로부터 자유에 대한 추구이며, 존재의 조건에 대한 포괄적 관심영역을 포함하는 것이 합리적이라면서 정치영역에서 국내 통합문제와 냉전이후 남북갈등 등을 안보문제로 제시하고 있다.24) 국가안보 관념이 국가의 물리력 사용을 중심으로 추구한다는 시각에서 벗어나 안보문제를 개인이나 사회의 범위로 확대되었고, 이 맥락에서 국내에 입국한 국정원 단계부터 자행되는 북향민에 대한 '국가폭력'을 사회적으로 인지하여야 한다. 예를 들어 신변보호 담당관 제도는 2019.1.15. 법령에 근거가 명시되었지만, 실제 운영되는 바를 살펴보면 그 성격이 신변의 '보호'가 아니라 북향민이 잠재적 범죄자임을 전제로 하는 '감시' 성격의 보안처분과 유사하다는 것을 확인할 수 있다.

과거 북한은 남한을 무력으로 해방시키거나 남한에 친북정권을 수립하여 북한 주도 통일을 실현하려는 정책기조 아래 대남정책을 추진하였다. 남한도 이에 대응하여 국가안전보장을 이유로 국가보안법을 제정하거나 북향민을 국정원과 보안과 경찰이 지속적으로 관리·감독하게 하고 있다. 국가가 국가안보를 이유로 북향민을 '잠재적 체제전복자'로 간주하고 관리·감독한다는 점은, 국가가 북향민 입국 이후단계부터 국정원 조사와 경찰감독이라는 미리 조직된 국가폭력의 시스템을 동원하고 있음을 확인시켜주고 있다. 기존에 국가안보 시각으로 북향민을 바라보고 관리해왔던 이 시스템을 지속적으로 자각하고 문제를 제기하며, 나아가 남북관계를 평등한 관계로 개선하기 위해 포용적이고 포괄적인 안보에 대한 고찰이 필요한 것이다.

2) 북향여성에게 투영되는 국가폭력

북향여성들이 국내에 입국하게 되면 3개월 동안 국정원 북향민보호센터라는 임시보호센터에서 본인의 신분에 대한 조사를 받는다. 조사 후 하나원에서 사회적응교육훈련을 받고 나와 처음 만나는 남한사람이 바로 국군정보사령부 군인이거나 신변보호담당관이다. 본인이 북한에서 하던 업무의 성격에 따라 신변보호담당관만 배정되거나, 국군정보사령부 군인들까지 접촉하게 된다.

〈그림 8-3〉 1993년 공개된 북한의 노래

출처: 녀성은 꽃이라네, 1993년 공개된 북한의 노래, 작사 김송남,
작곡 리종오, 가수 리분희(KBS1 방송 캡처 화면)

남한에서 태어난 사람이라면 평생 국정원 직원을 만날 일도, 국정원이 관할하는 기관에서 3개월에서 8개월까지 갇혀 조사를 받지도 않는다. 무엇보다 경찰이 나의 하루하루를 감시하고 보고하기

를 원하지도 않는다. 그렇다면 무슨 이유로 북향여성들은 남한에 입국하자마자 국정원에 갇혀 조사를 받고 하나원 교육 후에는 신변보호담당관이 배정되어 보호라는 이름 아래 감시를 당하게 되는 것일까.

이는 일제강점기가 종료되고 남한과 북한으로 분단되는 역사의 비극이 여성에게 투영되면서 시작되었다. 북한이 해방 후 법제정을 통해 여성이 사회주의 건설에 동원된 것도, 그러면서도 가부장적 체제 아래 아이를 돌보고 남성을 보조하는 지위를 강조한 것도 모두 여성해방이 아닌 또 하나의 혁명을 위한 도구이자 꽃이길 바랐기 때문이다. 남북한은 한반도 내 누가 합법적인 정부가 될 것인지에 대한 인정투쟁이 극한으로 치달았고, 체제경쟁에서 이기기 위해 다양한 수단과 도구가 필요했다. 남북한의 인정투쟁 속에서 북향여성은 북한에서는 혁명화의 꽃으로 활용되고, 남한에서는 대북공작이나 북한 관련 정보획득을 위한 수단으로 활용되었다. 북향여성은 남북한 체제경쟁과 분단의 최대 희생자가 되고 만 것이다. 이는 티커너가 그토록 경계했던 남성중심적 사고에 기반한 체제 경쟁시스템이 국가안보에 집착하면서 발생한 문제라 할 수 있다.

북향여성에 대한 폭력은 장기간 존재하였으나 남북관계의 현실문제에 부딪쳐 조명받지 못하다가 최근에서야 부각되고 있다. 국가폭력으로 희생되어 온 이들의 목소리가 누적되어 오다 오늘에서야 터져 나오고 있는 것이다. 2020년 1분기 기준으로 우리나라 입국 북향민 3만 3,658명 중 여성이 2만 4,256명으로 전체의 72.1%를 차지하는데, 여성가족부가 실시한 "북한이탈여성 폭력피해 실태 및 지원방안 연구 자료"에서는 한국에 정착한 북향민 여성들이 신체적 폭력, 성폭력 등 사회적 폭력에 지속적으로 노출되어 왔음을 밝히고 있다[25]). 최근에는 북향여성 미투 운동이 시작되면서 북향민 신변보호를 맡고 있던 현직 경찰 간부, 국군정보사령부 소속 간부, 북향민 단체 대표 등 최근 북향여성을 성폭행한 사건들이 드러나기도 했는데 국가가 북향여성들을 '보호'라는 이름으로 관리하고 감시하는 국가폭력뿐만 아니라 '성폭행'이라는 국가폭력까지 용인하거나 묵인했음을 보여준다.

결국 간첩 색출과 신변보호라는 이름 아래 국가는 북향민을 북한 정보수집 대상으로 간주하고 북향민을 통해 자료수집 및 북향민을 반체제사람으로 인식하여 지속적인 사상검증을 하는 것으로 볼 수 있다. 또한 위와 같은 경찰청 지침의 태도는 국가기관이 북한의 침략에 방어하고 사회질서를 유지하며 국토를 방어한다는 국가안보론을 바탕으로 북향민을 감시하는 입장에 서 있음을 보여준다. 국가안보는 단순히 군사력과 체제경쟁에 의존하는 안보 관련 부처에서 담당하고 이를 기반으로 북향민들을 관리해야 하는 것이 아니라, 관련 제반영역에서의 정책이 포괄적으로 작용해야만 달성될 수 있는 하나의 사회 구조물에 가깝다.

또한 북한 특유의 남성중심 가부장적 문화와 남성우월주의가 북한여성들의 의식의 기저에 작동하고 있는 문제까지 있다. 가부장적이고 권위적인 북한 사회의 행태는 혁명의 그림자처럼 존속하였고, 여성은 남성에게 강간을 당하면 '잡아먹혔다'라는 인식하에 그런 수치스럽고 망신스러운 일을 숨겨야 살아갈 수 있었다.[26] 무엇보다 북한에서 인권의 본질에 대한 교육이 없어 여성의 인권이 무엇인지, 본인이 어떠한 인권유린을 당하고 있는지에 대한 인식도 없다.[27] 이러한 점을 배경으로 지금까지 남한은 군사주의와 남성중심주의적 사고 및 북한 특유의 보수적이고 권위적인 문화에 대한 인지를 바탕으로 북향여성들을 대하고 국가폭력을 가해왔으며, 북향여성들이 부당한 요구나 성폭행에 항의하면 "넌 돈을 요구하는 꽃뱀이냐. 조국의 배신 자와 변절자(북한에 대한)는 조용히 살아라"는 식으로 침묵을 강요해 온[28] 고질적 문제가 있다.

3) 북향여성에게 투영되는 남성폭력

남한에 입국한 북향여성은 고향을 버리고 왔다는 죄책감과 여기 에서도 정착하지 못하면 끝이라는 심리적 위축 상태에서 정착 생활 을 시작하게 된다. 여성의 몸에 대해 부정적인 문화가 형성된 북한에 대해 잘 알고 있는 남한의 군인과 경찰, 동향 남자들은 피해를 당해 도 망신스러움에 신고하지 못하는 북향여성에게 성적 유린을 망설이 지 않는다.

일부 북한남성들은 북한여성을 가지고 싶으면 우선 몸부터 가지 면 된다는 생각으로 북한에서 온 동향여성들을 강간하기도 한다. 최 근 벌어진 동향 북향여성 성폭행 후 월북사건, 성폭행을 당한 후 탈 북단체장에게 피해 사실을 호소하러 갔다가 오히려 다시 성폭력을 당한 북향여성의 사건, 자신의 뒤에 남한의 국회의원이나 미국의 대 통령이 있는 힘 센 사람이라고 강조하며 북한에서 온 지 얼마 안 된 어린 북한여성들은 강간하고 나체 사진을 찍어 협박하며 성 착취와 성 접대를 시키는 일부 북향남성들은 북향여자를 정복의 대상이자 남자보다 열등하고 힘없는 존재로 인식함을 보여준다.

가해자들은 상대방이 자신보다 경제적으로나 육체적으로 열등하 다는 생각으로 북한 여성을 정복하고 파괴하는 폭력을 자행하며, 이 는 북한이라는 존재 자체를 파괴하고 정복하며 남한이 북한보다 우 월한 위치에 있음을 확인시켜 주는 전쟁의 현장이 되기도 한다. 일부 남성들이 가진 북향여성들이 말을 잘 듣고, 적은 비용으로 데리고 살기 좋으며, 남한의 맛을 보여준다는 명목으로 이들에게 성 착취를 하는 행태가 이를 잘 보여준다.[29] 티커너가 문제를 제기한 남성의 관점에서, 북향여성은 남성들이 자행하는 폭력에 의해 남한의 체제 우월성을 재확인시켜 주는 도구로 희생되고 파괴되며 버려지고 있음을 보여준다.

또한 티커너에 따르면 남한의 남성중심 시스템 속에서 북한과 북한여성을 바라보는 남한남성들의 시선이 강자이자 내부 식민지를 바라보는 제국주의자로 변모할 수 있으며, 이 또한 남한남자들이 남한 사람의 지위에서 자행하는 구조적 남성폭력이라 할 수 있다. 북향여성들이 느끼는 수치심은 피해를 입은 북향여성들이 침묵하게 하기 위한 목적으로 비가시적 폭력을 통해 인위적으로 만들어지고 있는 것이다. 이러한 이유로 많은 피해 북향여성들은 스스로에게 굴레를 씌우고 자살하거나 침묵 속에 살아간다.

2. 페미니즘과 인간안보

북한여성의 인권문제는 우리에게는 민족의 문제이면서 전 세계적으로는 인도주의적·인류보편적인 문제이기도 하다. 1948년 12월 10일 채택된 「UN세계인권선언문」은 모든 사람과 장소에 인권과 근본적 자유가 적용된다는 내용을 세계 최초로 확인한 것이라 의미가 있다. 이는 국제법상 강행규정으로서 국제인권법의 발전에 기여하였는데, 위 선언에 따르면 모든 사람은 태어날 때부터 자유롭고, 존엄하며, 평등하며, 모든 사람은 이성과 양심을 가지고 있으므로 서로에게 형제애의 정신으로 대해야 하며(제1조), 또한 모든 사람은 인종, 피부

색, 성, 언어, 종교 등 어떤 이유로도 차별받지 않으며, 이 선언에 나와 있는 모든 권리와 자유를 누릴 자격이 있다(제2조).

1990년대부터 시작된 남한의 진보적인 여성운동은 '아시아의 평화와 여성의 역할'이라는 주제로 여러 차례에 걸쳐 토론회를 개최하고 일본군 위안부 문제에 공동으로 대처하기 위해 베이징 등 세계 각지에서 토론의 장을 열었다. 이는 남북이 '2000년 일본군성노예전범 여성국제법정'에서 공동기소장을 제출함으로써 큰 결실을 맺었다. 2000년 10월 3일 북조선로동당 창립 55주년 기념식에 13개 정당과 사회단체가 참여하였는데, '한국여성단체연합'이 유일하게 초청받아 북한을 방문하였고 이는 2001년 남북여성통일토론회, 2002년 '6.15. 공동선언 실천과 평화를 위한 남북여성토론회'로 연계된다.[30]

남한과 북한여성의 만남 속에서도, 남한 내 북향여성이 겪는 인권문제는 여전히 외면받았다. 북향여성이 겪는 문제는 그들이 선택이 아닌 냉전시대의 산물로서 원하지 않은 삶을 살게 되었다는 데에 있다. 남북한 교류가 지속되었지만 전체 교류협력 중 여성 교류의 비율은 미미하다. 북한에서 온 여성들은 사회적 혁명가이자 자상한 어머니, 순정적인 며느리, 헌신적인 주부로서의 역할을 부여받아 살아왔다. 여성은 조선의 전통문화에 맞게 '조선치마저고리'를 입는 게 좋겠다는 김정일 위원장의 교시 후, 모든 여성들이 치마저고리를 착용하게 된 모습에서 우리는 북한여성들의 사적 공간에 대한 북한당국의 종속을 확인한다. 즉 국가가 여성이라는 대상에 대해 적극 개입함으로써 북한여성의 자율성과 자기결정권이 대단히 약화되었으며, 이는 이들의 남한 정착에도 큰 악영향을 미쳐왔다.

그러하기에, 이제 우리는 남한과 북한여성 어느 누구에게나 차별없이 적용되는 페미니즘이 필요하다. 그 대안은 바로 '인간안보'에 바탕을 둔 페미니즘이라 할 수 있다. 인간의 생명과 자유는 무엇과도 바꿀 수 없는 소중한 가치이며 인간이라면 누구에게나 평등하게 적용되어야 한다. 인류도 역사적 경험을 통해 전쟁이나 군사적 위험만이 인간의 생명과 자유를 위협하는 것이 아님을 알고 있었지만, 이 문제를 구체적이고 적극적으로 개념화하여 다루게 된 건 그다지 오래되지 않았다. 여기서 인간안보라는 개념이 제시되었다. 인간안보란 "인간을 생명과 자유, 안전한 생활에 대하여 위협이나 위협을 초래할 수 있는 일체의 것으로부터 보호하는 것"을 의미한다.31) 인간안보는 그동안 안보의 개념을 '국가 중심'으로 논의해 왔던 기존 담론에서 벗어나 국가가 아닌 '인간'을 중심으로 바라보는 개념이다. 1994년의 유엔개발프로그램 보고서(UNDP Report, 1994)는 인간안보는 국가가 아닌 인간을 중심으로 하므로 국경을 초월하며, 상호의존성과 사전 예방적 특징이 있다고 밝히고 있다.32)

지금까지 북향여성들은 남한과 체제경쟁 중이지 전쟁 중인 '반국가단체' 북한에서 왔다는 이유만으로 부당한 일을 겪어도 제대로 된 보호를 받지 못하거나 침묵을 강요받으며 살아왔다. 남한사회에서 통용되는 북한과 북한여성에 대한 왜곡된 이미지를 걷어내고, 여성들은 우리 안에 자리잡은 '군사주의'에서 벗어나 인간 자체를 중시하는 인간안보 패러다임으로 북향여성들을 바라보아야 한다. 고향이 남과 북 어디인지와 관계없이 인간안보적 관점에서 인간 자체를 귀하게 여기고 인류 보편적 가치 속에서 북향여성을 바라볼 때, 기존의 반공 이데올로기 속에서 북한을 바라보는 시선이 북향여성에게 투영되어 행해지는 국가폭력을 예방할 수 있을 것이다.

Ⅳ. 페미니즘과 남북관계 발전을 위한 방향

1. 북한사람들의 인권에 대한 정치적 공세화의 중단

2016년 북한인권법 제정과 2020년 대북전단법 제정과정에서 여야
가 크게 충돌했다. 북한인권 관련 법안은 2004년 유엔 북한인권특별
보고관의 임명, 2005년 미국의 북한인권법 제정의 배경을 바탕으로
하며, 국내에서도 이에 대해 많은 논의가 있었다. 북한인권법안은
2005년부터 11년간 발의와 폐지를 반복하다가 결국 2016년에 제19
대 국회 발의안 11개를 통합하는 북한인권법 제정안에 대해 여야가
합의하면서 가까스로 제정되었다. 당사자국인 한국에서는 2004년 미
국의 북한인권법, 2006년 일본의 북한인권법보다도 제정이 상대적으
로 제정이 늦어진 편인데, 그 배경에는 북한인권이라는 이슈에 좌·
우 진영논리가 반영되면서 민주당이 북한과의 관계 ─ 대화와 소통을
이유로 북한인권을 거론하는 것을 꺼린 반면, 새누리당은 북한을 '주
적'으로 삼고 있으므로 주적국가의 만행을 적극 밝혀야 한다는 입장
이었기 때문이다.

국회가 2020년 12월에 의결한 남북관계 발전에 관한 법률의 일부
개정안은 보수진영에서 '김여정 하명법'으로도 불리는데, 2020년 6월
4일 김여정 북한 제1부부장의 담화를 시작으로 대북전단 살포에 대
한 비난과 남북공동연락사무소 건물을 폭파한 후 취한 조치라는 이
유 때문이다. 결국 이에 대해 통일부는 2014년 북한의 전단살포 대
응 고사총 사격에 따른 우발적 충돌위험과 남한의 접경지역 주민들

의 생명, 신체에 대한 급박하고 심각한 위험을 이유로 남북관계 발전에 대한 법률의 개정을 추진하였고 국회 본회의를 통과하였다.

일반적으로 남북관계 개선에 중점을 두는 진영의 이념은 인권·노동·복지를 중점으로, 북한체제에 비판적인 진영은 경제, 안보에 중점을 둔다. 남북이 분단된 상황에서 남북관계 발전을 도모하는 진영은 북한을 화해·협력의 동반자로 인식하고 보다 나은 남북관계 개선과 남북교류 추진을 위해 탈북한 북향민들의 목소리를 상대적으로 불편해하였다. 북향민들의 목소리를 반영하면 정작 남북교류협력을 추진해야 하는 순간, 북한이 거부할 수 있는 빌미가 될 수 있다는 우려 때문이다.

그렇다면 북한체제에 대해 비판적인 진영은 북한인권과 북향민 인권에 대해 진심인가. 북향여성들이 동향 북향남성에게 성폭행을 당했다고 신고하거나 피해사실을 이야기할 때 그들은 같은 북한사람끼리의 일이고, 정치적으로 진보진영을 공격하는 수단으로 활용할 수 없기에 북향여성들의 인권유린에 대해 침묵하는 모습을 보인다. 남성 중심적 안보관을 기초로 북한체제를 부정하고 비난하는 일부 북향남성들만 조명하고, 북향여성은 북향민 사회에서도 격리된 계층이자 새로운 하위계층으로 전락된다.

우리는 티커너의 페미니즘 안보의 시각을 바탕으로 할 때 기존 국가안보 관점에서 북향민들을 바라보고 통제하는 남성중심적 인식과 안보정의에서 벗어날 수 있다. 국가중심의 안보와 남성중심적 시각에서 탈피하고 인간의 존엄성 자체를 중시하는 '인간안보'를 바탕으로 북향여성들을 바라볼 수 있는 것이다. 남한 사회는 그동안 편의에 의해 선택된 사회적 약자들의 목소리만을 반영한 '선택적 정의'를 버리고 남북 분단의 현실 속에서 새로운 사회적 약자로 전락한 북향여성의 목소리를 수면 위로 비상시켜야 한다.

북향여성의 인권을 편의와 정파성에 따라 활용하는 것은 정치적 공세에 불과하고, 정치적 무게에 따라 성폭력 피해자와 가해자를 북향여성이라는 이유만으로 선별적 태도를 보이는 것도 대한민국에서 미투가 여성의 인권이 아닌 정치적 영역임을 보여준다. 페미니즘을 기화로 '인권의 정치적 공세화'를 중단하고 남한 내 북한여성 지원을 통해 남북한 전체에 '인간안보'를 바탕으로 남북관계 개선을 도모하여야 한다.

2. 남한 일방의 시각으로 북한과 북향여성에 대한 재단 지양

지금까지 미비하게나마 남북여성 교류를 통해, 남한 내 북향여성들이 서로를 알고 차이를 인식하며 이해하는 기회를 가져왔다. 이제 남한에서 매 명절마다 북한으로 돌아가고 싶어하거나 남한의 정착이 너무 힘들어 극단적인 선택을 하고 있는 그들은 온전하게 있는 그대로 받아들이는 작업이 필요하다. 북한 특유의 집단문화, 고난의 행군과 대북제재 시기를 거치면서 인간으로서 향유해야 할 가장 기본적인 권리조차 해결되지 못한 체 생존을 위해 몸부림치며 살아온 북향여성들을 남한 일방의 시각으로 재단하고 평가하는 것은 대단히 위험하다.

현재 남한에서는 지역감정이 소멸하고 있고, 다문화에도 조금씩 열린 시각을 보이고 있다. 하지만 남북분단과 남북한 특수관계라는 특수성 때문에 북한과 북한에서 온 사람들은 정치적 도구나 체제경쟁의 산물로 인식하고, 통일의 마중물이라는 이름으로 장차 어떠한 역할을 해야 하는 당위론적 역할까지 부여받고 있다. 이러한 시각은 북향민들이 남한 사회의 차별과 정착을 위한 투쟁만으로도 버거워한다는 점에서 그들의 진의를 감안하지 못한 '남한 중심적 사고'일 수 있다. 이런 점에서 인간안보를 바탕으로 하여 당사자인 북한여성들과 남한여성들의 목소리가 반영된 페미니즘에 대한 고민과 연구가 절실하다.

남한에도 다양한 성격과 다양한 배경의 사람들이 존재하고 그 다양성을 인정해야 한다는 인식이 확산되고 있다. 이러한 시점에서 지금까지 '북한이탈여성'이라는 이름으로 남한 일반여성과 차이를 두고 지원에 집중했다면, 이제는 남한 여성들 사이에서 북향여성을 있는 본연의 모습 그대로 이해하고 단지 고향이 다른 대한민국 여성으로 받아들이고 함께함이 필요하다. 남한여성과 북향여성으로 구분하는 순간, 우리가 인식하지 못하는 차이와 차별이 생기며, 그어져 버린 선으로 인해 북향여성들은 제대로 된 정착하지 못하고 방황하며 평생을 이방인으로 살아가게 되기 때문이다.

한편, 북향여성이 지닌 이질적 요소 중 긍정적인 부분을 부각시켜 남한과 북한의 여성들 각자가 지닌 정체성 속에서 남한 사회에서 살아갈 수 있는 대안을 찾아야 한다. 북한여성을 남한 일방의 시각으로 재단하지 않고 있는 그대로 받아들이고, 솔직함이나 활발함, 사회적 생산참여에 대한 자긍심이나 지역공동체에서의 헌신과 같은 긍정적인 요소를 인정하고 찬사를 아끼지 말아야 한다. 이렇게 남북 여성이 서로를 인정하면 '남한 사회로의 일방적 동화'라는 이름으로 북향여성들에게 가해질 수 있는 비가시적 폭력을 지양할 수 있고, 나아가 그들의 고향인 '북한'도 선입견 없이 있는 그대로 받아들이고 이해할 수 있다는 점에서 남·북한 서로의 왜곡된 이미지를 상쇄할 수 있다.

결국 이러한 작업을 통해 우리는 남·북한 여성들의 대등한 만남을 준비할 수 있고, 기존의 남성 중심·경제 중심·기득권 중심의 교류에서 벗어나 새로운 남북교류를 도모할 수 있다. 이는 그동안 한반도 평화 프로세스, 신뢰 프로세스 등 '남한중심적 시각'에서 만들어 온 대북정책의 방향에서 벗어나 '북한의 입장이 반영된' 남북관계를 지향할 수 있다는 점에서 의미가 크다.

3. 민족주의를 넘어서는 페미니즘

페미니즘은 근대 민족주의 담론에서 여성이 배제되거나 남성과는 다른 방식으로 통합되었다는 문제를 제기하였다. 특히 '상상의 공동체'로서 민족주의가 거론되기 시작하였으며, 국가가 '숙명'이 아니라는 것을 깨달으면서 여성들은 처음으로 '국민'이 만들어지는 방식에 대한 문제를 제기하기 시작하였다.[33]

발리바르(Étienne Balibar)에 의하면 민족은 "정치적 제도로서의 국가에 앞서있는(in advance), 국가에 자신의 정치적 동기를 기입하는(inscribe) 인민 공동체의 상상계(the Imaginary)"로 정의되며, 이러한 상상계의 내용은 언어와 인종으로 정의되는 의사적 종족성(fictive ethnicity)에 의해 규정된다.[34] 이러한 개념화는 민족-국가 안에 내재되어 있는 민족(nation)과 국가 간의 관계, 즉 국가는 민족의 정치적 동기를 구현해야 마땅하다는 믿음, 또는 정치적 단위와 민족적 단위가 일치해야 한다고 주장하는 정치적 원리[35]를 파생시킨다.

즉, 민족주의는 민족-국가문화적, 인종적, 종족적 단위로서 상상의 공동체로서의 민족과 그것의 정치적 목표를 현실적으로 구현화하는 국가 제도로 구분되고, 근대 이후 민족-국가 형태의 정치공동체 사유 양식이 전 세계적으로 당연한 것, 일종의 헤게모니로 받아들이면서 나타난 다양한 정치운동 — 범민족주의, 민족해방운동, 분리주의, 민족국가 간 전쟁, 그리고 반정부시위[36] — 역시 민족주의 정치운동의 한 예가 될 수 있다.

그동안 수차례 진행되어 온 남북정상회담은 민족해방이라는 이름 아래 진행되어온 역사를 바탕으로 민족의 동질성을 확인하는 언술과 함께 남한사회 내 민족주의 이념을 고양시켜 왔다. 분단 70여 년 동안 심화된 남북의 이질성을 해소하기 위해 '한민족'임을 강조하며 혈통적 민족주의나 문화적 민족주의를 강조해 왔는데 이러한 '민족주의'라는 거대담론 앞에서 북한에서 온 여성에 대한 인권침해 문제는 그동안 외면당해 왔다는 문제가 있다.

북향남성들은 현재 진행되고 있는 북향여성들에 대한 성착취와 성폭력에 대해 늘 북향민 탄압으로 상징화시키면서 피해자 북향여성들의 인권이나 성차별문제는 논의의 핵심에서 배제되었다. 물론 북향여성들에게 현재까지의 페미니즘 논의는 지엽적인 문제일 수도 있다. 남북한의 여성은 남성에게 공동의 억압을 받고 있긴 하지만, 그 억압의 내용은 남한여성과 북한에서 온 여성에게 동일하지 않는데다가, 북향여성들은 남한 사회에서 정착만으로도 버거워 그들이 삶의 현장에서 겪는 '정착'이라는 전쟁에서 페미니즘은 곁길로 나간 싸움에 불과하기 때문이다.

민족주의 담론은 분단이라는 비극적 현실을 극복하는 동력이 될 수도 있지만, 북향민의 76%가 여성임에도 이들을 외면하고 도외시하는 방향으로 진행된다는 점에서 문제가 있다. 민족국가에서 북향여성이 배제되는 방식은 한국의 페미니즘 운동에서도 예외가 아니었다. 그동안 페미니즘 운동에서 북향여성은 보이지 않았으며, 여성가족부나 통일부에서 북향여성의 참여는 거의 전무하다. 민족주의를 기반으로 한 대북포용정책이 진행된다면 사회·문화적 교류가 활발해질 것으로 예상되지만, 이 과정에서 다시 북향여성이 소외되지 않을까 우려가 된다. 북한동포돕기운동이 활발해진 후, 민간교류는 거의 남성 위주로 이루어졌고, 여성에게는 기회가 매우 제한적으로 주어졌다. 물론 여기에서도 북향여성들의 참여기회는 없었다. 이는 민족국가 내에서 일어나는 북향여성의 배제를 재확인시킨다. 향후 페미니즘 논의나 여성정책에서는 남북한 성평등적 관점이 보완될 필요가 있다. 남북교류과정에서 남북 쌍방 간에 북향여성을 비롯한 소수자 집단에 대한 특별한 지원이 필요하다는 점에 대한 합의가 필요할 것으로 보인다.

4. 한반도 평화를 위한 여성의 참여

한반도는 분단국가이다. 군사주의는 이러한 분단현실을 유지시키고 강화하는 핵심으로 작동하고 있으며, 분단 상황에서 징병문제와 결합하여 성역할이 강제로 고정되고 안전을 확보하기 어렵기에, 이를 극복하기 위해서는 페미니즘의 실천이 필요하다.[37] 무엇보다 한반도의 안보상황은 서구 제국주의 논리 등을 역오리엔탈리즘적 시각에서 수용하여 더욱 강화된 일본의 제국주의 논리와 군사주의 논리, 군사·안보 논리에 물들어 있다는 문제가 있다.[38] 여성성은 여성의 선천적 본성이 아니라 여자가 태어난 다음, 가부장적 사회의 문화적 기제들에 의해 '구성된' 것으로 정의할 수 있는데,[39] 이렇게 사회에서 부여한 여성성의 증가로 인한 안보환경 완화가 남성적 논리를 중화할 수 있을지에 대한 근본적인 고민도 필요하다.[40]

페미니즘의 시각에서 본 경쟁은 일부 남성의 정치적 경험을 일반화한 것이고 상대방의 군사적 능력을 과대평가하여 군비경쟁의 정당성을 부여한다.[41] 군대가 젠더화된 공간으로서 성역할을 구분하고 내 집단에 대한 순수성을 지키려는 배타성을 함께 배우고 재생산된다는 점과, 분단체제 아래에서 징병제를 통해 이런 사고방식이 재생산되고 사회로 다시 확산된다는 점에서 문제가 있다.[42]

이로 인해 기존 페미니즘 운동에서는 성별의 이분법과 군대가 서로를 강화하고 유지하는 관계에 있으므로 일상에서 강요되는 지정 성별을 거절하겠다는 의지를 밝히고, 징병제가 '정상'과 '비정상' 경계 짓기를 통해 끊임없이 1등 시민과 2등 시민 혹은 국민과 비국민을 양산하는 방식으로 이분법적 사회 위계를 견고히 해온 데 문제를 제기하는 선언을 발표하기도 하였다.[43] 동독의 통일 이후 많은 동독 여성들이 실업자가 되는 등으로 배제당한 경험을 보며 평화운동에 여성이 적극적으로 참여하고 대비할 필요성을 절감하게 된 것이다.[44]

페미니즘을 통해 한반도 평화를 구축할 수 있는 방안은 무엇이 있을까. 먼저, 전시 성폭력 외에도 여성이 분단이라는 화약고 상태에서 계속 입어 온 피해를 회복하고 사회 안에서 제대로 기본권을 향유할 수 있도록 하는 설정이 필요하다. 이를 위해 여성이 평화운동에 적극적으로 참여하고 통일 대한민국 사회 구성원 활동을 해나갈 수 있도록 하는 정책적 방향이 제시되어야 한다(헌법 제4조참조). 이는 유엔 안보리 결의 1325호의 내용을 실천하기 위한 구체적인 사항이므로 국가가 적극적 이행의무를 부담한다고 할 수 있다(헌법 제6조 제1항).

또한 남북이 평화와 통일의 동반자일 뿐만 아니라 식민지배 피해 등에서 공통된 당사자성을 가진다는 점을 고려한 연대와 국제적 활동, 교류 등을 통해서 남북 간의 공감대와 공통의 경험을 늘리는 것이 중요할 것으로 보인다. 향후 남한의 법령이 북한에 적용될 때의 혼란을 대비하여 법을 바로 적용하는 것 외에도 외에도 다양한 행정 지도와 인식구조 개선책이 뒷받침되어야 한다.

마지막으로 기존의 냉전과 군사주의적 논리, 남성중심적 시각을 극복하고 걷어낸다는 점에서 우리 안의 '군사주의'를 문제삼고 적극적 주체로 전환함과 동시에 여성들이 주도적으로 평화운동과 한반도 문제에 대한 문제제기를 해야 할 것으로 보인다. 인간안보에 기초한 페미니즘의 시각과 반전의식 강화 및 여성의 사회적 구성원으로서의 역할 찾기를 도모하여야 하는 것이다. 페미니즘 인간안보를 통해 기존의 적대적 군사대결 구조를 완화하고, 기존의 남성적·가부장적 문화를 극복하여 북한 사회의 재생과 인식구조 개선에 기여할 수 있다는 점에서 남북 모두의 상생을 기대할 수 있다.

V. 맺음말

우리는 얼마나 많은 시간이 지나야 평화를 이야기할 수 있을까. 한반도는 70년의 분단 동안 한국전쟁을 거친 화약고 상태로 서로 분노하고 원망하며 서로의 체제를 부정하고, 상대 체제에서 온 사람들은 각 진영 논리에 맞춰 이용당해왔다. 북향여성들은 그 진영논리와 맞지 않는 사람들이었고, 인권의 사각지대에서 그들의 목소리를 외면당한 채 살아왔다.

여성과 아동은 전쟁의 가장 큰 피해자가 될 수 있다. 북향여성은 아직도 정전이 이뤄지지 않은 한반도에서 남한 내 '국가안보'를 이유로 국정원, 하나원, 신변보호시스템이라는 국가기구의 조직적 틀 속에서 관리되고 감시받으며 통제당하고 있다. 남한의 '안보'관을 기초로 구성된 국정원 조사, 하나원에서의 강제 교육, 신변보호담당관 배정 과정은 국가가 북향여성을 '잠재적 안보 위협자'로 간주하고 감시·통제하는 현상을 보여준다.

인간안보를 기초로 한 페미니즘의 시각은 위와 같은 기존의 냉전체제와 군사주의적 논리를 극복하고 걷어낸다는 측면에서 중요한 의미가 있다. 페미니즘 인간안보를 통해 여성의 비안보문제를 가시화하고 '국가중심'으로 논의해 온 기존 담론에서 벗어나, '인간'을 중심으로 안보개념을 확장하면 새로운 남북관계에 대한 구상도 가능할 것이다.

한반도는 냉전 이데올로기를 바탕으로 한 남북분단 상황에 놓여있다. 안보담론은 이 상황에서 현실적 관점을 바탕으로 하는 국제관계의 이해와 역할을 도모하는 데 집중하여 여성의 기본적 인권문제에는 소홀한 측면이 있었다. 국가안보와 남북의 체제경쟁이라는 이름으로 북향여성에게 가해지는 군사안보와 남성중심 헤게모니의 한계를 인식하고 페미니즘 인간안보를 바탕으로 남북관계 개선을 도모하여야 한다. 이러한 과정을 통해 우리는 기존에 정치적으로만 논의되던 남북관계를 '인류 보편적 가치'를 바탕으로 재구성하여 새로운 발전의 장을 열 수 있을 것이다.

9장

고질갈등 이론으로 보는 남북관계[*]

허지영

Ⅰ. 문제의 제기

남북한 갈등을 종결하고 한반도에 평화를 정착시키고자 하는 한국 정부의 꾸준한 노력에도 불구하고 반복적으로 등장하는 북미관계 변화나 북핵위기와 같은 대외적 요인과 정권교체나 남남갈등과 같은 대내적 변수에 의해 남북관계는 크게 영향을 받으며 대북평화정책의 연속성은 떨어지고 한반도에서 갈등전환(conflict transformation)과 평화구축(peacebuilding)의 결정적인 전환점이 형성되지 못하고 있다. 따라서 '평화는 곧 통일'이라는 제한된 시각에서 벗어나 평화는 국민 모두의 이익에 부합하는 보편적 규범이자 과제라는 사회적 인식의

---

[*] 이 장은 "고질갈등 이론을 통해 살펴본 한반도 갈등과 갈등의 평화적 전환 접근 방안 연구," 『평화학연구』, 제22권 1호 (2021), pp. 75~99에 실린 논문을 수정 및 보완한 것이다.

전환을 바탕으로 한반도에서 남북한의 평화적 공존의 지속가능성을 확보하기 위한 '평화의 제도화'가 이루어지지 않는다면 한반도 갈등의 악순환의 고리를 끊는 것은 매우 어려운 과제일 것이다.

2017년 출범한 문재인 정부는 대화·협력 기조를 바탕으로 한반도 평화정착의 추구를 강조하였지만 북한의 핵문제와 악화되고 있는 미중패권 경쟁과 같은 대외적 환경으로 인해 현재 남북한 관계는 거의 모든 교류와 협력이 중단되며 평화정책의 실행에 어려움을 겪고 있다. 과거 남북한의 통일전략이나 남한 정부가 추진해온 한반도 평화프로세스는 대체적으로 정치적인 과정을 통한 종전협정이나 평화협정의 체결과 같은 제도적 통합에 치중한 측면이 있다.[1] 또한 통일의 당위성을 전제로 한 통일담론은 한국 사회에서 빠르게 변화하는 대중들을 설득하지 못했다. 무엇보다 한반도에 평화를 정착하기 위한 과정에서 반드시 고려해야 할 남북한 사회의 적대적인 정체성이나 구조 그리고 남북한 주민의 감정과 인식의 전환을 위한 방안은 평화프로세스에 포함된 적이 없다. 최근 국제평화학에서는 국제기구나 국가가 주도하는 평화구축 방식의 한계를 보완하기 위한 방안으로 사람 중심의 평화와 평화구축과정에서 문화사회적 차원의 갈등전환의 방안들이 활발히 논의되고 있다. 이런 관점에서 본 연구는 국제평화학에서 제2차 세계대전 이후 발생한 국제분쟁 연구에서 자주 논의되는[2] "다루기 어려운 고질적인 갈등(intractable conflict, 이후 고질갈등[3])"의 관점에서 남북관계를 살펴보고 남북한 갈등을 전환하기 위한 방안으로 '제도적 갈등전환'과 '문화사회적 갈등전환'을 포괄하는 '다층적 갈등전환'을 제시하는 것을 목적으로 한다.

고질갈등은 폭력적 갈등이 평화적인 방법으로 종결되지 못한 채로 장기간 지속되어 해결이 매우 까다로운 갈등을 의미하며[4] 남북한 갈등은 전형적인 고질갈등 사례이다. 분단과 전쟁 그리고 장기간 지속된 분단체제로 인해 남북한 사회에는 폭력적인 구조와 갈등을 유지하고 재생산하는데 기여하는 갈등문화(culture of conflict)[5]가 형성되었다. 또한 남북한 주민들이 느끼는 적대적 감정과 정체성은 남북관계를 평화적으로 전환하기 어렵게 만드는 장애 요인임에도 불구하고 문화사회적 갈등전환을 위한 방안들은 남북한 통일정책이나 평화프로세스에 포함된 적이 없다. 평화협정 체결을 통해 제도적으로 남북한 간 평화적 공존의 지속가능성이 확보되고 이후 더 나아가 제도적 통합으로 나아가는 제도적 갈등전환이 성공적으로 실현된다고 하더라도 폭력적 전쟁과 오랜 분단의 과정에서 남북한 사회에 형성된 갈등문화와 폭력적 구조의 해체와 남북한 주민들에게 형성된 적대와 혐오 감정의 극복, 화해, 사회적인 트라우마 치유를 포함하는 문화사회적 갈등전환이 저절로 이루어지지는 않을 것이다.

이런 문제의식을 바탕으로 본 연구는 이론적 배경으로 갈등의 고질적 특성으로 인해 형성되는 갈등문화와 다층구조에 대해 중점적으로 살펴보고 이를 남북관계에 적용하여 고찰한다. 이를 바탕으로 남북한이 갈등에서 벗어나 평화구축으로 나아가기 위한 방안으로 제도적 갈등전환과 사회문화적 갈등전환을 포괄하는 다층적 갈등전환을 제시할 것이다. 남북 교류와 협력이 중단되고 단절된 남북관계와 핵개발 문제로 인해 강력한 대북제재가 유지되고 있는 국제적 맥락에서 제도적 갈등전환을 위한 정책을 도입하고 실현하는 것이 매우 어려운 현 시점에서 문화사회적 갈등전환을 포함하는 다층적 갈등전환 방안은 한반도 평화프로세스에 유의미한 새로운 관점을 제공할 수 있으리라 생각된다.

Ⅱ. 선행연구 검토

고질갈등 이론이 등장하고 본격적으로 발전한 1990년대에는 고질 갈등으로 인해 사회와 사회구성원들에게 형성되는 문화, 사회, 심리적 특징들을 파악하는 것이 연구의 중심이었다면, 보다 최근에는 이전 연구결과들을 바탕으로 고질갈등이 재생산되는 악순환의 고리를 끊고 평화구축의 단계로 나아간 성공 사례와 평화협정 체결이 협상 과정에서 실패했거나 또는 협정이 체결된 이후 다시 폭력적 분쟁이 발생하고 갈등상황으로 회귀한 사례 분석에 집중하며 고질갈등의 평화적 전환을 위한 방안을 모색하는 방향으로 연구가 발전되어 왔다.

한국에서도 이와 유사한 논의와 연구과 꾸준히 이루어졌는데, 김병로는 분단으로 인해 생겨난 한국 사회의 구조적 폭력과 이를 뒷받침하는 문화와 담론을 일컫는 용어로 "분단폭력"을 제시하며 분단폭력으로 인한 한국 사회의 폭력적 구조와 사회심리적 결과들에 주목하였다.[6] 특히, 분단으로 인해 굳어진 한국 사회의 폭력 구조를 한반도 평화구축을 저해하는 요인으로 지적하며 갈등전환의 단계로 나아가기 위해서는 한국 사회의 갈등구조가 해체되어야 함을 강조한 것은 갈등전환과정에서 문화사회적 전환과 사회구성원들의 신념과 감정의 변화의 중요성에 주목하는 고질갈등 이론과 유사한 관점이다. 서보혁은 과거 통일, 대북 관련 연구들이 분단폭력의 극복과 통일평화[7]의 전망을 다차원, 다측면에서 진행하지 못한 한계점을 지적하며[8] 기존 정치적 차원의 통일에 치중했던 시각에서 벗어나 평화학의 관점에서 한반도의 평화구축을 궁극적인 목표로 제시했다.

김종곤은 분단폭력으로 생겨난 분단 트라우마 연구를 통해 분단폭력이 분단구조를 바탕으로 자생적 메커니즘을 형성하여 폭력을 재생산한다고 설명하며 분단폭력 트라우마는 개인적으로 치유될 문제가 아니라 구조적 차원에서 해결해야 할 문제라는 점을 지적했다.[9] 김종곤의 연구는 특히 폭력의 자생적 메커니즘에 주목했는데 고질갈등 이론 연구에서도 갈등의 분출과 상승, 재생산 메커니즘으로 "갈등을 지지하는 사회심리적 레퍼토리(socio-psychological repertoire)" 개념을 제시하고 관련 연구가 상당히 진행되었다.[10] 이는 이병수가 지적하였듯이 남북한의 정치적인 적대적 공생관계를 바탕으로 분단구조가 가지고 있는 자생력과 안정성에 주목한 백낙청의 '분단체제' 개념과도 흡사한 측면이 있다.[11] 남북한 정권이 분단체제 안에서 적대적 공생관계를 유지하면서 상대에 대한 적대 감정을 정치적 이익을 위해 이용하면서 지배 권력으로서의 정당성과 권력을 유지하고 강화한다는 점을 지적한다.

　이와 같은 연구들은 고질갈등 이론과 상당히 비슷한 관점에서 폭력적 전쟁과 이후 오랫동안 지속된 분단체제가 각 사회, 정치, 문화에 구조적으로 형성한 폭력적 측면을 다루면서 동시에 그런 구조적 폭력이 개인과 집단에 미치는 사회심리적 영향의 중요성을 강조한다. 또한 분단체제로 인해 남북한 각 사회에 생성된 폭력적 구조를 해체하는 것이 평화적 남북관계 정착을 위한 반드시 풀어야 할 과제임을 강조하고 있어 이 글에서 제기하는 제도적 통합에 치중한 평화 정책에 대한 비평적 관점을 공유한다.

Ⅲ. 고질갈등 이론

1. 고질갈등의 개념과 특징

극심한 폭력을 동반하는 장기갈등을 분류하기 위한 기준을 제시하기 위해 생겨난 개념인 고질갈등의 정의는 비교적 단순하고 기술적이다. 고질갈등은 갈등이 장기간 지속되며, 심각한 폭력을 동반하고, 앞의 두 가지 특징으로 인해 해결이 매우 까다롭고 다루기 어려운 갈등을 의미한다.12) 대부분의 고질갈등 사례는 민족 간 발생한 분쟁이었으며 정체성 문제와 깊이 연결되어 있다.13) 특히 심각하고 폭력적인 분쟁은 다민족 국가나 지리적으로 이웃한 국가나 민족 사이에서도 빈번하게 발생했다. 드물지만 북아일랜드나 남북한 갈등과 같이 하나의 민족이 가치관, 정체성 또는 이데올로기의 차이로 극심한 폭력사태나 전쟁을 경험하고 오랫동안 갈등한 사례도 있다.

고질갈등 이론은 갈등이 장기화되는 과정에서 해당사회에 미치는 사회심리적 영향의 결과로 형성되는 고질적 특성(intractablility)에 연구의 초점이 있다는 점에서 장기갈등(protracted conflict) 연구와 차별성이 있다. 갈등에서 벗어나기 위해서는 장기갈등을 발생시킨 근본 원인이 해소되는 것이 가장 중요할 것이다. 하지만 고질갈등 이론은 장기갈등의 영향을 받아 형성되는 사회심리적인 결과들이 갈등의 악순환과 장기화에 기여하는 바가 크고 따라서 평화구축과 갈등전환 그리고 화해 프로세스에서 반드시 고려되어야 한다는 점을 강조한다.14) 갈등의 고질적 특성을 파악하는 것을 통하여 갈등을 전환하고 평화구축의 단계로 나아가는데 유의미한 관점들을 제공해 줄 수 있다는 점에서 고질갈등 이론 연구의 의의가 있다.

바탈(Bar-Tal)은 장기갈등의 영향을 받아 사회에 나타나는 사회심리적 결과들을 다음과 같이 정리했다.[15] 첫째, 고질갈등을 겪는 사회는 물질적인 측면만이 아니라 정신적으로도 치러야 할 대가가 상당하다. 둘째, 고질갈등은 총체적이다. 이것은 상대방이 가하는 위협이 자기 집단의 생존과 직결된 총체적인 문제로 인식이 된다는 것을 의미하며, 대체적으로 정체성의 문제와 깊게 관련되어 있다. 셋째, 고질갈등은 중심성을 보인다. 즉, 갈등이 개인이나 집단생활의 모든 영역에서 중심을 차지하며 거의 모든 의사 결정에 영향을 미치고 개인과 집단의 감정과 심리에도 막대한 영향을 준다는 것이다. 넷째, 고질갈등은 제로섬 경쟁(zero-sum contest)의 형태로 나타난다. 제로섬 경쟁 관계에서는 상대의 궁극적 목표는 우리 집단의 존재나 정체성을 말살하는 것이라는 인식이 형성되어 갈등 해결을 위한 협상을 시작하는 것조차 쉽지 않다. 마지막으로 고질갈등을 겪는 당사자 사이에는 부정적 상호의존성,[16] 즉 적대적 공생관계가 형성된다. 이 관계를 바탕으로 집권 세력들은 상대에 대한 적대와 혐오 감정을 정치적으로 이용하며 집권세력으로서 정당성을 유지하고 권력을 강화하는데 이는 갈등을 지속시키는 요인이자 갈등전환의 큰 장애이다.

이런 고질갈등의 특징은 남북한 간 관계에서도 고루 나타난다. 우선 남북한은 해방기의 정치적 혼란 속에서 분단과 전쟁을 겪는 과정에서 국가가 민간인을 학살하고, 이웃끼리 이데올로기에 따라 서로를 적으로 간주하고 학살하는 것과 같은 극심한 폭력을 경험했다. 1953년 휴전협정이 체결되어 물리적 전쟁과 폭력은 사실상 멈추었으나 공식적으로 종전협정이나 평화협정이 체결된 바 없으며 남북한 간 간헐적인 무력 충돌도 반복적으로 발생했다. 무엇보다 장기화되고 있는 분단 상황은 갈등전환을 위한 핵심 문제들이 해결되지 않은 채 국제정세와 남북한 국내 정치·사회적 환경의 변화로 인해 발생하는 새로운 변수들이 결합되어 갈등의 해결은 더 복잡해지고 어려워졌다.[17] 남북한 간 오래 지속된 고질갈등에 영향을 받아 각 사회에 형성된 갈등구조와 남북한 주민들 사이의 적대적 감정과 정체성은 갈등을 유지하고 재생산하는 메커니즘으로 작동하고 있다.

또한 남북한이 오랫동안 상대방의 정치적 실체는 인정하면서도 상대 국가의 정당성을 인정하지 않고 있는 비정상적인 상태는 남북한이 부정적 상호의존 관계를 형성하고 있다는 사실을 잘 보여준다. 남북한 모두 국제법상 국가로 인정받기 위한 조건을 갖추었고 유엔 가입국이며 동시에 가입한 국제기구도 30여 개에 이르지만[18] 상대방을 독자적인 주권국가로 인정하지 않고 있다. 이는 대한민국 헌법이나 북한의 노동당 규약에 명문화되어 변화시키기 더 어려운 측면이 있다. 따라서 남북한이 상호 공존할 수 있는 평화적 상태로의 전환을 위해서는 부정적 상호의존 관계가 긍정적인 관계로 변화되는 것이 필수이다. 하지만 이는 남북한 국가정체성의 변화와 관련되어 민감한 주제이며 남북한 주민들의 상호 적대적인 감정과 정체성 그리고 남북한 사회의 갈등문화를 해체하는 문화사회적인 갈등전환의 과정은 생략된 채로 정치적 제도화를 통해서만 이루어지기 어려운 과제이다.

2. 고질갈등의 문화와 다층구조

고질갈등 이론은 오랜 갈등 상황에 적응한 개인과 집단이 갈등의 평화적 종결로 인해 겪게 될 상황 변화를 두려워하거나 갈등 종결을 위한 협상이나 평화프로세스에 저항하게 되면서 갈등의 해결이 더욱 어려워진다고 설명한다.[19] 따라서 갈등이 재생산되고 반복되는 자생적인 메커니즘의 특성을 파악하는 것은 갈등의 악순환에서 벗어나 평화적인 상태로 전환하는데 있어 매우 중요하다. 장기갈등으로 인해 사회에 나타나는 부정적인 사회심리적인 결과들은 제도화과정을 거치며 사회에 "갈등문화"를 형성한다.[20] 고질갈등을 겪는 사회에는 <그림 9-1>과 같이 과거의 폭력적 갈등에 대한 집단기억이 정치적 목적에 따라 재구성되고 이는 갈등 상대에 대한 극심한 혐오와 적대 감정과 결합된다.

〈그림 9-1〉 갈등문화의 형성

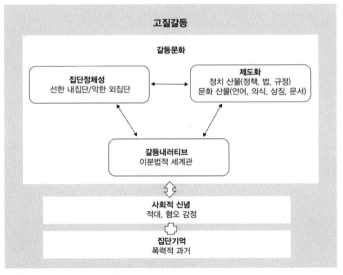

출처: Daniel Bar-Tal, Intractable Conflicts: Socio-psychological Foundation and Dynamics (Cambridge: Cambridge University Press, 2013), pp. 247~280을 참조로 저자 작성.

고질갈등 상황에 적응하고 생존하는 과정에서 형성된 "갈등을 지지하는 내러티브(갈등내러티브)"21)는 본질적으로 '선한 우리'와 '악한 타자'라는 이분법적 세계관을 바탕으로 형성된다. 따라서 갈등의 상대방에 대해 선한 우리의 생존을 위협하는 근본적으로 악한 적이라는 정체성이 형성되며 이는 갈등이 장기화될수록 신념화되고 고착화된다.22) 또한 갈등내러티브는 집권 세력에 정당성을 제공하고 정권을 유지하는 수단으로 활용되기 때문에 본질적으로 정치적이다.23) 갈등이 장기화될수록 갈등내러티브를 바탕으로 형성된 국가정체성은 법, 정책, 문화와 교육 등 사회의 각 영역에 스며들고 제도화되어 갈등문화를 형성한다. 따라서 고질갈등 이론의 관점에서 보면 한국전쟁 이후 계속된 남북한 갈등 상황으로 인해 남북한 각 사회에는 이분법적 세계관, 적대와 혐오의 감정 그리고 갈등내러티브를 바탕으로 갈등문화가 형성되고 제도화 과정을 거치며 고착화되었다. 이렇게 고질갈등의 영향으로 사회에 형성되는 갈등문화는 갈등을 재생산하는 기제로 작동하여 갈등의 고질적 특성을 강화하며 갈등전환을 어렵게 만든다.

　　오랫동안 갈등이 재생산되고 반복되는 과정에서 갈등을 촉발한 근본 원인에 다른 요인들이 중첩되어 고질갈등 사례들은 대부분 다층적인 구조로 형성된다. 고질갈등의 다층구조가 사례마다 동일한 것은 아니지만, 국제적 수준(층위 1), 갈등 당사자 관계 수준(층위 2), 갈등을 겪는 사회와 사회구성원 수준(층위 3) 이렇게 세 개의 층위로 구성되는 것이 일반적이다. <그림 9-2>는 남북한 고질갈등의 다층구조를 시각적으로 재구성한 것이다. 다층구조의 관점에서 한반도의 갈등은 근본적으로는 갈등 당사자인 남북한 양자 관계(층위 2)의 문제이지만 동시에 한반도를 둘러싼 관련국들의 이해관계가 얽힌 국제적 수준(층위 1)의 문제이다. 또한, 층위 3, 즉 남북한 각 사회의 갈등구조와 갈등문화 그리고 국민들이 형성하고 발전시킨 혐오와 적대감 같은 감정요인을 포함하는 문화사회적 수준(층위 3)의 문제이기도 하다. 북한 사회에도 남한과의 오랜 갈등을 경험하며 고착화된 남한과 미국에 대한 적대적 감정과 정체성을 바탕으로 형성된 갈등구조와 갈등문화가 자리하고 있다. 따라서 본 연구가 제시하는 개념인 고질갈등의 '다층적 갈등전환'은 갈등구조의 세 층위에서 정치적인 과정을 통해 이루어지는 '제도적 갈등전환(층위 1과 2)'과 갈등구조와 문화와 사회구성원의 심리와 정체성 변화를 포괄하는 '문화사회적 갈등전환(층위 3)'을 결합한 방안을 의미한다.

<그림 9-2> 남북한 고질갈등의 다층구조

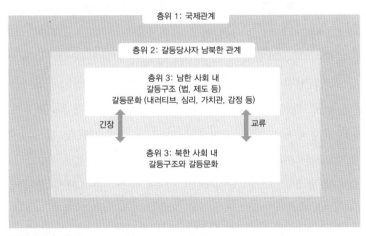

출처: 저자 작성.

Ⅲ. 남북한 고질갈등의 다층적 전환

1. 다층적 갈등전환 관점에서 본 남북관계

일반적으로 갈등전환은 갈등의 고질성과 악순환에서 벗어나 갈등이 "덜 파괴적인" 방향으로 전환되는 과정을 의미하며 동시에 갈등 당사자 사이의 관계가 "경쟁적이지 않은" 방향으로 전환되는 과정을 의미한다.[24] 적극적 평화의 관점에서 직접적인 폭력뿐만 아니라 사회적·문화적·구조적인 폭력 요인들이 제거되고 적대적 갈등 관계가 긍정적 상호의존의 관계로 전환되며 상호작용이 확대되어 사회구성원들의 부정적 감정과 정체성까지 변화되는 과정으로서 갈등전환을 강조한다. 따라서 정치적 협정이나 조약의 체결은 궁극적 갈등전환을 이루어가는 과정에서 결정적인 변화의 전환점을 형성하는 중요한 필요조건이지만 충분조건은 아니다.[25] 최근 고질갈등의 다양한 사례연구는 고질갈등 다층구조의 각 층위에서 변화가 유기적으로 연결되어 발생하며 또한 시기적으로 함께 맞물려 발생할 때 갈등전환의 단계로 진입할 가능성은 더욱 높아진다고 설명한다.[26]

2000년 남북정상회담 당시 6.15 남북공동선언문 1항에 삽입된 '우리민족끼리 통일' 방안은 층위 2의 변화를 통해 갈등전환을 이루는 것을 목표로 한 것이다. 하지만 북한 비핵화 문제가 국제사회에서 주요 이슈로 다루어지고 북한에 대한 제재가 강력히 유지되고 있는 현실을 고려할 때 층위 2 수준에서 남북한 간 직접 대화와 교류를 통한 관계 개선만으로 한반도 갈등을 전환하는 방안은 그 한계가 분명하다. 그동안 국제사회 수준에서 북한의 핵개발 문제를 해결하고 한반도 갈등을 완화하기 위해서 6자 회담[27]이나 북미 양자회담 등이 시도되었다. 북핵위기는 1993년 북한의 핵확산금지조약(NPT) 탈퇴로 인해 1차 위기가 발생했으나 1994년 북미 제네바 합의(Agreed Framework)[28]가 체결된 이후 비교적 안정적 국면을 맞이했었다. 하지만, 부시 행정부가 들어서고 9.11 테러가 발생한 이후 2002년에 2차 북핵위기가 발생했고 이어 제네바 합의는 폐기되었다. 북핵 문제는 미국이 보다 적극적으로 한반도 문제에 관여하는 계기가 되었으며 국제사회의 비핵화 규범과도 연결되어 있어 한반도 갈등을 전환하는 문제는 더 복잡해지고 다루기 까다로워졌다. 북한의 적극적인 태도 변화로 2018년에는 남북 정상회담과 역사상 처음으로 북미 정상회담이 성사되며 북핵 문제의 평화적인 해결에 대한 기대가 높았다. 하지만 2019년 2월 베트남 하노이에서 열린 2차 북미 정상회담이 성과 없이 끝난 이후 치러진 미국 대선과 심각해지는 미중패권 경쟁으로 인해 층위 1의 국제적 수준에서 다자주의를 바탕으로 비핵화 협상이나 평화협정의 체결과 같은 제도적 갈등전환을 위한 전환점을 형성하기 더 어려운 환경이 조성되고 있는 것이 현실이다.

그동안 남북관계를 개선하고 한반도에 평화를 구축하기 위한 평화프로세스에서 남북한의 문화사회적 갈등전환을 위해 갈등문화를 해체하고 남북한 주민의 감정과 정체성을 변화시키기 위한 과정은 매우 중요하고 필수적인 해결과제임에도 불구하고 경시되어온 측면이 있다. 고질갈등의 전환 과정에서 갈등을 유지하고 재생산하는데 기여하는 갈등문화나 갈등내러티브가 해체되기 시작하고 대안적인 평화 사상과 문화가 등장하는 시기를 갈등의 "해동기(unfreezing)"라고 한다.[29] 해동기에는 갈등의 평화적 종결을 지지하는 사상과 담론이 등장하고 공적영역에서 논의되기 시작하며 사회 전반으로 확산된다. 해동기를 거치며 성공적으로 사회적 인식의 변화가 이루어지면 평화협정 체결로 이어지거나 해당 사회 내에 평화를 지지하는 문화를 형성할 수도 있다.[30] 하지만 이러한 사회적 인식의 변화 과정에서 갈등의 평화적 종결을 지지하는 평화담론과 운동은 기존의 갈등문화와 필연적으로 충돌하며 갈등의 현상유지를 통해 이득을 누리는 기득권층이 사회적 변화를 반대하고 억압하면서 사회의 양극화라는 또 다른 갈등 현상을 초래한다. 이 관점에서 보면 2000년대 이후 한국 정치와 사회에서 본격화된 남남갈등은 남북한 갈등의 문화사회적 전환 과정에서 유래한 현상으로 이해할 수 있다.

북한은 필요에 따라 남북관계 또는 북미관계 개선을 위한 대화와 협상에 동참하며 제도적 갈등전환 과정에 참여하였으나 한반도에서 대부분의 갈등전환과 평화구축 과정은 남한 정부의 주도로 이루어졌다. 남한에서 새로운 통일정책과 평화정책의 도입과 시행, 즉 정치 수준에서 실행된 제도적 갈등전환을 위한 정책변화는 남한 사회의 법, 제도, 정치, 교육 등 다양한 영역에서 제도화되고 굳어진 갈등문화를 서서히 해체하고 국민의 인식을 점차 바꾸어 나가며 한반도의 고질갈등을 해동하는데 상당을 영향을 주었다. 하지만, 남북한 각 사회의 갈등문화 해체와 남북한 주민의 적대적 감정과 정체성, 역사 인식 등의 변화를 포괄하는 문화사회적 갈등전환이 정치적 변화에 수반되는 결과로 축소되거나 협정의 체결을 통해 남북한의 평화적 공존이나 통합의 방법이 결정되는 제도적인 갈등전환이 선행된 이후에 실현되는 순차적인 방식으로 이해되어 평화전략수립과 정책결정의 과정에서 깊게 연구되고 논의되지 못했다. 과거 평화정책들이 아직까지 한반도 갈등 종식을 위한 제도적인 갈등전환을 실현하지 못했다는 현실을 고려할 때 이제는 <표 9-1>에 정리된 바와 같이 정치적 수준에서 남북한 간 공존 또는 통합을 위한 제도적인 갈등전환을 추진하는 동시에 남북한의 문화사회적 갈등전환도 함께 이루어질 수 있는 종합적이고 다층적인 접근 방안을 모색하기 시작해야 할 시점이다.

〈표 9-1〉 남북한 갈등의 다층적 전환

다층적 갈등전환	제도적 갈등전환	문화사회적 갈등전환
변화 발생 층위	국제관계(층위 1)와 남북관계(층위 2)	남북한 사회(층위 3)

결과	- 북미 외교관계 수립
	- 북한 비핵화
	- 종전협정/평화협정 체결
		- 갈등문화를 기반으로 한
		  법, 규정, 제도 등의 개정
		- 역사 인식변화
		- 남북한 주민의 적대적
		  정체성과 감정, 심리 변화

출처: 저자 작성.

2. 남한의 제도적 · 문화사회적 갈등전환

제도적 통합, 즉 통일을 목표로 하는 남북한 통일정책이나 남한의 평화프로세스가 아직까지 갈등종식을 위한 정치적인 전환점을 형성하고 평화협정의 체결로 이어지지는 못했을지라도 남한 정부의 대북정책과 평화정책 변화는 사회의 여러 영역에 영향을 주며 갈등문화를 서서히 해체하기 시작했고 남한 국민의 적대적인 대북인식과 정체성, 감정의 점진적인 변화에 기여했다. 남북한 관계에 본격적인 변화의 돌파구가 형성된 것은 2000년대 김대중 정부(1998~2003) 시기였다. 2000년 6월 13일 평양 순안비행장에서 남한의 김대중 대통령과 북한 김정일 국방위원장은 역사적인 만남을 가졌고 6월 15일에 "한반도 화해·협력의 시대"를 선포하며 6.15 남북공동선언을 채택했다. 이로 인해 남한 사회를 지배하던 반공주의를 기반으로 제도화되었던 북한에 대한 적대적 정책과 정체성 등이 본격적으로 변화되기 시작했다.

해방과 함께 맞이한 분단과 미소군정의 통치, 그리고 이어진 전쟁으로 인해 남한 사회에서는 반공주의가 통치이념으로 자리잡았고 식민지 과거청산은 실패했다. 억압적인 반공주의 정책으로 인해 공적인 담론의 장에서는 논의가 불가능했던 민족평화통일사상이나 평화통일운동은 1960년대부터 남한사회에서 조심스럽게 논의되기 시작했다. 이전에는 이런 변화는 조봉암과 같은 소수의 지식인 중심으로 이루어졌지만 1960년대부터 정치와 시민사회에서 진보적인 민중조직들이 본격적으로 등장하여 이승만 정권의 북진무력통일론에 반대하며 평화로운 방식으로의 통일을 주장했다. 갈등전환과정에서 새롭게 등장하는 갈등의 평화적 종결을 지지하는 사상과 운동은 기존 통치이념에 저항하고 사회질서를 혼란시킨다는 이유로 기득권 세력에 의해 억압받기도 한다.31)

평화통일을 주장했다는 이유로 사법적 살인을 당한 진보당 조봉암 사건은 갈등전환기의 그러한 특징을 잘 보여주는 사례다. 평화를 주장하는 사상이 등장하고 조심스럽게 논의되기 시작했지만 1987년 민주화가 이루어지기 전까지 주류 정치에서는 극우반공체제가 굳게 자리하고 있었으며 이에 저항하는 집단과 개인은 지하조직을 형성하며 제도권 밖에서 활동을 이어갔다. 다른 한편으로는 1980년 발생한 광주학살로 학생운동이 활발해지면서 주류 반공내러티브에 저항하는 민중운동이나 통일운동이 시민사회에서 서서히 확산되기 시작

했다.[32)]

　민주화 이후 들어선 노태우 정부(1988~1993)는 1991년 남북기본
합의서 채택과 같이 일부 변화된 대북정책을 채택하고 실행하였다.
하지만 반공주의라는 큰 틀은 변화되지 않았으며 시민사회에서는 반
공체제에 대한 저항이 더욱 심해졌다. 제한적이지만 첫 자유주의적
성격의 정부라고 볼 수 있는 김영삼 정부(1993~1998)에서는 미전향
장기수 이인모의 북한송환과 같은 보다 개혁적인 대북정책이 시행되
기 시작했으며[33)] 비로소 이 시기에 남한 사회에서는 갈등의 평화적
종결을 지지하는 담론과 문화가 사회에서 합법적으로 받아들여졌다.
보수 언론과 시민사회에서는 김영삼 정부의 개혁적 정책 방향을 공
격하기도 했는데 과거 정부들이 선동했던 반공주의를 기반으로 한
갈등문화와 북한에 대한 적대적 감정과 정체성이 여전히 남한 사회
에 확고히 자리하고 있었다는 것을 잘 드러낸다.

　1997년 경제위기와 함께 대표적인 반정부 인사였던 김대중이 대
통령으로 선출되었다. 햇볕정책으로 불리는 김대중 정부의 대북포용
정책으로 인해 북한을 적으로 보는 대중의 인식은 점차 완화되었고
북한에 대한 긍정적인 이미지와 담론이 공적 영역에서 논의되기 시
작했다. 하지만 햇볕정책은 한국 사회에 보수와 진보 진영 간 남남갈
등이 본격적인 사회문제로 등장한 계기가 되었으며 주류 정치계의
이런 변화에 반대하는 보수성향의 시민단체들이 새롭게 조직되고 세
력을 넓혀나갔다. 김대중 정부의 대북포용정책은 노무현 정부(2003~
2008)로 이어져 연평해전이나 북한의 핵개발과 같은 안보위기의 발
생에도 불구하고 북한과의 대화와 교류 협력은 계속되었으며 이로
인해 남남갈등은 더욱 심화되었다. 또한 노무현 정부가 2004년경부
터 본격적으로 도입한 과거청산 정책을 계기로 남남갈등은 대북정책

의 영역을 넘어 보수와 진보 진영 간 역사인식을 둘러싼 논란으로 확장되었다. 이후 사회의 거의 모든 영역에서 남남갈등은 발생했다. 주류정치에서 보수 정당이 정권을 상실하고 연이어 진보 진영이 집권하며 극대화된 보수층의 상실감이 과거사 논란과 결합되어 보수 진영의 위기의식을 증폭시켰고 제도적 갈등전환에 대한 보수 시민사회의 저항은 뉴라이트 운동의 시초가 되었다.[34]

김대중 정부의 대표적인 제도적 변화인 대북포용정책을 통해 남한 내 대북 위협 인식이 약화되며 실제로 한반도의 긴장을 완화하기도 했다.[35] 노무현 정부의 과거청산 정책은 제주 4.3, 보도연맹, 간첩조작 사건 등에 대한 진상규명 및 특별법 제정되는 과정을 통해 지속적으로 제도화되었다. 이를 통해 그동안 빨갱이로 낙인 찍혔던 사람들은 분단으로 인한 국가폭력의 희생자로 정체성이 변화되었고 가해자로서 국가는 잘못을 인정하고 용서를 구하면서 제도적 갈등전환은 문화사회적 갈등전환으로 이어졌다.[36] 뿐만 아니라 노무현 정부는 2001년 9.11 테러 이후 북한을 "악의 축"으로 규정하며 대북강경책을 폈던 미국의 노선과 때때로 대립하며 과거 반공주의에 입각하여 친미정책 중심이었던 대미정책에 변화를 가져왔다. 이로 인해 한국 사회에서는 미국에 대한 변화된 관점이 여러 영역에서 논의되고 제도화되기 시작했다.[37]

과거사 청산이나 교과서 개정과 같은 국내정치 영역에서의 제도적 변화는 사회적 인식전환에 큰 영향을 주었으며 이 과정에서 남남갈등은 더욱 심화되었다. 특히 남한 정부에 의해 자행된 학살과 인권유린의 행위들을 인정하고 조사하는 과거청산 작업은 대한민국의 역사 내러티브와 자기정체성의 전반적인 변화로 이어졌고 따라서 정치 영역뿐만 아니라 역사교과서 개정과 같은 정책 변화를 공식적인 내러티브로 받아들여지게 되었고 문학과 역사 등 사회의 전반적 영역에서 확산되었다. 갈등전환의 관점에서 제도화 과정은 성공적인 갈등 종결의 전제조건이 되는 단계로 매우 중요한 의미가 있다.[38] 한반도 갈등전환 과정에서 김대중과 노무현의 두 진보 정권에서 이루어진 대북, 대미 정책의 변화와 과거사 청산 정책이나 역사교과서 개정과 같은 국내 정책의 변화는 남한 사회의 갈등구조와 문화를 해체하고 개인들의 대북, 대미 인식과 역사인식에 상당한 영향을 미치며[39] 문화사회적 갈등전환을 가속화했다.

3. 한반도 갈등의 다층적 전환을 위한 함의

그렇다면 김대중과 노무현 정부에 걸쳐 진행된 정책 변화와 이로 인한 사회적 인식의 변화는 왜 성공적인 한반도 갈등의 종결로 이어지지 못했을까? 그 배경에는 다양한 이유가 있을 것이다. 우선 층위 2의 남북관계 수준에서는 노무현 정부 이후 연이어 두 번의 보수정권이 집권하면서 남남갈등이 더욱 심각한 사회문제로 대두되고 한반도 평화구축을 위한 대북정책과 평화프로세스는 일관성 있게 추진되지 못한 측면이 있다.[40] 또한 층위 3의 수준에서는 남한 사회에서 제도적 그리고 문화사회적인 갈등전환을 주도한 진보 진영의 담론 역시 "나는 옳고 선하며, 나에게 반대하는 것은 수구세력"이라는 이분법적 세계관을 바탕으로 하고 있었기 때문에 태생적으로 고질갈등 상황에서 형성된 갈등내러티브가 가진 한계를 지니고 있었다.[41] 그러한 흑백논리를 바탕으로 정책에 동의하지 않는 국민들을 설득하고 국민적 합의를 이루어가는 과정을 소홀히 한 측면도 있다.[42]

또한 북한의 핵 개발로 인한 안보위기가 새로운 변수로 등장하며 북한에 대한 적대적 정체성을 바탕으로 한 미국의 대북강경노선은 층위 1의 국제관계 수준에서 갈등전환을 위한 의미있는 전환점의 형성을 더욱 어렵게 만들었다. 계속되는 북한 핵개발과 2018년 남북, 북미 정상회담으로 인해 조성된 남북한 관계 개선과 비핵화 전망이 무산되자 남한 사회 내에서 북한에 대한 적대적 감정과 인식이 다시 증가하였다.[43] 2020년 KBS에서 실시한 "국민 통일의식 조사"에서 통일의 선결과제로 "북한 핵문제의 해결"이라도 응답은 43.8%를 "군사적 신뢰 구축"은 42.1%를 차지하며 남북관계에서 안보문제가 주요 의제라는 인식이 대부분을 차지하고 있다. 반면에 북핵문제 해결 전망에 대한 응답은 부정적 전망이 69.1%로 긍정적 전망 30.9%보다 2배 이상 높은 것으로 나타났다.[44]

　현재 미중 갈등이 점점 고조되는 국제질서의 변화 속에서 북핵 문제를 해결하고 한반도 갈등전환의 전환점을 마련하기 위한 논의들이 국제사회에서 다자주의를 바탕으로 이루어지기 매우 어려운 것이 현실이다. 하지만 대부분의 평화프로세스는 여전히 폭력적 분쟁이 반복적으로 발생하며 평화프로세스에 대한 저항도 강화되는 어려운 환경에서 시작된다. 고질갈등 이론은 갈등의 양 진영이 폭력과 무력은 궁극적 해결 수단이 되지 못한다는 최소한의 합의를 바탕으로 어려움 속에서도 끈질긴 대화와 협상을 통해 국제적 수준과 남북관계 수준에서의 제도적 갈등전환을 추진함과 동시에 남북한 각 사회에 고착화되어 갈등을 재생산하는데 기여하는 갈등구조와 갈등문화를 해체하고 갈등 상황에 익숙해져 오히려 변화를 거부하며 평화정책에 반대하는 시민들의 인식 변화를 가져올 수 있는 일관성 있는 문화사회적인 제도화 과정을 포괄하는 다층적 갈등전환의 중요성을 강조한다.[45]

남한 사회에서 진보정권을 중심으로 시도된 외교, 국내 정책의 변화 즉, 제도적 갈등전환이 대북, 대미 정체성과 대한민국의 국가 정체성에 대한 인식에도 변화를 가져오며 문화사회적 갈등전환으로 이어졌던 경험은 다층적 갈등전환을 구체화하는데 상당히 중요한 의미가 있다. 갈등을 전환하고 평화를 구축하는 과정은 다양한 경로로 진행된다. 풀뿌리 시민사회에서 시작되어 바텀업 방식으로 진행될 수도 있지만 정치지도자들이 변화를 주도하는 탑다운 방식으로 이루어질 수도 있다. 하지만 모든 사례에서 정치지도자들의 평화프로세스에 대한 적극적 지지와 역할은 제도적 갈등전환 과정에서 매우 중요했다는 사실은 동일했다. 적으로 여겨졌던 민족이나 국가와 협정체결을 위한 협상을 진행하면서 동시에 평화프로세스에 반대하는 대중을 설득해야 하는 이중과제를 수행해야 할 책임이 평화프로세스를 진행하는 지도자들에게 있기 때문이다. 갈등전환과정이 진행되는 동안 사회구성원들은 익숙한 상황으로부터 불확실한 상황으로의 변화에 적응해야 한다. 시민들이 변화에 적응하는 과정에서 느끼는 스트레스와 불안감에 공감하고 해소될 수 있도록 돕는 역할이 사회, 정치 지도자들에게 있다. 이것은 갈등전환과 평화구축과정에서 제도적 갈등전환도 지도자들의 주도로 진행되는 것이지만 문화사회적 갈등전환의 과정에서도 리더십의 역할이 매우 중요하다는 점을 의미한다.

갈등의 문화사회적 갈등전환이 진행될수록 더욱 강해지는 양극화 현상을 해결하는 것은 어려운 문제이다. 하지만, 협정 체결을 위한 협상이 진행되는 과정에서 끊임없이 반대하는 시민들을 설득하고 극단주의자들까지도 평화협상에 참여하도록 유도했던 북아일랜드 평화프로세스[46]는 문화사회적 갈등전환의 중요성과 제도적 갈등전환과 문화사회적 갈등전환이 연결되어 있다는 사실을 잘 보여준다. 또한 북아일랜드 평화프로세스는 민주적 절차를 따라 국민적 동의를 얻어 진행되었지만 소수 집단의 조건과 주장도 협상과정에서 반영될 수 있도록 하기 위해서 무조건적인 다수결 원칙을 고수하지 않았다. 북아일랜드 갈등 당사자는 좁은 의미에서는 북아일랜드 내 신교도와 구교도이지만 보다 넓은 관점에서는 북아일랜드가 소속된 영국과 아이리쉬 민족 국가인 아일랜드공화국을 포함하는 총 4개의 집단이다. 따라서 북아일랜드 갈등의 다층구조도 매우 복잡하고 해결이 까다로웠으며 각 집단마다 도저히 합의점을 찾을 수 없을 것처럼 보이는 상반된 입장을 고수했다.

북아일랜드 내에서는 신교도가 다수를 차지하지만 아일랜드 민족 전체에서 보면 구교도가 다수이다. 평화프로세스 과정에서 다수의 의견에 따라 최종 결과가 결정되는 방식은 소수의 의견을 억압할 수 있고, 설사 평화협정의 체결로 제도적 갈등전환이 완성된다 하더라도 다시 갈등이 발생할 수 있는 불씨를 남기게 된다. 따라서 집단 간 협상 진행의 과정에서는 소수를 대표하는 권력, 예를 들면 구교와 신교 측 극단주의자들도 참여하여 권력을 공유하였다. 하지만 최종적인 결정으로 내리는 과정에서 구교와 신교 집단 내부적으로는 다수결에 의한 동의를 얻는 "비민주적이면서도 민주적인" 방식을 도입하며 평화프로세스가 다수의 입장만 반영되는 민주적 절차로 인해 생길 수 있는 부작용을 최소화 할 수 있었다.[47]

V. 맺음말

본 연구는 한반도의 고질갈등으로 인해 남북한 각 사회에 형성된 갈등문화와 남북한 주민 간 상호 적대감정과 정체성을 해체하는 문화사회적 갈등전환의 과정이 남북한 통일정책과 한반도 평화프로세스에 결여되어 있다는 비평적 시각을 바탕으로 한반도 고질갈등의 전환을 위한 다층적 접근 방안을 제안하였다. 한반도 고질갈등은 북핵 문제의 해결을 위해 관련국들이 비핵화라는 국제규범을 바탕으로 국제사회의 다자주의 틀에서 논의되거나 북미 외교정상화를 위해서 북미양자외교 수준에서 논의될 필요가 있는 국제외교정치 수준의 문제이다. 동시에 갈등 당사자인 남북 간 직접적인 대화와 협력, 그리고 남북한 상호인정을 위한 법 개정이나 제도 마련과 같은 방법으로 남북한 정부의 적대적 공생관계가 긍정적 상호의존 관계로 전환되어야 하는 남북한 양자외교와 정치 수준의 문제이기도 하다. 다른 한편으로는 남북한 사회에 적대적 정체성을 기반으로 제도화된 법, 규범 등의 변화와 남북한 주민들의 심리에 자리하고 있는 상대에 대한 혐오나 두려움의 감정과 문화, 언어, 역사 인식 등을 변화시키기 위한 문화사회적인 측면을 고려해야 하는 문제이다. 따라서 본 연구에서 살펴본 바와 같이 한반도 고질갈등의 다층적 구조를 고려한 다층적 갈등전환 방안은 한반도 평화정책 구상이 보다 종합적이고 다층적 방향으로 발전되는데 기여할 수 있으리라 생각된다.

물리적인 전쟁은 멈추었지만 언제든 다시 전쟁이 발발할 수 있는 요인들이 잠재해 있고 공식적으로도 종전협정이 맺어진 적이 없는 한반도의 현실적 상황을 고려한다면 군사, 외교 영역에서 문제가 해결되는 것이 선결과제라는 현실주의를 반영한 비평도 있을 수 있다. 하지만 그러한 접근 방식에는 남북 간 군비경쟁이나 미중 갈등의 악화에 크게 영향 받으며 한반도를 다시 전쟁의 상황으로 몰아넣을 수 있는 위험이 항상 존재한다. 반면에 구성주의의 관점에서 보면 정체성과 같은 관념적인 요인은 정치와 사회 구조를 결정하는 중요한 요인이며 국가나 민족의 정체성과 이익은 선험적으로 주어지는 것이 아닌 역사와 정치적 맥락의 변화와 구조와 행위자의 상호과정에서 얼마든지 변화되고 새롭게 구성될 수 있다. 오랜 고질갈등의 영향을 받아 사회에 형성되는 갈등을 지지하는 정체성, 신념, 감정이 정치적 수준에서의 제도적인 변화와 서로 영향을 주고받으며 평화를 지지하는 새로운 정체성과 신념, 감정을 형성하는 문화사회적 갈등전환의 중요성에 주목하여 본 연구가 제안하는 다층적 전환 방안은 한반도 갈등전환의 과정에서 고려할 가치가 있으며 동시에 앞으로 더 연구하고 발전되어야 할 연구과제이다.

10장

화해이론으로 보는 남북관계*

강혁민

Ⅰ. 문제의 제기

한국전쟁 후 분단체제 안에서 형성된 남한과 북한 사이의 상호불신과 적대감은 분단의 폭력을 정당화 시키는 직접적 요소일 뿐만 아니라 남북민들로 하여금 서로에 대한 혐오, 분노, 원한이라는 집단감정의 간접적 동력이기도 하다. 부정적 집단감정은 분단체제 안에서 끊임없이 재생산되어 한반도의 지속가능한 평화(sustainable peace)를 저해하는 문화·심리적인 요인으로 작용한다.[1] 적대의식을 자양분으로 삼은 사회정치적 메커니즘은 분단의 트라우마를 영속화하고 한반도 평화프로세스를 위태롭게 한다. 따라서 남북한 적대의식을 근본

---

* 이 장은 "분단 적대성의 평화적 전환을 위한 최대주의 화해 연구," 『평화학연구』, 제22권 2호 (2021)에 실린 논문을 수정 및 보완한 것이다.

적으로 전환시키기 않고서는 한반도의 평화는 소원하다고 할 수 있겠다.

　화해는 이러한 전환적 과제를 수행할 사회정치적 과정이다. 남북화해를 처음으로 제시한 '남북기본합의서'는 화해의 조건으로 양국의 체제 인정, 내부문제 간섭중지, 비방이나 중상의 금지, 군사적 적대행위의 금지 및 민족의 존엄과 이익 실현 등의 조항을 명시했다. 이는 분단체제에서 존재하는 남북 간의 필연적인 차이를 인정하면서 평화라는 공동의 목적을 위해 비폭력적 수단을 사용할 것에 대한 합의였다. 이후 화해의 구상은 '6.15 공동선언', '남북관계발전과 평화번영을 위한 10.4선언', 그리고 문재인 정부에서 합의된 2018년 '4.27 판문점선언'과 '9.19 평양선언' 등으로 구체화되었다. 그러나 불행히도 기본합의서가 명시한 남북화해와 이를 발전시킨 평화프로세스는 진정한 의미에서 그 목적한 바를 이루었다고 평가하기는 어렵다. 먼저, 남북관계의 화해적 전환은 그 자체로 독립적인 과정으로 인식되기 보다는 정치적 합의 중심의 평화프로세스 안에서 이해되었다. 이러한 관점에서 화해의 대상은 타협의 주체인 국가로만 제한됨으로써 평화구축(peacebuilding)의 일차적 목표인 평화유지(peacekeeping)와의 구분을 어렵게 했다. 또한, 남과 북이 공동으로 화해의 필요성을 공유해 왔음에도 화해가 구체적으로 무엇을 의미하는지에 대한 공통된 이해를 가지고 있지 않았다. 가령, 화해는 적대행위의 부재인가 경제협력인가, 분단 상황에서 높은 차원에서의 화해는 어떻게 이루어질 수 있는가와 같은 구체적인 물음들이 부재해 왔다. 마지막으로, 기존의 화해 내러티브들은 정치적인 수사법으로만 받아들여지는 경향이 있어 왔다. 이는 남북민들 사이에 깊게 뿌리내린 분단적대성[2]을 전환하는 사회적 요소와 과정을 등한시하는 결과를 가져왔다. 결국, 장기적인 관점에서 평화적 공존을 목적으로 하는 남북화해의 논의는 쇠퇴하게 되어 이에 대한 경험적 데이터가 매우 부족한 실정이다.

이러한 비평적 인식은 남북화해 논의에 새로운 도전적 과제가 필요함을 암시한다. 다시 말해, 분단의 상황에서 진정한 의미의 관계적 변화가 어떻게 가능할 것인가에 대한 미래적 연구를 시작해야 한다는 것이다. 본 연구는 남북민들이 가지고 있는 분단적대성을 전환시킬 수 방안을 최대주의 화해를 통해 모색하고자 한다. 최대주의 화해는 갈등전환과 그 가치를 공유하며 소극적 차원의 평화프로세스를 적극적이며 장기적인 과정으로 안내한다. 이를 위해 필자는 진실과 정의, 상호인식과 신뢰, 사과와 용서, 공동체 기억이라는 요소들을 분석할 것이다. 남북분단이라는 물리적 제약으로 인해 사회적 화해를 주장하는 학자들조차 실질적 데이터를 제공하는 데에 어려움을 겪어왔음에도, 사회적 화해의 상상력은 포스트－통일을 준비하는 현 시점에 매우 필요한 연구 과제다. 따라서 연구의 한계를 인정하면서, 지금까지 충분히 논의되지 못한 실행 과제를 방법론적으로 제안하는 것에 이 연구의 일차적 의의를 둔다.

Ⅱ. 남북화해 관련 선행연구 검토

지금까지 학자들을 중심으로 발전한 남북화해에 관한 이론적 논의는 두 가지 차원에서 연구되어왔다. 화해를 평화프로세스 및 협력적인 차원에서 연구하는 거시적인 담론과 남북민들의 집단적 감정과 치유의 과정을 연구하는 미시적 관점이다. 전자는 화해의 가치가 통일한국을 위한 전제조건으로서 제도적 협력과 평화프로세스 안에서 합의된 조항들을 실행해 나갈 때 완성될 수 있는 것으로 본다.3) 후자의 연구들은 화해를 사람의 감정과 관계성을 강조함으로써 이를 회복하기 위한 사회적 과정에 집중한다. 본 연구는 남북민들 안에 뿌리박힌 분단적대성을 전환시킬 사회정치적 요소들을 제시하고자 하므로 이와 관련된 선행 연구들만을 살펴보기로 한다.

화해의 미시적 가치를 주장하는 연구자들은 분단체제 안에서 발전한 남북민들의 적대성을 이해하기 위해 '내집단(in‐group) ‐ 외집단(out‐group)'이라는 양자관계를 설정한다. 이 양자관계는 집단적 감정과 기억, 그리고 내러티브에 영향을 받는 사회구성원들의 관점을 연구하기에 유용한 점이 있다. 예를 들어, 윤여상4)은 남북한 주민들의 집단적 화해를 모색하기 위해 탈북민들과 남한사람들 사이의 화해 가능성을 연구했다. 화해는 오랜 반목을 통해 굳어진 외집단에 대한 편견과 선입견을 극복하는 것이므로, 탈북민들과의 우선적인 화해를 통해 북한사람들의 남한사람들에 대한 반감과 남한사람들의 북한사람들에 대한 부정적 인식을 최소화 시킬 수 있다고 주장한다. 한편, 정영철5)은 남북한의 대립적 상징과 화해를 위한 상징구조를 관찰했는데, 화해를 위해서는 남과 북 사이에 갈등의 지속시키는 내러티브를 지양하고 공동체적 상징과 남과 북의 정체성을 모두 포용하는 상징적 내러티브가 필요함을 역설했다. 문인철6)은 남북의 화해에 있어 회복적 정의의 가능성을 분석했다. 기존의 남북관계는 부정적 타자개념에 기반한 적대적 혹은 응보적 사회 감정과 정책위에서 발전되어 왔다면, 회복적 정의 개념은 남과 북의 공통된 이해와 신뢰를 바탕으로 관계의 회복을 우선과제로 삼는다. 남과 북은 모두 전쟁과 이념의 가해자이자 피해자로서, 자신들의 적대행위를 중단하고 화해를 위한 장으로 적극적으로 참여할 것을 요청한다. 김병로[7]는 평화에 있어서 화해의 중요성을 역설한다. 화해를 사회적 갈등의 전환이라는 관점에서 진실, 인정, 사과, 용서라는 개념을 설명하면서, 고차원적인 의미에서 사회적 치유로서 화해를 이해한다. 그러나 화해의 공간이 반드시 평화적인 것은 아니며, 오히려 갈등과 경쟁을 부추길 수도 있다는 점을 직시하면서 남북의 화해의 가능성을 서술하였다. 이에 대하여 이찬수[8]는 남북한 갈등의 진실을 밝혀내고 스스로에 대한 사과와 상대방에 대한 용서까지 그 실행의 범위 안에 포함돼야 한다고 주장한다. 마지막으로 서보혁[9]과 김성경[10]은 사회심리학적 측면에서 화해를 기술한다. 분단으로 고착화된 분단심성이나 분단폭력의 일상화가 남북한의 갈등을 지속시키고 있음을 자각하고 화해를 통한 공존이 중요함을 인정하면서 남한의 북한에 대한 적대적 사회통념을 대북화해심성으로 전환시켜야 함을 강조한다.

이들의 연구는 남북의 화해가 기존의 합의에 의한 평화만으로는 충분하지 않다는 것을 공통적으로 보여준다. 오히려 남북의 평화는 남북민들의 연합과 치유를 고려하는 화해의 과정을 수반해야 하며, 이는 대북화해심성이라는 사회심리적 차원까지 고려한다. 학자들이 강조하였듯이 이러한 사회심리적 화해는 내러티브의 변화, 상호인정과 신뢰 형성, 그리고 용서와 같은 전환적 행위들을 요구하는데 이것은 화해를 바라보는 최대주의적 시각이라고 할 수 있다. 최대주의 화해는 갈등전환의 과정으로서 일시적이고 단편적인 행위가 아닌 장기적이고 통합적인 행위들의 연합을 의미하는데, 이는 남북 적대성 전환을 효과적인 대안이 될 수 있다. 따라서 필자는 이전의 연구들의 결과를 최대한 수용하면서 최대주의 화해를 설명하고 어떻게 이것이 남북평화의 근본적인 장애물이라고 할 수 있는 분단적대성을 전환시킬 수 있는 관점을 제공할 수 있는지 서술하고자 한다.

Ⅲ. 최대주의 화해란 무엇인가?

1. 개념의 이해

일반적으로 화해란 갈등관계에 있는 두 사람이 다툼을 멈추고 다시 친구의 관계를 형성하는 것을 의미하는데, 분쟁 후 재건의 과제를 가지고 있는 사회에서는 갈등관계에 있는 집단 간 존재하는 적대성과 불신을 새로운 관계로 회복하는 것을 가리킨다. 관계회복은 화해의 핵심과제라고 할 수 있다. 그러나 일부 학자들은 화해가 반드시 회복 그 자체를 상정해야 하는 것은 아니며 오히려 갈등관계에 있는 집단들 간의 비폭력적 공존이나 평화적 해결책을 목적으로 하는 소극적인 차원도 인정되어야 한다고 주장한다.[11] 예를 들어, 샤프(Schaap)[12]는 화해에서 말하는 관계회복이란 기독교적 인식론이며 갈등 이전의 조화로운 공존으로의 회복을 의미하는데, 이는 갈등의 피해자들과 가해자들의 '되돌아가야 할' 공존 상태의 부재를 억지로 상정한다고 비판한다. 폭력의 사건이 아니라면 화해해야 할 필요가 없는 관계였을 당사자들에게 회복에 대한 요구를 함으로써 도덕적 짐을 씌운다는 것이다. 이에 반해, 대부분의 학자들은 회복의 이미지가 화해의 논의를 심리적인 차원으로까지 확장시킨다고 주장한다.[13] 특히, 필폿(Philpott)[14]은 화해의 최종목적은 '샬롬의 세계'를 만드는 것이라고 설명하는데 흥미롭게도 그의 주장은 자유주의적 관점에 있

어서도 화해가 가지는 회복적 혹은 종교적 함의가 배제되어야 할 이
유는 전혀 없다고 대변한다. 이러한 대립된 관점에도 불구하고 학자
들은 화해를 사회적 재건설의 궁극적인 목적이자 방법론으로 이해한
다.15) 이것은 만성화된 적대적 관계를 갈등 집단 사이에 새로운 관
계를 설정함으로써 인간안보와 웰빙(well-being)에 대한 형식이며,
갈등으로부터 평화로 이행할 수 있는 근원적인 메커니즘이라고 할
수 있다.16)

그러나 적대 관계에 있는 그룹들 사이에 새로운 관계를 세우는 것
은 매우 어려운 과제임을 쉽게 알 수 있다. 그것은 부정적 타자에 대
한 피해의식과 불신이 만성화되어 사회구조에 근원적인 영향을 주기
때문인데, 이러한 상황에서 화해는 부정적 타자들과의 적극적인 접
촉을 요청하지만 불편한 접촉은 오히려 갈등을 악화시킬 수도 있다.
따라서, 화해의 과정은 다각적인 지평과 세대를 아우르는 장기적인
관점에서 지속적인 노력을 요구한다.17)

2. 최소주의 vs. 최대주의

탈분쟁사회 재건의 중심과제로서 화해를 효과적으로 이해하기 위
해서는 한 사회가 달성하고자 하는 화해의 성격을 올바로 알아야 한
다. 학자들을 화해를 최대주의와 최소주의로 구분하여 이해한다.18)
먼저, 최소주의 화해는 제도적 수정과 정치적 협상에 관한 것이다.19)
최소주의자들은 화해의 목적을 개인과 사회적 집단들의 관계회복보
다는 정치적 신뢰, 권리의 회복, 법치를 위한 제도적 과정에 집중한
다. 특별히 최소주의 이론가들은 '경합주의'(agonism)20)개념을 화해논
의로 들여옴으로써 협의적 화해과정을 발전시켰다. 경합적 관점에서

갈등은 인간사회의 본질적 특성이므로 화해는 갈등을 완전히 해결하기보다는 정치적 협상을 통해 공존의 불가능성을 인정하고 필연적으로 존재하는 적대적 긴장성을 줄여 나가는 것이다.[21] 최소주의자들에게 화해의 과정은 경합을 필두로 하는 정치적 의사결정의 과정이 소극적인 차원의 평화를 담보하고 갈등의 원인이 된 폭력의 경로를 차단할 것이라고 믿는다.

〈표 10-1〉 최소주의/최대주의 화해

구분	최소주의 화해	최대주의 화해
중심과제	폭력의 종식 & 비폭력 공존	관계의 회복
방법	정치적 합의 법치의 회복 경합적 의사결정	개인 & 집단 트라우마 치료 갈등의 전환 회복적 정의 인정, 사과, 용서

출처: 저자 작성.

반면에, 최대주의자들은 화해를 관계회복이라는 본래적인 의미와 사회변혁이라는 구조적 차원의 과정을 함께 주장한다. 화해의 과정은 정치적 의사결정에 의해서만 이루어지는 것이 아니라, 갈등에 의한 트라우마로 아파하는 사람들에 대한 일상적 삶의 문제를 고려해야 한다.[22] 갈등의 잔재는 사회 전반에 뿌리 깊게 남아있기 때문에 장기적인 관점에서 사회적 불안요소들을 근본적으로 치유하지 않으면 갈등은 다시 재발한다. 화해의 중심과제인 관계회복은 갈등의 대상자인 타자 혹은 외집단에 대한 선입견이나 편견을 극복하는 일이며 자아와 내집단의 배타적 행위와 믿음을 극복하는 일이다. 따라서 이러한 전환적 행위를 가능하게 하는 급진적인 행위들을 요청한다.

최대주의 이론가들은 갈등관계 있는 개인들과 집단들 사이에 상호인정과 사과, 용서까지도 고려해야 한다고 주장한다. 이러한 과정이 사회를 근본적으로 변화시킬 수 있는 행위인 것이다. 물론, 최대주의 화해가 정치적 협상을 무시한다고 오해해서는 안 된다. 오히려 최대주의자들은 화해를 정치적 협상으로만 이해하는 좁은 의미를 탈피하고 협상 이후에도 사회의 질적인 안정과 지속 가능한 평화를 위해 사회적 장치들을 마련돼야 한다고 주장하는 것이다.

3. 최대주의 화해의 실행 요소

관계 회복의 과정이 복잡한 만큼 화해의 요소들도 매우 다양하다. 그 중에서도 레더락(Lederach)[23]은 진실, 정의, 자비, 평화의 중요성을 강조하고, 다른 이들은 연민과 인정, 사과와 용서의 과정이 화해에 결정적인 요소라고 주장한다.[24] 또한, 신뢰회복과 내러티브의 통합, 그리고 정체성의 변화도 화해의 주요 요소로 강조된다.[25] 그러나 최대주의 화해가 개인적 관계뿐만 아니라 사회적 범위에서 적용이 된다고 할지라도 각 범위에 따른 실행 요소들은 달라질 수 있다.

개인적인 차원의 화해가 폭력으로 인한 가해자와 피해자들 사이에 깨어진 신뢰를 회복할 사과와 용서의 과정을 필요로 한다면, 집단적 차원의 화해는 집단 감정을 치료할 과정을 필요로 한다. 사회적 갈등은 (탈)갈등사회에 가장 빈번한 유형의 갈등으로서 서로 다른 이데올로기나 인종, 언어, 종교, 역사를 토대로 발전한 정체성이 내집단과 외집단을 가르는 중요한 구분기준이 된다. 집단적 차원에서 화해는 갈등 관계에 있는 부정적 관계에 있는 외집단에 대한 지속적인 편견과 비인간화를 극복하기 위해 상호인정과 신뢰를 극복하여 집단들의 호혜성과 공통된 사회적 공간 안에서 평화적 공존을 위해 노력한다.26) 국가폭력과 같은 정치적 폭력과 갈등 이후 정치적 집단 사이의 화해를 만드는 노력은 정치집단 간의 이념 갈등이나 국가와 시민들 사이의 신뢰의 문제에 관여한다. 최대주의적 관점으로 볼 때, 정치적 화해는 정치 엘리트들의 화해적 수사법이나 사과의 제스처를 통해 이루어진다. 마지막으로 화해는 역사적 차원에서도 실행되는데 최대주의자들은 역사적 사건들에 대한 진실규명과 역사적 잘못에 대한 책임자들에 대한 정의구현을 통해 반성적 현재와 미래를 계획한다고 본다.27) 특별히 역사적 화해는 진실과 정의를 통해 새로운 역사적 내러티브를 구성하고 그 내러티브를 중심으로 과거를 다시 기억하는 공동체적 실행요소를 요청한다. 시정된 내러티브와 기억은 갈등하는 집단들의 현재와 미래를 다시 재조정 할 수 있는 기회를 마련한다.

Ⅳ. 최대주의 화해로 보는 남북한 적대성의 평화적 전환

한반도의 남과 북은 이념과 전쟁, 그리고 분단에서 장기화된 적대성에 의해 갈라진 민족공동체라고 할 수 있다. 지난 70년 동안 남과 북은 분단체제를 정당화하며 서로에 대한 끝없는 적대행위와 정치적 선동을 일삼아 왔다. 지칠 줄 모르는 군사적 대립은 현재까지 진행형이며 평화의 순간에도 무력에 의한 통일론은 여전히 유효한 것으로 여겨진다. 뿐만 아니라 역사적으로 남북 당국은 해당 체제의 유지를 위하여 각 사회 내 정치적 타자들에게는 국가적 폭력을 행사함으로써 적대라는 당위성을 생산했고, 사회적 정체성을 그 당위성 위에 올려놓았다. 따라서 분단은 삶의 근본적 형태가 되어 대립과 불신이 정상인 기형적 사회학을 생산하였다. 남북민들은 군사적 마찰에 대한 실존적 불안을 안고 살아가는 집단들이 되었다. 이와 같은 남북의 사회 메커니즘은 분쟁 후 갈등의 영속화를 설명하는 고질갈등(intractable conflict)의 전형을 보여준다.28)

남북의 갈등이 분단의 적대성에 기반한 고질갈등이라면, 최대주의적 화해접근법이 남북관계에 던지는 과제는 무엇인가? 한반도의 지속 가능한 평화를 위해 우리는 어떠한 과정을 준비해야 하는가? 필자는 남북화해를 '한국전쟁 이후 분단체제를 통해 발전되고 고질화 된 남과 북의 상호불신과 적대관계의 전환과 신뢰를 바탕으로 한 평화적 공존'이라고 정의한다. 이것은 분단심성을 화해심성으로 바꾸는 장기적인 과제를 암시하며 기존의 톱－다운(top－down) 형식의 평화 프로세스를 탈피하고 바텀－업(bottom－up) 관점에서 남북민들의 트라우마 치유, 정서적인 안정과 삶의 질적인 변화를 이끌기 위한 전환적인 과제들을 요청한다. 최대주의 화해는 내집단이 외집단에 대하여 가지고 있는 부정적 타자성을 변형하여 함께 공존할 수 있는 '우리성'(we－ness)에 대한 호소이기 때문에 그 과정이 순탄하지 않을지라도 갈등의 씨앗이 되는 요소들을 하나하나 해결해 나가는 것이 중요하다. 필자는 이와 같은 최대주의 화해가 진실과 정의, 상호인식과 신뢰, 사과와 용서, 그리고 공동체적 기억이라는 전환적 행위들에 의해서 실현될 수 있다고 주장한다. 분단의 적대성은 한 민족이자 정치적 타자들에 대한 이념적으로 편향된 진실, 불신, 군사화, 그리고 왜곡된 기억에 기반하고 있기 때문이다.29)

1. 내러티브 진실과 회복적 정의

최대주의 화해를 위한 첫 번째 과제는 진실과 정의의 구현이다. 진실과 정의는 화해의 기본적 요소로서 과거 악행에 대해 올바른 진실규명과 책임자들에 대한 정의를 구현하는 반성적 과제임을 시사한다. 한국전쟁은 한민족을 갈라놓은 역사적 사건일 뿐만 아니라 남과 북이 서로에게 총구를 겨눈 직접 폭력 사건이다. 남북민들은 전쟁이 멈춘 70년이 지난 지금까지도 휴전상태를 지속하면서 남북의 체제유지를 위하여 문화적·구조적 폭력을 자국민들에게 행사해 왔다.[30] 분단의 지속은 남과 북, 서로에 대한 존재론적 위협으로 발전되어 적대감과 불신이라는 공동체적 감정을 끊임없이 생산하고 있다.[31] 요컨대, 전쟁은 분단체제 안에서 트라우마로 영존한다. 이러한 분단의 트라우마를 올바로 회복하기 위해서는 폭력의 사건에 대한 올바른 진실규명과 정의구현이 전제되어야 한다.

그러나 진실과 정의라는 보편적 가치를 남북관계에 직접 적용하는 것은 매우 어려운 과제다. "왜냐하면 한국전쟁에 대한 진실규명과 책임자들에 대한 정의를 구현하는 것이 현실적으로 가능한가에 대한 의구심뿐만 아니라 전쟁 이후 두 세대가 지난 오늘날의 시점에서 남북의 갈등을 한국전쟁으로만 소급시킬 수 있을 것인가의 문제가 있기 때문이다. 또한 진실의 객관성을 담보하기 어려운 정치적 상황에서 가해자/피해자 구분은 매우 어렵고, 무엇보다 남한 정치사회가 정의구현의 과제를 북한정권이 인민들에게 가한 인권유린과 연계하여 이해하려는 경향 때문이다. 실제로 2003년부터 2021년 현재까지 북한의 인권 침해와 반인권 범죄를 규탄하는 유엔 안전보장이사회의 북한인권결의안과 국제적 이슈를 불러일으키고 있는 대북전단살포

금지법에 대한 첨예한 대립은 북한인권을 바라보고 있는 국내외적 불협화음을 보여주는 것이자 남한 내 보수와 진보적 입장의 대립을 보여주는 것이기도 하다. 설상가상으로 북한인권에 대한 처벌적 접근은 북한정권의 인권침해에 대한 정면 비판이기 때문에 한반도의 평화를 촉진시키기 보다는 남북관계의 경색을 불러일으킬 가능성이 더 높다. 이처럼 복잡하게 얽힌 남북관계의 특수성을 고려할 때 진실과 정의의 작업은 그 보편적 가치를 훼손하지 않으면서 남북의 화해를 촉진시킬 수 있는 새로운 접근을 필요로 한다. '내러티브 진실'과 '회복적 정의'는 이러한 과제에 중요한 시사점을 제공한다.

내러티브 진실이란 범죄나 갈등의 인과관계를 과학적 사실로 밝혀내 피해자와 가해자를 명확히 구분하는 사법적 진실과 달리, 갈등의 사회역사적 맥락을 고려하여 개인과 공동체 안에서 받아들여지는 사회적 진실을 의미한다.[32] 내러티브를 이야기의 구성과 재현이라고 한다면, 내러티브 진실은 진실이 구성되는 방식과 사회적 재현을 의미한다고 할 수 있다. 진실의 주관적 차원으로서 객관적 진실의 규명이 불가능한 상황, 즉 피해자와 가해자의 명확한 구분이 어려운 사회역사적 정황 속에서 진실의 전환적 기능을 기대할 수 있는데, 이와 같은 차원에서 내러티브 진실은 '가해자 대 피해자'라는 이분법 안에서 진실을 규명하여 갈등을 지속시키는 사법적 진실의 한계를 모두가 피해자이자 가해자라는 사회통합적 내러티브 생산에 기여한다고 할 수 있다.

남과 북은 한국전쟁과 이후의 관계에서 체제유지를 위한 방법론으로 역사를 자신들의 입장대로 해석해 왔다. 이러한 상황 속에서 객관적 진실은 매우 어려우며 사법적 의도를 가지고 있는 진실의 규명 작업은 남북 이념 논리 안에 갇히기 쉽다. 분단 상황에서 발전된 사회적 내러티브들은 외집단에 대한 적대감정과 불신에 기반한 진실들을 재생산하므로 남북의 관계회복에 큰 걸림돌로 작용할 수 있다. 이와 같은 갈등내러티브는 남북한 각각의 사회 안에서 갈등의 구조를 영속화시키는 데에 주요한 역할을 한다.33) 오히려 남과 북은 전쟁의 과정에서 서로가 서로에 대한 가해자이자 피해자임을 인정하고 전쟁으로부터 파생된 분단의 폭력 안에서 남북민들 모두가 희생당하고 있음을 고백하는 내러티브 진실의 작업이 필요하다. 이 작업은 남북한 적대적 내러티브의 변형과 통일교육 등의 과정을 통해 그 가능성을 모색할 수 있다.34)

내러티브 진실은 남북의 회복적 정의 패러다임을 요청한다. 응보적 정의가 폭력을 지휘하거나 가담한 가해자들에 책임추궁을 중심으로 사법적 처벌을 받게 하는 것이라면, 회복적 정의는 가해자와 피해자의 관계 회복과 갈등 이후 파괴된 공동체의 회복에 초점을 맞추는 정의 패러다임이다.35) 정의가 남북의 새로운 관계, 즉 화해공동체를 세우는 데에 역할을 하기 위해서는 가해자들에 대한 사법적 진실만을 내세우는 법적인 프로세스뿐만 아니라 피해자들에 대한 사회적 관심 그리고 그 이후 세워진 공동체의 통합과 웰빙을 고려해야만 한다. 회복적 정의는 소수의 가해자들만이 정의의 완성이 아니라 모두가 정의를 세우는 과정에 참여해야 하는 공동체적 책임성을 강조한다. 따라서 가해자 대 피해자라는 정형화된 접근법을 지양하고 상호적 만남과 대화를 통해 회복의 공동체를 추구한다. 전쟁과 분단의 폭력을 경험하며 남북한 정권과 남북민들은 내집단의 정체성을 외집단에 대한 피해자의식으로 발전시키는 경향을 보여왔다. 피해자의식에 기반한 남북의 정체성은 세대를 거듭할수록 민족동질성을 약화시키고 트라우마를 강화시킴으로써 외집단에 대한 응보적 감정을 정당화시키기도 한다. 이러한 피해자의식과 응보적 감정은 화해를 불가능하게하며 새로운 공동체의 설립을 방해할 수 있다. 평화와 통일에 대한 남북한 사회의 공동의 목표는 회복적 의식의 회복을 요청하며, 회복적 정의의 접근은 피해자의식을 줄이고 통합적 내러티브를 함께 생산하는 주체적인 화해의 당사자로 발전시킬 수 있다. 이것은 남북분단폭력에 대한 주체적인 트라우마 치유의 과정이 될 수도 있다. 이러한 관점에서 폭력과 인권유린의 문제는 더 이상 체제 도발적 도구가 아닌 평화와 화해의 도구로 사용될 수 있다.

2. 윤리적 상호인식과 신뢰회복

회복적 차원의 진실과 정의가 올바로 구현되기 위해서는 남북한 양자 간의 신뢰와 상호인식이 반드시 형성되어야만 한다. 화해는 필연적으로 남과 북이라는 내집단과 외집단 간의 상호의존관계를 전제하는데, 이것은 화해가 한 집단의 일방적인 선언이 아니라 쌍방향적 상호작용이기 때문이다. 호네트(Honneth)[36]에 따르면, 상호인식은 자기성취의 근본조건인데, 자기 인식은 반드시 사회적 타자들과의 상호적 관계에서 설명될 수 있기 때문이다. 호네트는 상호인식을 자아와 타자의 관계를 동등한 권리와 책임성을 보증하는 사회적 장치라고 설명한다. 화해를 자아와 타자의 윤리적 자기인식을 바탕으로 하는 존재론적 의존성으로 바라보며 인식의 주체들은 개인의 윤리적 기준을 넘어 공동의 윤리를 지향하는 공동체적 공간에서 서로를 인식하게 되고 이것이 화해로 이끄는 중요한 요소가 된다고 주장한다. 호네트는 상호인식을 자아와 타자의 관계를 동등한 권리와 책임성을 보증하는 사회적 장치라고 설명하면서, 화해를 자아와 타자의 윤리적 자기인식을 바탕으로 하는 존재론적 의존성으로 바라보며 인식의 주체들은 개인의 윤리적 기준을 넘어 공동의 윤리를 지향하는 공동체적 공간에서 서로를 인식하게 되고 이것이 화해로 이끄는 중요한 요소가 된다고 주장한다. 신뢰는 상호인식의 조건이자 결과라고 할 수 있다. 자아와 동일한 윤리적 주체로서 타자의 발견은 자아로 하여금 타자에 대한 부정적 인식을 삼가고 신뢰를 회복하는 일이다. 그러나 신뢰는 단순히 윤리적 주체로서의 타자인식을 넘어 그가 사회 구성원으로서 법의 준수를 이행하며 폭력적 행위를 중단할 것을 기대하는 것이다.37) 이는 갈등 사회에 만연하게 존재하는 적대적 관계가 폭력에 기인한 불신을 기반으로 하고 있기 때문이다. 중요한 것은 신뢰는 외집단에 대한 내집단의 행동의 변화뿐만 아니라 감정의 변화까지도 수반해야 한다.38) 따라서 윤리적 상호인식은 두 집단 사이에 존재한 불신을 극복하는 데에 결정적인 역할을 하며, 이로써 평화적 공존이라는 공동의 선을 추구할 수 있게 된다.

남북화해를 실현하기 위해서는 서로 간의 도덕적 상호인식을 바탕으로 하는 신뢰의 회복의 과정이 함께 동반되어야 한다. 서울대학교 통일평화연구원이 발표한 『2019 통일의식조사』에서 보여준 남한 주민의 북한에 대한 인식은 매우 양가적임을 것을 알 수 있다. 그것은 북한주민을 협력대상이라는 인식과 경쟁, 경계, 또는 적대의 대상이라는 인식이 함께 공존하는 것이다. <그림 10-1>은 전자의 인식이 후자의 인식보다 높은 비율을 차지하고 있음을 통계적으로 가리키고 있음에도, 협력대상인식이 반드시 긍정적인 감정이라고 단언할 수는 없으며 협력대상인식이 매우 가변적임과는 달리 경계, 적대대상 인식은 비교적 꾸준한 경향을 보이고 있다. 더 나아가 이러한 도식이 외집단에 대한 내집단의 존재론적 의존성을 직접적으로 의미

<그림 10-1> 남한주민의 북한에 대한 인식 2007-2019

(단위 %)

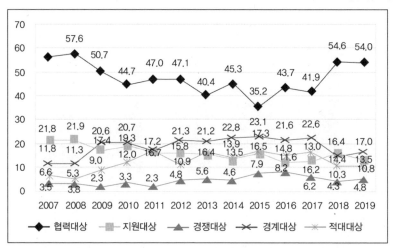

출처: 김학재 외, 『2019 통일의식조사』 (서울: 서울대학교 통일평화연구원, 2020), p. 88.

한다고는 할 수는 더욱 없다.

실로 <그림 10-2>는 북한에 대한 적대적 인식이 남한주민 안에 여전히 강하게 남아 있음을 명시하고 있다. 적대 대상인식이 2018년 현저히 줄어든 것은 남북평화프로세스에 대한 기대감으로 해석될 수 있지만, 2019년 하노이 회담 이후 다시 냉각기에 들어선 남북관계를 반영한다면 적대의식이 다시 높아질 가능성이 있다고 할 수 있다. 따라서 윤리적 상호인식이라는 차원에서 남북민들은 여전히 부정적 집단감정에 노출되어 분단적대성을 기반으로 살아가고 있다.

이러한 인식을 전환시키기 위한 제도적 노력으로서 남북의 신뢰프로세스는 중요한 함의를 갖는다 통일부는 한반도 신뢰프로세스에 대하여 "남북관계 발전과 한반도 평화정착, 통일기반 구축을 가능케

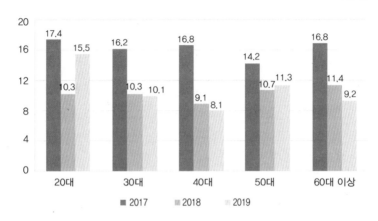

〈그림 10-2〉 연령별 북한 '적대대상' 인식 2017-2019

(단위 %)

출처: 김학재 외, 『2019 통일의식조사』 (서울: 서울대학교 통일평화연구원, 2020), p. 91.

하는 토대인 동시에, 국민적 지지와 국제사회와의 협력 하에 대북, 외교정책을 힘 있게 추진할 수 있는 사회적 자본이자 인프라"라고 포괄적 정의를 제시한 바 있다.[39] 그러나 이것은 진정한 의미에서 남북의 상호인식이 무엇인지, 어떻게 남과 북이 존재론적으로 의존하고 있는지에 대한 설명과는 거리가 멀다. 오히려 신뢰프로세스라는 정치적 아젠다의 기능적 효과를 명시한 것에 그쳤다는 것을 알수 있다.

남북의 상호인식과 신뢰가 형성되기 위한 실질적 과정은 우선 외집단이 공동으로 합의된 약속과 그 내용에 대한 절차를 준수할 것인가에 대한 신의를 보증하여야 한다. 이전의 연구자들이 지적한 바와 같이, 남북한 화해는 남북이 평화프로세스에서 공동으로 합의한 내용들을 이행하는 것이라고 한 점과 같은 맥락에 있다. 합의의 준수는 도덕적 상호인식을 바탕으로 절차적 과정에서 나타나는 내집단의 의지와 외집단에 대한 신뢰로 발전될 수 있다. 더불어 남북의 합리적 대화의 기회들이 지속적으로 창출돼야 한다.[40] 물리적 만남이 없는 상태에서 상호인식은 불가능하다. 대화는 타자와의 언어적 협력이므로 본질적인 상호작용을 가능케 한다. 이러한 정치적 과정과 더불어 남북민들의 사회적 차원의 상호인식과 신뢰 회복을 위한 과정도 마련되어야 한다. 분단적대성은 일상에서 경험하는 집단감정에 더 영향을 받으며 적대적 감정의 전환 없이 지속적인 평화는 불가능하기 때문이다.

3. 정치적 사과와 용서

한반도의 화해공동체의 구상을 위한 세 번째 요소는 정치적 사과와 용서를 생각해 볼 수 있다. 사과와 용서는 가장 높은 차원의 화해 행위다. 진실과 정의가 구현되고 상호인식과 신뢰가 두텁게 쌓였다고 할지라도 진정으로 서로에게 행한 잘못을 인정하지 않고 사과하지 않는다면 갈등의 불씨는 지속적으로 남아 있게 된다. 남아공의 데스몬드 투투(Desmond Tutu) 주교의 '용서 없이는 미래도 없다'라는 아포리즘은 화해를 위한 용서의 중요성을 대표하는 말이다. 사과는 자신의 과오로부터 상대방에 대한 용서를 구하는 행위로서 진정한 화해의 시작점이라고 할 수 있다.[41] 사과의 행위는 자신의 과오를 인정한다는 능동적인 행위다. 그리고 사과는 용서를 이끌어낸다. 용서란 피해 사실에 대한 보복이나 원한 감정을 중지하겠다는 선언이다.[42] 아렌트(Arendt)에 따르면, 용서란 과거의 악행을 끊을 수 있는 유일한 행위인 것이다.[43] 인간은 자신의 행위에 대해 스스로 무효로 돌릴 수 없기 때문에 대속적 행위 없이는 관계의 회복이 불가능하다. 따라서 용서는 인간으로서 할 수 있는 최대치의 화해행위인 것이다. 정치적인 영역에서 사과와 용서도 동일한 기능을 가지고 있다. 정치적 사과와 용서는 화해를 향한 집단적 의지와 상징적 행위라고 할 수 있다.

전쟁이후 냉전이 종식된 이후까지도 남북한은 군비경쟁을 통한 대립관계를 유지해 왔다. 힘을 균형을 통한 안보라는 명분 아래 군비를 지속적으로 증강한 결과 급기야 한반도는 군비경쟁의 굴레에 있으며 이를 둘러싼 강대국들의 셈법 안에서 평화는 소원해 보인다. 이러한 안보의 딜레마는 결국 남북의 교착상태를 만들어 평화적 공존을 더욱 어렵게 하고 있다. 전쟁에서 행해진 폭력과 이후에 일어난 수많은 무력도발에 대한 인정과 사과, 그리고 용서의 순간들을 안보의 딜레마 상황을 근본적으로 변화시키고 화해 공동체로 인도할 수 있다. 지칠 줄 모르는 강대강식의 군비증강은 한반도 평화에 치명적인 도전으로 반드시 평화적 수단과 함께 멈춰야만 한다. 가속력이 붙은 국비증강은 관계적 해결책을 필요로 한다. 무력에 의한 평화를 멈추고 인정과 사과의 제스처를 취해야 한다. 다만, 남북의 관계는 인격적 관계가 아니므로 그 형태는 반드시 정치적인 성명서나 선언문을 통해 이루어져야 한다. 중요한 것은 인정과 사과는 반드시 쌍방향이 되어야 한다. 적대관계의 경우 용서를 구하는 집단과 용서를 하는 집단 사이에 존재하는 힘의 불균형은 오히려 화해를 불가능하게 할 수 있다. 남과 북은 서로가 서로에 대한 행위에 대해 책임 있는 인정과 사과를 요청해야 하며, 동시에 용서해야 한다.

정치적 사과와 용서의 패러다임은 한반도 평화프로세스에 중요한 시사점을 제공한다. 그것은 한반도의 평화는 전쟁의 종식의 선언과 동의어가 아니라는 점이다. 전쟁의 종식이 무력적 도발이나 군비경쟁을 원천적으로 줄이는 중요한 사건일 수는 있지만, 진정한 평화는 서로에게 행한 잘못에 대하여 사과하고 용서를 받을 때 비로소 성취될 수 있다.

4. 공동체적 기억의 전환: 추모

최대주의 화해의 마지막 요소로서 기억의 행위도 강조되어야 한다. 화해는 오로지 미래적 가능성과 합의의 이행으로만 이루어질 수 없다. 오히려 과거에 서로가 서로에게 행한 악행에 대한 전환적 내러티브를 재정립해야 하는데, 여기에서 중요한 점이 바로 기억의 작업이다. 기억은 과거의 사건을 기록하는 것뿐만 아니라 기억된 과거를 바탕으로 현재와 미래의 교훈이 된다. 동일한 행위를 재차 반복하지 않기 위해서 갈등 관계에 있는 사회 구성원들은 공동체적 기념 혹은 추모(anamnesis)라는 반성적 작업을 거쳐야 한다. 이를 공동체적 기억이라고 할 수 있는데, 공동체적 기억은 사회적 기억으로서 개인의 사회적 정체성을 결정하며,[44] 개인들과 집단은 공동으로 기억된 과거를 바탕으로 정체성을 확립하고 그로써 내집단의 결속을 공고히 한다.[45] 이는 역으로 외집단에 대한 타자화는 내집단의 기억에 의해 결정된다고 할 수 있는데, 따라서 적대성에 기반한 공동체적 기억을 전환하는 것이 화해를 지속시키는 데에 긍정적인 영향을 가져다 줄 수 있다.[46]

이로 볼 때 공동체적 기억의 전환은 새로운 남북관계에 아주 중요한 요소다. 공동체적 기억이 남북 화해공동체에 중요한 이유는 앞서 살펴본 남북 상호간의 적대감정이 외집단에 대한 부정적인 감정과 기억을 기반으로 하고 있기 때문이다. 예를 들어, 북한에 대한 남한 사회공동체의 적대적인 감정과 기억은 전쟁과 분단체제 유지를 위해 이념적으로 해석된 정보의 영향이라고 볼 수 있다. 김종군은 이것을 '분단적대성 구축 서사'라고 명하는데, 이것은 반공 내러티브를 만들어 내는 반공교육, 반공 미디어, 그리고 공적 기관에 의한 보훈적 내러티브에 기인한다고 밝힌다.47) 반공궐기대회, 무장공비침투사건이나 '나는 공산당이 싫어요'와 같은 구술전승, 빨갱이에 대한 공적인 차별, 그리고 민간단체들이 세워놓은 충혼탑비와 같은 것들이 대표적인 예라고 할 수 있다. 특별히 •이러한 기념적 공간은 보훈의 의미를 반공이라는 이념 위에 세우는 공간으로 남한의 내집단의 정체성을 반공을 보훈에 덧입힌 집단적 기억체인 것이다. 안타깝게도 이렇게 전승된 기억은 세대를 거듭하면서 변형이 어렵게 되고 외집단에 대한 편견을 만들어낸다. 따라서 공동체적 기억의 평화적 전환 없이 남과 북의 화해는 그 지속성을 유지할 수 없다.

추모는 적대적 기억을 평화적으로 전환시킬 수 있는 실행적 요소라고 할 수 있다. 추모(anamnesis)란 과거의 악행에 대한 망각(amnesia)을 거부하고 적극적으로 기억함으로써 그것으로부터 배우려는 공동체적 행위다.48) 기억하지 않음은 동일한 행위의 반복을 배태하지만 기억하는 것은 공동의 인식을 키우고 새로운 관계확립을 돕는다. 이러한 점에서 공동체적 기억과 내러티브 진실은 불가분의 관계에 놓이게 된다. 왜냐하면, 과거에 대한 기억이 현재의 평화적으로 전환되기 위해서는 내러티브라는 도구가 필요하며, 내러티브는 공통된 기억을 자양분 삼아 발전되기 때문이다.

남북의 갈등에서 우리는 무엇을 어떻게 기억하고 추모해야 하는가? 우선 전쟁에 대한 기억을 적대적 내러티브에 기반한 갈등의 기억으로부터 '우리성'(we-ness)을 지향하는 포함적 내러티브로 전환시키고 기억해야 한다. 전쟁은 남과 북의 군사적 대결일 뿐만 아니라 남북민들이 함께 희생되는 민족적 참사로서 다시는 일어나지 말아야 한다. '우리'는 다시 회복되어야 할 공동체이며 평화는 전쟁이라는 수단이 아닌 평화적 수단으로만 이루어질 수 있음을 기억해야 한다. 또한, 지난 70년 동안의 분단의 역사를 민족적 비극으로 함께 기억하고 남북한의 갈등상황에서 희생된 이들을 기념하는 행위도 필요하다. 물론, 이러한 기념의 작업은 지속으로 존재해 왔다. 그러나 이러한 기억의 행위는 대부분 이데올로기적 반공주의와 분단의 트라우마를 재생산하는 기억이었음을 인정해야 한다.[49]

추모의 작업은 적대성의 기억과 언어의 해체를 요구하며 다시 기억하기의 과정을 필요로 한다. 추모의 과정은 교육의 과정이고 통일교육은 이 해체와 다시 기억하기를 위한 도구라고 할 수 있다.

V. 맺음말

본 연구는 남북한 적대성의 평화적 전환을 위한 과제로서 최대주의 남북화해를 주장하고 그 가능성과 요건들을 서술했다. 진실과 정의, 인정과 신뢰, 사과와 용서, 공동체 기억이라는 네 가지 요소들은 화해를 제도적 변화와 정치적 협상으로만 여기지 않는다. 물론 통합적인 관점에서 제도와 정치적 합의는 남북화해의 일차적인 조건이다. 대다수의 학자들이 주장하듯, 평화프로세스에서 합의된 내용을 철저히 이행하려는 의지가 화해의 첫 걸음이기 때문이다. 그러나 남북의 실질적인 관계변화를 고려하는 최대주의 관점에서 남북의 화해는 더 근원적인 행위들을 요청한다. 이 연구에서 살펴본 네 가지 요소들은 남북이 함께 전쟁과 전쟁 이후 분단의 체제에서 깊이 뿌리내린 분단적대성의 원인을 규명하고 그것들을 회복적 방향으로 전환시킴으로써 남북민들의 연합과 화해, 그리고 치유의 과정으로까지 나아 갈 수 있는 사회적 과제를 요청한다. 이 과제는 갈등에 기반한 남북의 정치사회메커니즘을 변화시키는 장기적인 정책과 교육을 필요로 한다.

자유주의적 입장에서 최대주의 남북화해는 다소 비현실적인 접근방식이라고 평할 수도 있다. 남과 북 사이에 물리적인 교류가 부재한 상황에서 최대주의적 프로세스는 현실성이 없다는 근본적인 비판은 여전히 가능하다. 그럼에도 불구하고 필자는 우리 안에 있는 분단의 트라우마와 북한정권, 그리고 북녘의 동포들에 대한 맹목적 부정성과 적대감을 전환시키는 일이 시급한 과제임을 주장한다. 화해는 결코 단기간에 이루어질 수 없고 어쩌면 분단의 시간보다도 더 오랜 시간동안 서로의 이해하고 아픔을 치료해야 하는 과정이 될 것이다. 지금부터 이러한 화해의 과정을 미리 준비하지 않으면 포스트-통일의 시대에는 사회적으로 더 큰 혼란을 초래하여 남북민 사이의 집단적 고질갈등으로 발전할 가능성이 매우 크다. 따라서 지금부터라도 적극적인 화해의 과정을 통해 모두의 모두로부터 모두에 의한 평화적 공존을 위해 준비해야 한다.

11장 ─────────────────────────────

상호의존론과 남북관계

이중구

Ⅰ. 문제의 제기

북한의 핵개발에 따른 국제제재로 상징되는 국제적 고립과 대조적으로, 김정은 시기 북한은 병진노선 선포 이후 자본 및 기술 도입 위해 대외경제관계 확대를 모색해 왔다. 북한이 지정한 27개 지역의 경제개발구 가운데 22개 지역이 김정은 시기에 지정한 경제개발구이다. 기존에 경제특구로 지정되어 있던 라선, 신의주, 개성, 원산·금강산, 황금평·위화도 5곳에 더해 22개의 지방급 경제개발구를 더한 것이다. 구체적으로 보면, 2013년에 13곳의 지방급 경제개발구가 발표되었고 2014년 7월에 6곳에 추가되었으며, 2015년 1월에 경제개발구의 개발사업을 본격적으로 추진하겠다는 입장을 밝힌 이후에도 무봉, 경원, 강남 등 3개소의 경제개발구가 추가적으로 지정되었다.[1]

더욱이, 2013년 3월 병진노선의 경제발전 구상에서도 대외무역을 다각화, 다양화할 것과 함께, 원산, 칠보산지구 등의 관광을 활성화하고 특색있게 각도의 경제개발구를 발전시킬 것이 요구되었었다. 이처럼 대외경제교류의 확대는 김정은 시기 경제건설노선의 주요 내용 중의 하나였다. 이 점은 2016년 5월의 7차 당대회에서도 확인되었는데, 사업총화보고에서 김정은 위원장은 대외무역을 확대 발전시키며 경제개발구의 투자환경을 유리하게 보장하고 관광을 활성화할 것을 다시 주문했었다. 그 이후, 이 가운데 하나인 관광 활성화 노력도 경제집중노선 채택 전후 활발히 진행된 원산, 양덕, 삼지연지구 건설을 통해 역점적으로 추진되었다.

현재는 대북제재로 인해 북한의 대외경제관계가 축소되어 있어 그 효과를 실증적으로 검토하기 위한 조건이 성립되어 있지 못하지만, 북한이 대외경제관계를 확대하면 특유의 호전성이 약화될지는 경제적 상호의존론과 관련된 중요한 질문이다. 앞서 햇볕정책 시기에 남북간의 교역이 확대되면 한반도 긴장도 더 완화될 수 있다는 논리가 등장했었으나,[2] 6자회담의 중단과 한국의 정권교체 및 대북정책 변화에 따라 그 명제를 증명할 여건이 마련되지 못했었다. 그럼에도 불구하고, 2018년의 북미 비핵화 대화의 재개로 인하여, 남북간의 경제협력과 교역을 통한 한반도의 평화구축의 논의가 다시 등장할 수 있으리라는 기대가 재등장했다.

이처럼, 남북경제협력이 한반도의 평화를 가져올 수 있는 수단이냐는 남북관계와 관련된 오랜 정책적·학술적 논쟁의 주제였다. 경제평화론의 안티테제로 경제무용론도 제기되어 왔다. 북한에 대한 경제협력은 북한의 잘못된 행동에 대한 보상으로 인식될 우려가 있으며, 북한의 도발을 중단시키는 데에는 포용보다 적절한 제재나 무시가 더 유용하다고 주장되기도 했던 것이다. 향후 한반도 평화 증진을 위해 필수불가결한 남북경제협력의 잠재적 효과를 이해하기 위해서는 이러한 문제에 대해 고찰해보려는 노력이 필요하다.

II. 상호의존론과 평화구축

이 절에서는 경제적 상호의존론의 국제정치적 영향에 대한 이론적인 논의를 살펴보고, 그 함의가 일반적으로 어떠한 영역에 적용되어 왔는지를 설명해보고자 한다. 이를 통해 북한의 행태를 이해함에 있어서 상호의존론이 어떠한 길잡이 역할을 할 수 있을지 가늠해볼 수 있을 것이다.

1. 핵심 내용

잘 아다시피, 칸트적인 전통에서는 경제적 상호의존을 항구적인 평화를 가능하게 하는 메커니즘의 하나로 이해하였다. 칸트(Immanuel Kant)는 자신의 저서인 『영구평화론』에서 세계평화를 유지시키는 요인으로 민주주의, 국제법·국제기구와 더불어 경제적 상호의존을 제시했고, 국가 간의 경제적인 상호의존이 국제협력 및 이해를 촉진시키고 국가 간의 갈등과 오해를 줄여줄 수 있다고 설명했다.3) 또한 영국의 맨체스터 학파도 경제적 상호의존론의 또다른 뿌리이다. 19세기 상반기 곡물법 폐지 이후에 방직산업의 중심지였던 영국 맨체스터를 중심으로 자유무역의 정당성과 이론적 근거가 확대되었는데,

이들 맨체스터 학파는 자유무역이 상호의존을 늘려 국가 간의 전쟁을 줄일 수 있다고 주장했다.[4] 경제적 상호의존은 전쟁으로 인한 비용을 증대시키는 역할을 하는데, 전쟁은 무역을 통한 이익을 축소시키기기 때문에, 경제적 상호의존은 국가들로 하여금 전쟁을 기피하는 영향을 준다는 것이다.[5] 이러한 논리는 현대 국제정치학의 자유주의자에 의해 계승되었다.

반대로, 경제적 상호의존은 분쟁을 더욱 증대시킨다는 관점도 존재한다. 맑스주의적 관점의 연구들이 이러한 결론을 지지했는데, 여러 나라의 무역확대 노력은 시장과 자원을 둘러싼 국가 간의 갈등으로 귀결된다고 본다. 이러한 관점은 오늘날에도 적용될 수 있는데, 베츠(Richard Bettes)는 1990년대 초의 시점에서 중국이 경제적 초강대국이 된다면 미국에는 구소련의 군사적 위협을 넘어서는 심각한 도전이 될 것이라고 지적했다. 상호의존은 세력분포의 불확실성을 증대시키고, 분쟁과 갈등으로 이어진다는 것이 그의 전망이었다.[6]

아울러, 국제적인 상호의존 관계의 확대는 여러 영역의 국제체계를 제도화함으로써 약소국의 협상력을 증대시킬 수 있다는 상호의존 관계에 대한 이론도 1970년대 이래 등장해 왔다. 1970년대 이래 국제무역의 확대와 자본의 초국경 이동, 국가 간의 기술이전이 본격화되고 오일위기로 경제적인 수단이 강조되기 시작한 것을 배경으로,[7] 국가 간의 상호의존관계에 본격적으로 관심이 기울여지기 시작한 결과이다. 그에 따라서 상호의존의 국제정치체계가 갖는 특성으로 외교정책과 국내정책의 구분 약화, 국제정치 행위자의 다변화, 비군사적 쟁점의 부상, 권력의 영역간 비대체성, 군사력의 비효과성, 국가자율성의 약화, 국가이익의 가변성 등이 지적되었다.[8] 특히, 상호의존이 가져온 국제정치적 결과에 대하여, 하스(Ernst Haas)는 상호의존의 확대로 국제관계가 더욱 복잡해짐에 따라 국가 내부문제에 대한 국제적 간섭이 확대되고, 강대국에 대한 약소국의 협상력도 강화될 수 있다고 역설했다. 이 시기의 상호의존에 대한 관점을 보여주는 연구로는 1977년 코헨(Robert O. Keohane)과 나이(Joseph S. Nye)가 발간한 『권력과 상호의존』(Power and Interdependence)의 시각이 대표적이다.[9]

이들은 국가 간의 상호의존은 대칭적이기보다 비대칭적인 것이라고 지적하고, 상대국과의 교역관계에 더 의존하는 나라는 상대국의 요구를 수용하게 될 것이라는 데 주목했다. 이러한 시각에서 나이와 코헨은 민감성과 취약성의 핵심개념을 제시했는데, 민감성(sensitivity)은 상호의존 관계의 단절이 가져올 직접적 충격을 의미했고[10] 취약성(vulnerability)은 그 충격에 대한 대응능력이 부족한 정도를 뜻했다. 상호의존 관계에 대한 민감성이 크더라도 취약성이 작으면 한 나라는 상호의존 관계의 단절이 몰고 올 파장을 극복할 수 있지만, 취약성이 크면 한 나라는 다른 나라와의 관계 단절이 몰고 올 피해를 방지할 수 없기 때문에 양자관계에 있어 상대방에게 주도권을 허용할 수밖에 없다는 것이 그들의 핵심요지였다.[11] 즉, 관계의 주도권은 상호의존에 대한 취약성이 결정한다는 것이다. 참고로, 상호의존 이론은 복합적 상호의존과 국제레짐(international regime)의 개념도 파생시켰다. 상호의존 관계에서는 국가들의 협력을 증대시키기 위한 원칙, 규범, 규칙, 의사결정 절차들로 구성되는 국제레짐이[12] 존재하기 때문에, 이를 활용하여 복잡한 상호의존 관계에서 민감성과 취약성이 작은 약소국들이 강대국들을 이끌어갈 수 있다는 주장의 토대가 된 개념이다.[13]

2. 적용 분야

상호의존론의 대표적인 적용분야는 교역과 평화의 관계이다. 많은 학자들이 경제적 상호의존은 평화를 증진시킬 수 있다는 주장을 실증하기 위한 노력을 기울어져 왔다. 초창기 연구로서 월런스틴(Peter Wallensteen)은 1920~1968년 사이에 강대국 간에서는 상호의존의 결과로 분쟁이 감소했다고 주장했고,[14] 그 이후에도 여러 연구들이 자유주의적 주장을 뒷받침했다. 100년에 걸친 시기의 국제정치 기록을 통해 경제적 상호의존이 분쟁을 줄이는 효과가 있었음을 보인 오닐(John Oneal), 러셋(Bruce Russet), 버바움(Michael Berbaum)은 물론,[15] 가르츠크(Erik Gartzke) 등의 논문을 동일한 범주의 연구로 분류할 수 있다.[16] 폴라첵(Solomon Polacheck)과 가소로브스키(Mark Gasiorowsk)는 무역량과 무역의 경제적 중요성이 커지면 분쟁이 감소된다고도 주장했다.[17]

하지만 흥미롭게도 경제적 상호의존과 국제적 평화 간의 관계에 대한 검증결과를 바탕으로 반론이 제기되기도 했다. 특히, 바비에리(Katherine Babieri)는 경제적 상호의존과 군사적 분쟁은 무관하다는 연구결과를 내놓았다.[18] 나아가 그녀는 전통적 논의와 반대되는 방향에서 경제적 상호의존이 증가하면 국가 간의 분쟁이 오히려 늘어날 수 있다고도 주장했다. 국가 간의 동등하고 대칭적인 상호의존은 평화를 증진할 수도 있다는 점을 인정하기는 하지만, 그러한 긍정적 효과마저도 상호의존의 규모가 확대되면 사라진다는 것이다.[19] 이러한 반론적 주장들은 그렇다면 왜 국가 간의 교역이 평화를 증진시키지 못하는가에 대해서도 답해야 했는데, 그러한 이유는 낮은 수준의 분쟁이 오히려 무역협상에 도움이 되는 경우도 있고 교역중단 시 대

체수입국을 찾는 것이 어렵지 않은 일이라고 답해졌다.[20)

　교역평화론의 여러 변용들도 존재했다. 경제적 상호의존이 평화를 가져올 수 있는 조건이 구체화되거나, 평화를 가져오는 이유가 재해석되어 왔다는 것이다. 우선, 평화를 가져오는 교역의 모습에 대하여 대칭성과 성장추이가 강조되었는데, 국가 간 교역량이 대칭적일 때에야 평화구축의 효과가 있다는 주장이다. 또한 코퍼랜드(Dale C. Copeland)는 미래의 기대교역량을 평화의 유지와 관련된 요인으로 강조했다.[21) 뿐만 아니라, 가르츠크는 경제적인 자유가 국제적인 평화를 증진시키는 요인이라고 강조했다. 경제적인 자유가 존재한다는 조건 하에서야, 전쟁이 그로 인한 시장활동 정지와 생산의 비효율화로 인한 경제적 비용으로 연결된다는 주장이었다.[22)

Ⅲ. 상호의존론을 둘러싼 대북정책 논쟁

1. 남북경제협력과 한반도 평화의 연관성 주장

　상호의존론이 한반도 평화구축 노력에 적용될 수 있다는 주장은 김대중 행정부 시기 햇볕정책을 정당화하는 과정에서 제기되었으며, 남남갈등의 맥락에서 이 주장은 정치적 수사를 넘어서 정책적 중요성을 가지게 되었다. 한국의 남북경제협력 노력이 상호의존론의 예측과 달리 북한의 변화로 인한 한반도 긴장완화로 이어지지 못한다면, 햇볕정책의 지속적인 추진을 정당화하기 어려웠다. 물론, 탈냉전 초기인 1990년대 북한의 통미봉남 정책을 기존의 정경연계 정책과

선(先) 남북대화 정책으로는 돌파하기 어려웠던 배경에서, 햇볕정책은 남북관계 진전을 위한 타개책으로 기여했다. 남북관계를 진전시키기 위해서는 남북경제협력을 정경분리 방식으로 추진해갈 수 있다는 입장을 밝혀, 북한이 남북대화를 통해 실리를 얻을 수 있게 허용한 것이다. 또한 한국은 한반도의 평화를 위해 북미관계 개선도 고무하고 북한이 국제적 고립을 탈피할 수 있도록 적극적으로 조력했다. 김대중 대통령은 남북대화 노력을 설명하면서, 한반도 평화를 위해서는 남북관계 개선만으로는 부족하기 때문에 미국, 일본 및 여러 서방국가와 북한의 관계개선을 촉구하고 있다고 밝혔다.23) 이러한 한국의 대북정책 전환은 미국의 대북관여 정책 발전과정과 궤를 같이 하여, 1993년 북핵 1차위기 이래 멈추어져 있던 한반도의 변화를 재개시켰다.

이러한 정책적 노력을 뒷받침하기 위하여, 남북경제협력과 한반도 평화 간의 상관관계에 대한 연구가 이루어지기도 했었다. 우선, 2000년부터 2006년까지의 남북관계를 대상으로 한 이석의 연구가 있다.24) 이석은 햇볕정책에 대한 경제평화론과 경제무용론 간 논쟁점 중 하나인 한반도의 평화증진 여부를 '남북한 간의 일반교역을 통한 무역수지 변화액'과 '북한의 도발행태를 반영하는 한반도 평화지수(Korea Peace Index: KOPI)'으로 구성된 이항 자기회귀모형(bivariate autoregressive model)의 결과를 통해 확인하고자 했다. 그 결과, 남북교역과 한반도 평화의 상관관계는 시기에 따라 변동되는 모습을 보였다. 즉, 2000~2002년 10월 이전의 시기에는 남북교역과 한반도 평화 간에 상관관계가 있었으나, 북핵 2차위기가 발생한 2002년 10월 이후의 시기에는 남북교역과 한반도 평화 간의 상관관계가 매우 약해졌다는 것이다. 이러한 결과를 해석함에 있어 이석은 연구결과가 경제평화론을 부정하기보다는 북핵 2차위기의 발생과 같은 외부적 사건의 영향을 보여주고 있다고 언급했다. 남북교역의 평화증진 효과가 크게 약화된 기점인 2002년 10월은 미국 국무부의 켈리 차관보의 방북으로 북한의 우라늄농축 문제가 불거진 시점이라는 점에서, 연구결과는 북한이 켈리의 방북 이후 한반도 정세가 악화됨에 따라 긴급한 안보문제 대응에 남북교역의 손해를 덜 고려하게 되는 모습을 보여준다.

이러한 해석은 북핵 2차위기 이전에는 경제평화론이 작동했다는 점을 나타내는 것이기도 한 동시에, 남북교역의 평화적 효과는 북한 당국의 정치적 판단에 좌우된다는 경제무용론의 시각에도 부합한다. 결국 국제적 분쟁 시에는 정치적 변수가 국제교역보다 중요해진다는 것이다. 다음으로, 주성환·김진수의 연구 역시 햇볕정책과 남북한 분쟁 간의 관계를 검증하고자 했다.[25] 이들은 1989년에서 2005년 사이의 남북교역과 남북평화를 검토한 결과, 남북교역의 내용에 따라서 교역−평화 간의 관계가 나타날 수도 있고 그렇지 않을 수도 있다고 주장했다. 이들의 연구에 따르면, 일반교역이 늘어나면 남북 간의 분쟁이 감소하지만, 위탁가공교역은 분쟁 증감과 무관했던 것이다. 다만, 이 연구는 나름대로는 자의성을 벗어나 엄밀하고 객관적인 연구를 지향했음에도 불구하고, 두 변인 간의 관계를 확인하는 데 단순한 통계분석 방식을 사용했다는 점이 한계로 지적되기도 했다.[26]

덧붙여, 한반도 내의 상호의존과 평화증진의 관계에 주목하려는 글로서 조민과 김연철의 연구도 있다. 조민은 평화경제론의 이론적 근거로 자본주의평화론을 제시하고, 남북교역관계 하에서 남북한이 확전을 자제했었던 사례를 강조했다. 1999년과 2002년의 2차례 서해교전이 대규모 전쟁으로 확대되지 않았던 이유는 북한이 금강산

등 남북경제협력에 대한 기대로 인해 확전을 자제했기 때문이라고 보았던 것이다. 한편, 김연철은 개성공단에 주목했다.[27] 개성공단이 평화사업으로서의 성격과 경제협력사업의 성격을 모두 가지기 때문에 그 발전여부가 한반도 평화경제의 향배를 보여줄 것이라고 주장했다.

이후 북한의 제2차 핵실험과 천안함 사건 등 남북관계의 악화와 더불어 남북경제평화론의 입지는 약화되어 왔지만, 북한의 국제교역과 대외분쟁 간의 상관관계를 찾으려는 시도는 계속 되었다.[28] 일례로 오종문(2019)은 1970년부터 2015년 사이 북한의 특정국 간의 관계를 검토하여, 경제적 상호의존과 군사분쟁 간에 상관관계가 존재한다고 주장했다. 회귀분석 결과를 통해 군사분쟁이 발생하면 경제적 상호의존이 축소되고, 경제적 상호의존이 확대되면 군사분쟁이 줄어들 확률이 통계적으로 보여진다고 설명했다. 다만, 이 연구는 남북교역보다는 북한의 대외경제관계를 폭넓게 다루었다. 이를 통해 경제적 상호의존이 높아 군사분쟁 수준이 낮은 사례로 북중관계와 북러관계를 제시했다.

다시금 평화경제론의 입지가 강화된 것은 북미 비핵화 협상이 모색된 2018년 이후이다. 특히, 하노이 회담 이후의 북미협상 교착 국면에 한반도정세가 다시 영향을 받자, 비정치적인 요소를 통해 한반도의 평화를 보완하기 위한 접근방법에서 평화경제론의 가치가 재발견되었다. 대표적으로, 서보혁은 평화와 경제의 선순환 관계를 구축하기 위해 남북한의 협력방향을 제시했고, 선순환 관계 구축의 가능성을 지닌 구체적인 남북협력 분야로는 육상·해양협력을 언급했다.[29] 그 연장선에서, 임해용·서보혁은 역시 평화와 경제의 선순환으로 이해되는 평화경제 개념의 이론적 위치를 밝혔다. 평화경제론을 '분쟁 후 국가의 평화구축'을 위한 이론틀 안에서 분쟁 후 평화구축과정의 개념으로 보아야 한다고 지적한 것이었다.[30]

2. 남북경제협력과 한반도 평화의 무관성 주장

한편으로, 남북한 간의 경제협력 등 비정치적 협력이 한반도의 평화와 무관하다는 비관론도 팽배했다. 이 시각에서는 북한의 대외정책이 한국의 대북경제협력 노력만이 아니라 한미 양국의 외교적 관여노력과도 무관하게 북한 내부의 사정이나 정치적 목표에 의해서 지배된다고 본다. 북한의 대남정책 목표가 한반도의 공산화와 같이 공세적인 것이기 때문에, 한국의 대북지원이나 포용정책에 북한은 호응하기보다는 대남도발이나 사회혼란 유도의 기회로 활용할 가능성이 있다는 것이다. 북한이 2000년 남북정상회담 이후 보인 행태에 대하여, 고의로 남남갈등을 유발하여 체제유지에 활용하려는 의도를 반영한 것이라는 관측이 있었다. 당시 북한이 경제적 실리 등 절대적 필요 때문에 남북대화를 진행하고는 있지만, 남북관계 진전이 체제 내부의 이완을 가져올 수 있기 때문에 이를 극복하기 위한 체제유지 노력으로서 남남갈등 유발 노력을 하게 된다는 지적이다.[31] 또한 북한의 대남 군사도발도 체제유지를 위한 수단의 하나가 될 수 있다고 간주되었다. 연평해전과 NLL 침범 등을 통해 북한은 남남갈등을 유발하고 체제결속에 도움이 되는 위기의식도 고조시킬 수 있기 때문이라는 것이었다.

아울러, 군사문제에 과도하게 안보화된 북한체제의 특성상 남북한 상호의존의 효과를 기대하기 어렵다는 지적도 있었다. 특히, 김대중 행정부의 햇볕정책과 노무현 행정부의 평화번영정책이 추진되던 시기는 김정일이 선군정치를 표방하고 있던 때이기 때문에, 북한체제가 군사문제에 우선순위를 두는 상황에서는 대북관여와 경제협력 노력은 한계를 가진다는 지적이었다. 단순히 북한 군부가 개혁개방에 반대한다는 이유가 아니라 체제안전을 위해 군사분야에 "모든 자원을 우선 배정"하는 상황에서 남북대화와 경제협력으로 북한을 긴장완화 국면으로 이끌어내기 어렵다는 이유였다.[32] 이러한 지적과 맞닿을 수 있는 논의로서 북핵 2차위기로 국가자원을 군사문제에 우선 배정하는 형태의 안보화가 북한에서 이루어진 것은 2003년이며, 이를 기점으로 미국의 대북정책에 대한 북한의 반응 양상이 변화했다는 연구도 존재했다.[33]

나아가, 2000년대 초중반의 대북 포용정책이 충분한 성과를 얻지 못하면서, 한국의 대북정책에서 상호성이 부족하다는 비판이 제기되었다. 한국이 취한 우호적 행위에 상응하는 우호적 행위를 북한이 취하지 못했다는 비판인데, 대북포용정책이 '퍼주기 식' 시혜적 정책이었다는 지적의 핵심이었다.[34] 이러한 논의에서 북한의 상호성이 부족했던 이유로는 평양이 한국의 대북정책을 우호적인 것으로 이해하지 않고 상응하는 우호행위를 할 여력도 없었다는 점이 꼽혔다. 2000년 남북정상회담 이후에 약화되기는 했지만, 북한은 햇볕정책을 북한체제의 개혁개방을 유도하고 자유민주주의를 전파하기 위한 것으로 의심했고, 추후 자신들에게 유리한 정책임을 인식하기는 했지만 이산가족 상봉, 부산아시안게임 참가 등 낮은 수준의 우호적인 태도만을 보였다는 것이다.

덧붙여, 햇볕정책 추진 1–2년의 짧은 시기를 제외하면, 남북관계의 국제적 조건은 북미대립과 북핵위기였기 때문에, 한국의 대북경제협력과 대북지원 노력이 안보 외부재(security externality) 효과로 한국의 안보를 훼손시켰고 비판될 수도 있었다. 안보 외부재 효과란 국제무역이 상대국의 경제력과 군사력을 성장시켜 오히려 자국에게 안보위협으로 돌아올 수 있다는 개념으로서, 그 때문에 자유무역은 상대국의 자국에 대한 안보위협이 낮아야 가능함을 시사한다.[35] 이러한 안보 외부재 개념은 한국 대북포용정책의 후퇴를 설명해준다. 특히, 안보 외부재의 논의를 증명하듯이, 2010년 천안함 사건을 계기로 한국의 독자적 대북제재가 시행되었고, 2016년 북한의 4차 핵실험을 이유로 남북한 경제협력의 핵심인 개성공단까지 폐쇄되었다.

Ⅳ. 남북한 상호의존과 남북·북미관계

1. 남북한 상호의존과 남북관계

상호의존론 혹은 한국의 대북관여정책의 효과는 북한의 대남적대 인식 약화로 확인해볼 수 있다. 상호의존론으로 남북관계를 설명할 수 있다면, 남북한 간의 교역의 증대 혹은 한국의 대북포용정책에 따라서 북한이 한국에 대한 도발을 자제하거나 한국에 관한 공격적인 태도를 완화했을 것이다. 이와 관련하여, 남북한 상호의존의 수준이 본격적으로 북한의 대외정책에 영향을 미칠 수준에는 아직 미치지 못했었을 수도 있기 때문에, 한국의 대북관여 정책도 북한의 도발자제에 영향을 미칠 수 있는 요소로 검토하는 것이 필요하다. 향후 남북협력관계를 구축해가겠다는 한국의 관여정책에 북한이 호응하여 보다 평화적 태도를 보인다면, 북한은 남북협력관계를 선호한다고 할 수 있다. 그리고 이것은 남북대립으로 인한 비용을 북한도 원하지 않는다는 점을 의미하는 것이 된다. 대북포용정책의 긍정적 효과는 남북관계에 상호의존론이 적용될 수 있는 조건을 확인하는 효과를 갖는데, 북한이 남북협력을 선호한다는 조건 내에서 남북한 상호의존을 통해 협력의 이익과 대립의 비용을 더욱 높이는 것이 북한이 한반도의 군사적 갈등을 회피하려는 입장을 강화시키는 방편이 될 수 있을 것이기 때문이다. 덧붙여, 이후의 내용에서는 북한의 대남인식을 북한 공식 담론의 언급추이를 통하여 파악하였다(<그림 11-3>).[36] 북한이 공식 매체에서 한국에 대하여 괴뢰, 호전광 등의 언사를 쓰는 것은 대남 적대적 태도를 보여주는 증거들이다.

<그림 11-1> 남북한 교역액(2000-2019)

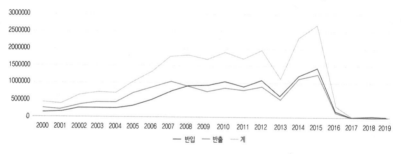

출처: 통일부, "남북 교역 추이"; <http://www.index.go.kr/potal/stts/idxMain/selectPoSttsIdxSearch.do?idx_cd=1698&stts_cd=169801&freq=Y> (검색일: 2021년 4월 19일)

참고로, 남북경협은 개성공단이 완공된 2005년을 계기로 확대되었으며, 한국의 대북관여정책은 한국의 집권당 교체와 궤를 같이 했다고 보면 될 것이다. 우선, 경제협력은 <그림 11-1>을 보듯이 2005년경부터 증가세가 확대되었는데, 2005년은 개성공단에서 상품이 출시되기 시작한 해였다. 이후의 남북교역액의 증가세 역시 개성공단의 생산액 증감 추이를 반영하였다. 2013년 개성공단 중단으로 인해 개성공단 생산액이 줄어들자 2013년의 남북교역도 대폭 감소했던 것이다. 다음으로, 한국의 대북포용정책은 한국의 대선과 정권교체 시기를 기점으로 남북협력 우선의 관여정책이 추진된 시기를 파악할 수 있다. 민주당이 집권했던 1998년 이후 2007년 말까지, 그리고 민주당이 재집권한 2017년 5월 이후의 시기가 한국의 북한에 대한 우호적 관여정책이 추진되었던 시기였다.

〈그림 11-2〉 개성공단 생산액(2005-2015)

(단위: 만 달러)

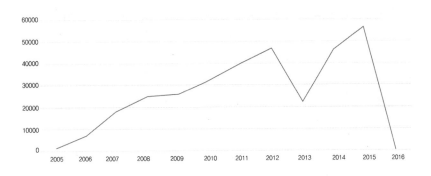

출처: 국립통일교육원, 『2021 통일문제의 이해』(서울: 국립통일교육원, 2021), p. 78의 내용을 재정리하여 작성.

이러한 요인을 고려한 바탕에서, 이 시기 북한의 대남 적대인식의 추이를 살펴보면, 한국의 대북관여정책이 추진되었던 시기에 북한의 대남적대인식이 완화되는 경향이 있었음을 알 수 있다(<그림 11-3>). 이러한 추세는 너무나 뚜렷하여 증명하기 위한 통계가 따로 필요없

어 보인다. 남북정상회담이 이루어진 2000년을 기점으로 한국을 "괴
뢰"로 규정하는 북한 특유의 언사가 해당 자료인『로동신문』의 "월
간국제정세개관(이하 개관)" 시리즈에서 사라졌었고, 이러한 대남비판
은 한국에서 보수정권이 재집권한 2008년에 다시 나타났다.[37] 그리
고 문재인 정부의 대북관여정책 본격화와 더불어 한국에 대한 "괴
뢰" 언명은 다시 사라졌다. 이점은 한국의 대북관여정책을 북한이 남
북 간의 비적대적인 관계의 조건으로 이해하고 있음을 보여주는 것
이다. 특기하게도, 이러한 추세에 따르면, 경제적 상호의존론에서 논
의되어온 바와 달리 남북한 간의 경제적 교역·교류 자체는 북한의
대남태도 변화를 결정하는 요소라고 보기 어려워 보인다.

〈그림 11-3〉 북한의 대남적대인식 추이(1993~2019)

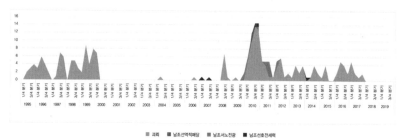

주:『로동신문』"월간국제정세개관" 시리즈의 분기별 대남비판 언급 빈도를 정리하
　여 작성하였음.

　경제적 상호의존의 효과가 보여진다면, 남북교역의 증대에 따라
북한의 대남인식이 호전되는 양상도 나타나야 했을 것이지만, 2005
년과 같이 남북교역 전망이 확대된 해에 북한의 대남태도에서 특별
한 변화가 나타나지 않았다. 역으로, 2010년과 같이 남북교역액이 성
장세를 지속하고 있음에도 불구하고, 천안함 사건과 연평도 포격과

같이 탈냉전기 이래 가장 높은 수위의 대남도발이 이루어진 경우도 있었다.

특히, 흥미로운 것은 한국 정부의 대북정책에 따라서, 남북 상호의존이 북한의 온건한 대남정책의 요인이 되기도 하고 갈등적 정책의 요인이 될 수 있다는 점이다. 한국이 포용정책을 펼 때에는 북한은 우호적인 남북관계를 유지하는 것이 경제협력의 요인이 되기 때문에, 남북경제협력이 유지되는 조건에서 북한이 그렇지 않던 시기(개성공단 패쇄 시기)에 비해 한국에 대해 적대적 태도를 덜 보이는 경향이 있다(<그림 11-4>). 반면, 한국이 보수적 입장에서 원칙적인 상호주의 대북정책을 펼 때에는 북한은 남북 경제적 교류협력 규모가 클 때(개성공단 유지 시기)에 오히려 보다 갈등적인 태도를 보인 바 있었다. 한국의 엄격한 상호주의 대북정책 하에서는 남북경제협력이 압박의 수단이 될 수 있고, 그에 따라 북한의 한국에 대한 불만이 확대되었던 것이 아닌가라는 연구가설도 세워봄직하다.

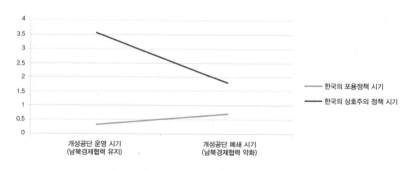

〈그림 11-4〉 한국의 대북정책, 개성공단 운영 여부와
북한의 대남적대태도

주: 그림의 숫자는 해당 시기 중 '개관'에서 "괴뢰", "남조선호전광" 등 대남비판이
분기별로 언급된 평균 횟수를 의미

2. 남북한 상호의존과 북미관계

남북한 간의 상호의존론 효과로 명확하게 남북관계의 변화의 원인을 단정하기 더욱 어려운 이유는 한반도의 평화와 번영이 남북관계만으로 결정되지 않기 때문이다. 남북경제협력은 미국과 국제사회의 제재와 연결되어 있다. 그 때문에, 북한이 대남도발을 피한다고 해서 경제적 제재를 방지할 수 있는 것이 아니다. 즉, 북핵문제로 인한 국제제재와 미국의 압박으로 남북한 상호의존의 혜택이 중단될 수 있었다. 이러한 복잡한 상황에 대한 북한의 시각은 민족자주, 외세배격의 주장으로 드러나왔다. 예컨대, 하노이 회담 전후 북한은 남북경제협력을 가로막는 "외부 세력의 간섭과 개입을 절대로 허용하지 않을 것"이라는 입장을 밝힌 바 있다. 북한의 관점에서 미국의 제재로 인한 남북경제협력의 축소나 중단에 대처하기 위해서는 미국의 대북정책에 대한 불만과 항의를 표출하는 방향으로 행동해야만 했다. 남북경제협력이 북한의 미국에 대한 불만표시를 자제시키는 요인이 되기 어렵다는 것이다.

간단한 참고사항으로, 탈냉전기 미국의 대북정책 변수는 미국이 북한에게 우호적 관여를 한 시기와 압박정책을 편 시기로 구분될 수 있다. 북한에 우호적 관여를 한 시기는 북미관계가 상대적으로 양호했던 시기로서 2005년 연초에서 가을까지의 시기와 2007~2008년, 그리고 2018~2019년이다. 한편, 미국의 압박정책이 전개된 시기는 2005년 겨울부터 2006년, 2009년부터 2017년까지로 볼 수 있다.

이러한 시기에 걸친 북한의 대미비판 수준을 간단히 살펴보면 (<그림 11-5> 참조), 남북경제협력 노력이 본격적으로 전개되던 2000년대에 걸쳐진 시기에 오히려 북한의 대미비판 수준이 높음을 알 수 있다. 이것은 남북경제협력 증가세와 무관하게 북미 간의 갈등과 대립에 의한 북한의 대미적대 태도의 강화현상이 발생했다는 점을 의미하기도 한다. 특기하게도 북한의 전략도발로 미국의 제재노력이 본격화되기 시작한, 개성공단이 폐쇄된 2016년 이후의 국면에서도 대미비판 빈도가 전체적으로 낮은 수준을 보여주고 있다. 이점은 남북경제협력이 축소되었을 때 북한의 미국에 대한 불만이 덜 극적으로 나타난다는 의미로 볼 수 있을 것이다. 동시에 김정일의 사망이후 전반적으로 북한의 대미적대적 태도가 상대적으로 낮은 수준이라는 점에서, 그러한 변화를 냉전관념이 약화된 보다 젊은 세대로의 북한 지도부의 교체 결과로 해석해 볼 수도 있다. 앞으로 북핵문제의 해결에 따른 미국의 대북정책 변화가 이루어진다면, 북미 적대관계로 인한 한반도 평화문제의 복잡성이 완화되면서, 남북한 상호의존의 평화구축 효과도 보다 뚜렷하게 드러날 수 있을 것으로 생각된다.

〈그림 11-5〉 북한의 대미 적대인식 추이(1993~2019)

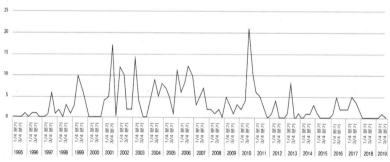

주: 『로동신문』 "월간국제정세개관" 시리즈의 분기별 "미제(美帝)" 언급 빈도를 정리하여 작성하였음.

V. 맺음말

이 글에서는 평화구축과 관련된 경제적 상호의존에 대한 논의를 살펴보고, 그와 관련된 대북정책 논쟁을 설명한 이후 남북한 상호의존과 북한의 대외인식 간의 상관성을 간단하나마 실증적인 방식으로 고찰하였다. 이를 토대로 강조하고자 한 것은 상호의존론을 무조건 남북관계에 적용하거나 배척하기보다 상호의존론의 적용을 위한 조건들을 만들어가려는 균형감각이 필요하다는 것이다. 그리고 그러한 균형감각을 위해서는 향후 연구의 발전 차원에서 '평화경제'에 대한 이론적 탐구와 더불어 비교사례연구가 수행될 필요가 크다. 북한의 '평화경제' 방향의 변화 가능성 '유무'보다는 북한에 '평화경제' 이론이 적용될 수 있는 '조건'을 파악하는 것이 정책연구와 이론연구의 발전을 이끌어내는 데 도움이 될 것이다.

내용을 간단히 요약하면, 칸트의 사상과 영국 자유무역학파를 뿌리로 하는 경제적 상호의존론은 교역과 평화의 관계에 대한 실증적인 연구로 이어지고 있는데, 한반도의 맥락에서는 남북한의 경제협력과 화해가 군사적 긴장의 완화를 낳을 것이라는 2000년대 햇볕정책의 기대와 연결되어 강조된 바 있었다. 다만, 실증적으로 북한의 대남태도에 영향을 준 한국 변수를 파악해본다면, 그것으로는 경제적 협력과 거래보다는 대북포용정책을 꼽아야 할 것으로 보인다. 이처럼 북한이 한국의 포용정책에 반응한다는 점은 북한도 긴장비용을 회피하고자 한다는 것을 의미하는 것이며, 곧 남북관계에 대한 상호의존론의 적용가능성이 전무하지는 않다는 점을 뜻할 것이다. 다만,

한국의 대북정책만으로 한반도의 분쟁상태가 해소되기 어려운 이유는 한반도의 평화가 북미관계와 북핵문제의 영향도 받기 때문이다. 이점에서, 상호의존론을 한반도에 적용하기 위한 노력은 북미관계의 진전은 물론 한미 양국 간의 협력과 조율도 필요로 하는 것이라고 말할 수 있다.

상호의존의 접근법은 미래의 남북관계에서 더욱 뚜렷한 효과를 보일 수 있다. 현재 남북한 간의 경제관계는 북핵문제라는 외부적 요인에 의해 규모가 축소되어 있지만, 김정은 체제가 정권의 정당화와 장기적 체제유지를 위해 대외경제에 김정일 체제보다 더 큰 중요성을 두고 있다면 향후 북핵문제 해결 시 남북경제협력이 한반도의 평화에 미치는 효과는 2000년대보다 더욱 클 것이다. 비록 남북관계 악화가 되풀이된다면 남북경제협력은 한국의 대북압박 수단이 되거나 제2의 퍼주기 논쟁 속에 그 규모가 축소될 가능성이 있지만, 북한이 경제발전을 필요로 하는만큼 경제협력을 저애할 수 있는 충돌의 소지를 방지하기 위한 적극적 군비통제 협상을 추진해나갈 것으로 보인다.

12장

사회 정체성 이론으로 보는 남북관계
- 다큐 '남북미생'을 중심으로 -[*]

엄현숙

Ⅰ. 문제의 제기

현실에 대한 개인의 지각은 사회적으로 구성된다. 그것은 사람이나 사물에 대한 평가가 항상 개인적이고 주관적인 기준에서만 이루어지는 것은 아니기 때문이다. 사회 정체성에는 사회 구성원과 집단의 가치 판단이 개입되어 있다. 이는 20~30대 청년들의 북한에 대한 또는 남북관계에 대한 인식과 원인을 설명한 다음의 연구들에서도 찾을 수 있다. 박주화[1]는 2018년 평창올림픽을 계기로 평화에 대한 기대가 높아진 것에 반하여 남북 단일팀에 대한 부정적 태도는

---

* 이 장은 "남북한 여대생의 통일인식에 관한 연구: 다큐 '남북미생'을 중심으로" 『통일문제연구』, 제33권 1호 (2021), pp. 151~181에 실린 논문을 수정 및 보완한 것이다.

20~30대에서 높다는 점을 주목하였다. 이 연구는 20~30대의 통일 인식을 기성세대와 심리적 표상 및 경험의 차이에서 비롯된 것으로 보았다. 조정아[2]는 2018년 평창 동계올림픽 당시의 여론 조사 결과를 기성세대와 다를 수밖에 없는 2030 세대의 세대적 특징에 집중하여 분석하였다. 이 연구는 이들의 가치체계를 형성하는 청소년기에 경험한 북한 관련 부정적 사건을 주목하였다. 하지만 위의 두 연구만으로는 20~30세대가 구체적으로 기성세대와 어떻게 차별화를 시도하는지와 남북관계에서 개인과의 관계에 대해 어떻게 평가하는지에 대해서는 알 수 없다. 이에 본 연구는 동일한 연령대에 있는 두 집단 (남북한) 속 여대생을 대상으로 남북한 통일에 대한 기성세대와의 인식 차이 및 사회적 범주에서 그들 자신에 대한 인식을 알아볼 것이다.

이 연구는 기존의 연구가 세대, 또는 집단을 중심으로 정량적 평가에 집중되어 있는 것에 반하여 개인이 통일을 어떻게 인식하는지에 대한 정성적 평가에 초점을 맞춘다. 그것은 개인의 주관이 공적이며 이에 집단적인 맥락에서 어떻게 형성되고 작용하는지를 밝히는 일이 질적 연구의 중요한 과제이기 때문이다.[3] 이로부터 이 연구의 목적은 다큐 '남북미생'을 통해 사회적 범주에서 파생되는 남북한 개인을 분석하고 이를 다시 사회적인 현상과 연계하여 살펴보는 데 있다. 그것은 한국인의 사회 정체성의 불확실성과 동일시는 성별, 연령대, 학력, 거주 지역, 소득 수준에 따라, 남북한 화해와 태도 및 행동의 정도에 따라 차이가 있기 때문이다.[4] 그런 점에서 다큐 '남북미생'은 첫째, 남북한의 문화에서 미시적인 관점에서 이러한 사회적 계층도 존재한다는 것을 소개하고 있다는 점에서, 둘째, 남북한 20대 두 여대생을 조명한다는 점에서 본 연구의 주요한 분석대상이 된다. 특히 대학은 사회 진출의 최종적 단계로서 교육 기능을 갖고 있다.

이에 대학은 지성의 공간으로 사회의 중추적 역할을 하고 있다. 초·중·고 학생들과 달리 대학생들은 몇 년 이내에 졸업과 함께 사회를 이끌어 나갈 주역이 되며 의사결정과 여론의 중추가 된다. 따라서 남북한 대학생들의 통일에 대한 인식을 진단하고 개선하기 위한 방안을 모색하는 것은 교육적으로나 사회적으로 의미 있는 일이다.

다만, 이 다큐에 등장하는 두 여대생은 20대 남북한 청년의 전형을 보여주는 것은 아니다. 그럼에도 이 연구는 사회 정체성 이론을 방법으로 하여 남북관계와 개인과의 관계에 대한 새로운 통찰력을 기대할 수 있게 한다는 점에서 의미가 있다.

II. 이론적 배경과 연구대상

1. 사회 정체성 이론

사회적 상호작용이 개인이 소속된 집단에 의해 결정되는 조건[5]에서 사회 정체성 이론은 인간의 행동을 거시적인 관점에서 이해하는 데 기여한다. 그것은 본래 사회 정체성 이론이 거시적인 집단 현상을 설명하기 위해 제시되었기 때문이다.[6] 현실에 대한 개인의 지각은 사회적으로 어떻게 구성되는지에 달려있다. 사회 정체성 이론은 집단 구성원들이 긍정적인 사회 정체성을 얻기 위해 그들 자신을 집단의 일부로 이해하고 다른 집단과 차별화하는 방식에 관한 것이다.[7] 이에 사회 정체성 이론은 '집단 내부와 집단 사이의 역학 관계 그리고 그로 인해 발생하게 되는 사회적 정체성 형성을 더 잘 이해할 수 있는'8) 유용한 도구로 된다.

사회 정체성 이론(social identity theory: SIT)은 1970년대와 1980년대 헨리 타즈펠과 존 터너(Henry Tajfel & John Turner)가 개발한 것이다. 사회 정체성은 "자신이 속한 것으로 인식하는 사회적 범주에서 파생되는 한 개인의 자아 이미지의 측면"으로 정의된다.9) 이 개념은 다음의 일반적인 가정에 기초하는데, 첫째, 개인은 자신의 자존감을 유지하거나 높이기 위해 노력한다. 둘째, 사회적 집단 또는 범주와 이들의 구성원은 긍정적이거나 부정적인 가치 함축과 관련이 있다. 셋째, 자신의 집단에 대한 평가는 가치로 가득 찬 속성 및 특성 면에서 사회적 비교를 통해 특정 다른 집단에 대한 참조로 결정된다. 이러한 가정으로부터 도출된 이론적 원칙은 다음과 같다. ① 개인은 긍정적인 사회적 정체성을 달성하거나 유지하기 위해 노력한다. ② 긍정적인 사회적 정체성은 집단 내 및 일부 관련 외부 집단 간에 이루어질 수 있는 바람직한 크기에 기초한다. ③ 사회적 정체성이 만족스럽지 않은 경우, 개인은 기존 집단을 떠나 보다 긍정적으로 구별되는 집단에 가입하거나 기존 집단을 보다 명확하기 구분하기 위해 노력할 것이다. 따라서 기본 가설은 집단 내 비교를 통해 자신의 집단을 긍정적으로 평가하려는 압력이 사회 집단으로 하여금 서로 차별화를 시도하게 한다. 그것은 자신의 정체를 자기의 개인적 특성에서 찾지 않고 자기가 속한 집단에서 찾기 때문이다. 즉 개인 정체성은 자신이 소속되어 있는 다양한 사회 집단들 혹은 범주들에 영향을 미치지 않는 반면, 집단은 개인 정체성을 형성하기 위한 맥락(예로 우정과 적대감)을 제공할 수 있다.10) 사회 정체성은 태어날 때부터 고정적으로 형성되는 개인 정체성(이름, 성격, 혈액형, 신체적 특징 등)과는 다르게, 상황에 따라 얼마든지 변화하는 유동적인 개념(성, 인종, 국가,

종교 등)을 가리킨다. 이에 집단은 개인들로 하여금 과연 자신이 누구인지, 자신의 정체가 무엇인지, 또 자신이 어떻게 행동해야 하는지를 결정하는 데에 중대한 영향을 끼치게 된다.[11] 기본적으로 사회 정체성이 강화될 경우 개인 정체성은 현저히 약화되고, 반대로 사회 정체성이 약화된다면 개인 정체성은 강화되는 기능적 길항 작용이 적용된다.

타즈펠은 그의 이론에서 고정관념이 전형적인 인지과정에 근거한다고 가정하는데, 이는 곧 집단의 성격을 하나로 묶으려는 경향을 가리킨다. 이 고정관념은 타 집단 간 차이점과 동일 집단 내의 유사성을 극대화시키며 이것은 사람들을 범주화 시기는 방식이 된다. 이에 타즈펠의 사회 정체성 이론이 집단 간 관계의 상황에서 어떻게 작용하는지에만 집중한다는 한계가 있었다. 이러한 타즈펠의 이론을 수정 보완하여 발전시킨 존 터너는 자기 범주화 이론(Self–Categorization Theory)을 통하여 집단 내 편견과 갈등을 해소하기 위한 다양한 과정에 대한 설명하였다. 이에 오늘날 사회 정체성 이론을 가리킬 경우에 사회 정체성 이론과 자기 범주화 이론 모두를 포함하게 된다.

하지만 어떠한 개념도 제한된 부분만을 설명한다. 이에 타즈펠은 그 타당성 범위와 대안적 패턴의 외관은 사회문화적 맥락의 연구와 함께 관련 과정을 살펴봐야 적절하게 해석될 수 있다고 보았다.[12] 그 현장은 사회적인 수준으로 연계되어서 논의되지 않으면 갈등이나 통합의 문제를 다루는 데 있어서 그 활용도가 제한적이다. 앞서도 언급되었다시피 모든 경우에 사회 구성원이 동일한 사회 정체성을 공유하는 것은 아니기 때문이다. 서로 다른 사람들의 행위 양식은 다를 수밖에 없다. 그리고 시간과 장소에 따라 변화의 가능성이 있으며 그것은 점차적인 것일 수도 근본적인 것일 수도 있다.[13] 이는 북한 여성의 패션과 취향에 관한 연구를 통해서도 확인될 수 있다.[14] 여성의 꾸미고 싶은 열정과 이를 통제하려는 사회와의 갈등 관계는 지배적 질서를 수용하는가 저항하는가에 따라 달리 해석되며 이는 여성 개인의 욕망 및 조건에 따라 달라진다.

남북한 사회의 지배적 질서 내면에 감추어진 주관적인 진실을 파악하는 것은 무엇보다 중요하다. 이에 사회 정체성 연구는 미시 현상과 거시 현상을 통합하고 연결할 수 있는 틀을 제공한다는 점에서 의미가 있다.[15] 따라서 거시적인 현상을 미시적인 평가와 연계해서 살펴보는 것은 남한 내 현존하는 갈등을 조정하고 나아가 한반도 통합에 중요한 함의를 줄 수 있다.

2. 연구 대상

다큐 '남북미생'은 두 여대생을 중심으로 세대 간 차이와 그로 인한 갈등을 보여준다. 이에 '남북미생'은 남북한 사회 문화의 단면을 읽어내는 훌륭한 문화 콘텐츠가 된다.

'남북미생'은 2015년 재독 다큐 감독인 조성형 감독의 작품으로 2015년 DMZ 국제 다큐 영화제의 '분단 70년 특별전' 초청작이며 80분 영화이다. 조 감독은 독일 국적이기에 북한 방문과 촬영이 허용되었으며, 독일 방송국의 제안이 있었기에 북한 사람들의 일상에 대한 촬영이 성사되었다.

이 영화의 공식적인 설명[16]은 다음과 같다. 영화는 분단으로 인해 다른 사회 속에서 살아가는 두 여학생의 이야기를 그린다. 북한의 여대생인 방계영은 북한의 성악가로서, 억압적이고 전체주의적이며 구시대적인 체제 속에서 살아간다. 남한의 여대생 허선경은 역동적이며 위협적이고 남성 중심적인 사회 속에서 살아간다. 이에, 두 여대생 모두 개별성이 소멸된 사회 속에서, 자신의 정체성과 행복을 찾기 위해 노력한다. 조 감독에 의하면, "두 학생을 전체 사회를 대표하는 젊은이로서 보여준 것은 아니"며 남북한 "중산층으로 비슷하게 맞춰 비교"해 보여주는 것뿐이다. 또한, 남쪽의 선경이는 싫은 것은 싫다고 말할 수라도 있지만, 북쪽의 계영이는 그럴 수도 없다고 보았다. "바로 그런 차이"를 보여줌으로써 남쪽 아이는 선택지가 많아서 고민이 많고, 북쪽 아이는 말 못하는 이면에 감춰진 고민을 보여주는 것에 있다. 조 감독은 남한사람들이 자신과 똑닮은 북한사람들을 알아가는 것이 이런 작품을 만드는 이유로 밝혔다.

〈그림 12-1〉 DMZ 국제 다큐 영화제 남북미생 포스터

출처: DMZ Docs 홈페이지(온라인); <http://www.dmzdocs.com/kor/addon/00000002/history_film_view.asp?m_idx=101521&QueryYear=2015> (검색일: 2021년 4월 19일)

'남북미생'의 두 주인공은 상류층은 아니지만, 그렇다고 서민층으로 구분하기도 어렵다. 북쪽의 대학생은 의사 부부의 딸이며 남쪽의 대학생에게도 지방에서 의사로 일하며 용돈을 부쳐주는 어머니가 있

다. 물론 영화는 북한이라는 폐쇄적인 공간의 특성상 다큐멘터리로서 이 작품에도 한계는 있다. 북한 장면은 모두 "당국자가 배석한 가운데 검열을 거쳐 촬영된 것"이라는 조 감독의 말을 통해 현 남북관계의 특징이 드러난다.

다큐 '남북미생'은 다를 수밖에 없는 두 공간에 사는 두 사람을 통해 남한과 북한의 다른 듯 비슷한, 비슷한 듯 다른 모습을 그려내고 있다. 큰 틀에서 보면, 그들의 대학생활 모습부터, 취미, 미래에 대한 그들의 고민과 부모의 시선, 남북한을 바라보는 서로의 시선 등 공통적인 내용을 남북의 학생에게 질문하는, 그리고 그 답변을 듣는 방식을 취하였다. 두 여대생의 인구 사회학적 특징을 표로 정리하면 <표 12-1>과 같다.

〈표 12-1〉 남북한 두 여대생의 인구 사회학적 특징

구분	허선경	방계영
지역	남한	북한
부모의 사회적 지위	의사(개인병원)	의사(종합병원)
형제 유무	자매	남매
거주 형태	서울 자취	평양 거주
학업 후	아르바이트 & 취미 활동	공부 & 취미 활동
꿈	자살하지 않고 암에 걸리지 않는 것	훌륭한 성악가

출처: 저자 작성

남북관계의 특성상 북한에 대한 연구자의 온전한 현지 조사는 불가능하다. 현지 조사 없는 지역 연구라는 점에서, 북한에 대한 제대로 된 자료나 경험을 할 수 없는 상황은 앞서 언급된 통일인식 및

남북관계를 소제로 하는 다큐 등에 대한 분석을 필요로 한다. 이 연구는 현지 자료가 부족한 조건에서 1차 자료가 아닌 가공된 2차 자료라는 한계에도 불구하고 사회 정체성 이론의 원칙들을 통해 다큐의 의미를 읽어 낼 수 있게 한다. 이에 본 연구는 다큐를 통해 남북한 여대생의 통일인식을 드러낸다는 측면에서 기존의 연구와 차별성을 갖는다.

〈그림 12-2〉 다큐 '남북미생'의 두 여대생

출처: 통일부 공식블로그(온라인); <https://blog.naver.com/gounikorea/22134981
733> (검색일: 2021년 4월 19일).

다만, 다큐에 등장하는 두 여대생의 경우 서로를 직접적으로 마주하고 있는 것은 아니며, 감독에 의해 선정된 비교대상이라는 점이다. 두 여대생은 자신이 어떤 타인과 비교되는지를 알 수 없다. 단지 그들은 감독에 의해 남북한의 통일인식을 비교하기 위해 선정된 것이다. 이로써 이 다큐는 이미 감독의 시선에서 재구성된 것으로 근본적으로 정보의 왜곡이나 변형이 존재할 수 있다는 점에서 한계를 가진다. 그럼에도 직접적인 현실 비교가 불가능한 남북관계에서 출발한 타인과의 비교라는 점에서 본 연구의 의미를 찾을 수 있다.

Ⅲ. 정체성과 남북한 20대의 통일의식

1. 정체성 형성에 영향을 주는 집단적 경향

본 연구는 앞에서 살펴본 헨리 타즈펠과 존 터너의 이론적 원칙 세 가지를 차용하여 두 여대생이 자신의 정체를 자기의 개인적 특성이 아닌 자기가 속한 집단에서 찾는다는 점을 확인하고자 한다. 이를 위해 이 연구는 첫째, 자존감 유지를 위한 노력, 둘째, 바람직함의 크기, 셋째, 사회 정체성에 대한 만족/불만족으로 나누어 살펴본다.

1) 자존감 유지를 위한 노력

다큐에서 두 여대생은 긍정적인 가치관을 확립하기 위해 스스로를 집단으로 분류한다. 이 시도는 다큐의 내러티브를 따라가면서 확인할 수 있다. 그것은 내 집단을 다른 집단과 구별하는 것에서 시작된다.

다큐 속 계영은 슬픈 감정이 녹아있는 노래를 표현함에 있어 어려움을 느낀다. 그에 의하면, 고통스럽거나 슬픈 감정을 경험해본 적 없다. 계영은 주인공 꽃분이의 노래가 소리를 지르거나 허세적인 노래가 아님에도 잘하려는 욕심에 성량만 크게 하여 지도 교수로부터 질책을 받았다. 교수는 꽃분이의 "끔찍하게 슬퍼하는 감정"을 소리가 아닌 마음에서 우러나야 한다고 강조하였다. 그날 저녁 계영은 오전 수업 시간을 회고하면서 특별히 아프거나 슬픈 일이 없었기 때문에 그 감정을 잘 표현할 수 없다고, 그래서 "그 슬픔은 왜 나에게서 멀리 느껴질까?" 하면서 괴로워한다. 반면, 선경은 반항적 모습의 펑크 음악을 좋아한다. 여성 밴드의 과격하고 시끄럽고 공격적인, 격렬한 리듬은 듣는 이들로 하여금 같이 소리를 지르고 흥분하다 못해 쓰러지게 만든다. 펑크 음악으로 불리는 선경의 음악은 "모순 덩어리이고, 어디 편 안 들고, 우리가 하고 싶은, 우리를 짜증 나게 하는 것" 즉 반항의 정신을 내세운다. 선경은 자기 팀을 가리켜 "한국에 우리 밖에 없는", "그래서 좋다"라고 한다.

집단에 대한 구별은 특정 집단 속에 속하는 개인 정체성의 일부로 개인과 사회적 집단의 정체성 사이에 상호작용의 한 부분이 된다. 그럼에도 선경과 계영의 긍정적인 가치관 확립을 위한 시도는 다음의 차별성을 지닌다. 우선, 북한의 계영은 경험해 본 적 없는, 그래서 연기나 다름없는 노래의 표현에 기술적으로 따라서지 못하는 것에 대한 자책이 크다. 그에게 지도 교수는 비슷한 다른 사람이거나 다른 개인이 아니다. 그 교수는 사회적 집단의 일원으로서 요구되는 기대를 이야기한 것이다. 지도 교수의 요구는 집단의 평가와 구성원의 자격에 대한 사회적 합의에 따른 것이기 때문이다. 반면 선경에게 사회적 정체성은 내 집단에 있으며 외부 집단에 대응하는 집단은 내 집단이 지니는 긍정적 평가에 비하여 부정적인 것을 알 수 있다. 다음으로, 북한을 바라보는 남한 사회의 일반적인 시각에 대한 경계이다. 북한에 비하여 분명 남한은 훨씬 생활환경에서 풍족하고 여유가 있다. 북한사람들은 남한 사람들에 비해 가진 것이 많이 부족하고 고단한 일상을 영위한다. 그런데 다큐에 나오는 두 주인공은 오히려 상반된 처지에 놓여 있다. 북한의 방계영은 고통스럽거나 슬픈 감정을 경험해 본 적 없다. 그래서 노래를 부를 때 감정을 표현하는 것을 어려워한다. 그리고 남는 시간에는 주로 수영을 하면서 시간을 보낸다.

진로에 관해서도 부모님의 가치관은 자식의 꿈을 지지해준다. 그는 자신이 소질 있고 흥미 있어하는 성악을 하는데 전혀 어려움이 없다. 하지만 남한의 허선경은 정반대이다. 영상의 말미에 꿈을 말하는 부분에서 남한 소녀의 꿈은 자살하지 않고, 암에 걸리지 않는 것이라고 말한다. 꿈이라기엔 오히려 생존에 가깝다.

거시적인 관점에서 남과 북의 상황은 분명 남한이 더 풍족하고 북한의 삶은 궁핍하다. 하지만, 타즈펠과 터너가 언급한 얼마든지 유동적인 사회 정체성으로 인하여 각 구성원 하나하나의 미시적인 관점에서는 남과 북의 상황이 언제든 뒤바뀔 수 있는 것이다.

2) 바람직함의 크기

다큐에서 두 여대생과 부모의 관계는 남한은 갈등을, 북한은 공감을 보여준다. 이는 두 학생의 가정적 환경과 국가와의 관계에서 비롯되는데, 남북한 부모 세대의 그 바람직함의 끝에는 궁극적으로 국가가 존재한다.

계영의 아버지에게 자식의 희망은 첫 자리였다. 그는 "아빠도 엄마도 의사인데, 딸이 어쩌다가 성악을 공부하게 했는가?"라고 물어보는 감독에게 성악을 하겠다는 "딸의 꿈을 중시해서" 예술을 시켰다고 대답한다. 계영의 아버지는 머리가 아프다는 딸의 이마도 만져주고 힘들어하는 딸을 걱정해 주기도 하지만, "놀자면 끝이 없다. 열성을 바쳐야 나라에 쓸모 있는 인재가 되니까. 건달 피어서 성공하는 건 하나도 없다."라고 단호히 말한다. 이에 동의하듯 방계영은 "사실 노는데 시간 타령할 게 있나? 놀아서 빛이 납니까?"로 대답한다. 대학생들에게 더욱 절실한 노래로 '배우자'를 지목한 계영의 아버지 말에는 오늘날 현재의 자신의 모습에 대한 만족이 묻어 있다. 이들에게 성공은 나라에 '쓸모 있는 인재'가 되는 것이며, 그러기 위해서는 남녀 관계로 인해 지금의 공부할 수 있는 기회를 놓치지 말아야 한다는 아버지로서 책임감이 묻어난다. 그녀의 어머니 역시 의사로 딸의 전공과는 분야가 달라서 그녀를 통제할 수 없지만, 남녀 관계 이슈 있을 때는 통제하고자 한다. 연애는 "그 수준에 도달한 다음에" 해도 된다는 것이 어머니의 인식이다. "기회는 있으니까. 지금 현재는 공부해야 하니까. 더군다나 예술분야니까 통제를 하는 겁니다"는 계영의 어머니는 스스로도 이 말이 갖는 의미 즉 "봉건적이다"에 공감한다. 반면, 선경의 아버지는 "알바, 워크숍, 세미나, 학교 다니랴" 바쁜 딸을 바라보며 "목표 없이 쫓아만 가느라" 에너지 고갈되는 딸을 나무란다. 그는 23살 딸에게 "목표를 세워야" 함을 강조하고 있다. 아버지는 23살에 무엇을 하였는가의 질문에 "이 나라를 바꿀 혁명가가 되는 것"이라고 말한다. "그래서 바꾸었냐?"는 딸의 질문에 "못 바꾸어서 이렇게 산다"는 아버지의 대답에는 만족스럽지 않은 현재가 묻어있다. 그러면서도 선경의 아버지는 한숨 쉬기에는 너무 젊은 딸을 나무란다. 하지만 아빠는 "목표 없이 하든지 말든지", "아빠 투가 아니라 아빠 딸"이라 외치는 딸 앞에 한없이 작아진다. 선경의 아버지가 딸에게 묻는 질문은 "대학을 졸업하고 나면 직업에 대한 희망사항이 있나? 뭐하고 먹고살래?"이다. 이에 아무 생각도 없다는 딸에게 아버지는 "네가 계속 공부를 했으면"이라는 생각을 이야기한다. 하지만 오래 전부터 미국에서 대학 공부를 하고 싶었던 선경은 오히려 미국을 싫어하는 부모의 생각을 비판한다.

다큐는 허선경으로 대표되는 남한 20대의 북한 자체에 대한 무관심을 보여준다. 앞서도 언급되었다시피 20대 그들은 북한에 비하여 남한이 보다 나은 환경임을 부정하지 않는다. 그들이 부정하는 것은 통일이 당장 관심을 가질 만한 주제인가의 문제이다. 통일은 개인의 염원이 아닌 나라의 문제일 뿐이다. 더욱이 대학생들은 '짜증 나는 일상'의 무게를 감당하기 어려워 북한까지 생각할 여유가 없다.

대한민국에서 고등학교를 졸업 후 대학 진학률은 2009년 77.8%에서 2020년 72.5%이다. 갈수록 하락하는 추세이긴 하나 한국에서 대학 진학은 보편적인 수준이다. 이에 스스로를 '평범한 가정의 자녀들'로 생각하는 대학생들에게 대학의 등록금과 그에 따른 생활비 부담, 미래에 대한 걱정은 눈앞의 현실이다. 이들은 지금 당장 혜택이 차려지는 것이 아닌 통일보다 그저 자기 할 일에 바쁘다. 이에 대학생들이 하고 싶은 말은 '통일이 싫다'가 아니라 '나도 통일을 생각하고 싶다'의 외침이다.

3) 사회 정체성에 대한 만족/불만족

남한의 선경은 미국을 좋아하지 않는 것이 곧 종북으로 비하되는 현실에서 정치적 입장을 취하는 것에 대한 환멸을 일관적으로 표현한다. 하지만 아버지와의 대화를 미루어 보아 부모세대는 통일에 대해 긍정적인 입장을 가지고 있다. 이는 "나도 조선 사람인데, 조선이 둘로 갈라져 있는게 가슴 아픕니다. 그거에 대해 생각하지 않는다는 거는 안 됩니다. 우리도 공부하고 사람들이 열심히 일하는 것도 통일을 위해서, 원수님께서 바라시는 것도 통일인데, 통일에 대해 생각 안 한다는 건 어렵습니다. 통일을 바랍니다"로 대답하는 계영의 대답과 이에 동의하는 아버지의 모습과 분명 대비된다.

선경이 느끼는 환멸은 앞서 언급되었다시피 이렇게 모순이 많은데 어떻게 또 다른 모순된 사회를 받아들일 수 있겠냐는 생각에서 비롯된 것이다. 이는 자신의 나라와 사회에 대한 염세적이고 불만족

하는 태도에서 기인된 것이기도 하다. 이에 다큐에서 언급된 내용을
그대로 옮기면 아래와 같다.

> 허선경: "학생들뿐만 아니라 한국 사회에서 너무 삶이 각박하니까.
> 이전처럼 하나의 독립된 국가로 생각하고 나와 별개의 삶을 살아가는
> 국가로 생각하지 나와 관계있다는 생각을 거의 하고 사는 사람은 없어
> 요.(중략)
> 통일 이야기는 어느 누구도 꺼내지도 않을뿐더러 그럼에도 불구하
> 고 나라의 인권, 소수자들의 생존권 문제라는지에 대해 공부하고 돕고,
> 그와 연대를 하게 한다는 거는 모두 다 북한과 연계시켜 버리고 탄압
> 을 하기 위한 빌미로서 북한은 존재를 하고, 대부분의 사람들에게 북한
> 의 문제는 굉장히 적대적이고 나와 조금이라도 관계가 되면 내가 사회
> 로부터 고립되게 만드는 수단으로 존재한다.(중략)
> 농협이 해킹되었다 하면 북한이 했다면서, 농담 아니고 뭐가 일이
> 났다고 하면, 이거는 북한의 소행이다. 사회적인 차별, 불평등 문제도
> 희석해주는 한국사회 전반의 모순 덩어리를 치완 시켜내는 내용으로
> 이북이 존재하는 것, 이북에 대해서, 통일에 대해서 긍정성을 가진다는
> 것 자체가 현재 사회에서는 참으로 하기 힘든 용어이다."

또한 선경의 세계에서 한국은 "노력하는 것이 곧 착취의 대상이 되
는" 사회이다. 그는 아버지와의 대화와 인터뷰에서 끊임없이 현실의
삶의 어려움에 대해 호소한다. 그것은 부모세대와는 완전히 변해버린
상황, 겉으로는 더욱 풍요로워 보이지만 경제적으로 부모세대만큼의
성과를 낼 수 없다는 점, 노력해도 그만큼의 대가를 얻지 못하고 각박
한 삶을 의지할 곳 없이 혼자 노력하지만 정작 부모세대로부터는 "더
욱 노력해야 한다," "포기하지 마라" 하는 뜬구름 잡는 소리로 고립되
어가는 청년계층이다. 이들에게 통일까지 생각할 여유는 없다.
그렇다면, 수령의 주도 아래 이 정도만큼이나 살 수 있게 된 사회

를 통일을 통해 더 부강하고 주체적으로 가꾸어나가야 한다는 계영과 그의 아버지의 생각은 자신의 환경과 사회에 대한 안정감과 만족감에 기인한다고 볼 수 있을까?

> 감독: "남쪽 하면은 같은 나라라는 생각이 듭니까? 통일에 대한 생각을 합니까?"
> 방계영 아버지: "달라져도 민족이야 어디 가겠습니까? 달라졌다고 해서, 너무 오래 떨어져 있다고 해서 언어가 달라졌어요? 핏줄이 달라졌습니까. 풍습이 달라졌습니까. 달라진 것 하나도 없습니다.(중략) 민족을 첫자리에 놓고 모든 걸 생각하면 다른 게 없지 않습니까?
> 아 부부간에도 같지요 뭐 우리는 한 가족이다. 이런 인식이 있으니까. 성격도 다르고 기호도 다르고 이렇지만은 우리는 한 가족이다 이런 인식이 있으니까. 티각태각 싸움질하면서도 살아가는 거지 너는 너고, 나는 나고 하면 가족이라는 게 유지될 수 있어요? 나라도 같지요 뭐, 중국이나 러시아나 몇십 개 종족이 한 나라로 사는데 왜 우리 한민족 되어가지고 왜 그렇게 하나로 못 사는가 그거지. 노력해야만 하지, 계속"

이 다큐는 남북한 두 여대생을 통해 서로에 대한 기본적인 이해가 부족하다는 점을 알려준다. 북한의 여대생은 통일에 대해 긍정적으로 말하고 한 민족이라는 정체성을 강조한다. 그와 그의 아버지는 민족적 가치에 입각하여 통일을 주장한다. "달라져도 민족이야 어디 가겠습니까? 달라졌다고 해서, 너무 오래 떨어져 있다고 해서 언어가 달라졌어요? 핏줄이 달라졌습니까. 풍습이 달라졌습니까. 달라진 것 하나도 없습니다"라고 말하는 모습에서 통일 과정과 이후에 있을 남북한 갈등이 예상된다. 남한에서 통일의 당위성에 대해 이야기하는 것에 불편함을 느끼는 세대가 등장하였다는 것을 북한의 그들은 알지 못한다.

물론, 방계영이 평양의 엘리트 집안 출신인 점, 남한의 허선경이 전체 여대생을 대변할 수는 없다. 따라서 이들의 주장은 남북한 전체를 대표할 수 없다. 그럼에도 다큐는 보는 이로 하여금 허선경을 통해 무엇이 20대 그녀의 인식을 부정적으로 만들었는가의 질문을 갖게 한다. 또한, 북한의 방계영이 수도 평양의 부유한 집안의 자녀이고 이로서 다큐에 등장하는 대상이 가난한 축에 속하는 농촌 주민이나 심지어 '꽃제비'이었다면 그들의 인식은 달라졌을까?의 의심을 낳는다.

타즈펠에 의하면, "사회 정체성의 긍정적인 측면과 속성, 재해석 및 사회적 행동의 참여는 다른 집단과 관련되거나 비교될 때 그 의미를 획득한다."[17] 사회적 현실은 비사회적 현실과 마찬가지로 객관적일 수 있고 반대로 객관성은 물리적인 것처럼 사회적일 수 있다. 다만, 객관성의 기준은 현상을 사회적 또는 비사회적 성질의 것으로 분류하는 것에 기초할 수 없으며,[18] 이에 위의 질문과 의심에 대한 올바른 판단을 위하여 다음의 대안들에 기초한 교차분석을 필요로 한다. 이에 본 연구는 앞서 살펴본 남북한 여대생의 통일에 대한 인식을 거시적인 집단 현상을 나타내는 자료들과 연계하여 살펴본다.

2. 남북한 주민과 20대의 통일인식 비교

1) 남한 20대의 통일인식

이 체계에서는 앞서 살펴본 남북한 두 여대생의 통일인식을 토대로 남한 주민과 20대의 통일인식을 연계하여 살펴본다. 남한 주민의 통일인식 조사는 다수의 기관을 통해 꾸준히 진행되어 왔다. 이에, 이 연구는 다년간 동일한 문항으로 인식 조사를 하고 있는 다음의 기관 및 결과를 중심으로 남한 주민의 통일인식, 그 중에서도 20대의 통일인식을 살펴볼 것이다.

첫째, 서울대학교 통일평화연구원에서 진행한 「통일의식조사」가 있다. 「통일의식조사」는 "통일, 북한, 대북정책, 북한이탈주민, 국제환경, 사회의식 등에 대해 우리 사회의 여론과 국민의식을 파악하여 분석함으로써 효율적인 통일 논의를 창출하며 정책 수립과 실행에 필요한 기초 자료를 마련하고 활용"에 있다. 이 조사는 2007년부터 매년 1,200여 명의 한국인을 대상으로 통일 및 북한, 대북정책에 대한 인식과 태도를 설문 조사하였다. 이 조사에서 통일이 필요하다는 인식은 2019년 발표된 자료에서 전체 응답자의 20.1%가 "매우 필요하다"라고 응답하였으며 32.9%가 "약간 필요하다"라고 응답하였다. 이에 "매우 필요하다"와 "약간 필요하다"를 합한 응답자의 비중은 53.0%로 나타났다. 조사 결과 대략 50~60%에 해당하는 응답자들만이 통일의 필요성을 강조한 것이다. 통일의 필요성에 대한 응답자의 연령을 20대로 제한할 경우, 2019년 진행된 전체 조사에서 19-29세는 전국 221명으로 전체 1,200명의 18.4%이다. 19-29세 응답자의 13.6%는 통일이 "매우 필요하다"라고 응답하였으며 28.1%가 "약간 필요하다"라고 응답하였다. 이에 통일이 "매우 필요하다"와 "약간 필요하다"를 합한 응답자의 비중은 41.7%로 전체 응답자 53.0%보다 11.3%p 하락한 수치이다. 이를 그림으로 나타내면 <그림 12-3>과 같다.

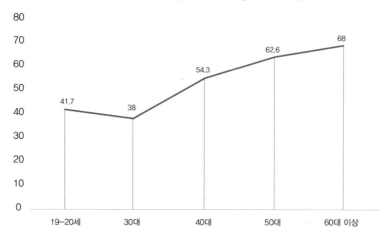

〈그림 12-3〉 통일의 필요성(2019년)

출처: 김학재 외, 『통일의식조사 2019』 (서울: 서울대학교 통일평화연구원, 2020), p. 316.

위에 그림에서 19-29세는 30대 38%(11.8%+26.2%)보다는 3.7%p 앞선 것이나, 40대 54.3%(22.6%+31.7%), 50대 62.6%(27.1%+35.5%), 60대 이상 68%(25.4%+42.6%)에 각각 12.6%p, 20.9%p, 26.3%p 낮다. 이로서 통일에 대한 필요성은 60대 > 50대 > 40대 > 20대 > 30대 순으로 2030세대가 통일인식이 가장 낮은 것을 확인할 수 있다.

둘째, KBS 남북 협력단에서 진행한 「2020 국민 통일의식 조사」가 있다. KBS는 1999년 국민의 통일의식 조사를 시작하여 2010년부터 해마다 전국 20대 이상 60대 이하 남녀를 대상으로 통일문제에 대한 여론조사를 진행하여 왔다. 2020년 조사에는 모두 1,000명의 한국인을 대상으로 진행되었으며, 이중 20대는 172명으로 17.2%이다. 이 조사에서 응답자들은 통일의 필요성에 대해 '반드시 통일이 돼야 한다' 15.4%, '큰 부담만 없다면 통일되는 것이 좋다'는 44.2%의 인식을 드러냈다. 이에

'반드시 통일이 돼야 한다'와 '큰 부담만 없다면 통일되는 것이 좋다'를 합한 응답자의 비중은 59.6%로 나타났다.[19] 앞선 사례와 마찬가지로 응답자를 20대로 좁히면, '반드시 통일이 돼야 한다' 11.4%, '큰 부담만 없다면 통일되는 것이 좋다'는 인식은 43.3%로, 이에 '반드시 통일이 돼야 한다'와 '큰 부담만 없다면 통일되는 것이 좋다'를 합한 응답자의 비중은 54.7%이다. 이에 전체 응답률 보다 4.9%p 낮은 것을 확인할 수 있다.

셋째, 통일연구원과 서울대학교 통일평화연구원의 조사 결과에 기반 하여 박주화는 25년 동안 국민의 통일인식 변화 추이를 살펴보았다.[20] 이는 <그림 12-4>를 통해서도 확인할 수 있다.

〈그림 12-4〉 통일인식의 시계열적 변화(1994년-2000년)

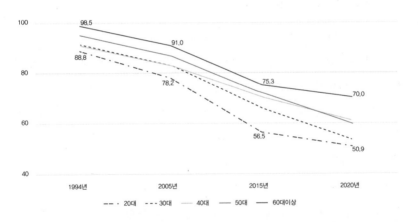

출처: "2030세대의 통일인식: 착각인가? 무관심인가?"「한국사회과학@지식문화채널」(온라인); <https://www.youtube.com/watch?v=rrHSR-sVb0A&list=PLHv55SX4NVvwNSLZgytoKzZspocG9Bl5F> (검색일: 2021년 4월 19일)

통일연구원에서 진행하는 여론 조사는 1993년 시작된 것으로 2013년부터는 해마다 진행되어 통일, 대북관련 여론 조사 중 가장 오랜 역사를 지닌다. 그에 따르면, 1994년부터 2020년까지 2030세대의 통일인식은 언제나 문제였다. 다시 말하여 "2030세대의 통일인식이 건강했던 적은 한 번도 없다"는 것이 그의 주장이다. 조사기관마다 조사 시기, 조사 문항, 응답 대상 등에서 일련의 변화들이 있지만, 전반적으로 나타나는 추세는 20대의 통일인식이 앞선 세대인 40대 이상보다는 낮다는 점이 대표적인 특징으로 확인된다.

종합하면, 조사기관마다 조사 시기, 조사 문항, 응답 대상 등에서 일련의 변화들이 있지만, 전반적으로 나타나는 추세는 20대의 통일인식이 장기적으로 볼 때 지속적으로 하락하고 있으며, 특히 앞선 세대인 40대 – 60대보다 항상 낮다는 점이 대표적인 특징으로 확인된다.

2) 북한 20대의 통일인식

한국의 20대 통일인식이 40대 – 60대보다 낮다면, 북한은 어떠할까? 서울대학교 통일평화연구원에서 진행한 「북한이탈주민조사」가 이에 해답을 준다. 「북한이탈주민조사」는 국내에 거주하고 있는 북한이탈주민을 통해 간접적으로 북한 주민의 통일, 북한 실태, 남한사회, 남한의 대북정책, 주변국 관계, 남한사회 적응 실태 등에 대한 종합적인 의식조사를 수행한다. 이 조사는 2015년부터 표본의 탈북 시기를 동일하게 맞춰 면대면 방식으로 이루어졌다.

우선, 2020년 조사에서 북한이탈주민은 통일이 '매우 필요하다' 80.7%, '약간 필요하다' 12.8%로 확인된다. 이에 "매우 필요하다"와 "약간 필요하다"를 합한 응답자의 비중은 93.5%로 나타났다. 통일의 필요성에 대한 응답자의 연령을 20대로 제한할 경우, 2020년 진행된 전체 조사에서 20대는 전국 34명으로 전체 109명의 31.2%를 차지한다. 본 조사에서 20대 응답자의 64.7%가 "매우 필요하다"라고 응답하였으며 20.6%가 "약간 필요하다"라고 응답하였다. 이에 "매우 필요하다"와 "약간 필요하다"를 합한 응답자의 비중은 85.3%로 전체 응답자 93.5%보다 8.2%p 하락한 수치이다. 이를 그림으로 나타내면 <그림 12-5>와 같다.

〈그림 12-5〉 통일의 필요성(북한이탈주민)

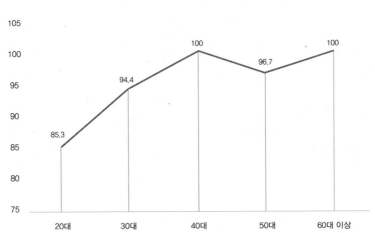

출처: 김학재 외, 『북한주민 통일의식 2020』 (시흥: 서울대학교 통일평화연구원, 2021), p. 196.

이는 30대 94.4%(83.3%+11.1%), 40대 100%(92.9%+7.1%), 50대 96.7%(90.0%+6.7%), 60대 이상 100%(100%+0.0%)에 각각 9.1%, 14.7%, 11.4%, 14.7% 낮다. 이로서 통일에 대한 필요성은 4, 60대 > 50대 > 30대 > 20대 순으로 북한의 20대 역시 통일인식이 40대-60대보다 낮은 것을 확인할 수 있다. 이 조사는 북한에 직접 가볼 수 없는 현재의 남북한 상황에서 북한 주민의 통일인식을 살펴볼 수 있게 한다는 점에서 그 가치가 높다. 그것은 조사가 진행된 시기는 2020년이나 응답 시점은 2019년 응답자가 북한에 살고 있을 당시의

통일에 대한 생각을 반영한 것이기 때문이다.[21)]

다음으로 2013년부터 2020년까지 서울대학교 통일평화연구원에서 진행한 「북한이탈주민조사」[22)]는 20대 통일인식의 전반적인 흐름을 확인할 수 있게 한다. 2013년부터 2020년까지 조사 기간 20대의 평균은 전체 인원의 34%를 차지한다. 이 조사로 확인할 수 있는 것은 모든 연령대에서 남한 주민에 비하여 북한 주민의 통일에 대한 인식은 현저히 높다는 점이다. 특히 20대의 통일인식 '매우 필요하다'와 '약간 필요하다'를 합친 85.3%는 남한 내 20대의 41.7%, 54.7%, 50.9%의 평균인 49.1%에 비하여 36.2%p 높은 수치이다. 이를 정리하면 <표 12-2>와 같다.

〈표 12-2〉 20대 북한 주민의 통일인식

구분	2013	2014	2015	2016	2017	2018	2019	2020
전체 응답자	133	149	146	138	132	87	116	109
20대	46	45	44	37.7	47	33	37	34
20대 비율	34%	30%	30%	38%	36%	40%	32%	31.10%
전체 인식	93.20%	100%	97.90%	94.90%	95.50%	90.80%	93.10%	93.50%
20대 인식	92.30%	100%	97.70%	92%	97.90%	90.90%	83.80%	85.30%
격차	0.9%p	0%p	0.2%p	2.9%p	2.4%p	0.1%p	9.3%p	8.2%p

출처: 서울대학교 통일평화연구원의 『북한주민 통일의식』 각년도(2004~2021년) 발간물을 발췌해 정리함.

물론 이 조사의 한계는 앞서 언급되었다시피, 이미 탈북한 북한이탈주민의 인식을 통해 북한 주민의 통일인식을 확인하고자 했다는 점, 교차 확인이 불가능하다는 점에서 일련의 한계를 가진다. 그럼에도, 본 조사가 2013년부터 현재까지 동일한 문항으로 북한을 떠난 지 1년 미만의 북한이탈주민을 대상으로 조사를 꾸준히 진행해 왔다는 점에서 한국인의 통일인식과 비교가 가능하다. 이 조사에 참여한 북한이탈주민 전체의 인식과 20대의 인식을 그래프로 나타내면 <그림 12-6>과 같다.

〈그림 12-6〉 북한이탈주민 20대의 인식 변화

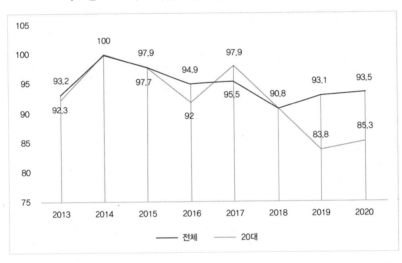

출처: 서울대학교 통일평화연구원의 『북한주민 통일의식』 각년도(2004~2021년) 발간물을 발췌해 정리함.

정리하면, 남북한 통일인식의 비교를 통해 남한의 20대의 인식과 북한의 20대의 통일인식은 장기적으로 하락한다는 추세는 동일하나, 북한의 경우 20대의 인식이 40대-60대 보다 항상 낮은 것은 아니며, 그 20대의 인식도 남과 북에 분명한 차이가 존재함을 확인할 수 있다.

남북한 20대는 사회를 견인할 새 세대이다. 남한의 청소년들이 통일 말고도 헤쳐 나가야 할 수두룩한 문제 앞에 신경 쓸 여력조차 없을 때, 북한의 청소년들에게 아직도 통일은 당연한 민족의 소원이며 수령이 염원하는 것이다. 그래서 이 두 세대가 견인할 남북관계가 염려스럽다.

IV. 맺음말 및 제언

이 연구는 동일한 연령대에 있는 두 집단 속 여대생을 대상으로 남북관계에 대한 기성세대와의 인식 차이 및 사회적 범주에서 그들 자신에 대한 인식을 분석하였다. 이 연구는 기존의 연구가 세대, 또는 집단을 중심으로 한 정량적 평가에 집중되어 있는 것에 반하여 개인이 남북관계를 어떻게 인식하는지에 대한 정성적 평가에 초점을 맞추었다.

본 연구로 밝혀진 내용은 우선, 두 여대생은 긍정적인 가치관을 확립하기 위해 스스로를 집단으로 분류하였다. 또한, 남북한 부모 세대의 그 바람직함의 끝에는 궁극적으로 국가가 존재하고 있었다. 이에 사회 정체성은 인식된 불안정성이 높을수록 남북관계에 대한 관심은 감소한다는 것을 보여주었다. 사회에 대한 만족도가 높을수록 남북관계에 관심이 있었다. 하지만 방계영이 평양의 엘리트 집안 출신인 점, 남한의 허선경이 전체 여대생을 대변할 수도, 남북한 전체를 대표할 수도 없다는 한계가 있다. 다만 일련의 기관들에서 진행되어온 인식 조사의 거시적인 현상과 두 여대생에 대한 미시적인 평가와 연계하여 남북관계와 개인과의 관계에 대한 새로운 통찰력을 기대할 수 있게 하였다. 결과적으로 20대 허선경을 통해 드러난 통일에 대한 무관심은 남한 사회 전반의 인식과 무관하지 않았다. 무엇이

20대 그들의 인식을 부정적으로 만들었는가. 그것은 통일이라는 국가의 문제보다 개인의 문제가 더 중요시되기 때문이다. 반면, 북한의 방계영이 수도 평양의 부유한 집안의 자녀이고 이로서 인식은 달라질 수 있다고 보기엔 북한의 20대의 통일인식은 남한의 20대보다 높다. 특히 20대의 통일인식 '매우 필요하다'와 '약간 필요하다'를 합친 85.3%는 남한 내 20대의 41.7%, 54.7%, 50.9%의 평균인 49.1%에 비하여 36.2%p 높은 수치이다.

이 연구를 통해 확인할 수 있는 점은 개인의 주관은 진공상태가 아닌 사회문화적 맥락, 배경 속에서 형성, 작용된다는 점에 있다. 이에 기성의 세대가 20대에 통일 인식을 높이라고 요구만 할 것이 아니라 그들의 인식이 바뀔 수 있도록, 통일을 생각하고 싶도록 만들어야 한다. 그 이유는 사회적으로 구성되기는 하였지만, 이미 객체화되어 단순히 인간의 사고만으로는 또는 교육만으로는 '해결될' 수 없는 물질적 조건을 간과하였기 때문이다. 그것은 앞서도 언급되었다시피, 20대 그들은 스스로를 평범한 가정의 자녀들로 생각하고 있으며, 대학 등록금과 그에 따른 생활비의 부담에 노출되어 있다. 여기에 미래에 걱정이 눈앞의 현실인 것이 사실이다. 이에 통일이라는 국가의 문제보다 개인의 문제가 더 중요한 현재 사회에서 겉으로는 풍요로워 보이지만, 경제적으로 부모세대만큼 성과를 낼 수 없다는 좌절감에서 출발한다. 특히 어려서부터 경쟁적인 사회에 노출되면서 세상을 넓게 보기보다는 각자의 미시적인 일상을 바라보는데 집중할 수밖에 없는 구조적 한계이기도 하다.

이 연구는 직접적인 현지 자료가 부족한 조건에서 1차 자료가 아닌 가공된 2차 자료라는 한계에도 불구하고 사회 정체성 이론의 원칙들을 통하여 다큐의 의미를 읽어 내고자 하였다. 또한 연구는 남북한 여대생의 사회화 과정을 면밀히 드러낸다는 측면에서 기존의 연구와 차별성을 갖는다. 다만 이 한 번의 연구로 남북한 여대생의 통일과 남북관계에 대한 미시적 인식을 전부 드러냈다고 볼 수 없다. 뿐만 아니라 남한의 허선경의 생각과 행동에 대한 20대 대학생들의 공감이 어떠한지에 대해 알 수 없다. 그로부터 앞으로의 연구는 남한의 20대 대학생을 중심으로 한 남북관계와 개인과의 관계를 보다 면밀하게 살펴보아야 할 것이다.

향후 연구과제

문인철 · 서보혁

이 책은 남북관계에 대한 사회과학적 이해를 돕는 데 목적이 있다. 분단 이래로 많은 이들이 남북관계를 철학적으로 또 이론적으로 설명하기 위해 노력해 왔다. 서구 학계에서는 오래 전부터 사회과학과 자연과학 간 방법론 논쟁이 있었고, 그 과정에서 사회과학도 발전해왔다. 한국 학계에서도 남북관계를 이해하기 위해 다양한 사회과학 개념을 적용했으며 방법론 측면에서도 논쟁이 있어왔다. 우리가 잘 알고 있는 백낙청 교수가 선도해온 분단체제론을 둘러싼 논쟁과 북한연구 시각을 둘러싼 내재적 · 외재적 접근 논쟁 등은 남북관계의 이론화에 긍정적인 역할을 했고 학계의 질적 · 양적 발전에 상당한 영향을 미쳤다.

그러나 실증주의와 관념론이라는 사회과학 진영 내 이분법적 대립 속에서 북한 · 통일연구집단이 이론과 실제의 괴리와 남북관계의 복잡성에 대응하기에는 역부족이었다. 나아가 이념과 정권에 따라 배타성을 띤 정책 논쟁이 현상에 대한 객관적인 인식과 건설적인 대안 모색에 장애로 작용해 왔다. 북한·통일연구집단에서 철학적 분석과 이론적 시도보다 정책연구에 치우치는 경향이 이런 문제를 확대한지도 모른다. 이런 영향과 연구자집단의 재생산의 한계로 남북관계 연구에서 철학적·이론적 논의가 줄어들고 있다. 오히려 이념적·정치적 성향에 따라 이론을 무시하거나 거론하더라도 선별적 혹은 기계적으로 적용해 주관적 견해를 정당화하는 현상마저 나타나고 있다.

이 책은 다양한 사회과학 이론을 적용해 남북관계를 이론적으로 분석 전망하며 서로 다른 논의들을 평가하고 있다. 그러면서 이 책은 그동안 상이한 측면에서 전개되어 온 남북관계의 주요 현상을 이론적으로 평가하고, 그간 주목받지 못한 이론들이 남북관계 논의에 개입할 기회를 열어두고 있다.

남북관계는 개인의 심리적 차원에서부터 국가와 국제적 차원에 이르기까지 정치·경제·사회·문화적 주제와 사안들이 유기적으로 얽혀 있다. 남북관계는 간단치 않다. 하지만 이 책은 이해의 간명성(parsimony)을 높이기 위해 12개 이론 각각에 집중해 남북관계를 설명·예측하였다. 때로는 그 때문에 각 장에서 같은 현상이라도 서로 다른 해석을 하고, 논리적 모순이 발생할 수도 있다. 그러나 전체적으로 볼 때 각 장은 상호보완적이며 하나의 체계적 완결성을 갖추고 있다. 특히, 이 책은 남북관계에 관한 다양한 문제점과 그동안 주목받지 못해온 신흥 혹은 비판적 이론도 부각시키고 있다. 그로 인해 이 책은 남북관계에 대한 융복합적 이해를 촉진하고 이론과 정책의 간극을 메우는데 기여할 것으로 기대된다.

실증주의 철학자들이 말하는 설명이 잘 된 연구는 잘 입증된 어떤 사례의 규칙성에 기반을 둘 때이다. 어떤 사례를 잘 입증하려면 많은 탐구와 깊은 성찰이 필요하다. 사회과학에서의 규칙성이란 보편타당성으로 바꾸어 말할 수도 있는데, 다만 그 뜻은 자연과학과에서의 규칙성과는 다르다. 사회과학은 베버(M. Weber)의 표현대로 가치로서의 타당성을 주장하는 것이고, 가치의 타당성을 평가하는 것은 믿음에 기반을 둔다.

이 책에서 다루고 있는 12개 이론적 접근은 남북관계를 이해하는 믿음에 객관적 가치를 부여하는 시도이다. 예를 들어 남북관계가 고질적 갈등이 만연한 숙적관계인지, 갈등하면서도 서로 의지하는 상호의존적 관계인지, 화해와 통합은 가능한지, 남북한 사이에는 어떠한 사회정체성이 형성되어있는지, 인간안보나 페미니즘으로는 남북관계를 어떻게 설명할 수 있는지 등, 각 이론은 남북관계를 이해하고 전망하는데 객관성을 부여함으로써 가치에 대한 근거를 제공해준다.

이처럼 남북관계 연구는 다각적이고 복합적으로 접근해야 한다. 이때 현상 추수가 아니라 규칙성을 발견하고 객관적인 전망을 하려면 이론연구가 필수적이다. 남북관계에 대한 이론적 접근과 적절한 이론에 바탕을 둔 남북관계 발전 전망이 핵심 내용이다. 남북관계에 대한 성찰도 이론과 그 전제가 되는 철학에 의해 진행 가능하고, 지금까지 주목하지 못한 논의도 이론으로부터 영감을 받을 수 있다. 물론 그 이론이란 '결정적 사례'(critical case)로 인해 휘청거리면서 더욱 강해지거나 쓰러질 수 있다. 권력정치에 바탕을 둔 군사주의가 분단의 형성과 분단체제의 장기화를 설명하는데 탁월해 보인다. 그런 위세 아래서 인간안보, 화해, 상호의존, 통합, 그리고 페미니즘과 같은 이론의 설명력은 아직 작지만 남북관계를 성찰하고 발전적 미래를 구상하는 데 유용하다.

남북관계가 갈수록 포괄적이고 복잡해져 경험적 지식과 기존 이론으로는 문제해결의 방향성과 답을 찾기 어렵다. 그럼에도 언젠가부터 한국 사회에서는 전문가에게 명백한 답을 요구하고 있다. 하지만 서문에서 지적한 바와 같이, 이 분야 연구자 집단 주변에서 편향되고 주관적인 담론이 재생산되면서 여론과 대중으로부터 불신을 초래하기도 한다. 북한·통일연구집단이 여론과 정책 논의를 선도하기보다는 그를 둘러싼 논란에 휩쓸려 본연의 역할을 상실하는 것처럼 보이는 경우를 어렵지 않게 보게 되는 것이다.

다른 한편, 성찰이 없는 남북관계 연구는 맹목적 이론에 함몰될 수 있다. 특정 이론에 함몰된 남북관계 연구는 논리적으로 보이지만 이론과 실천 양 차원에서 타당성에 한계를 보일 수밖에 없다. 이는 남북관계 연구의 지평을 축소시키고 발전을 저해한다. 성찰성과 실천성이 빠진 채 오로지 이론적 정합성에 치우친 논의는 남북관계 연구와 발전에 도움이 되지 않는다. 이 책의 저자들은 기획 단계에서부터 남북관계를 어떻게 이해해야 하고 설명해야 할지 깊이 성찰하고 함께 고민을 나누었다. 그 과정에서 발생한 견해 차이는 치열한 토론을 거쳐 해결하고자 했다. 그 결과 남북관계의 복잡성과 잠재력을 반영해 다양한 시각과 주제를 최대한 담고자 했다. 그리고 이 책에 담긴 논의들이 상호 균형과 보완관계를 갖도록 이론을 선정하는데 적지 않은 검토를 진행한 점을 밝혀두고자 한다.

그럼에도 불구하고 이 책은 몇 가지 한계를 안고 있다. 하나는 이 책에서 제시된 관련 이론들이 서로 적절하게 묶여 남북관계를 보다 심도 있게 이해하도록 하는 작업으로 나아가지 못한 점이다. 가령, 군사주의와 숙적관계이론, 평화구축론을 잘 결합시켜 남북관계를 평가 전망할 때 한반도의 비평화를 보다 깊이 분석하고 평화를 더 체계적으로 전망할 수 있을 것이다. 또 다른 한계는 이 책이 미래지향성을 충분히 담는데 미흡하다는 점이다. 물론 이런 지적이 이 책에서 다룬 사례와 이론들이 남북관계의 미래를 논하는데 부적합하다고 말하는 것은 아니다. 가령, 통합, 화해, 페미니즘, 고질갈등, 그리고 사회정체성과 같은 논의들이 미래지향적인 의미를 안고 있다. 그럼에도 오늘날 지구 생존의 문제와 직결되는 주제들이 남북관계 논의와 폭넓게 연결되지 못한 것이 사실이다. 다문화, 이주, 환경, 식량, 기후, 사이버 기술, 초국경 협력 등이 관련 논제들이다. 이런 문제의식에 공감하는 많은 연구자들이 이 책의 한계를 극복 보완할 것을 믿어 의심치 않는다.

12개의 장에서 나타나듯이 남북관계 연구는 기본적으로 복잡하고 그래서 논쟁적이다. 그만큼 남북관계 연구가 할 일이 많고 또 갈 길이 멀다는 뜻일 것이다. 남북관계는 특정 분과 학문에 국한할 수 없는 학문 영역으로 사회과학뿐만 아니라 인문학과 자연과학 분야에서도 연구가 수행되어야 한다. 학제 간 연구 혹은 통섭 연구가 활발히 진행되어야 한다. 그것이 남북관계 연구를 발전시킬 수 있는 길이다. 그럴 때 다양한 가치와 담론을 생산하고 건설적인 정책 대안을 제시하는 데 도움을 줄 수 있다. 예를 들어 지정학과 지경학의 결합, 과학기술사, 사회복지학, 도시계획학, 환경생태학, 교통공학, 에너지공학, 지역사회, 분쟁 희생자, 지역 이주, 기후위기 등과 같은 분야에서 본 연구와 같이 앞으로 남북관계 연구는 무궁무진하다. 즉 전 학문 분야가 남북관계 연구 주제이고 남북관계 연구의 이론적 토대이다. 말하자면 남북관계 연구는 분단과 정전의 한반도 맥락을 반영한 평화연구이자, 세계적 관심사를 한반도 상황에 투영하고 대안적 미래를 구상하는 특수한 연구 영역이기도 하다. 남북관계 연구는 보편-특수성을 내장한 풍부한 잠재력을 가지고 있는 것이다.

성찰과 실천에 기반을 둔 남북관계 연구는 이론화에 도움이 되지만 목적성을 가질 때 더 폭발적인 동력을 갖게 된다. 분단이라는 현실을 고려할 때 남북관계 연구는 기본적으로 미래지향적이다. 남북한의 관계성과 그 안에 존재하는 여러 사안들은 궁극적으로 한반도 평화와 통일 문제로 연결되어 있다. 남북관계로 환원하기 어려운 한반도 분단·정전체제는 고질적 장기분쟁 사례의 하나이다. 분단국가에 사는 시민의 삶에서 통일과 평화 문제는 각자의 관심 여부와 상관없이 숙명과 같은 것이다. 우리가 통일과 평화를 반대하든 찬성하든, 밑바탕에는 결국 통일과 평화 문제가 깔려있다. 따라서 남북관계는 굳이 통일과 평화를 이야기하지 않더라도 자연스럽게 현실과 연결되어 있다. 남북관계에 관한 이론적 연구는 분단된 한반도의 현실과 미래를 연결하는 벨트이자 그 길을 안내하는 지침이기도 하다. 그러나 그 이론은 변화무쌍한 현실 앞에서 개방적이고 유연할 때 지속가능성이 있다.

미 주

서문

1) 남북관계는 남북한관계라고도 불리는데 여기서는 편의상 줄여 남북관계라 통일해 쓰기로 한다. 북한은 북남관계라 말한다. 남북한관계보다 남북관계를 상대적으로 선호하는 쪽에서는 (두 표현 모두 분단된 상태라는 사실을 담고 있지만) 남북한관계에서 '한'이 대한민국을 지칭하므로 객관성 측면에서 남북관계가 적절하다고 본다.

2) 다른 두 차원은 관련국의 대내적 차원과 국제적 차원이다.

제1장

1) 박명림, "한반도 정전체제: 등장, 구조, 특성, 변환," 『한국과 국제정치』, 제22권 1호 (2006), p. 12.

2) 이종석, 『새로 쓴 현대 북한의 이해』 (서울 역사비평사, 2005), p. 5

3) 이종석, 『분단시대의 통일학』 (서울: 한울, 1998), pp. 33~37.

4) 위의 책, pp. 196~213.

5) 아리스토텔레스, 『정치학』 1252a; David Keyt, "Three Basic Theorems in Aristotle's Politics," in David Keyt and Fred D. Miller, Jr.(eds), *A Companion to Aristotle's Politics* (Brsil Blackwell, 1991), p. 118.

6) 앤드류 헤이우드, 조현수 역, 『현대정치의 이론과 실천』 (서울: 성균관대학교출판부, 2009), p. 21.

7) 문병기, 『정치학개론』 (서울: KNOU Press, 2016), pp. 5~6.

8) Niccolò. Machiavelli, *The Prince* (Harmondsworth: Penguin, 〔1531〕1961) (trans, G. Bau)

9) Thomas. Hobbes, *Leviathan* (Harmondsworth: Penguin, 〔1651〕1968) (ed. C. B. Macpherson)

10) 앤드류 헤이우드, 『현대정치의 이론과 실천』, p. 36.

11) David. Easton, *The Political System: An Inquiry into the State of Political*

Science (New York: Alfred A. Knopf, 1953)

12) Harold D. Lasswell, *Politics: Who Gets What, When, How?* (New York: McGraw—Hill, 1936)

13) Karl Loewenstein, *Political Power and the Governmental Process* (Chicago: The Univ. of Chicago Press, 1965)

14) Harold D. Lasswell, *Power and Personality* (New York: W.W.Norton & Co., Inc., 1948), p. 35

15) Max Weber, *The Theory of Social and Economic Organization* (New York: Oxford Univ. Press, 1947), p. 152.

16) 문병기, 『정치학개론』, pp. 5~6.

17) 이지수, "정치 리더십과 남북관계: 1970년대의 경우," 『대한정치학회보』, 제 20권 3호 (2013), pp. 203~220.

18) 이와 관련한 주요 연구는 다음과 같다. 황지환, "이명박 정부의 남북관계와 새로운 대북정책의 모색," 『공공정책연구』, 제17권 2호 (2010); 신형철, "남 북한 관계에 있어서 북한 최고책임자의 역할," 『21세기 정치학회보』, 제12 권, 2호 (2002); 김인혁, "김정일의 리더십과 남북관계," 『한국동북아논총』, 제7집, 4호 (2002).

19) 김주수·문은석·윤희철, "김정일과 김정은의 권력승계과정 비교를 통한 남북 관계 전망," 『대한정치학회보』, 제22권 2호 (2014), pp. 47~69. 권력승계와 남북관계에 관한 주요 연구는 다음과 같다. 정주신·김학만, "북한의 권력승 계와 남북관계 전망," 『동북아연구』, 제25권 1호 (2010); 최영권, "북한의 권 력승계 공식화와 남북관계 전망," 『현대사회과학연구』, 제6권 1호 (1995); 박 종철, "북한의 권력구조의 변화와 남북관계 전망," 『사회과학논총』, 제9권 (1994); 이기택, "남북한 관계에서 본 북한의 권력승계," 『북한』, 통권 제153 호 (1984).

20) 전재성, "분단 70년의 국제환경, 대내구조, 남북관계의 조명," 『통일정책연 구』, 제24권 1호 (2015), pp. 1~27.

21) 임수호, "국내정치와 남북한 관계," 『세계정치』, 제16권 (2012), pp. 173~ 201.

22) 백준기, "정전 후 1950년대 북한의 정치변동과 권력재편," 『북한 현대사 1』 (서울: 한울, 2004), p. 224.

23) 이종석, 『새로 쓴 현대 북한의 이해』, p. 417.

24) 위의 책, p. 417.

25) 위의 책, p. 418.

26) 허담, 『김정일위인상』 (평양:재일본조선인총련합회중앙상임위원회,1996), p. 28.

27) 안드레이 란코프, 『소련의 자료로 본 북한 현대정치사』 (김광린 역) (서울 : 오름, 1995), p. 221. 당시 북한주재 소련대사 이바노프는 조선노동당 상무위 원이며 연안파 최고 실력자인 최창익에게 김일성을 당 중앙위원들의 결의로

합법적으로 당 위원장에서 끌어내리고 그가 당을 장악하고 김일성은 내각수
상에만 전념케 하자는 제의를 했다.

28) 「최창익, 윤공흠, 서휘, 리필규, 박창옥 등 동무들의 종파적 음모에 대하여」
(전원회의 결정서, 1956.8.30.~31), 『결정집』(1956년도 전원회의, 정치, 상
무, 조직위원회), pp. 12~17. 「로동신문」, 1956년 9월 5일.

29) 「최창익, 윤공흠, 서휘, 리필규, 박창옥 동무들에 대한 규율 문제를 개정할
데 관하여」(1956. 9. 23), 『결정집』(1956년도 전원회의, 정치, 상무, 조직위원
회), p. 24. 「로동신문」, 1956년 9월 29일.

30) 정영철, "남북한 통일정책의 역사와 비교: 체제 통일에서 공존의 통일로," 이
화여대통일학연구원 편 『남북관계사: 갈등과 화해의 역사 60년』 (서울: 이화
여대출판부, 2009), pp. 45~46.

31) 조봉암, "평화통일에의 길," 『중앙정치』, 1957년 10월호.

32) 신영석, 『역대정권의 통일정책 변천사』 (서울: 평화문제연구소, 2008), pp.
85~86.

33) 김형기, 『남북관계변천사』 (서울: 연세대학교 출판부, 2010), pp. 51~52.

34) 국토통일원, "8·15해방 10주년 기념대회에서 한 김일성의 연설," 1955년 8
월 14일, 『남북한통일제의 자료총람』, 제1권 (서울: 국토통일원, 1985), pp.
288~289.

35) 백두산연구소, 『주체사상의 형성과정』 (서울: 도서출판 백두, 1988), pp. 129~
144.

36) 예를 들어 총참모장의 경우 리영호(2009) → 현영철(2012. 7) → 김격식(2013.
5) → 리영길(2013. 8) 순으로 교체되었으며, 인민무력부장은 김영춘(2009)
→ 김정각(2012. 4) → 김격식(2012. 12) → 장정남(2013. 5) → 현영철
(2014. 6) → 박영식(2015.6) 순으로 교체되었다. 작전국장의 경우에도 김명
국 → 최부일(2012. 4) → 리영길(2013. 4) → 변인선(2013. 8) 순으로 교체
되었다.

제2장

1) 와다 하루키, 서동만·남기정 역, 『북조선』 (서울: 돌베개, 2002).; 이종석, "김
정일 시대의 조선노동당: 위상과 조직," 이종석·백학순, 『김정일 시대의 당과
국가기구』 (성남: 세종연구소, 2000).; 김용현, "북한의 군사국가화에 관한 연
구" (동국대학교 대학원 박사학위논문, 2001).; 김성주, "1960년대 북한의 군
사주의 확산 과정 연구," 『현대북한연구』, 제 18권 2호(2015.8).

2) 아마도 '분단폭력−한반도 군사화에 관한 평화학적 성찰'이 한반도 군사주의
를 주제로 한 글들로 단행본을 낸 거의 유일한 사례일 것이다. 김병로·서보
혁 편, 『분단폭력−한반도 군사화에 관한 평화학적 성찰』 (서울: 아카넷,
2016).

3) Alfred Vagts, *A History of Militarism* (USA: Meridian Books, Inc., 1959). pp0 13~14.

4) Michael Mann은 개념을 확장해 전쟁 및 전쟁 준비를 정상적이고 소망스러운 사회 활동으로 간주하는 일련의 태도와 사회적 관행이라고 정의했다. Michael Shaw는 군사관계가 일반적으로 사회관계에 침투하는 것이라고 정의했다. Robin Luckham은 군사력과 전쟁 준비를 용인하는 상징·가치·담론이 사회에 확산된 상태라고 했다. Ernie Regehr는 군사적 목적을 넘는, 비군사적 목적을 군사적 수단으로 시도하는 것이라고 했다. Michael Mann, "The Roots and Contradictions of Modern Militarism," *New Left Review*, vol. 162 (Mar/Apr 1987); Michael Shaw, "Twenty—First Century Militarism: A Historical—Sociological Framework," Anna Stavrianakis and Jan Selby, ed., *Militarism and International Relations: Political Economy, Security, Theory* (London: Routledge, 2012); Robin Luckham, "The Military, Militarisation and Democratization in Africa: A Survey of Literature and Issues," *African Studies Review*, vol.37, no 2 (Sep 1994), p. 24; Ernie Regehr, "What is Militarism," Asbjorm Eide and Marek Thee, ed., *Problems of Contemporary Militarism* (New York: St. Martin's Press, Inc., 1980), p. 134: p. 138.

5) Kjell Skjelsbaek, "Militarism, Its Dimentions and Corollaries: an Attempt at Conceptual Clarification," Asbjorm Eide and Marek Thee, ed., *Problems of Contemporary Militarism* (New York: St. Martin;s Press, Inc., 1980), p. 82.

6) 평화주의자는 모든 군사활동을 군사주의라고 할 것이고, 초강경파는 어떤 군사력 사용도 충분하지 않다고 할 것이기 때문이다. Skjelsbaek, Ibid., p. 83.

7) Marek Thee, "Militarism and Militarisation in Contemporary International Relations," Asbjorm Eide and Marek Thee, ed., *Problems of Contemporary Militarism*, pp. 20~31.

8) Luckham도 군사화를. 여러 요소들(군부쿠데타, 군부정권, 권위주의 정부, 가부장적 통치, 강력한 군사적 국가적 기구, 전쟁과 무장 갈등, 군비 증강, 무기 수입, 대외 군사개입)이 동적으로 연결된, 다차원적인 과정이라고 강조했다. Gillis는 군사화가 단일하고 통일된 과정으로 사회에 침투하는 것은 아니며, 국가와 국가, 지역과 지역에 따라 다르다고 강조했다.
   Robin Luckham, "The Military, Militarization and Democratization in Africa: A Survey of Literature and Issues," p. 24; John R.Gillis, ed., *The Militarization of the Western World* (New Brunswick and London:Rutgers University Press, 1989), p. 57; Guy Lamb, "Demiiltarisation: a Review of The Concept and Observations from The Southern African Experience," (Sep 1999), p. 7. WORKING PAPER NO.7(온라인):< https://www.researchgate.net/publication/326477484_DEMILITARISATION_A_REVIEW_OF_THE_CONCEPT_AND_OBSERVATIONS_FROM_THE_SOUTHERN_AFRICAN_EXPERIENCE > 에서 재인용.

9) 4개 측면은 다음과 같다. ①높은 수준의 군비지출 ②국내 사회적 관계의 군사화 ③ 국제사회에서 무력 사용과 전쟁을 추구하는 경향 ④ 핵무기 경쟁. Ron P. Smith, "Aspects of militarism," Capital & Class (Feb 1983), pp. 18~20.

10) Thee는 군사주의를, 군부지원을 받는 억압적 권위주의 정권, 군부의 직접 통제아래 있는 국가, 문민 통치이지만 군부가 압도적 영향력을 행사하는 국가, 군부 영향력과 대의 민주주가 공존하는 국가 등 에 모두 적용했다. Thee, "Militarism and Militarisation in Contemporary International Relations," pp. 19~21.

11) 탈군사화의 특징은 Lamb, "Reflections on demilitarization: A Southern African perspective," International Peacekeeping (Sep 2000), p. 121를 참조할 것.

12) 임강택, 『북한의 군사산업 정책이 경제에 미치는 효과 분석』 (서울: 통일연구원, 2000). p. 25.

13) 함택영, 『국가안보의 정치경제학』 (서울; 법문사, 1998), p.167.

14) 북한은 군병력을 휴전 당시 27.5만~31만에서 1950년대 중후반 40만 명 선으로 확대했다. 그러나 1956년 부족한 민간 부문의 노동력 확충과 중국 인민해방군 북한 잔류를 고려, 8만 명 감축을 발표했다. 위의 책, p. 160.: p. 292.

15) 김일성, "우리의 인민군대는 로동계급의 군대, 혁명의 군대이다. 계급적정치교양사업을 계속 강화하 여야 한다 (1963.2.8.)," 『김일성저작집 17』 (평양: 조선로동당출판사, 1982), p. 128.

16) 즉 '전 인민의 무장화,' '전국토의 요새화,' 전군의 간부화,' '장비의 현대화'는 정규전, 게릴라전술·민병동원 등 비정규전을 배합한 '인민전쟁' 군사교리이다.

17) 이대근, 『북한 군부는 왜 쿠데타를 하지 않나』 (서울: 한울아카데미, 2009), pp. 91~122.

18) 미국은 한국군의 적정 규모를 10개 사단 20만~25만으로 평가했지만, 한국 요청에 밀려 막대한 지원을 했다. 함택영, 『국가안보의 정치경제학』, pp. 155~156.

19) 위의 책, p. 162.

20) 위의 책, p. 294.

21) 국방비와 군사비는 같은 개념이지만, 국방비는 긍정적, 군사비는 부정적 뉘앙스를 갖고 있다. 국방산업, 방위산업과 군수산업 용어도 마찬가지이다. 이 글에서는 구별 없이 혼용했다.

22) 함택영, 『국가안보의 정치경제학』, pp. 298~299.

23) 위의 책, pp. 173~174.

24) 대한민국 국방부, 『2018 국방백서』 (서울: 대한민국 국방부, 2018), p. 267.

25) 김병연, "군사적 도발과 위협," 김병로·서보혁 편, 『분단폭력 – 한반도 군사화에 관한 평화학적 성찰』, p. 117.

26) 남북은 1954년 정전 후 평화협정 체결을 위한 제네바 정치 회담, 1964년 도쿄 올림픽 남북 단일팀 구성을 위한 체육 회담을 개최했으나 아무런 성과를 내지 못했다.

27) 고병철, "남북한 관계의 역사적 맥락," 경남대학교 북한대학원 엮음, 『남북관계론』 (서울: 한울아카데미, 2005), p. 41.

28) 김일성은 1975년 4월 베이징 방문 중 남한에 혁명이 일어난다면 북한은 남한 인민을 적극적으로 지원할 것이며, 전쟁이 일어난다면 침략자들을 완전히 쳐부술 것이고, 그러한 전쟁에서 잃을 것은 휴전선 뿐이고 얻는 것은 국토통일이라고 주장했다. 고병철, "남북한 관계의 역사적 맥락," p. 49.

29) 임강택, 『북한의 군사산업 정책이 경제에 미치는 효과 분석』, p. 59.

30) 김일성, "당간부양성사업을 개선강화할데 대하여(1971.12.2)," 『김일성저작집 26』 (평양: 조선로동당출판사, 1984), p. 509.; 김일성 주석은 또 민수산업과 달리 군수산업의 제품이 세계적 수준에 올랐다고 평가했다. 김일성, "품질감독사업을 개선강화할데 대하여(1981.2.2.)," 『김일성저작집 36』 (평양: 조선로동 당출판사, 1990), pp. 11~17.

31) 임강택, 『북한의 군사산업 정책이 경제에 미치는 효과 분석』, p. 64.

32) 위의 책, p. 110.

33) 북한연구소에 따르면, 1974년~1989년 15년간 무기 수출액이 45억4000만 달러로 전체 수출액의 22.3%에 달했다. 북한연구소편, 『북한총람 (1983~1993)』 (서울: 북한연구소, 1994), p. 861.

34) 성채기, 『북한 경제위기 10년과 군비증강 노력』 (서울: 한국국방연구원, 2003), p. 92.

35) 위의 책, p. 92.; 북한은 무기 판매로 획득한 외화를 국방비에 충당하고 중동 산유국에 미사일을 팔아 석유의 안정적 공급을 확보하고자 했다. 임강택, 『북한의 군사산업 정책이 경제에 미치는 효과 분석』, p. 109.

36) 함택영, 『국가안보의 정치경제학』, p. 292.

37) 성채기, 『북한 경제위기 10년과 군비증강 노력』, p. 74.

38) 함택영, 『국가안보의 정치경제학』, p. 192.

39) 김성주, 『북한 '군사주의'의 형성과 전개 과정 연구』 (북한대학원대학교 박사학위 논문, 2015), p. 299.

40) 함택영, 『국가안보의 정치경제학』, p.192.

41) 최성빈, 고병성, 이호석, "한국 방위산업의 40년 발전과정과 성과," 『국방정책연구』, 제26권 제1호 (2010), p. 84,

42) 함택영, 『국가안보의 정치경제학』, p. 179.

43) 위의 책, p. 189.

44) 함택영, "남북한 군비 경쟁과 군축 전망," 경남대학교 북한대학원 엮음, 『남북한 관계론』, p. 242.

45) 위의 논문, p. 236.

46) 통일부, 『통일부 30년사–평화 화해 협력의 발자취, 1969~1999』 (서울: 통일부 기획관리실, 1999), pp. 114~115.

47) 성채기, 『북한 경제위기 10년과 군비증강 노력』, pp. 29~53.

48) 박용한, "군사경제 운영," 오경섭, 김진하, 한병진, 박용한, 『북한 군사경제 비대화의 원인과 실태』(서울: 통일연구원, 2018), p. 51.

49) 성채기, 『북한 경제위기 10년과 군비증강 노력』, p. 92.

50) 임강택, 『북한의 군사산업 정책이 경제에 미치는 효과 분석』, p. 110.

51) 성채기, 『북한 경제위기 10년과 군비증강 노력』, p. 101,

52) 함택영, 『국가안보의 정치경제학』, p. 292.

53) 대한민국 국방부, 『2006 국방백서』 (서울: 대한민국 국방부, 2006), p. 201.

54) 대한민국 국방부, 『2008 국방백서』 (서울: 대한민국 국방부, 2008), p. 23.

55) 안병성외, 『2010 국방예산 분석·평가 및 2011 전망』 (서울: 한국국방연구원, 2010).

56) 대한민국 국방부, 『2010 국방백서』 (서울: 대한민국 국방부, 2010), p. 271.

57) 함택영, 『국가안보의 정치경제학』, p. 292

58) 대한민국 국방부, 『2010 국방백서』, p. 279.

59) 함택영, 『국가안보의 정치경제학』, p. 298.

60) 최성빈외, "한국 방위산업의 40년 발전과정과 성과," p. 92.

61) 위의 논문, p. 94.

62) 함택영, "남북한 군비 경쟁과 군축 전망," p. 242.

63) 대한민국 통일부, 『2020 통일백서』 (서울: 대한민국 통일부, 2020), p. 277.

64) 김병로, "군사적 도발과 위협," p. 136.

65) 김정은은 현지지도를 군수 분에 집중, 정책 우선 순위를 분명히 드러냈다. 2017년의 경우 현지지도 48회중 핵 및 탄도미사일 관련 지도가 29회를 차지했다. 오경섭 "김정은 정권의 군사산업 동향," 『북한 군사경제 비대화의 원인과 실패』, p. 61.

66) 성채기, "북한의 경제–핵 병진노선평가 : 의도와 지속가능성," 『동북아안보 정세 분석』, 제322호 (2013년 8월 14일). pp. 4~6.

67) 「연합뉴스」, 2015년 4월 14일.

68) 박용한, "군사경제 비대화 수준," 오경섭 외, 『북한 군사경제 비대화의 원인과 실패』, p. 34.

69) 2017년 기준 주요 18개국의 GDP 대비 군사비에서 한국은 2.3%, 영국 2.0%,

프랑스 1.9%이며 중국 1.2%, 미국 3.1%, 사우디아라비아 11.3%이다. 군사화 수준이 높은 것으로 알려진 이스라엘 5.3%과 비교해도 높다. 『2018 국방백서』, p. 242.

70) 폭력 비용은 국방비 지출과 무기 생산 등 군사와 관련한 비용을 의미한다. 김병로, "군사적 도발과 위협," p. 109.

71) 황장엽, 『나는 역사의 진리를 보았다』 (서울: 한울, 1999), p. 286,

72) 박용한, "군사경제 비대화 수준," 오경섭 외, p. 33.

73) 대한민국 국방부, 『2018 국방백서』, p. 244.

74) 「연합뉴스」, 2020년 11월 11일.

75) 남한 보다 높은 국가는 사우디아라비아(11.3%), 이스라엘(5.3%), 싱가포르(3.3%), 미국(3.1%), 러시아(3.1%)이다. 프랑스(2.0%), 영국(2.0%), 대만(1.8%), 중국(1.3%), 독일(1.1%), 일본(0.9%)도 남한 보다 낮다. 『2018 국방백서』, p. 242.

76) 최성빈, 이호중, 장혜진, "한국 방위산업의 현황과 2015년 전망," 『주간국방논단』, 제1557호 (2015년 3월 9일), p. 4.

77) 유용원, "41조 투자 442조 효과−국방과학연구소가 50년 동안 개발한 무기들은?" 『주간조선』 2619호 (2020년 8월 3일).

78) 방위사업청은 이를 '첨단 무기체계 개발능력 확보' 및 '글로벌 경쟁력 강화'를 위한 것이라고 발표했다. 방위사업청, "보도자료: 2018−2022 방위산업육성기본계획 발간" (2019년 3월 9일).

79) Stockholm International Peace Research Institute(SIPRI)., Trends in International Arms Transfers, 2019.

80) 국방기술품질원 2020년 12월 14일 보도 자료.

81) SIPRI. Trends in International Arms Transfers, 2019.

82) 「서울신문」, 2010년 10월 20일.; 「한겨레 21」, 2019년 10월 20일.

83) 「동아일보」, 210년 5월 23일.

84) 2020년 무기 수출을 확대하기 위해 '방위산업 발전 및 지원에 관한 법률(일명 방위산업 발전법)'이 제정되었다.

85) 병력 수 규모는 중국 203만5천 명, 미국 134만8천 명, 러시아 90만 명 순서다. 싱가포르도 1.2%이지만 도시국가라는 점에서 비교 대상이 되기는 어렵다. 대한민국 국방부, 『2018 국방백서』, p. 242.

86) 참여연대, "2021년 국방 예산안에 대한 의견서."; <http://www.people power21.org/PSPD_press/1742041>.

87) 한국은행, "보도 자료: 2019년 북한 경제성장률 추정 결과," 2020년 7월 31일; <https://www.bok.or.kr/portal/bbs/P0000559/view.do?nttId=10059559& menuNo=200690>.

88) 세 시기는 핵·미사일 개발을 가속화한 '김정일 시대 연장기'(2012~2017),

완전한 비핵화 공약에 따른 '비핵화 협상기'(2018~2019.2), '대외 관계 단절기'(2019.2~2021)이다. 이대근, "한반도 비핵·평화는 가능한가," 『역사와 현실』, 제112호 (2019년 6월), p. 5.

89) Lamb, "Reflections on demilitarization: A Southern African perspective," pp. 121~122.

제3장

1) "北김정은 남북관계 경색은 南탓," 「파이낸셜뉴스」(온라인), 2021년 1월 9일; <https://www.fnnews.com/news/202101091026465909> (검색일: 2021년 5월 4일)

2) "[전문] "올해 온전히 일상 회복"…문대통령 2021년 신년사," 「전자신문」(온라인), 2021년 1월 11일; <http://www.dt.co.kr/contents.html?article_no=2021011102109919607012> (검색일: 2021년 5월 4일)

3) 8차 당대회에서 당규약이 개정되었고, 구체적인 내용은 최근에서야 확인되었다. 개정된 당규약은 노동당의 당면 목적에서 '민족해방민주주의 혁명'을 삭제하고 대신 '사회의 자주적이며 민주주의적 발전을 실현'하겠다는 내용을 추가하였다. 현재 이를 두고 북한이 통일을 포기했다는 해석과 그렇지 않다는 해석이 분분하다.

4) "북한 매체, 통일교재서 독일식 언급했다고 통일부 비난," 「뉴시스」(온라인), 2020년 4월 8일; <https://newsis.com/view/?id=NISX20200408_0000986404&cID=10301&pID=10300> (검색일: 2021년 5월 4일)

5) 같은 기간 남한의 국방예산은 GDP 대비 2.6%로 세계 6위를 기록했다. "국무부 북한 GDP 대비 국방비 세계 1위," 「VOA」(온라인), 2019년 2월 16일; <https://www.voakorea.com/korea/korea-politics/4789106> (2021년 5월 3일)

6) <https://www.globalfirepower.com/defense-spending-budget.php> (2021년 5월 4일)

7) "더불어민주당 제180차 원내대책회의 모두발언," 「네이버 뉴스」(온라인), 2020년 1월 28일; <https://news.naver.com/main/read.nhn?mode=LSD&mid=sec&sid1=123&oid=305&aid=0000026013> (검색일: 2021년 5월 4일)

8) 손호철·방인혁, "남북한 '적대적 의존관계론'에 관한 비판적 연구: 1972년 남한 유신헌법과 북한 사회주의헌법 제정을 중심으로," 『한국과 국제정치』, 제28권 제2호 (2012).

9) 한기호, "숙적관계(rivalry) 이론의 남북한 분쟁관계 적용 가능성 검토: MID(Militarized Interstate Dispute)와 사회-심리적 과정 모델을 중심으로," 『통일연구』 Vol. 20, No. 2 (2016); 한기호, "한·미동맹이 남북한 라이벌리(rivalry) 관계에 미치는 영향 연구: 숙적 이론과 동맹 이론을 중심으로," 『한

국사회과학연구』, 제39권 2호 (2020).

10) 김욱성, "국력의 비대칭성 완화 노력이 숙적관계에 미치는 영향: 남북한 사례," 『통일문제연구』, 제22권 제2호 (2010); 김형민, "숙적관계가 군사분쟁에 미치는 영향에 관한 연구: 상호인과성을 중심으로," 『정치정보연구』, 제20권 제2호 (2017).

11) 문인철, "숙적국가 간 손실 인식과 장기지속갈등 문제: 남북숙적관계에 대한 함의," 『북한연구학회보』, 제20권 제1호 (2016), pp. 259~270, 재정리.

12) 이한 엮음, 『북한의 통일정책 변천사(상): 1945~1985년 주요 문건』 (서울: 온누리, 1989), pp. 72~73.

13) 한국사사전편찬회 저, 『한국근현대사사전』 (서울: 가람기획, 2005).

14) 유영옥, "이승만 대통령의 반공과 통일정책에서의 상징성," 『한국보훈논총』, 제10권 제2호 (2011), p. 13.

15) 박순성·최진욱, 『통일논의의 변천과정』 (서울: 민족통일연구원, 1993), pp. 58~61.

16) 한국사사전편찬회 저, 『한국근현대사사전』, 참조.

17) 박순성·최진욱, 『통일논의의 변천과정』, p. 62.

18) 이삼성·김태일, "1965년~80년 기간 국제 환경 변화와 남북한 통일정책," 이삼성 외, 『평화통일을 위한 남북대결』 (서울: 소화, 1996), p. 53.

19) 1964년 2월 27일 조선로동당 중앙위원회 제4기 제8차전원회의, "조국통일위업을 실현하기 위하여 혁명력량을 백방으로 강화하자," 『김일성 저작집 18』 (평양: 조선로동당출판사, 1982), pp. 134~144; 김일성, "조선민주주의인민공화국에서의 사회주의건설과 남조선혁명에 대하여(인도네시아 '알리 아르함' 사회과학원에서 한 강의, 1965년 4월 14일)," 『김일성 저작집 19』 (평양: 조선로동당출판사, 1982), p. 170.

20) 이삼성·김태일, "1965년~80년 기간 국제 환경 변화와 남북한 통일정책," 이삼성 외, 『평화통일을 위한 남북대결』, p. 54; 척 다운스 지음, 송승종 옮김, 『북한의 협상전략』 (서울: 한울, 2011), 참고.

21) 통일원, 『1992 통일백서』 (서울: 통일원, 1992), p. 38.

22) 김지형, 『데탕트와 남북관계』 (서울: 선인, 2008), pp. 64~65.

23) 「로동신문」, 1970년 8월 22일.

24) 김일성, "조선로동당 제5차대회에서 한 중앙위원회사업총화보고(1970년 11월 2일)," 『김일성 저작집 25』 (평양: 조선로동당출판, 1983), pp. 186~197.

25) 김일성, "조선로동당과 공화국정부의 대내외정책의 몇 가지 문제에 대하여 (일본 아사히신문 편집국장 및 교도통신사 기자와의 면담, 1971년 9월 25일과 10월 8일)," 『김일성 저작집 26』 (평양: 조선로동당출판사, 1984), pp. 148~152.

26) 1971년 4월 12일, 조선민주주의인민공화국 최고인민회의 제4기 5차회의에서

한 허담외무상 보고, "현국제정세와 조국의 자주적통일을 촉진시킬데 대하여," 이한 엮음, 『북한의 통일정책 변천사(상): 1948~1985년 주요 문건』, pp. 361~363.

27) 김일성, "미제를 반대하는 아세아 혁명적인민들의 공동투쟁은 반드시 승리할 것이다(캄보쟈국가원수이며 캄보쟈민족통일전선위원장인 노로돔 시하누크친왕을 환영하는 평양시군중대회에서 한 연설, 1971년 8월 6일)," 『김일성저작집 26』, p. 120.

28) "이산가족 상봉 합의, 남북관계 훈풍 부나," 『뉴스메이커』(온라인), 2013년 9월 3일; <http://www.newsmaker.or.kr/news/articleView.html?idxno=4454> (검색일: 2021년 5월 4일)

29) 왼쪽 사진은 7.4 남북공동성명 발표 이후 '남북조절위원회 구성 및 운영에 관한 합의서' 채택을 위해 남측 특사 자격으로 평양을 방문한 이후락 중앙정보부장을 김일성 주석이 안내하는 장면이다. 오른쪽 사진은 북한 특사 자격으로 방분한 박성철 제2 부수상과 박정희 대통령이 악수를 나누는 장면이다.

30) 국토통일원, 『남북대화백서, 1988』(서울: 국토통일원, 1988), p. 71; 양호민, "남북대결의 원점과 원형: 7·4남북공동성명 전후 20년의 상황을 중심으로," 양호민 외, 『평화통일을 위한 남북대결』(서울: 소화, 1996), p. 304.

31) 김지형, "1970년대 초 남북대화와 7·4공동성명"(한양대학교 박사학위논문, 2006), p. 231.

32) 김일성, "조국통일 5대방침에 대하여(조선로동당 중앙위원회 정치위원회 확대회의에서 한 연설, 1973년 6월 25일)," 『김일성 저작집 28』(평양: 조선로동당출판사, 1984), pp. 176~179.

33) 김지형, "1970년대 초 남북대화와 7·4공동성명," p. 231.

34) 김종대, 『서해교전』(서울: 메디치, 2013), pp. 37~43; pp. 118~119; 정용하·임재상·김태완·허열, 『북한사회의 변화와 남북한 정치쟁점』(부산: 부산대학교출판부, 2003); 미치시타 나루시게 지음, 이원경 옮김, 『북한의 벼랑끝 외교사』(서울: 한울아카데미, 2014); 이문항, 『JSA-판문점(1953~1994)』(서울: 소화, 2001).

35) "[오늘의 경제소사]南北 불가침 협정과 대북 식량원조," 「서울경제」, 2021년 1월 11일; <https://www.sedaily.com/NewsView/22H7S6MNRH> (검색일: 2021년 5월 4일)

36) 양호민, "남북대결의 원점과 원형: 7·4남북공동성명 전후 20년의 상황을 중심으로," p. 347.

37) 1979년 10월 23일 조선인민군 사로청일군대회에서 한 연설, "인민군대를 강화하여 사회주의 조국을 튼튼히 보위하자," 『김일성 저작집 34』(평양: 조선로동당출판사, 1987), p. 219; "뻬루 조선친선문화협회대표단과 한 담화(1980년 6월 14일)," 『김일성 저작집 35』(평양: 조선로동당출판사, 1987), p. 81.

38) "조선로동당 제6차대회에서 한 중앙위원회사업총화 보고(1980년 10월 10일)," 『김일성 저작집35』(평양: 조선로동당출판사, 1987), pp. 175~179.

39) 편집부, "전두환대통령 새해국정연설," 『북한』, 2월호, 통권 110호 (1983), pp. 41~42.

40) 첫째, 현 남조선반공정권의 퇴진과 연공정권의 수립, 둘째 김대중을 비롯한 모든 정치범의 석방, 셋째 반공관련법 폐지 및 반공기관·단체 해체, 넷째 6·23선언 철회, 다섯째 주한미군 철수 등이었다.

41) 양영식, 『통일정책론』 (서울: 박영사, 1997), pp. 191~192.

42) Paul F. Diehl and Gary Goertz, *War and Peace in International Rivalry* (Ann Arbor: The University of Michigan, 2000).

43) "한국, 미국 보란 듯..'핵' 36번 언급한 김정은," 「파이낸셜뉴스」(온라인), 2021년 1월 11일; <https://www.fnnews.com/news/202101110817271338> (검색일: 2021년 5월 4일)

44) 문인철, "숙적국가 간 손실 인식과 장기지속갈등 문제: 남북숙적관계에 대한 함의," 『북한연구학회보』, 제20권 제1호 (2016).

제4장

1) John H. Herz, "Idealist Internationalism and the Security Dilemma," *World Politics*, 2−2(January, 1950), pp. 157~159.

2) Edward A. Kolodziej, *Security and International Relations* (Cambridge: Cambridge University Press, 2005), pp. 58~59.

3) Kenneth N. Waltz, *Theory of International Politics* (Boston: McGraw Hill, 1979), pp. 118~119. 왈츠의 구조적 현실주의를 적용한 북한의 대미정책 분석은 서보혁, "월츠의 제 3이미지와 북한의 대미정책," 『북한연구학회보』, 제15권 2호(2011), pp. 167~193을 참조.

4) 함택영, 『국가안보의 정치경제학』 (서울: 법문사, 1998), pp. 193~195.

5) 구갑우, "평창 '임시평화체제'의 형성 원인과 전개," 『한국과 국제관계』 제34권 제 2호(2018), p. 142

6) Robert Jervis, "Cooperation under the Security Dilemma," *World Politics*, 30−2(January,1978), pp. 167~214.

7) Glenn H. Snyder, "The Security Dilemma in Alliance Politics," *World Politics*, 36−4(July. 1984), pp. 461~495.

8) 조슈아 골드스타인, 존 피브하우스 저, 김연각 역, 『국제관계의 이해』 (고양: 인간사랑, 2015), pp. 124~125.

9) 김열수, 『국가 안보』 (파주: 법문사, 2015), p. 226.

10) 핵 교리는 핵 전략(Nuclear Strategy)의 한 부분으로서 핵 무기의 용도, 사용 원칙 등 소프트웨어적인 것을 말한다. 핵 교리에는 '부인', '1차 공격', '2차 공격'이 있는데, '부인'은 핵 무력을 개발하거나 개발한 국가가 국가이익을

위해 핵 개발 자체를 부인하는 것이고, '1차 공격'은 적대국이 핵 무기로 공격을 가해오지 않았는데 먼저 적대국을 핵 무기로 공격하는 것이며, '2차 공격'은 적대국이 먼저 핵 무기로 공격해 온 경우 이에 대응하여 핵 무기를 사용하는 것이다.

11) 「로동신문」 1994년 1월 1일.

12) 「로동신문」 1998년 9월 5일.

13) 핵 태세는 핵 무력과 핵 무력의 배치형태 등 하드웨어적인 것을 의미한다. 전봉근, 『북한 핵교리의 특징 평가와 시사점』 (서울: 국립외교안보연구소, 2016), p. 1.

14) 북한의 초기 핵 개발 과정은, 김보미, "북한 핵 프로그램의 시작과 성장," 『통일정책연구』 제 28권 1호(2019), pp. 183~208.

15) 북한은 IAEA에 90g의 플루토늄을 '실험'목적으로 재처리 했다고 보고하였으나, IAEA는 수 Kg의 플루토늄이 재처리 되었을 것이라고 추정하였다. 결국, IAEA는 특별사찰을 북한에 요구하였고, 북한은 이를 거부하면서 NPT를 탈퇴함으로서 1차 북핵 위기가 시작되었다. 김열수, 『국가 안보』, p. 331.

16) "북한, 핵 기술·인력 어떻게 만들어졌나,"「한겨레」(온라인), 2006년 10월 14일; <http://www.hani.co.kr/arti/politics/defense/164187.html#csidx3da8c33b23e326dbe568f31a2d6a78b> (검색일: 2021.1.10.)

17) 김태현, "비대칭동맹에서 약소국의 자율성에 대한 연구," 『신아세아』 제 18권 1호(2011), pp. 190~194.

18) 전호훤, "미국의 대한 핵우산 공약에 대한 역사적 조명," 『국방정책연구』 제 24권 2호(2008), p. 47.

19) 국방부, 『국방백서 1994 - 1995』 (서울: 국방부, 1994), pp. 262~265.

20) 국방부, 『국방백서 1995』 (서울: 국방부, 1995), pp. 77~93.

21) 통일부 통일교육원, 『2020 통일문제 이해』 (서울: 통일교육원, 2019), p. 148.

22) 김창희, 『남북관계와 한반도 평화』 (고양: 삼우사, 2019), pp. 135~140.

23) 조선중앙통신사, 『조선중앙연감 (2005)』 (평양: 조선중앙통신사,2005), p. 585.

24) 「로동신문」 2005년 2월 11일.

25) 「로동신문」 2006년 10월 4일; 2006년 10월 18일.

26) Lebow, Richard Ned and Stein, Janice Gross. 1990. "Deterrence: The Elusive Dependent Variable." *World Politics* 42(3), p. 336.

27) 「로동신문」 2003년 10월 3일.

28) 함형필, 『김정일체제의 핵전략 딜레마』 (서울: KIDA Press, 2009), p. 100.

29) 「로동신문」 2011년 12월 1일.

30) The New York Times, November 21, 2010.

31) 「로동신문」 1998년 9월 5일, 2009년 4월 6일.

32) 국방부, 『국방백서 2006』 (서울: 국방부, 2006), pp. 93~94; 214.

33) 김열수, 『국가안보』, pp. 188~189.

34) 국방부, 『국방백서 2010』 (서울: 국방부, 2010), pp. 61~62.

35) "한미 동맹을 위한 공동비전 전문," 『조선일보(인터넷판)』 2009년 6월 17일; <https://www.chosun.com/site/data/html_dir/2009/06/16/2009061601735.html>.(검색일: 2021.1.13.)

36) 국방부, 『국방백서 2012』 (서울: 국방부, 2012), pp. 312~313.

37) 대통령실, 『한미 미사일 지침 개정 주요 내용 및 의미, 기대효과』 (서울: 청와대, 2012), pp. 5~6.

38) 「중앙일보」, 2012년 10월 29일.

39) "이명박 정부 MD(미사일방어체제) 참여 구상 정밀분석," 『신동아(인터넷판)』 2008년 2월 12일; <https://shindonga.donga.com/Library/3/01/13/107085/2>.(검색일: 2021.1.12.)

40) 국방부, 『국방백서 2006』, p. 76.

41) 국방부, 『국방백서 2010』, p. 107.

42) 「문화일보」, 2009년 6월 27일.

43) "[사설]對北능동적 억제전략, 구체적 수단 확보해야," 『동아일보(인터넷판)』 2010년 9월 4일; <https://www.donga.com/news/BestClick/article/all/20100904/ 30961696/1>.(검색일: 2021.1.13.)

44) 「문화일보」, 2012년 5월 3일.

45) 김창희, 『남북관계와 한반도 평화』 (고양: 삼우사, 2019), p. 182.

46) 진희관 외, 『통일과 평화 그리고 북한』, pp. 184~185.

47) 국방부, 『국방백서 2008』 (서울: 국방부, 2008), pp. 274~275.

48) 국방부, 『국방백서 2012』, pp. 295~296.

49) 「로동신문」, 2016년 1월 7일; 2016년 2월 24일; 2016년 3월 7일.

50) 「로동신문」, 2017년 1월 1일; 2017년 8월 9일.

51) "[그래픽]북한 1~6차 핵실험 비교," 「뉴시스」(온라인), 2017년 9월 4일; <https://newsis.com/view/?id=NISI20170904_0000038355> (검색일: 2010. 1.10.)

52) 「로동신문」, 2017년 9월 3일.

53) 「조선신보」, 2019년 8월 5일.

54) 위의 책, p. 261.

55) 국방부, 『국방백서 2016』 (서울: 국방부, 2016), pp. 56~57.

56) "[단독] 박근혜, 중국 사드 보복 알고도 묵살했다," 『시사IN(인터넷판)』 2017년 2월 1일; <https://www.sisain.co.kr/news/articleView.html?idxno=28286>.

(검색일: 2021.1.14.)

57) "트럼프–문재인, 미사일 탄두중량 제한 해제 합의,"『VOA(인터넷판)』2017년 9월 5일 ;<https://www.voakorea.com/korea/korea–politics/4014673>. (검색일: 2021.1.15.)

58) "로켓개발 족쇄 풀렸다… 고체연료도 사용 가능,"『조선일보(인터넷판)』2020년 7월 29일; <https://www.chosun.com/site/data/html_dir/2020/07/29/2020072900188.html>. (검색일: 2021.1.16.)

59) 국방부,『국방백서 2018』(서울: 국방부, 2018), pp. 126~127.

60) 엄진욱, 최규옥, "한국형 3축 체계 수행능력 향상을 위한 지휘통제 통신 발전방향,"『국방과 기술』제 462호 (2017), p. 103.

61) 국방부,『국방백서 2016』, pp. 58~60.

62) 「한국경제」, 2017년 8월 20일.

63) 김강녕, "문재인 정부 군사안보정책 중간평가,"『통일전략』제 19권 1호 (2019), pp. 137~138.

64) 국방부,『국방백서 2018』, pp. 92~93, 국방부,『국방부 업무보고 2020』(서울: 국방부, 2020), pp. 1~12.

65) "우리군도 SLBM 만들었다 … 최종 수중 발사시험 남아,"『조선일보(인터넷판)』2021년 1월 13일; <https://www.chosun.com/politics/politics_general/2021/01/13/R2M7TDUBCVBEHNW2RWT7J2SM34/>. (검색일: 2021.1.15.)

66) 통일부,『통일백서 2017』(서울: 통일부, 2017), pp. 15~17.

67) 국방부,『국방백서 2014』(서울: 국방부, 2014), p. 149.

제5장

1) 2018년 남북정상회담은 4월 27일 판문점 평화의집, 5월 25일 판문점 통일각, 9월 18일~20일 평양에서 3차례 열렸다.

2) 「중앙일보」, 2018년 9월 19일.

3) 「조선신보」, 2019년 1월 1일.

4) 도널드 트럼프 미국 대통령은 2018년 9월 29일(현지시간) 웨스트버지니아주 연설에서 김정은 위원장의 친서에 대해 "아름답고 멋진 편지들"이라며 "우리는 사랑에 빠져들었다"고 표현했다. 「중앙일보」, 2018년 10월 1일.

5) 요한 갈등은 "지속가능한 평화를 창출하여 폭력적 갈등의 재발을 방지하기 위해 개입하는 활동"으로 정의했다. 김병로, "한반도 통일과 평화구축의 과제,"『평화학연구』, 제15권 1호 (2014), p. 9.

6) Johan Galtung, "Three Approaches to Peace: Peacekeeping, Peacemaking and Peacebuilding," Johan Galtung, *Peace, War and Defence: Essays in*

Peace Research. vol.2 (Copenhagen: Christian Ejlers, 1976), pp. 282~304.

7) Unites Nations and the Rule of Law, <https://www.un.org/ruleoflaw/blog/document/an−agenda−for−peace−preventive−diplomacy−peacemaking−and−peace−keeping−report−of−the−secretary−general/> (검색일: 2021.2.20.).

8) 서보혁·용혜민, 『국제 평화문서 번역집』 (통일연구원, 2021), pp. 3~23.

9) 정주진, "평화연구로서의 갈등해결 연구: 평화적 과정과 평화 성취에의 기여" 『통일과 평화』, 제5집 1호 (2013), pp. 177~178.

10) 위의 글, pp. 177~178.

11) Luc Reychler, "Conceptual Framework," in Luc Reychler and Thania Paffenholz eds. *Peace−building: A Field Guide* (Boulder: Lynne Rienner, 2001), pp. 12~15.

12) Lisa Schirch, *The Little Book of Strategic Peacebuilding* (Intercourse: Good Books, 2004), pp. 8~10.

13) Hocker, Joyce and William Wilmot, *Interpersonal Conflict* (Madison, Wis: Brown and Benchmark, 1995), pp. 57−63.; 존 폴 레더라크 지음, 김동진 옮김, 『평화는 어떻게 만들어지는가』 (서울: 후마니타스, 2012), p. 190.

14) 존 폴 레더라크 지음, 김동진 옮김, 『평화는 어떻게 만들어지는가』, pp. 190~191.

15) 황수환, "평화학적 관점에서 본 한반도 평화의 방향," 『평화학연구』, 제20권 1호 (2019), p. 63.

16) Kupchan, Charles A. *How Enemies Become Friends: The Sources of Stable Peace* (Princeston, New Jersey: Princeton University Press, 2010). pp. 30~66.

17) Dan Smith, *Towards a Strategic Framework for Peacebuilding: Getting their Act Together* (Oslo: PRIO-International Peace Research Institute, 2004), pp. 27~28.

18) 통일부 통일교육원, 『통일교육 기본계획(2019~2021) 및 2019년도 시행계획』 (2019), p. 18.

19) 통일부 주요사업 통계, <https://www.unikorea.go.kr/unikorea/business/statistics/> (검색일: 2021.2.10)

20) 통일부, 『2020 통일백서』 (2020), p. 275.

21) 조성렬, "한반도 군사적 긴장완화 추진실태와 방향," 통일연구원, 『6·15 남북공동선언과 한반도 평화·번영: 평가와 전망(국제학술회의 발표논문집)』 (2005), p. 57.

22) 황수환, "남북정상회담의 '지속과 변화' 화해를 중심으로," 『정치·정보연구』, 제23권 2호 (2020), p. 442.

23) 김근식, "남북정상회담과 6.15공동선언: 분석과 평가"『북한연구학회보』, 제
    10집 2호 (2006), pp. 39~57.

24) 통일부 주요사업 통계, <https://www.unikorea.go.kr/unikorea/business/
    statistics/> (검색일: 2021.2.10.).

25) 통일부, 『2020 통일백서』, p. 105.

26) 군사적 긴장완화와 군사적 신뢰구축이 구분되는 개념임에도 불구하고, 현실
    적 측면에서는 양자를 엄격하게 구분하는 것은 어렵다. 장철운, 『평화체제
    관련 남북한 군사적 긴장완화』(통일교육원, 2019), p. 56.

27) 김병로·서보혁, 『분단폭력: 한반도 군사화에 대한 평화학적 성찰』(파주: 아
    카넷, 2016). pp. 62~63.

제6장 —————————————————

1) 통합의 개념은 제도적, 형식적 접근을 강조하는 연방주의자(federalists)와 기
   능적 교류와 단계적 과정을 강조하는 기능주의자(functionalists)에 의해 발전
   되었다고 볼 수 있다. 본 글은 유럽통합이 기능주의적 입장에서 전개되었다
   는 판단에서 전자 보다 후자에 초점을 두고 있음을 밝힌다.

2) Ernst Haas, *The Uniting of Europe: Political, Social, and Economic Forces
   1950−57* (Stanford, CA: Stanford University Press, 1958), p. 16.

3) Tomas Diez and Antje Wiener, "Introducing the Mosaic of Integration
   Theory," eds. Antje Wiener, Thomas Diez, *European Integration Theory*
   (Oxford: Oxford University Press, 2009), p. 3.

4) 유럽석탄철강공동체의 형성과정에 대한 자세한 내용은, 이재승 외, 『지역협
   력의 조건: 초기 유럽통합의 재고찰과 동북아시아에의 함의』(세종: 대외경
   제정책연구원, 2015)의 제2장 참고.

5) David Mitrany, *A Working Peace System. An Argument for the
   Functional Development of International Organization* (London: Royal
   Institute of International Affairs, 1943); Tomas Diez and Antje Wiener,
   "Introducing the Mosaic of Integration Theory." eds. Antje Wiener,
   Thomas Diez, *European Integration Theory* (Oxford: Oxford University
   Press, 2009), p. 8.

6) "Functionalism," Britannica, <https://www.britannica.com/topic/functionalism−
   international−organizations> (검색일: 2020년 10월 20일)

7) 존 베일리스, 스티브 스미스, 퍼트리샤 오언스, 『세계정치론』(서울: 을유문
   화사, 2019), p. 170.

8) David P. Barash and Charles P. Webel, *Peace and Conflict Studies*
   (London: Sage, 2018), pp. 393~394.

9) Ibid.

10) Robert I. McLaren, "Mitranian functionalism: possible or impossible?" p. 142.

11) Ibid., p. 146.

12) Philippe C. Schmitter, "Ernst B. Haas and the legacy of neofunctionalism," *Journal of European Public Policy*, vol. 12, no. 2 (2005), p. 256.

13) Ernst B. Haas, *The Uniting of Europe: Political, Social and Economic Forces, 1950−1957* (Stanford: Stanford University Press, 1958), p. 16.

14) Leon Lindberg, "Decision Making and Integration in the European Community," *International Organization*, vol. 19, no. 1 (1965), p. 78.

15) Arne Niemann, Zoe Lefkofridi, and Philippe C. Schmitter, "Neofunctionalism," eds. Antje Wiener, Thomas Diez, *European Integration Theory* (Oxford: Oxford University Press, 2009).

16) Jeppe Tranholm−Mikkelsen, "Neo−functionalism − Obstinate or Obsolete?" p. 6.

17) Philippe C. Schmitter, "Ernst B. Haas and the legacy of neofunctionalism," p. 258.

18) Ibid., p. 258.

19) "EU, 통합과 분열이 함께 기록된 모순의 이중장부," 「조선일보」, 2018년 8월 14일; <https://www.chosun.com/site/data/html_dir/2018/08/03/2018080302592.html> (검색일: 2020년 10월 11일)

20) 헌법 제1장은 "대한민국의 영토는 한반도와 그 부속도서로 한다."(제3조), "대한민국은 통일을 지향하며, 자유민주적 기본질서에 입각한 평화적 통일 정책을 수립하고 이를 추진한다."(제4조)로 명시되어 있다.

21) 이효원은 북한의 법적 지위와 성격에 대해 다음과 같이 설명한다. "남한 헌법에서 북한은 국내법적으로 이중적 지위를 가지는 동시에 국제법적으로도 특수한 지위를 갖는다고 하겠다. 즉, 북한은 국내법적으로는 헌법상 불법단체 또는 국가보안법상 반국가단체의 지위를 가지는 동시에 평화통일을 위한 대화와 협력의 동반자이기도 하다. 한편, 국제법적으로도 북한은 규범적 또는 현실적으로 대한민국의 일부분으로 대한민국과 함께 단일한 국가성을 가지나, 현실적으로 국제사회에서 독립된 주권을 가진 국가로서 인정받고 활동하고 있는 점을 고려해야 한다." 이효원, 『판례로 보는 남북한 관계』 (서울: 서울대학교 출판문화원, 2012), pp. 3~4.

22) 첫 번째 단계인 화해협력단계는 남북이 각기 두 체제, 두 정부를 인정하고 존중하는 가운데 경제, 사회, 문화 등 각 영역에서 교류와 협력을 확대함으로 상호 적대감과 불신을 해소하는 단계이다. 두 번째 남북연합단계는 화해협력단계에서 구축된 신뢰를 바탕으로 남북 간의 교류와 협력이 더욱 활발해지고 제도화되는 단계이다. 이 단계에서는 남북한이 공존공영하면서 민족

공동생활권을 '이루어 가는 과정을 밟게 되고 경제, 사회 공동체를 발전시킴으로 정치적 통일의 여건을 성숙시키게 된다. 또한 남북간 합의를 통해 필요한 기구 설치를 결정하고 남북정상회의와 남북각료회의 상설화, 남북의회 설치 및 통일헌법안 마련을 진행한다. 세 번째 단계는 남북연합단계에서 제정된 통일헌법에 따라 남북 자유 총 선거를 실시하고, 통일국회를 구성하여 1민족 1국가의 통일국가를 완성하는 단계이다. 통일원,『통일백서』(서울: 통일원, 1995), pp. 82~83.

23) 통일부,『2001 통일백서』(서울: 통일부, 2001), p. 26.

24) 배광복,『남북대화 1971~1992』(서울: 아연출판부, 2018), pp. 170~171.

25) 당시 김대중 대통령과 김정일 위원장은 남측의 연합제와 북측의 연방제안을 두고 상이한 인식을 나타내기도 하였다. 하지만 남측의 연합제와 북측의 낮은 단계 연방제의 공통성이 있다고 합의한 것은 사실상 '2체제 2정부'를 인정한 것으로 볼 수 있다. 홍용표, "6.15 남북공동선언 재조명: 이론적 배경과 의미," 홍용표, 조한범『6.15 남북공동선언 재조명: 이론과 실제』(서울: 통일연구원, 2005), p. 12.

26) 문재인, "제74주년 광복절 경축식,"『문재인 대통령 연설문집 제3권(상)』(서울: 대통령비서실, 2020), p. 271.

27) 남북조절위원회 제1차 공동위원장회의는 1972년 10월 12일, 2차는 11월 2일, 3차는 11월 30일에 개최되었고, 11월 30일 남북조절위원회 제1차 본회담이 같은 날 개최되어 1972년 총 네 번의 정치 분야 회담이 진행되었다.

28) 통일교육원,『남북관계 지식사전』(서울: 통일교육원, 2015), p. 131.

29) 조동호,『공진을 위한 남북경협전략』(서울: EAI, 2012), p. 80.

30) 통일부,『2003 통일백서』(서울: 통일부, 2003), p. 87.

31) 윤영관, "남북경협의 국제 정치경제적 의미," 윤영관 외,『북한의 체제전망과 남북경협』(서울: 한울아카데미, 2003), p. 23.

32) 김대중, "평화와 도약의 한반도 시대를 엽시다,"『김대중 대통령 연설문집 제3권』(서울: 대통령비서실, 2001), p. 398.

33) 대표적으로 2004년 10월 설치된「개성공업지구관리위원회」, 2005년 설치된「남북교류협력사무소」, 2013년 8월에 구성된「개성공단 남북공동위원회」등이 있다.

34) 조봉현, "개성공단, 성과 및 한계와 발전과제," 민족화해협력범국민협의회 정책위원회,『남북교류협력의 재조명』(서울: 늘품플러스, 2015), p. 213.

35) 김병로, "개성공단 스케치," 김병로 외,『개성공단: 공간평화의 기획과 한반도형 통일 프로젝트』(과천: 진인진, 2015), pp. 19~59.

36) 이 부분은 저자의 졸고, 최규빈, "긍정적 관여를 통한 한반도 평화: 남북경협의 진화와 전망,"『담론201』제23권 3호 (2020)의 일부 내용을 요약하여 재정리 한 것임을 밝혀둠.

37) 서울대학교 남북통합지수에서 경제영역 변인은 제도적 통합과 관계적 통합

영역으로 나누어 배점 부여되고 각 점수를 가산하여 구조통합지수를 산출한다. 보다 자세한 논의는 안동환 외, 『2019 남북통합지수』, (서울: 서울대학교 통일평화연구원, 2020), pp. 29~30 참고.

38) 남한주민을 대상으로 하는 서울대학교 통일평화연구원의 2020 통일의식조사는 전국 16개시도, 만 19세 이상 74세 이하 성인남녀를 대상으로 2020년 7월 22일부터 8월 17일까지 실시한 설문조사로 모집단으로 유효표본수는 1,200명, 표본오차는 95%, 신뢰수준에서 ±2.5%이다. 북한이탈주민을 대상으로 하는 서울대학교 통일평화연구원의 2020 북한이탈주민조사는 2019년에 북한을 떠난 주민 109명을 대상으로 면대면 설문조사를 실시하였다. 보다 자세한 논의는, 김범수 외, 『2020 통일의식조사』, (시흥: 서울대학교 통일평화연구원, 2021), pp. 18－24; 김학재 외, 『북한주민 통일의식 2020』, (시흥: 서울대학교 통일평화연구원, 2021), pp. 18~22 참고.

39) 남한주민에게는 "귀하는 북한이 우리에게 어떤 대상이라고 생각하십니까?, 북한이탈주민에게는 "귀하는 북한에 살고 계실 때 남한이 북한에게 어떤 대상이라고 생각하고 있었습니까?" 라고 질문함.

40) 김학성, "통일연구 방법론 소고: 동향, 쟁점 그리고 과제," 『통일정책연구』 제17권 2호 (2008).

41) 김학노, "평화통합전략으로서의 햇볕정책," 『한국정치학회보』 제39권 5호 (2005), p. 239.

42) 박종철 외, 『남북연합 형성·운영의 거버넌스』 (서울: 통일연구원, 2008), p. 27.

43) "정치적 통일은 멀었더라도, 남북 간에 평화를 정착시키고, 자유롭게 오가며 하나의 경제공동체를 이루는 것, 그것이 우리에게 진정한 광복입니다." 문재인, 제73주년 광복절 경축사, 2018.8.15.

44) 이우영, 구갑우, "남북한 접촉지대와 마음의 통합이론 － '마음의 지질학' 시론." 『현대북한연구』 제19권 제1호 (2016), pp. 269~310.

제7장 ───────────────────────

1) 국제연맹규약 전문에 "achieve international peace and security"라는 구절이 들어 있다. 안전보장이라는 말은 'security'를 당시 국제연맹에 참가했던 5대 강국들 중 하나였던 일본 외무성의 한자어 번역에 기인한다.

2) '국가안보'에 대해 학문적으로 일치된 정의는 존재하지 않는다. 즉, 학자들 간에 다양한 견해들이 제시되었을 뿐 개념이 명확하게 정립되지는 못한 상태이다. 이러한 지적과 관련하여, 울퍼스(Arnold Wolfers)는 '국가안보'를 '객관적'으로는 "보유하고 있는 가치들에 대해 위협이 없는 상태", '주관적'으로는 "그러한 가치들이 공격당하지 않을까에 대한 우려가 없는 상태"로 정의한다. 그러면서도 '국가안보'는 보다 분명한 정의가 곤란한 '모호한 상징

(security as an ambiguous symbol)'일 뿐이라고 표현하고 있다. Arnold Wolfers, "National Security as an Ambiguous Symbol," in *Discord and Collaboration* (Baltimore : John Hopkins University, 1962), p. 150.; Ibid., ch.10.

3) 탈냉전 이후 군사 중심의 안보개념의 확장 필요성 주장에 대해서는 다음을 참고. Jessica Tuchman Mathews, "Redefining Security," *Foreign Affairs*, 68 (Spring 1989), pp. 162−77; Zbigniew Brzezinski, "The Cold War and Its Aftermath," *Foreign Affairs*, 71(Fall 1992), pp. 31~49; Theodore C. Sorenson, "Rethinking National Security," *Foreign Affairs* (Summer 1990); Michael T. Klare, (ed.), *World Security: Challenges for a New Century* (New York: St. Martins Press, 1992).

4) T. F. Dixon, "Environmental Change and Human Security," *Behind the Headlines*, 48 (Spring 1991), pp. 1~17; Lioncolon C. Chen, "Human Security: Concepts and Approaches," in Tatsuro Matsumae and Lioncoln C. Chen, eds., *Common security in Asia−New Concepts of Human Security* (Tokai University Press, 1995), pp. 137~147.

5) 1994년 카네기재단(Carnegie Corporation)이 설립한 '극한분쟁 예방을 위한 카네기위원회'에 따르면, 탈냉전시대의 '위기상태의 징후'들은 인구문제(유아 치사율의 증가, 급격한 인구변화, 대량난민 문제, 식량부족, 물 부족 등), 민주주의 실천 결여에 의한 인권문제, 극심한 경제 변화에 의한 재난, 불만집단의 보복의지 등을 지적하고 있다. Carnegie Commission on Preventing Deadly Conflict, *Preventing Deadly Conflict: Final Report* (Washington, D.C.: Carnegie Commission on Preventing Deadly Conflict, 1997), p. 44.

6) '인간안보'라는 용어가 최초로 사용된 것은 유엔개발계획(UNDP)의 「인간개발보고서(Human Development Report)」이다. 「인간개발보고서」에 따르면, '사람들이 자유로운 선택을 하는 것에 대한 장애가 없고 향후에도 그 선택의 기회가 상실되지 않는다고 안심할 수 있는 것'이라고 정의된다. UNDP(United Nations Development Programme), *Human Development Report* (New York: Oxford University Press, 1994), p. 22.

7) 유엔개발계획의 「인간개발보고서」는 '인간안보'를 구성하는 7가지의 요소를 다음과 같이 구체적으로 제시하고 있다. ①경제안보(예를 들어, 빈곤으로부터의 자유), ②식량안보(예를 들어, 충분한 식량의 확보), ③건강안보(예를 들어, 질병으로부터 보호 또는 치료받을 수 있는 것), ④환경안보(환경오염이나 자원고갈 등의 위협으로부터 보호), ⑤개인안보(예를 들어, 고문, 전쟁, 강도, 내란, 마약남용, 자살, 또는 심지어 교통사고에 이르기까지 다양한 위협으로부터 개인의 신체적 안전을 보호 하는 것), ⑥공동체안보(예를 들어, 전통문화의 보존과 종족의 보호), 그리고 ⑦치적 안보(예를 들어, 시민으로서 정치적 권리를 향유하고 정치적 탄압으로부터 자유로운 것) 등이다.

8) UNDP, *Human Development Report*, pp. 230~234.

9) 로버트 만델 지음, 권재상 옮김, 『국가안보의 변모』(서울: 간디서원, 2002),

p. 47.

10) Frank Trager, "Introduction to the Study of National Security," in Frank Trager and Philip Kronenberg, eds., *National Security and American Society* (Manhattan, KS: University Press of Kansas, 1973), pp. 35~36

11) Barry Buzan, *People, States and Fear : An Agenda for International Security Studies in the Post-Cold War Era*. 2nd ed. (Boulder: Lynne Rienner Publishers, 1991), p. 213.

12) Peter G. Peterson with James K. Sebenius, "The Primacy of the Domestic Agenda," in Allison and Trevertton, *Rethinking America's Security: Beyond Cold War to New World Order* (New York: W.W Norton & Company, 1992), p. 57.

13) Helga Haftendorn, "The Security Puzzle: Theory-Building and Discipline-Building in International Security," *International Studies Quarterly*, 35 (March 1991), pp. 3~7.

14) 탈냉전 이후 군사 중심의 안보개념의 확장 필요성 주장에 대해서는 다음을 참고. Jessica Tuchman Mathews, "Redefining Security," *Foreign Affairs*, 68 (Spring 1989), pp. 162~77; Zbigniew Brzezinski, "The Cold War and Its Aftermath," *Foreign Affairs*, 71 (Fall 1992), pp. 31~49; Theodore C. Sorenson, "Rethinking National Security," *Foreign Affairs* (Summer 1990); Michael T. Klare, (ed.), *World Security: Challenges for a New Century* (New York: St. Martins Press, 1992).

15) Jorge Nef, *Human Security and Mutual Vulnerability: The Global Political Economy of Development and Underdevelopment*, 2nd. (Ottawa: International Development Research Center, 1999).

16) Kanti Bajpai, "Human Security: Concept and Measurement," *Kroc Institute Occasional Paper* #19: OP: 1 (University of Norte Dame, August 2000), p. 53.

17) 타커(Ramesh Thakur)는 "'인간안보'란, 사회나 정치체제 내 사람들의 삶의 질에 관한 것이다. 그들의 삶을 저해하는 그 어떠한 것도 인간안보에 대한 위협이다. 삶의 질을 높일 수 있는 경제성장과 적절한 배분, 자원에 대한 접근의 용이함, 사회적·정치적 능력의 부여 등은 '인간안보'를 증진시키는 요인이 될 수 있다"고 주장한다. Ramesh Thakur, "From National to Human Security" eds., Stuart Harris and Andrew Mack, *Asia-Pacific Security* (Canberra: Allen & Unwin, 1997), pp. 53~54.

18) 김우상·조성권, 『세계화와 인간안보』 (서울: 집문당, 2005), p. 84.

19) King, Gary and Christopher J.L. Murray, "Rethinking Human Security," *Political Science Quarterly*, vol. 116, no. 4 (Winter 2002), pp. 585~610.

20) Woosang Kim and In-Tack Hyun, "Toward a New Concept of Security: Human Security in World Politics," in *Traditional and Human Security*

(New York: United Nations University Press, 2000), pp. 39~40.

21) 김우상, 조성권, 『세계화와 인간안보』, pp. 86~87.

22) 홍기준은 '인간안보' 개념이 간과하고 있는 내용에 대해 세 가지를 지적하고 있다. 첫째, 인간안보론에서는 인간을 주로 안보의 객체(referent objects)로 파악하고 안보의 주체(securitizing actors)로 인식하고 있지 않다. 둘째, 인간 안보론은 전통적 안보의 영역인 군사안보가 여전히 개인 주요 위협이 되고 있음에도 불구하고 일반적으로 논의에서 제외하고 있다. 셋째, 인간의 안보에 영향을 미치는 제 요소는 상호 유기적인 상호관계를 맺고 있음에도 불구하고 인간안보론은 단선적 접근에 의존한다. 홍기준, "인간중심주의적 안보 개념의 모색" 『안보학술논총』, 제15집 제2호(2004), pp. 161~162.

23) Ronald Paris, "Human Security: Paradigm Shift or Hot Air?," *International Security*, 26−2 (Fall 2001), p. 88.

24) 배리 부잔, 김태현 역, 『세계화 시대의 국가안보』 (서울: 나남, 1995), p. 83.

25) Barry Buzan, "Human Security in International Perspectives." paper presented at the 14th Asia Pacific Round Table, Kuala Lumpur, Anwar(2003), p. 541.

26) '인권'이 '주권'에 우선한다는 견해를 '신국제주의(new internationalism)'라고 칭한다. '신국제주의'는 '인권을 위해 주권을 넘어' 이루어지는 군사적 개입에 대해 정당성을 부여한다.

27) 이혜정 · 박지범, "인간안보: 국제규범의 창안, 변형과 확산," 『국제 · 지역연구』, 22권 1호(2013), p. 6.

28) Barry Buzan, *People, States and Fear : An Agenda for International Security Studies in the Post−Cold War Era*, 2nd ed. (Boulder: Lynne Rienner Publishers, 1991), pp. 35~39.

29) 국가가 종종 개인의 안보를 위협할지라도 '무정부 상태'에서 비롯되는 개인의 안보의 위협보다는 국가가 존재하는 것이 낫다는 점을 들어 국가의 존재를 일종의 필요악으로 규정한다. Buzan(1991), p. 38.

30) 김우상 · 조성권, 『세계화와 인간안보』, p. 87.

31) UN '인간안보위원회'의 보고서를 살펴보면, "인간안보는 인권을 증진시키고 인간 발전을 강화하면서 동시에 국가안보를 보완하는 역할을 수행 한다"고 기술하여 인간안보가 국가안보와 상호 보완적인 관계임을 밝히고 있다. Amitav Acharya, "The Nexus Between Human Security and Traditional Security in Asia," paper presented in International Conference on Human Security in East Asia, International Conference Hall, Korea Press Center, Seoul, Korea, 16−17 June 2003, p. 88.

32) 미국 하와이대 럼멜(R. J. Rummel)의 연구에 따르면, 20세기 동안 정부에 의해 죽임을 당한 사람들은 약 1억7,400만 명에 이른다. 이는 국가 간 전쟁이나 내란에 의해 죽은 사람 수의 4배 이상이 되는 규모이다. R. J. Rummel, *Death by Government* (New Brunswick, N.J.: Transaction

Publishers, 1994), <https://www.hawaii.edu/powerkills/NOTE1.HTM: 검색일: 2020.11.10>

33) FAO/WFP, Joint Rapid Food Security Assessment, Democratic People's Republic of Korea(DPRK), May 2019, p. 4.

34) 「한국경제」, 2020년 2월 13일자.

35) Ibid.

36) 서보혁 엮음, 『인간안보와 남북한 협력』 (서울: 아카넷, 2013), p. 94.

제8장

1) 저자 2019년 12월 30일 국회 정론관 기자회견 내용 일부 발췌.

2) 저자는 2020년 12월 30일부터 2021년 2월 24일까지 북향여성과 인터뷰를 실시하여 일부 내용을 발췌했다. 이후 관련 내용은 '북향여성과의 인터뷰, 2020－2021'로 표시하려 한다.

3) 북향여성과의 인터뷰, 2020－2021.

4) 북향여성과의 인터뷰, 2020－2021.

5) Chamberlain Prudence, The Feminist Fourth Wave: Affective Temporality (London: Palgrave Macmillan, 2017).

6) Krolokke Charlotte and Sorensen Anne Scott, Three Waves of Feminism: From Suffragettes to Grrls, Gender Communication Theories and Analyses: From Silence to Performance (2005), p. 24.

7) Feminism: The Fourth Wave, Encyclopaedia Britannica, <https://www.britannica.com/topic/feminism/The－fourth－wave－of－feminism>.

8) (사)한국여성연구소, 『새 여성학 강의』, (서울: 동녘, 2005), pp. 10~18.

9) 윤지영, "페미니즘 지각변동 : 새로운 사유의 터, 페미니즘 대립각들", 『문화와 사회』 제27권 1호 (2019), p. 13.

10) 위의 글, p. 24; pp. 27~30.

11) 황영주, "페미니즘 안보연구의 기원, 주장 그리고 분석", 『세계정치』, 제19호 (2013), p. 26.

12) Cohn Carol, "Feminist Security Studies: Toward a Reflexive Practice," Politics & Gender Vol. 7 No. 4 (2011), pp. 581~586.

13) Booth Ken and Smith Steve, International relations theory today (Cambridge: Polity Press, 1995) 참조.

14) 심영희, "여성에게 안보란 무엇인가?", 『여성과 평화』, 제4호 (2005), pp. 57~60.

15) Barry Buzan, "Rethinking Security after the Cold War," *Cooperation and Conflict*, Vol. 32 (2016), pp. 5~28.

16) 정국본, "안보논단 2 : 지역안보복합체[regional security complex]의 이해 – Barry Buzan의 안보 이론을 중심으로 – ," 『전략논단』 제1권 (2004), p. 136; 배리 부잔, 김태현 옮김, 『세계화 시대의 국가안보』, (서울: 나남출판, 1995), p. 144 재인용.

17) J. A. Tickner, *Gender in International Relations : Feminist Perspectives on Achieving Global Security* (Columbia: Columbia University Press, 1992).

18) Amy Swerdlow, "Engendering International Relations Theory: The Feminist Standpoint." *Journal of Women's History*, Vol. 7 (1995), pp. 161~162.

19) J. A. Tickner, "Feminist Approaches to Issues of War and Peace," *Studies of Transnational Legal Policy*, Vol. 25 (1993), pp. 269~274.

20) 황영주, "만나기, 뛰어넘기, 새로만들기: 페미니즘 국제정치학에서 안보와 그 과제", 『국제정치논총』, 제47권 1호 (2007), pp. 75~94.

21) 이정옥, "유엔 안보리 결의안 1325와 글로벌 페미니즘", 『사회과학논총』, 제16권 (2017), pp. 39~55.

22) 전재성, "한반도 안보에 대한 젠더화된 관점에서의 접근: 남성성의 국제정치학이론의 비판적 고찰과 대안의 모색", 『아시아여성연구』, 제41권 (2002), pp. 137~175.

23) '탈북자'의 영문명은 "North Korean Defector"인데, 이 호칭 또한 "북한에서 탈출한 상태"에만 집중하여 명명된 것으로 이들은 진정한 대한민국 국민의 하나가 아닌 정치적 상태로서 "탈출 상태" 그 자체에만 집중하고 있어 진정한 대한민국 국민으로 받아들여지지 못하고 있다는 논의가 있다. 따라서 본 연구에서는 기존 용어에 있던 부정적인 이미지를 순화시키고 '북한에 고향이 있는 대한민국 국민'이라는 뜻인 '북향민', 그중에서도 본 연구의 주제인 '북향여성'이라는 용어를 사용하고자 한다.

24) Buzan, B. New Patterns of Global Security in the Twenty – forst Century. *International Affairs*, 67 (1991), pp. 431~451.

25) 성정현·조성희·신은주. 북한이탈여성 폭력피해 실태 및 지원방안 연구 (2017), 여성가족부.

26) 북향여성과의 인터뷰, 2020 – 2021.

27) 2011년 경남대학교 극동문제연구소의 "북한이탈주민 법의식 사례연구"에 따르면 '북한에서 인권이라는 말을 단 한 번도 들어본 적이 없다'는 대답이 27%, '인권은 미국이나 남조선에서 북조선을 비방하기 위해 사용하는 말이다'에 대답이 16.2%임을 알 수 있다. 전체의 43%가 인권에 대해 들어본 적 없거나 잘못 인식하고 있다.

28) 북향여성과의 인터뷰, 2020 – 2021.

29) 북향여성과의 인터뷰, 2020－2021.

30) 보다 자세한 내용은 김원홍 외, 『남북여성교류현황 및 활성화 방안』 (서울: 한국여성정책연구원, 2020) 참조.

31) United Nations Development Programme, *Human Development Report 1994* (New York: Oxford University Press, 1994), p. 23.

32) Ibid. pp. 21~23.

33) 정현백, "민족주의와 페미니즘 비교사적 고찰을 중심으로", 페미니즘연구 제1권 (2001), pp. 9~52.

34) Étienne Balibar and Immanuel Wallerstein, *Race, Nation, Class: Ambiguous Identities* (New York: Verso, 1991).

35) Ernest Gellner, *Nations and Nationalism* (MA; Oxford: Blackwell, 2006), pp. 1~7.

36) "국민의 이름으로 정부를 심판한다"라는 언술을 생각하면 될 것이다.

37) 김엘리, "탈분단시대, 페미니즘 평화교육", 『TEPi』, (2019); <https://momotepi.org/blogPost/untitled－70>, p. 3.

38) 전재성, "한반도 안보에 대한 젠더화된 관점에서의 접근", 『아시아여성연구』, 제41호 (2002), p. 169.

39) 신옥희, "타자(他者)에서 주체(主体)로", 『한국여성철학』, 제11권 (2009), pp. 105－142.

40) 위의 글, pp. 171~172.

41) 황영주, "만나기, 뛰어넘기, 새로만들기: 페미니즘 국제정치학에서 안보와 그 과제", 『국제정치논총』, 제47권 1호, (2007), p. 46.

42) "[인터뷰] 김엘리 평화페미니즘연구소 소장 "분단 자체를 들여다보자", 「여성신문」(온라인), 2020년 8월 29일; <https://www.womennews.co.kr/news/articleView.html?idxno=201625> (검색일: 2021년 3월 25일).

43) "여성들의 병역, '거부'와 '복무' 사이 － 페미니즘과 군대 그리고 여군의 위치를 고민하다", 「일다」(온라인), 2020년 6월 8일; <http://www.ildaro.com/8751> (검색일 : 2021년 3월 20일).

44) 정현백, "국가와 여성평화운동 －김대중·노무현정부의 평화정치를 중심으로", 『여성과 역사』, 제20호 (2014), p. 224.

제9장

1) 홍석훈, "문재인 정부의 평화·통일정책: 북핵문제와 미·중관계를 중심으로," 『평화학연구』, 제19권 1호 (2018), p. 48.

2) 크라이스버그(Kreisberg)는 현대 갈등의 분류 기준으로 "다루기 쉬운 갈등

(tractable conflicts)"와 "다루기 어려운 고질갈등(intractable conflicts)"을 제시하며 현대에 발생한 대다수의 갈등이 고질갈등에 해당한다고 설명했다. Louis Kreisberg, Terrel Northrup and Stuart Thorson, eds., *Intractable Conflicts and Their Transformation* (New York: Syracuse University Press, 1989) 참조.

3) Intractable conflict를 박주화는 "고질화된 갈등"으로 박정진은 "다루기 어려운 갈등"으로 번역하여 사용하였다. 박주화, "분단의 심리: 고질화된 분쟁(intractable conflict)," 박주화 외, 『평화의 심리학: 한국인의 평화인식』 (서울: 통일연구원, 2018), p. 35 참조; 박정진, "분단갈등 연구: 독일, 한반도, 북아일랜드 갈등관리 유형 비교" (북한대학원대학교 박사학위논문, 2012) 참조.

4) Daniel Bar‒Tal and Eran Halperin, "The psychology of intractable conflicts: eruption, escalation, and peacemaking," in Leonie Huddy, David O. Sears and Jack S. Levy eds., *The Oxford Handbook of Political Psychology* (Oxford: Oxford University Press, 2013), p. 924.

5) Daniel Bar‒Tal, *Intractable Conflicts: Socio‒Psychological Foundations and Dynamics* (Cambridge: Cambridge University Press, 2013), pp. 247~262.

6) 김병로, "한반도 비평화와 분단폭력," 김병로 · 서보혁 편, 『분단폭력: 한반도 군사화에 관현 평화학적 성찰』 (서울: 아카넷, 2010), pp. 29~63.

7) 서보혁은 "통일평화"라는 개념을 제시하며 한국평화학은 평화를 궁극적인 목표로 통일은 평화를 이루는 과정에서 달성해야할 중간 목표로 설정해야 한다고 주장했다. 서보혁, 『한국 평화학의 탐구』, 박영사, 2019 참조.

8) 서보혁, 『한국 평화학의 탐구』, (서울: 박영사, 2019), p. 46.

9) 김종곤, "분단폭력 트라우마의 치유와 '불일치'의 정치," 건국대학교 통일인문학연구단 기획, 『국가폭력 트라우마와 치유』 (서울: 패러다임북, 2018), pp. 233~235.

10) Herbert C. Kelman, "The Interdependence of Israeli and Palestinian National Identities: The Role of the Other in Existential Conflicts," *Journal of Social Issues*, vol 55, no. 3 (1999), pp. 581~600.

11) 이병수,"한반도 평화실현으로서의 '적극적 평화'," 『시대와 철학』, 제28권 1호 (2017) pp. 128~129.

12) Bar‒Tal and Halperin, "The psychology", p. 923.

13) Bar‒Tal, Intractable Conflicts, p. 12.

14) Ibid., p. 3.

15) Ibid., pp. 37~55.

16) Kelman, "The Interdependence"

17) 서보혁 · 권영승, "분쟁의 평화적 전환 사례들과 한반도," 서보혁 · 권영승 편, 『분쟁의 평화적 전환과 한반도: 비교평화연구의 이론과 실제』 (서울: 박영사,

2020), p. 267.

18) 외교통상부, "남북한 국제기구 가입현황,"(서울: 대한민국정책브리핑, 2008); <https://www.korea.kr/archive/expDocView.do?docId=19927> (검색일: 2019년 12월 5일)

19) Bar－Tal, Intractable conflicts, p. 36

20) Ibid., pp. 247~280.

21) 갈등 내러티브에 관해서는 Sara Cobb, *Speaking of Violence: The Politics and Poetics of Narratives in Conflict Resolution* (Oxford: Oxford University Press, 2013)을 참조; 바탈은 갈등내러티브를 "갈등을 지지하는 내러티브(conflict－supporting narrative)"로 명명하기도 했다. 이에 관해서는 Bar－Tal, Intractable Conflicts, pp. 254~257 참조.

22) Meenakshi Chhabra, "A Social－Psychological Perspective on Teaching a Historical Event of Collective Violence: The Case of the 1947 British India Partition," in Denise Bentrovato, Katrina V. Korostelina, and Martina Schulze eds., *History Can Bite: History Education in Divided and Postwar Societies* (Gottengen: V&R Unipress, 2016), p. 253.

23) Sara Cobb, *Speaking of Violence: The Politics and Poetics of Narratives in Conflict Resolution* (Oxford: Oxford University Press, 2013), pp. 36~40.

24) Ibid.

25) 서보혁·권영승, "분쟁의 평화적 전환 사례들과 한반도," p. 263.

26) Nimrod Rosler, "The Creation of Space for Conflict Change: Context, Society, and Leadership in Northern Ireland during the 1990s," in Miriam F. Elman, Catherine Gerard, Galia Golan and Louis Kreisberg, eds., *Overcoming Intractable Conflicts: New Approaches to Constructive Transformations* (London & New York: Rowman & Littlefield International Ltd., 2019) pp. 123~124.

27) 6자회담은 북한의 핵 문제를 해결하기 위한 한반도 주변 6개국의 회담으로 남북한을 포함하여 미국, 중국, 러시아, 일본이 참여했다. 2003년 8월 27일 열린 첫 회담을 시작으로 2007년 10월에는 소위 "10·3 합의"로 알려진 합의를 통해 영변 핵시설을 단계적으로 폐기하는 절차에 합의하였다. 이후 2009년 북한이 6자회담으로 맺어진 합의들의 사실상 파기를 선언하고 불능화중이었던 영변 핵시설을 복구하였다.

28) 북미 제네바 합의는 북한이 핵개발 포기를 대가로 북미수교, 북미 평화협정, 북한에 경수로 발전소 건설과 대체 에너지인 중유를 공급하는 것을 주 내용으로 1994년 북한과 미국이 서명한 기본 합의문이다.

29) Daniel Bar－Tal, "Transforming Conflicts: Barriers and Overcoming Them," in Miriam F. Elman, Catherine Gerard, Galia Golan & Louis Kreisberg eds., *Overcoming Intractable Conflicts: New Approaches to Constructive*

Transformations (London: Rowman & Littlefield International Ltd., 2019), pp. 229~231.

30) Ibid.

31) Ibid., pp. 232~237.

32) 손호철, "남남갈등의 기원과 전개과정," 경남대학교 극동문제연구소, 『남남갈등 진단 및 해소방안』(창원: 경남대학교 극동문제연구소, 2004), pp. 24~26.

33) 위의 글, pp. 28~29.

34) 윤해동, "뉴라이트 운동과 역사인식 ― '비역사적인 역사'," 『민족문화논총』, 제51권 1호 (2012) pp. 227~263.

35) 황지환, "진보 대 보수의 대북정책, 20년 이후," 『통일정책연구』, 제26권 1호 (2017) p. 31.

36) 김종곤, "분단폭력 트라우마의," pp. 245~246.

37) Gi―wook Shin, "Identity Politics and Policy Disputes in U.S.―Korea Relations," *Political Science Quarterly*, vol. 127, no. 2 (2012), pp. 289~310.

38) Bar―Tal, "Transforming Conflicts," p. 236.

39) 권숙도, "구성주의적 관점에서 본 남남갈등의 이해," 『사회과학연구』, 제28권 1호 (2012) pp. 7~15.

40) 위의 글, p. 15.

41) Ji Young Heo, "Contentious Narratives on National Identity of South Korea: How to Understand the Self and the Significant Others, North Korea and the United States" (Ph. D. dissertation, Freie University Berlin, 2020)

42) 손호철, "남남갈등의," p. 44.

43) KBS 남북교류협력단, "2020년 국민 통일의식 조사 결과 (요약)," pp. 3~4; <https://news.kbs.co.kr/datafile/2020/08/0816_10.pdf>, 검색일 2020년 1월 19일.

44) Ibid., pp. 5~6.

45) Rosler, "The Creation of," pp. 126~127.

46) 북아일랜드 평화프로세스의 협상과정에서 중요했던 지도자의 역할에 대해서는 로슬러의 사례연구 참조. Ibid., pp. 123~141.

47) 전우택, "평화협정 과정의 다섯 가지 지혜," 전우택·박명림 편, 『트라우마와 사회치유: 북아일랜드와 캄보이아에서 배우다』(서울: 역사비평사, 2019), pp. 50~61.

1) 김종곤, "분단적대성의 역사적 발원과 감정구조,"『통일인문학』, 제75권 (2018b), pp. 5~32.

2) 김종곤은 분단 적대성을 '북한'이나 '좌파' (혹은 종북, 친북, 빨갱이)로 분류되는 자들을 향한 부정감정이라고 정의한다. 분단 적대성은 이들 집단에 대해 사회적으로 생산된 집단감정이며 남북의 대화와 교류를 가로막은 장애물이자 북한에 대한 그리고 남한 사회 내부의 구성원을 타자화하고 이들에 대한 폭력을 정당화시킨다. 김종곤, "'분단적대성 지표'(IKAI)의 개발과 타당성,"『통일인문학』, 제81권 (2020), pp. 5~45.

3) 이에 대한 주장으로는 주봉호, "남북관계의 과제: 화해와 협력,"『국제정치연구』, 제17권 2호 (2014), pp. 193~217; 황수환, "남북정상회담의 지속과 변화: 화해를 중심으로,"『정치정보연구』, 제23권 2호 (2020), pp. 441~465를 참고하라.

4) 윤여상, "남북화해 · 협력시대 북한이탈주민의 역할과 사회적응,"『한국동북아논총』, 제21권 (2001), pp. 95~115.

5) 정영철, "남북한 대립 상징의 구조와 변화,"『북한연구학회보』, 제11권 1호 (2007), pp. 1~23.

6) 문인철, "남북한 관계 개선에 대한 새로운 패러다임 모색: 응보적 정의에서 회복적 정의로,"『국제학논총』, 제28권 (2018), pp. 35~62.

7) 김병로, "화해는 어떻게 가능한가?: 이론적 고찰과 한반도에의 적용,"『통일과 평화』, 제11권 2호 (2019), pp. 39~73.

8) 이찬수, "한반도 화해의 길," 서보혁 · 홍석훈 · 나용우 · 김주리 · 이찬수 · 최규빈 · 주드 랄 페르난도 외,『화해협력 이론과 사례 그리고 한반도』, KINU연구총서 19 - 05. (서울: 통일연구원, 2019), pp. 54~77.

9) 서보혁,『한반도 평화와 남북 협력 종합연구 총론: 평화 · 경제 · 화해협력 구상』KINU 연구총서 19 - 20. (서울: 통일연구원, 2019), pp. 54~77.

10) 김성경,『갈라진 마음들: 분단의 사회심리학』(서울: 창비, 2020).

11) Schaap, Andrew. *Political Reconciliation.* (London; New York: Routledge, 2005).

12) Ibid.

13) Dwyer, Susan., "Reconciliation for Realists," *Ethics & International Affairs*, vol. 13, no. 1 (1999), pp. 81~98.

14) Philpott, Daniel., *Just and Unjust Peace* (New York: Oxford University Press, 2012).

15) Daly, Erin., Sarkin, Jeremy., *Reconciliation in Divided Societies: Finding Common Ground* (Philadelphia: University of Pennsylvania Press, 2007).

16) Ibid.

17) Lederach, John Paul., *Building Peace: Sustainable Reconciliation in Divided Societies* (Washington D.C: United States Institute of Peace Press, 1997).

18) Verdeja, Ernesto., *Unchopping a Tree: Reconciliation in the Aftermath of Political Violence* (Philadelphia: Temple University Press, 2009).

19) Ibid.; Schaap, *Political Reconciliation.*

20) 경합주의(agonism)란 그리스어 'agon'에서 유래한 단어로 연극에서 등장인물들의 갈등과 대결을 뜻한다. 인간의 삶 자체는 언제나 '서로 다름'에 의해 특징 지어지며 주체의 정치적 정체성은 타자의 정체성과의 다름에 의해서 지탱된다. 무페는 이것을 세계의 기반으로 이해하고 내집단과 외집단 사이의 갈등은 반드시 적대적인 관계로 이해할 필요는 없으며 다름의 관계로 이해할 수 있다고 주장한다. 그리고 이것이 바로갈등 사회에 존재하는 정치적 화해의 목적이 돼야 한다고 말한다. 화해의 목적은 다름을 없애는 것이 아니라 다름을 인정하고 포용함으로써 적대적 관계를 차이와 공존을 추구하는 정치학으로 변형시켜야 한다고 주장한다. 상탈 무페, 서정연 역, 『경합들: 갈등과 적대의 세계를 정치적으로 사유하기』, (서울: 난장), 2020를 보라

21) Schaap, Andrew., "Agonism in divided societies," *Philosophy & Social Criticism*, vol. 32, no. 2 (2006). pp. 255~277.

22) Philpott, *Just and Unjust Peace.*

23) Ibid.

24) Minow, Martha., *Between Vengeance and Forgiveness: Facing History after Genocide and Mass Violence* (Boston: Beacon Press, 1999).

25) Kelman, Herburt C. "Reconciliation as Identity Change: A Social-Psychological Perspective," in Bar-Simon-Tov Yaacov (ed.). *From Conflict Resolution to Reconciliation.* (Oxford: Oxford University Press, 2004), pp. 111~124.

26) Daly, Sarkin, *Reconciliation in Divided Societies.*

27) Barkan, Elazar. "Historical Reconciliation: Redress, Rights, and Politics," *Journal of International Affairs*, vol. 60, no. 1 (2006). pp. 1~15.

28) 고질갈등에 대하여는 Bar-Tal, Daniel., "Sociopsychological Foundations of Intractable Conflicts," *American Behavioral Scientist*, vol. 50, no. 11 (2007). pp. 1430~1453.; Bar-Tal, Daniel., *Intractable Conflicts: Socio-Psychological Foundations and Dynamics* (New York: Cambridge University Press, 2013)를 보라.

29) 김종곤, "분단적대성의 역사적 발원과 감정구조"

30) 김종곤, "분단폭력 트라우마의 치유와 '불일치'의 정치," 『통일인문학』 제74권 (2018a). pp. 39~63.

31) 김종곤, "분단적대성의 역사적 발원과 감정구조"

32) Hammack, Phillip L. and Pilecki, Andrew., "Narrative as a Root Metaphor for Political Psychology," *Political Psychology*, vol. 33, no. 1 (2012). pp. 75~105.

33) Bar-Tal, *Intractable Conflicts.*

34) 안승대, "분단 구조와 분단 의식 극복을 위한 통일교육의 과제," 『통일인문학』, 제54권 (2012), pp. 147~170.

35) 이재영, 『회복적 정의: 세상을 치유하다』 (남양주: 피스빌딩, 2020).

36) Honneth, Axel., *The struggle for recognition: the moral grammar of social conflicts* (Cambridge: the MIT Press, 1995).

37) Murphy, Colleen., *A Moral Theory of Political Reconciliation* (Cambridge: Cambridge University Press, 2010).

38) Govier, Trudy, Verwoerd, Wilhelm., "Trust and the Problem of National Reconciliation," *Philosophy of the Social Sciences*, vol. 32, no. 2 (2002). pp. 178~205.

39) 김학성, 장인숙, "한반도 신뢰프로세스에 대한 상호이해적 접근: 이론적 검토와 실천방향 모색," 『정치정보연구』, 제 17권 1호 (2014). p. 28에서 발췌.

40) 위의 논문.

41) Tavuchis, Nicholas., *Mea Culpa: A Sociology of Apology and Reconciliation* (Stanford: Stanford University Press, 1991).

42) Murphy, Jeffrie G,, *Getting Even: Forgiveness and Its Limits* (Oxford: Oxford University Press, 2003).

43) 한나 아렌트, 이진우 역. 『인간의 조건』 (서울: 한길사, 2017).

44) Halbwachs, Maurice., *On Collective Memory* (Chicago; London: The University of Chicago Press, 1992).

45) Paez, Dario. R., Liu, James Hou-Fu., "Collective Memory of Conflict," in Daniel Bar-Tal (ed.). *Intergroup Conflict and Their Resolution: A Social Psychological Perspective* (New York; London: Psychology Press, 2011), pp. 105~124.

46) 위의 논문.

47) 김종군, "한국인의 분단적대성 구축 서사의 유형과 의미", 『통일인문학』 제81권. (2020). pp. 79~113.

48) Fitz-Gibbon, Andrew., "Perpetual Violence? Mimesis and Anamnesis," in Rob Gildert and Dennis Rothermel (eds.). *Remembrance and Reconciliation* (Amsterdam; New York: Rodopi, 2011. pp. 101~111.

49) 전영선, "적대의 이미지와 기억으로 본 북한," 『문화와 정치』 제5권 3호 (2018), pp. 77~105.

1) 최천운, 정태용, 김동훈, "북한지역 경제특구의 입지분석 연구," 『국가전략』, 제24권 3호(2018), pp. 69~70.

2) 조민, "평화경제론," 『통일정책연구』, 제15권 1호 (2006) 참조.

3) 이재철, "경제적 상호의존과 국제 분쟁의 상관관계: 경제적 상호의존의 측정 문제," 『국제정치논총』, 제46권 3호 (2006), p 99.

4) Eric Sheppard, "Constructing Free Trade: From Manchester Boosterism to Global Management," *Transactions of the Institute of British Geographers*, vol. 30, no. 2 (2005), pp. 158~160.

5) Ruth Arad and Seev Hirsch, "Peacemaking and Vested Interests," *International Studies Quarterly*, vol. 25, no. 3 (1981), pp. 439~468.

6) Richard Bettes, "Wealth, Power, and Instability: East Asia and the United States after the cold war," *International Security*, vol. 18, no. 3 (1993), pp. 34~77.

7) 김진철, "상호의존론," 『국제정치논총』, 제27권 2호 (1988), p. 33.

8) 위의 논문, p. 34.

9) Robert O. Keohane, Joseph S. Nye, *Power and Interdependence* (New York: HarperCollins college, 1989) 참조.

10) 위의 책, p. 12.

11) 이상섭, "현실주의 국제정치이론과 상호의존이론," 『고시계』, 제31권 10호 (1986), p. 132.

12) Robert O. Keohane, "The demand for international regime," *International Organization*, vol. 36, no. 2 (1982), pp. 325~55.

13) Keohane and Nye, *Power and Interdependence*, pp. 228~231.

14) Peter Wallensteen, *Structure and War* (Stockholm: Rabn and Sjgren, 1973), 참조.

15) John Oneal, Bruce Russett, and Michael Berbaum, "Causes of Peace: Democracy, Interdependence, and International Organizations, 1885－1992," *International Studies Quarterly*, vol. 47, no. 3 (2003), pp. 371~393.

16) John Oneal and Bruce Russett, "The Classical Liberals were Right: Democracy, Interdependence, and Conflict, 1950－1985," *International Studies Quarterly*, vol. 41, no. 2 (1997), pp. 267~293; John Oneal and James Ray, "New Tests of the Democratic Peace: Controlling for Economic Interdependence, 1950－1985," *Political Research Quarterly*, vol. 50, no. 4 (1997), pp. 751~775; John Oneal and Bruce Russet,

"Assessing the Liberal Peace with Alternative Specification: Trade Still Reduces Conflicts," *Journal of Peace Research*, vol. 36, no. 4 (1999), pp. 423~442; Erik Gartzke, Quan Li, and Charles Boehmer, "Investing in the Peace: Economic Interdependence and International Conflict," *International Organization*, vol. 55, no. 2 (2001), pp. 391~438; Han Dorussen, "Heterogeneous Trade Interest and Conflict: What You Trade Matters," *Journal of Conflict Resolution*, vol. 50, no. 1 (2006), pp. 87~107; Valentin Krustev, "Interdependence and the Duration of Militarized Conflict," *Journal of Peace Research*, vol. 43, no. 3 (2006), pp. 243~260.

17) Solomon Polacheck, "Conflict and Trade," *Journal of Conflict Resolution*, vol. 24, no. 1 (1980), pp. 57~78; Mark Gasiorowski, "Economic Interdependence and International Conflict: Some Cross−National Evidence," *International Studies Quarterly*, vol. 30, no. 1 (1986), pp. 23~28.

18) Katherine Babieri, "Economic Interdependence: A Path to Peace or a Source of Interstate Conflict?" *Journal of Peace Research*, vol. 33, no. 1 (1996), pp. 29~49; Katherine Babieri and Jack Levy, "Sleeping with the Enemy: The Impact of War on Trade," *Journal of Peace Research*, vol. 36, no. 4 (1999), pp. 463~479.

19) Babieri, *Economic Interdependence: A Path to Peace or a Source of Interstate Conflict*, p. 42.

20) S. Scott Bennett and Allan Stam, *The Behavioral Origins of War* (MI: The University of Michigan Press, 2004) 참조.

21) Dale C. Copeland, "Economic Interdependence and War: A Theory of Trade Expectation," *International Security*, vol. 20, no. 4 (1996) 참조.

22) 조민, "평화경제론," p. 9.

23) 김대중, "노벨평화상 수상연설(영광인 동시에 무한책임의 시작)," 출처: https://www.pa.go.kr/research/contents/speech/index.jsp#this_id3 (검색일: 2021년 4월 19일).

24) 이석, 『북한경제의 대외의존성과 한국경제의 영향력』 (서울: 통일연구원, 2006), 참조.

25) 주성환, 김진수, "남북한 간 교역이 분쟁에 미치는 효과: 자유주의 이론을 중심으로," 『국제지역연구』 제10권 3호 (2006), 참조.

26) 이진명, "동북아시아에서 경제적 상호의존과 분쟁: 상생 또는 동상이몽?" 『국제정치논총』, 제53권 3호 (2013) 참조.

27) 김연철, "한반도 평화경제론: 평화와 경제의 선순환," 『북한연구학회보』, 제10권 1호 (2006) 참조.

28) 오종문, "북한의 경제적 상호의존과 군사분쟁의 상호인과성 분석," 『북한연구

학회보』, 제23권 2호 (2019) 참조.

29) 서보혁·박종철·정은이·장철운·임해용·김일한·안병민 외, 『평화경제의 비전과 추진방향: 남북 육상·해양협력을 중심으로』 (서울: 통일연구원, 2020), 참조.

30) 임해룡·서보혁, "평화경제론과 한반도,"『국제정치논총』, 제61권 1호 (2021) 참조.

31) 오일환, "남북정상회담 이후 북한의 대남 전술의 특징과 대응책,"『국제정치논총』, 제43권 3호 (2003), pp. 265~266.

32) 정종욱, "북한은 과연 변했는가?"『철학과 현실』, 2000년 12월호 (2000), p. 58.

33) 이중구, "북한 핵정책 동향의 결정 요인에 관한 연구(1998.1－2007.8),"『통일연구』, 제15권 1호 (2011) 참조.

34) 박재민, "김대중 정부 시기 남북한 상호성에 관한 연구,"『국제정치논총』, 제43권 1호 (2003) 참조.

35) Joanna Gowa and Edward Mansfield, "Power and International Trade," *American Political Science Review*, vol. 87, no. 2 (1993), pp. 408~420.

36) 북한의 공식 담론의 대남인식은 남북관계와 직접 연결된 북한 정부의 대남정책을 반영하는 것이기 때문이다. 그리고 공식담론을 살펴보는 자료는 북한 노동당의 대외정책을 정기적으로 해설하는 자료인 『월간국제정세개관』(이하 『개관』)을 선택해보았다. 『개관』의 성격에 대해서는 다음을 참조. 이중구, "북한 핵담론의 당론화 과정과 당론강화 동학," (서울대학교 정치외교학부 박사학위논문, 2016), 참조.

37) "개관"은 북한 노동당의 대외정책 입장을 보여주는 기사물로서 1983년 이래 꾸준히 매달 『로동신문』에 게재되어 왔으나, 이에 의한 대외정책의 노출을 우려한 듯 2019년 가을부터 게재가 중단되었다. 이 때문에, 아쉽게도 "개관"을 통한 북한 대외정책 분석을 2020년 이후에 대해서는 진행하기가 어렵게 되었다.

제12장

1) 박주화, "20~30대 통일의식에 대한 변명,"『Online Series』, 2018.01.30.

2) 조정아, "2030 세대의 통일의식과 통일교육의 새로운 패러다임 모색,"『통일교육연구』, 제15권 2호 (2018).

3) 질적 연구는 주관성과 객관성에 대한 재해석에서 출발한다. 조용환은 객관주의 자들이 '사물의 눈', 즉 객관적인 도구에 의존하는 것에 비판적이다. 이때 객관은 말 그대로 '남의 눈'이며 주관은 '나의 눈'이다. 본질상 인간은 서로 다른 눈을 가지고 있기 때문에 객관주의 자들은 '나의 눈' 뿐만 아니라 궁극적으로는 '남의 눈'도 불신한다고 보았다. 질적 연구의 과학성은 사람들의

'눈'과 '마음'이 서로 다를 수 있다는 사실을 전제하고 있다. 질적 연구가 중시하는 주관성은 사적이거나 개인적인 것과 구별되어야 한다. 조용환, 『질적 연구: 방법과 사례』(파주: 교육과학사, 2016), pp. 99~100.

4) 최훈석 외, "축소된 사회 정체성 구조에서 정체성 불확실성과 내집단 동일시, 남북한 화해 태도 및 행동 의도 간 관계," 『사회 및 성격』, 제33권, 4호 (2019).

5) H. Tajfel, "Social Psychology in Intergroup Reiations," *Annual review of psychology*, Vol. 33 (1982), p. 24.

6) Henri Tajfel, *Human Groups and Social Categories: Studies in Social Psychology* (Cambridge: University Press, 1981), p. 255.

7) Coleman A. Baker, "Social Identity Theory and Biblical Interpretation," *Bilbical Theology Bulle-tin*, Vol. 42, N0 3 (2012), p. 130.

8) Ibid., p. 136.

9) Stephen Worchel and William G. Austin, editors, *Psychology of Intergroup Relations* (Chicago: Nelson-Hall, 1986), p. 16.

10) Hogg, A. M., Abrams, D., Otten, S., & Hinkle, S., "The Social Identity Perspective: Intergroup Relations, Self-Conception, and Small Groups," *Small Group Resarch*, 35 (2004), pp. 247~251.

11) A. M. Hogg & D. Abrams, *Socal Identifications: A social psychology of intergroup relations and group processes* (1998), 한양대 사회인지발달 연구모임 편, 『사회 정체성 이론에서 본 집단심리』(서울: 정민사, 2001) pp. 16; 29~30.

12) H. Tajfel, "Social Psychology in Intergroup Reiations," p. 27.

13) 이명진, "한중일 사회 정체성 비교 연구: 직업위세의 감성적 기초를 중심으로," 『한국사회』, 제18집 2호 (2017), p. 7.

14) 엄현숙, "북한 여성의 패션과 취향에 관한 연구," 『북한의 민속』(서울: 민속원, 2020), pp. 244~270.

15) 이명진, "한중일 사회 정체성 비교 연구," p. 6.

16) '남북미생' 조성형 "통일될 때까지 분단문제 다큐 만들 것"(온라인); <https://www.yna.co.kr/view/AKR20150919002600005> (검색일: 2021년 4월 19일).

17) Henri Tajfel, *Human Groups and Social Categories: Studies in Social Psychology*, p. 256.

18) Ibid., p. 257.

19) KBS 남북교류협력단. 『2020 국민 통일의식 조사』(서울: KBS 한국방송, 2020), pp. 10; 27; 32.

20) 박주화, '한국사회과학@지식문화채널' "2030 세대의 통일인식: 착각인가? 무

관심인가?"

21) 김학재 외, 『북한주민 통일의식 2020』 (시흥: 서울대학교 통일평화연구원, 2021), p. 69.

22) 송영훈 외, 『북한주민 통일의식 2008－2013』 (서울: 서울대학교 통일평화연구원, 2014); 정은미 외, 『북한주민 통일의식 2014』 (서울: 서울대학교 통일평화연구원, 2015); 정은미 외, 『북한주민 통일의식 2015』 (서울: 서울대학교 통일평화연구원, 2016); 김병로 외, 『북한주민 통일의식 2016』 (서울: 서울대학교 통일평화연구원, 2017); 정동준 외, 『북한주민 통일의식 2017』 (서울: 서울대학교 통일평화연구원, 2018); 정동준 외, 『북한주민 통일의식 2018』 (서울: 서울대학교 통일평화연구원, 2019); 김학재 외, 『북한주민 통일의식 2019』 (서울: 서울대학교 통일평화연구원, 2020); 김학재 외, 『북한주민 통일의식 2020』 (시흥: 서울대학교 통일평화연구원, 2021).

참고문헌

1장

1. 국문 단행본

국토통일원. "8·15해방 10주년 기념대회에서 한 김일성의 연설(1955년 8월 14일)."『남북한통일제의 자료총람(1권)』. 서울: 국토통일원, 1985.

김형기.『남북관계변천사』. 서울: 연세대학교 출판부, 2010.

문병기.『정치학개론』. 서울: KNOU Press, 2016.

백두산연구소.『주체사상의 형성과정』. 서울: 도서출판 백두, 1988.

백준기. "정전 후 1950년대 북한의 정치변동과 권력재편."『북한 현대사 1』. 서울: 한울, 2004.

신영석.『역대정권의 통일정책 변천사』. 서울: 평화문제연구소, 2008.

안드레이 란코프, 김광린 역.『소련의 자료로 본 북한 현대정치사』. 서울: 오름, 1995.

앤드류 헤이우드, 조현수 역.『현대정치의 이론과 실천』. 서울: 성균관대학교 출판부, 2009.

이승열.『북한 엘리트 집단의 권력 투쟁과 당조직지도부의 생존전략』, 서울: 국방정신전력원, 2017.

이종석.『분단시대의 통일학』. 서울: 한울, 1998.

_____.『새로 쓴 현대 북한의 이해』. 서울: 역사비평사, 2005.

정영철. "남북한 통일정책의 역사와 비교: 체제 통일에서 공존의 통일로."

이화여대통일학연구원 편. 『남북관계사: 갈등과 화해의 역사 60년』. 서
울: 이화여대출판부, 2009.

통일부. 『통일부 30년사』. 서울: 통일부, 1999.

허 담. 『김정일위인상』. 평양: 재일본조선인총련합회중앙상임위원회, 1996.

현성일. 『북한의 국가전략과 파워엘리트』. 서울: 선인, 2007.

2. 영문 단행본

Dinstein, Yoram. "Armistice." in Rudolf Bernhardt, ed., *Encyclopedia of Public International Law*. Amsterdam: North Holland, 1982.

Easton, David. *The Political System: An Inquiry into the State of Political Science*. New York: Alfred A. Knopf, 1953.

Hobbes, Thomas. *Leviathan. Harmondsworth: Penguin*, (1651)1968.

Keyt, David. "Three Basic Theorems in Aristotle's Politics." in David Keyt and Fred D. Miller, Jr. eds. *A Companion to Aristotle's Politics*. Brsil Blackwell, 1991.

Lasswell, Harold D. *Politics: Who Gets What, When, How?*. New York: McGraw-Hill, 1936.

_____. *Power and Personality*. New York: W.W.Norton & Co., Inc., 1948.

Loewenstein, Karl. *Political Power and the Governmental Process*. Chicago: The Univ. of Chicago Press, 1965.

Machiavelli, Niccolò. *The Prince*. Harmondsworth: Penguin, (1531) 1961.

Weber, Max. *The Theory of Social and Economic Organization*. New York: Oxford Univ. Press, 1947.

3. 국문 논문

김인혁. "김정일의 리더십과 남북관계." 『한국동북아논총』, 제7권, 4호 (2002).

김주수·문은석·윤희철. "김정일과 김정은의 권력승계과정 비교를 통한 남북관계 전망." 『대한정치학회보』, 제22권 2호 (2014).

박명림. "한반도 정전체제: 등장, 구조, 특성, 변환." 『한국과 국제정치』, 제22권 1호 (2006).

박종철. "북한의 권력구조의 변화와 남북관계 전망." 『사회과학논총』, 제9권 (1994).

신형철. "남북한 관계에 있어서 북한 최고책임자의 역할." 『21세기 정치학회보』, 제12권, 2호 (2002).

이기택. "남북한 관계에서 본 북한의 권력승계." 『북한』, 통권 제153호 (1984).

이지수. "정치 리더십과 남북관계: 1970년대의 경우." 『대한정치학회보』, 제20권 3호 (2013).

임수호. "국내정치와 남북한 관계." 『세계정치』, 제16권 (2012).

전재성. "분단 70년의 국제환경, 대내구조, 남북 관계의 조명." 『통일정책연구』, 제24권 1호 (2015).

전현준. "전두환·노태우 정부의 대북정책." 『북한』, 통권 제335호 (1999년 11월호).

정주신·김학만. "북한의 권력승계와 남북관계 전망." 『동북아연구』, 제25권 1호 (2010).

조봉암. "평화통일에의 길." 『중앙정치』, 10월호 (1957).

조성렬. "한반도 평화체제 구축에 관한 단계적 접근: 포괄적 잠정협정을 중심으로." 『통일과 평화』, 제4집 1호 (2012).

최영권. "북한의 권력승계 공식화와 남북관계 전망." 『현대사회과학연구』, 제6집 1호 (1995).

황지환. "이명박 정부의 남북관계와 새로운 대북정책의 모색." 『공공정책연구』, 제17권 2호 (2010).

2장

1. 국문 단행본

고병철. "남북한 관계의 역사적 맥락." 경남대학교 북한대학원 엮음. 『남북관계론』. 서울: 한울아카데미, 2005.

김병로·서보혁 편. 『분단폭력 – 한반도 군사화에 관한 평화학적 성찰』. 서울: 아카넷, 2016.

김용현. "북한의 군사국가화에 관한 연구." 동국대학교 대학원 박사학위논문, 2001.

김일성. "당간부양성사업을 개선강화할데 대하여(1971.12.2.)." 『김일성 저작집 26』. 평양: 조선로동당출판사, 1984.

_____. "품질감독사업을 개선강화할데 대하여(1981.2.2.)." 『김일성 저작집 36』. 평양: 조선로동당출판사, 1990.

대한민국 국방부. 『2006 국방백서』. 서울: 대한민국 국방부, 2006.

_____. 『2008 국방백서』. 서울: 대한민국 국방부, 2008.

_____. 『2010 국방백서』. 서울: 대한민국 국방부, 2010.

_____. 『2018 국방백서』. 서울: 대한민국 국방부, 2018.

_____. 『2020 통일백서』. 서울: 대한민국 통일부, 2020.

북한연구소편. 『북한총람(1983~1993)』. 서울: 북한연구소, 1994.

성채기. 『북한 경제위기 10년과 군비증강 노력』. 서울: 한국국방연구원, 2003.

안병성 외. 『2010 국방예산 분석·평가 및 2011 전망』. 서울: 한국국방연구원, 2010.

오경섭·김진하·한병진·박용한. 『북한 군사경제 비대화의 원인과 실태』. 서울: 통일연구원, 2018.

와다 하루키, 서동만·남기정 역. 『북조선』. 서울: 돌베개, 2002.

이종석. "김정일 시대의 조선노동당: 위상과 조직." 이종석·백학순. 『김정일 시대의 당과 국가기구』. 세종연구소, 2000.

임강택. 『북한의 군사산업 정책이 경제에 미치는 효과 분석』. 서울: 통일연구원, 2000.

통일부. 『통일부 30년사 - 평화 화해 협력의 발자취, 1969~1999』. 서울: 통일부 기획관리실, 1999,

함택영. 『국가안보의 정치경제학』. 서울: 법문사, 1998.

황장엽. 『나는 역사의 진리를 보았다』. 서울: 한울, 1999.

2. 영문 단행본

Eide, Sbjorm and Marek Thee. ed., *Problems of Contemporary Militarism*. New York: St. Martin's Press, Inc., 1980.

Shaw, Michael. "Twenty－First Century Militarism: A Historical－Sociological Framework." Anna Stavrianakis and Jan Selby. ed., *Militarism and International Relations: Political Economy, Security, Theory*. London: Routledge, 2012.

Stockholm International Peace Research Institute(SIPRI). *Trends in International Arms Transfers*, 2019.

Vagts, Alfred. *A History of Militarism*. USA: Meridian Books, Inc., 1959.

3. 국문 논문

김성주. "1960년대 북한의 군사주의 확산 과정 연구." 『현대북한연구』, 제18권 2호 (2015).

성채기. "북한의 경제 - 핵 병진노선평가: 의도와 지속가능성." 『동북아안보

정세 분석』, 제322호 (2013).

이대근. "한반도 비핵·평화는 가능한가."『역사와 현실』, 제112호 (2019).

최성빈·고병성·이호석. "한국 방위산업의 40년 발전과정과 성과."『국방정책연구』, 제26권 제1호 (2010).

최성빈·이호중·장혜진. "한국 방위산업의 현황과 2015년 전망."『주간국방 논단』, 제1557호 (2015).

4. 영문 논문

Lamb, Guy. "Reflections on demilitarization: A Southern African perspective." *International Peacekeeping* (Sep 2000).

Luckham, Robin. "The Military, Militarisation and Democratization in Africa: A Survey of Literature and Issues." *African Studies Review,* vol. 37, no. 2 (September 1994).

Mann, Michael. "The Roots and Contradictions of Modern Militarism." *New Left Review,* vol. 162 (Mar/Apr 1987).

Smith, Ron. "Aspects of militarism." *Capital & Class* (Feb 1983).

3장

1. 국문 단행본

고병철. "남북한 관계의 역사적 맥락: 한국전쟁 이후 현재까지." 경남대학교 북한대학원 엮음. 『남북한 관계론』. 서울: 한울, 2005.

국토통일원. 『남북대화백서, 1982』. 서울: 국토통일원, 1982.

_____. 『남북대화백서, 1988』. 서울: 국토통일원, 1988.

김일성. 『김일성 저작집 8』. 평양: 조선로동당출판사, 1980.

_____. 『김일성 저작집 18』. 평양: 조선로동당출판사, 1982.

_____. 『김일성 저작집 19』. 평양: 조선로동당출판사, 1982.

_____. 『김일성 저작집 25』. 평양: 조선로동당출판, 1983.

_____. 『김일성 저작집 26』. 평양: 조선로동당출판사, 1984.

_____. 『김일성 저작집 28』. 평양: 조선로동당출판사, 1984.

_____. 『김일성 저작집 34』. 평양: 조선로동당출판사, 1987.

_____. 『김일성 저작집 35』. 평양: 조선로동당출판사, 1987.

김종대. 『서해교전』. 서울: 메디치, 2013.

김지형. 『데탕트와 남북관계』. 서울: 선인, 2008.

_____. "1970년대 초 남북대화와 7·4공동성명." 한양대학교 학위논문집 (2006).

미치시타 나루시게 지음, 이원경 옮김. 『북한의 벼랑끝 외교사』. 서울: 한울 아카데미, 2014.

박순성·최진욱. 『통일논의의 변천과정』. 서울: 민족통일연구원, 1993.

박태균. "잘못 끼운 첫 단추: 이승만－아이젠하워 정부 시기." 역사비평 편 집위원회 엮음. 『갈등하는 동맹』, 서울: 역사비평사, 2010.

양영식. 『통일정책론』. 서울: 박영사, 1997.

양호민. "남북대결의 원점과 원형: 7·4남북공동성명 전후 20년의 상황을 중심으로." 양호민 외. 『평화통일을 위한 남북대결』. 서울: 소화, 1996.

이문항. 『JSA－판문점(1953~1994)』. 서울: 소화, 2001.

이삼성·김태일. "1965년~80년 기간 국제 환경 변화와 남북한 통일정책." 이삼성 외. 『평화통일을 위한 남북대결』. 서울: 소화, 1996.

이한 엮음. 『북한의 통일정책 변천사(상): 1945~1985년 주요 문건』. 서울: 온누리, 1989.

정용하·임재상·김태완·허열. 『북한사회의 변화와 남북한 정치쟁점』. 부 산: 부산대학교출판부, 2003.

척 다운스 지음, 송승종 옮김. 『북한의 협상전략』. 서울: 한울, 2011.

통일원. 『1992 통일백서』. 서울: 통일원, 1992.

한국사사전편찬회 저. 『한국근현대사사전』. 서울: 가람기획, 2005.

2. 영문 단행본

Diehl, Paul F. and Gary Goertz. *War and Peace in International Rivalry*. Ann Arbor: The University of Michigan, 2000.

3. 국문 논문

김욱성. "국력의 비대칭성 완화 노력이 숙적관계에 미치는 영향: 남북한 사례." 『통일문제연구』, 제22권 제2호 (2010).

김형민. "숙적관계가 군사분쟁에 미치는 영향에 관한 연구: 상호인과성을 중심으로." 『정치정보연구』, 제20권 제2호 (2017).

문인철. "숙적국가 간 손실 인식과 장기지속갈등 문제: 남북숙적관계에 대한 함의." 『북한연구학회보』, 제20권 제1호 (2016).

방인혁. "김일성 시대 북한의 대남인식 변화 연구." 『현대정치연구』, 제5권 제2호 (2012).

손호철·방인혁. "남북한 '적대적 의존관계론'에 관한 비판적 연구: 1972년 남한 유신헌법과 북한 사회주의헌법 제정을 중심으로." 『한국과 국제정치』, 제28권 제2호 (2012).

유영옥. "이승만 대통령의 반공과 통일정책에서의 상징성." 『한국보훈논총』, 제10권 제2호 (2011).

편집부. "전두환대통령 새해국정연설." 『북한』, 2월호, 통권 110호 (1983).

한기호. "숙적관계(rivalry) 이론의 남북한 분쟁관계 적용 가능성 검토: MID(Militarized Interstate Dispute)와 사회-심리적 과정 모델을 중심으로." 『통일연구』, 제20권 제2호 (2016).

_____. "한·미동맹이 남북한 라이벌리(rivalry) 관계에 미치는 영향 연구: 숙적 이론과 동맹 이론을 중심으로." 『한국사회과학연구』, 제39권 2호 (2020).

홍석률. "이승만 정권의 북진통일론과 냉전외교정책." 『한국사연구』, 제85
호 (1994).

4장

1. 국문 단행본

국방부. 『국방백서 1994 – 1995』. 서울: 국방부, 1994.

_____. 『국방백서 1995』. 서울: 국방부, 1995.

_____. 『국방백서 2006』. 서울: 국방부, 2006.

_____. 『국방백서 2008』. 서울: 국방부, 2008.

_____. 『국방백서 2010』. 서울: 국방부, 2010.

_____. 『국방백서 2012』. 서울: 국방부, 2012.

_____. 『국방백서 2014』. 서울: 국방부, 2014.

_____. 『국방백서 2016』. 서울: 국방부, 2016.

_____. 『국방백서 2018』. 서울: 국방부, 2018.

김열수. 『국가안보』. 파주: 법문사, 2015.

김창희. 『남북관계와 한반도 평화』. 고양: 삼우사, 2019.

대통령실. 『한미 미사일 지침 개정 주요 내용 및 의미, 기대효과』. 서울: 청
와대, 2012.

이상숙 편. 『북한의 선군정치』. 서울: 선인, 2019.

전봉근. 『북한 핵교리의 특징 평가와 시사점』. 서울: 국립외교원 외교안보
연구소, 2016.

전성훈. 『북한 비핵화를 위한 한미 전략적 협력에 관한 연구』. 서울: 통일연
구원, 2009.

정영태 · 홍우택 · 김태우 · 박휘락 · 이상민 · 이호령 · 조영기. 『북한의 핵전
략과 한국의 대응전략』. 서울: 통일연구원, 2014.

조선중앙통신사.『조선중앙연감 (2005)』. 평양: 조선중앙통신사, 2005.

조슈아 골드스타인·존 피브하우스 저, 김연각 역.『국제관계의 이해』. 고양: 인간사랑, 2015.

진희관·문인철·서보혁·엄현숙·임상순·함규진·홍석훈.『통일과 평화 그리고 북한』. 서울: 박영사, 2020.

통일부.『통일백서 2007』. 서울: 통일부, 2007.

_____.『통일백서 2010』. 서울: 통일부, 2010.

_____.『통일백서 2013』. 서울: 통일부, 2013.

_____.『통일백서 2017』. 서울: 통일부, 2017.

_____.『통일백서 2018』. 서울: 통일부, 2018.

함택영.『국가안보의 정치경제학』. 서울: 법문사, 1998.

함형필.『김정일체제의 핵전략 딜레마』. 서울: KIDA Press, 2009.

2. 영문 단행본

Kolodziej, Edward A. *Security and International Relations*. Cambridge: Cambridge University Press, 2005.

Mueller, Karl P., Jasen J. Castillo, Forrest E. Morgan. Negeen Pegahi and Brian Rosen. *Strike First: Pre−emptive and Preventive Attack in U.S. National Security Policy*. Santa Monica: RAND Corporation, 2006.

Waltz, Kenneth N. *Theory of International Politics*. Boston: McGraw Hill, 1979.

3. 국문 논문

구갑우. "평창 '임시평화체제'의 형성 원인과 전개."『한국과 국제관계』, 제34권 제2호 (2018).

김강녕. "문재인 정부 군사안보정책 중간평가."『통일전략』, 제19권 1호

(2019).

김보미. "북한 핵 프로그램의 시작과 성장." 『통일정책연구』, 제28권 1호 (2019).

김태현. "비대칭 동맹에서 약소국의 자율성에 대한 연구." 『신아세아』, 제 18권 1호 (2011).

서보혁. "월츠의 제 3이미지와 북한의 대미정책." 『북한연구학회보』, 제 15 권 2호 (2011).

엄진욱 · 최규옥. "한국형 3축 체계 수행능력 향상을 위한 지휘통제 통신 발 전방향." 『국방과 기술』, 제462호 (2017).

4. 영문 논문

Herz, John H. "Idealist Internationalism and the Security Dilemma." *World Politics,* vol. 2, no. 2 (1950).

Jervis, Robert. "Cooperation under the Security Dilemma." *World Politics,* vol. 30, no. 2 (1978).

Snyder, Glenn H. "The Security Dilemma in Alliance Politics." *World Politics,* vol. 36, no. 4 (1984).

5장

1. 국문 단행본

김병로 · 서보혁. 『분단폭력: 한반도 군사화에 대한 평화학적 성찰』. 파주: 아카넷, 2016.

서보혁. 『한국 평화학의 탐구』. 서울: 박영사, 2019.

서보혁 · 용혜민. 『국제 평화문서 번역집』. 서울: 통일연구원, 2021.

장철운. 『평화체제 관련 남북한 군사적 긴장완화』. 서울: 통일교육원, 2019.

존 폴 레더라크 지음. 김동진 옮김. 『평화는 어떻게 만들어지는가』. 서울: 후마니타스, 2012.

통일부. 『2020 통일백서』. 서울: 통일부, 2020.

통일부 통일교육원. 『통일교육 기본계획(2019~2021) 및 2019년도 시행계획』. 서울: 통일교육원, 2019.

2. 영문 단행본

Hocker, Joyce and William Wilmot. *Interpersonal Conflict*. Madison. Wis: Brown and Benchmark, 1995.

Kupchan, Charles A. *How Enemies Become Friends: The Sources of Stable Peace*. Princeston, New Jersey: Princeton University Press, 2010.

Reychler, Luc. "Conceptual Framework." in Luc Reychler and Thania Paffenholz eds. *Peace−building: A Field Guide*. Boulder: Lynne Rienner, 2001.

Schirch, Lisa. *The Little Book of Strategic Peacebuilding*. Intercourse: Good Books, 2004.

Smith, Dan. *Towards a Strategic Framework for Peacebuilding: Getting their Act Together*. Oslo: PRIO-International Peace Research Institute, 2004.

3. 국문 논문

김근식. "남북정상회담과 6.15공동선언: 분석과 평가." 『북한연구학회보』, 제10집 2호 (2006).

김병로. "한반도 통일과 평화구축의 과제." 『평화학연구』, 제15권 1호 (2014).

정주진. "평화연구로서의 갈등해결 연구: 평화적 과정과 평화 성취에의 기여.”『통일과 평화』, 제5집 1호 (2013).

조성렬. “한반도 군사적 긴장완화 추진실태와 방향.” 통일연구원, 『6·15 남북공동선언과 한반도 평화·번영: 평가와 전망(국제학술회의 발표논문집)』 (2005).

황수환. “남북정상회담의 지속과 변화” 화해를 중심으로.”『정치·정보연구』, 제23권 2호 (2020).

_____. “평화학적 관점에서 본 한반도 평화의 방향.”『평화학연구』, 제20권 1호 (2019).

4. 영문 논문

Galtung, Johan. “Three Approaches to Peace: Peacekeeping, Peacemaking and Peacebuilding,” Johan Galtung, *Peace, War and Defence: Essays in Peace Research*. vol. 2. Copenhagen: Christian Ejlers, 1976.

6장

1. 국문 단행본

김대중. 『김대중 대통령 연설문집 제3권』. 서울: 대통령비서실, 2001.

김범수·김병로·김학재·김희정·박원호·이종민·최규빈·임경훈·최현정. 『2020 통일의식조사』. 시흥: 서울대학교 통일평화연구원, 2021.

김병로. “개성공단 스케치.” 김병로·김병연·박명규. 『개성공단: 공간평화의 기획과 한반도형 통일 프로젝트』. 과천: 진인진, 2015.

김학재·엄현숙·문인철·김병로·천경효·조동준·임경훈·최현정. 『북한주민 통일의식 2020』. 시흥: 서울대학교 통일평화연구원, 2021.

문재인. 『문재인 대통령 연설문집 제3권(상)』. 서울: 대통령비서실, 2020.

박종철 · 허문영 · 김보근. 『남북연합 형성 · 운영의 거버넌스』. 서울: 통일연구원, 2008.

배광복. 『남북대화 1971~1992』. 서울: 아연출판부, 2018.

안동환 · 김병연 · 김학재 · 천경효 · 이종민 · 조용신 · 황창현. 『2019 남북통합지수』. 서울: 서울대학교 통일평화연구원, 2020.

윤영관. "남북경협의 국제 정치경제적 의미." 윤영관 외. 『북한의 체제전망과 남북경협』. 서울: 한울아카데미, 2003.

이재승 · 김유정 · 오창룡 · 김새미. 『지역협력의 조건: 초기 유럽통합의 재고찰과 동북아시아에의 함의』. 세종: 대외경제정책연구원, 2015.

이효원. 『판례로 보는 남북한 관계』. 서울: 서울대학교 출판문화원. 2012.

조동호. 『공진을 위한 남북경협전략』. 서울: EAI, 2012.

조봉현. "개성공단, 성과 및 한계와 발전과제." 민족화해협력범국민협의회 정책위원회. 『남북교류협력의 재조명』. 서울: 늘품플러스, 2015.

존 베일리스 · 스티브 스미스 · 퍼트리샤 오언스. 『세계정치론』. 서울: 을유문화사, 2019.

통일교육원. 『남북관계 지식사전』. 서울: 통일교육원, 2015.

통일부. 『2001 통일백서』. 서울: 통일부, 2001.

_____. 『2003 통일백서』. 서울: 통일부, 2003.

통일원. 『통일백서』. 서울: 통일원, 1995

홍용표 · 조한범. 『6.15 남북공동선언 재조명: 이론과 실제』. 서울: 통일연구원, 2005.

2. 영문 단행본

Barash, David, P. and Carles P. Webel. 4th ed. *Peace and Conflict Studies*. London: SAGE, 2018.

Diez, Tomas and Antje Wiener, "Introducing the Mosaic of Integration Theory." in Antje Wiener, Thomas Diez. eds. *European Integration*

Theory. Oxford: Oxford University Press, 2009.

Haas, Ernst. *The Uniting of Europe: Political, Social, and Economic Forces 1950-57*. Stanford, CA: Stanford University Press, 1958.

Mitrany, David. *A Working Peace System. An Argument for the Functional Development of International Organization*. London: Royal Institute of International Affairs, 1943.

Niemann, Arne, Zoe Lefkofridi, and Philippe C. Schmitter. "Neofunctionalism." in Antje Wiener, Thomas Diez. eds. *European Integration Theory*. Oxford: Oxford University Press, 2009.

3. 국문 논문

김학노. "남북한 관계에 대한 국제통합이론의 적실성 문제." 『한국정치연구』, 제25권 3호 (2016).

_____. "평화통합전략으로서의 햇볕정책." 『한국정치학회보』, 제39권 5호 (2005).

김학성. "통일연구 방법론 소고: 동향, 쟁점 그리고 과제." 『통일정책연구』, 제17권 2호 (2008).

이우영·구갑우. "남북한 접촉지대와 마음의 통합이론: '마음의 지질학' 시론." 『현대북한연구』, 제19권 1호 (2016).

최규빈. "긍정적 관여를 통한 한반도 평화: 남북경협의 진화와 전망." 『담론 201』, 제23권 3호 (2020).

4. 영문 논문

Lindberg, Leon. "Decision Making and Integration in the European Community." *International Organization,* vol. 19, no. 1 (1965).

McLaren, Robert I. "Mitranian functionalism: possible or impossible?" *Review of International Studies,* vol. 11, no. 2 (1985).

Schmitter, Philippe C. "Ernst B. Haas and the legacy of neofunctionalism." *Journal of European Public Policy,* vol. 12 no. 2 (2005).

Tranholm—Mikkelsen, Jeppe. "Neo—functionalism—Obstinate or Obsolete?" *Millennium: Journal of International Studies,* vol. 20, no. 1 (1991).

7장 ─────────────────────────────

1. 국문 단행본

김우상·조성권. 『세계화와 인간안보』. 서울: 집문당, 2005.

서보혁 엮음. 『인간안보와 남북한 협력』. 서울: 아카넷, 2013.

2. 영문 단행본

Buzan, Barry. *People, States and Fear: An Agenda for International Security Studies in the Post—Cold War Era.* 2nd ed. Boulder: Lynne Rienner Publishers, 1991.

Chen, Lioncolon C. "Human Security: Concepts and Approaches," in Tatsuro Matsumae and Lioncoln C. Chen, eds., *Common security in Asia—New Concepts of Human Security.* Tokai University Press, 1995.

Rummel, R. J. *Death by Government.* New Brunswick, N.J.: Transaction Publishers, 1994.

Thakur, Ramesh. "From National to Human Security." in Stuart Harris and Andrew Mack, eds., *Asia—Pacific Security.* Canberra: Allen & Unwin, 1997.

Trager, Frank. "Introduction to the Study of National Security." in

Frank Trager and Philip Kronenberg, eds. *National Security and American Society*. Manhattan, KS: University Press of Kansas, 1973.

Wolfers, Arnold. "National Security as an Ambiguous Symbol." in *Arnold Wolfers. Discord and Collaboration. Essay on international Politics*. Baltimore: John Hopkins University, 1962.

3. 국문 논문

이혜정 · 박지범. "인간안보: 국제규범의 창안, 변형과 확산." 『국제 · 지역연구』, 22권 1호 (2013).

홍기준. "인간중심주의적 안보개념의 모색." 『안보학술논총』, 제15집 제2호 (2004).

4. 영문 논문

Buzan, Barry. "Human Security in International Perspectives." *A paper presented at the 14th Asia Pacific Round Table,* Kuala Lumpur, Anwar (2003).

Dixon, T. F. "Environmental Change and Human Security." *Behind the Headlines*. 48 (Spring, 1991).

8장

1. 국문 단행본

김원홍 외. 『남북여성교류현황 및 활성화 방안』. 서울: 한국여성정책연구원, 2020.

디터 블루멘비츠. 『분단국가의 법적지위』. 서울: 법률행정연구원, 1996.

배리 부잔 저. 김태현 옮김. 『세계화 시대의 국가안보』. 서울: 나남출판,

1995.

백과사전출판사. 『조선대백과사전 3』. 평양: 백과사전출판사, 1996.

(사)한국여성연구소. 『새 여성학 강의』. 서울: 동녘, 2005.

2. 영문 단행본

Balibar, Étienne. *Race, Nation, Class: Ambiguous Identities.* New York: Verso, 1991.

Gellner, Ernest. *Nations and Nationalism.* Malden. MA ; Oxford : Blackwell, 2006.

Ken, Booth, and Smith Steve. *International relations theory today.* Cambridge: Polity Press, 1995.

M., Marilley Suzanne. *Woman Suffrage and the Origins of Liberal Feminism in the United States.* Cambridge: Harvard University Press, 1996.

M., Ryan J. *The Concise Encyclopedia of Sociology.* New Jersey: John Wiley & Sons, 2011.

Peterson, V. Spike, ed. *Gendered States: Feminist (Re)visions of International Relations Theory.* Boulder: Lynne Rienner, 1992.

Rebecca, West. *Kinds of Feminism.* Huntsville: University of Alabama, 2005.

Tickner, J. A. *Gender in International Relations: Feminist Perspectives on Achieving Global Security.* Columbia: Columbia University Press, 1992.

United Nations Development Programme. *Human Development Report 1994.* New York: Oxford University Press, 1994.

3. 국문 논문

강욱건·이학래·민경은. "국내 페미니즘운동의 여론 변화조사 및 특징적 요소분석: 빅데이터 분석방법을 활용하여."『2018 통계청논문공모전 시상논문』, (2018).

김희강. "서구 페미니즘 이론의 동향과 쟁점, 글로벌 맥락에서의 한국 페미니즘에 미치는 의미."『21세기정치학회보』, 제16권 2호 (2006).

박강성주. "여성주의 안보연구 시론."『여성과 평화』, 제5호 (2010).

박재적. "'국제안보연구' 방법론 고찰 – 동아시아 '안보질서' 연구 경향을 중심으로."『세계정치』, 제20권 (2014).

심영희. "여성에게 안보란 무엇인가?"『여성과 평화』, 제4호 (2005).

윤지영. "페미니즘 지각변동: 새로운 사유의 터, 페미니즘 대립각들."『문화와 사회』, 제27권 1호 (2019).

이선미. "근대 국민국가와 여성의 안보."『여성과 평화』, 제4호 (2005).

이정옥. "유엔 안보리 결의안 1325와 글로벌 페미니즘."『사회과학논총』, 제16권 (2017).

전재성. "한반도 안보에 대한 젠더화된 관점에서의 접근."『아시아여성연구』, 제41호 (2002).

정국본. "안보논단 2: 지역안보복합체[regional security complex]의 이해: Barry Buzan의 안보 이론을 중심으로."『전략논단』, 제1권 (2004).

정현백. "국가와 여성평화운동: 김대중·노무현정부의 평화정치를 중심으로."『여성과 역사』, 제20호 (2014).

황영주. "만나기, 뛰어넘기, 새로만들기: 페미니즘 국제정치학에서 안보와 그 과제."『국제정치논총』, 제47권 1호 (2007).

_____. "페미니즘 안보연구의 기원, 주장 그리고 분석."『세계정치』, 제19호 (2013).

4. 영문 논문

Buzan, Barry. "Rethinking Security after the Cold War." *Cooperation and Conflict,* Vol. 32 (2016).

Carol, Cohn. "'Feminist Security Studies': Toward a Reflexive Practice." *Politics & Gender,* Vol. 7 No. 4 (2011).

Elizabeth, Lapovsky Kennedy. "Socialist Feminism: What Difference Did It Make to the History of Women's Studies?." *Feminist Studies,* Vol. 34 No. 3 (2008).

Ellen, Willis. "Radical Feminism and Feminist Radicalism." *Social Text,* Vol. 9 No. 10 (1984).

Kathryn, Harriss. "New Alliances: Socialist—Feminism in the Eighties." *Feminist Review,* Vol. 31 (1989).

Susan, Wendell. "A (Qualified) Defense of Liberal Feminism." *Hypatia,* Vol. 2 No. 2 (1987).

Swerdlow, Amy. "Engendering International Relations Theory: The Feminist Standpoint." *Journal of Women's History,* Vol. 7 (1995).

Tickner, J. Ann. "Feminist Approaches to Issues of War and Peace." *Studies of Transnational Legal Policy,* Vol. 25 (1993).

9장

1. 국문 단행본

김병로. "한반도 비평화와 분단폭력." 김병로·서보혁 편. 『분단폭력: 한반도 군사화에 관한 평화학적 성찰』. 서울: 아카넷, 2010.

김종곤. "분단폭력, 트라우마의 치유와 '불일치'의 정치." 건국대학교 통일인문학연구단. 『국가폭력 트라우마와 치유』. 서울: 패러다임북, 2018.

박주화. "분단의 심리: 고질화된 분쟁(intractable conflict)을 중심으로." 박주화·김갑식·이민규·최훈석·박형인·현인애·권영미.『평화의 심리학: 한국인의 평화인식』. 서울: 통일연구원, 2018.

서보혁.『한국 평화학의 탐구』. 서울: 박영사, 2019.

서보혁·권영승. "분쟁의 평화적 전환 사례들과 한반도." 서보혁·권영승 편.『분쟁의 평화적 전환과 한반도: 비교평화연구의 이론과 실체』. 서울: 박영사, 2020.

손호철. "남남갈등의 기원과 전개과정." 경남대학교 극동문제연구소(편).『남남갈등: 진단 및 해소방안』. 창원: 경남대학교 출판부, 2004.

전우택. "평화협정 과정의 다섯 가지 지혜." 전우택·박명림 편.『트라우마와 사회치유: 북아일랜드와 캄보디아에서 배우다』. 서울: 역사비평사, 2019.

2. 영문 단행본

Bar−Tal, Daniel. *Intractable Conflicts: Socio−psychological Foundations and Dynamics*. Cambridge: Cambridge University Press, 2013.

_____. "Transforming Conflicts: Barriers and Overcoming Them." In Miriam F. Elman, Catherine Gerard, Galia Golan and Louis Kreisberg eds. *Overcoming Intractable Conflicts: New Approaches to Constructive Transformations*. London·New York: Rowman & Littlefield International Ltd., 2019.

Bar−Tal, Daniel and Halperin, Erin. "The psychology of intractable conflicts: eruption, escalation, and peacemaking." In Leonie Huddy, David O. Sears and Jack S. Levy eds. *The Oxford Handbook of Political Psychology*. Oxford: Oxford University Press, 2013.

Chhabra, Meenakshi. "A Social−Psychological Perspective on Teaching a Historical Event of Collective Violence: The Case of the 1947

British India Partition." In Denise Bentrovato, Katrina V. Korostelina and Martina Schulze eds. *History Can Bite: History Education in Divided and Postwar Societies.* Gottingen: V&R Unipress, 2016.

Cobb, Sara. *Speaking of Violence: The Politics and Poetics of Narratives in Conflict Resolution.* Oxford: Oxford University Press, 2013.

Kreisberg, Louis, Northrup, Terrel, and Thorson, Stuart eds. *Intractable Conflicts and their Transformation.* New York: Syracuse University Press, 1989.

Rosler, Nimrod. "The Creation of Space for Conflict Change: Context, Society, and Leadership in Northern Ireland during the 1990s." In Miriam F. Elman, Catherine Gerard, Galia Golan and Louis Kreisberg eds. *Overcoming Intractable Conflicts: New Approaches to Constructive Transformations.* London · New York: Rowman & Littlefield International Ltd. 2019.

3. 국문 논문

권숙도. "구성주의적 관점에서 본 남남갈등의 이해."『사회과학연구』, 제28권 1호 (2012).

박정진. "분단갈등 연구: 독일, 한반도, 북아일랜드 갈등관리 유형 비교." 북한대학원대학교 박사학위논문 (2012).

윤해동. "뉴라이트 운동과 역사인식 –'비역사적인 역사'."『민족문화논총』, 제51권 1호 (2008).

이병수. "한반도 평화실현으로서의 '적극적 평화'."『시대와 철학』, 제28권 1호 (2017).

홍석훈. "문재인 정부의 평화·통일정책: 북핵문제와 미·중관계를 중심으로."『평화학연구』, 제19권 1호 (2018).

황지환. "진보 대 보수의 대북정책, 20년 이후."『통일정책연구』, 제26권 1

호 (2017).

4. 영문 논문

Heo, Ji Young. "Contentious Narratives on National Identity of South Korea: How to Understand the Self and the Significant Others, North Korea and the United States." Ph. D. dissertation, Freie University Berlin, (2020).

Kelman, Herbert C. "The Interdependence of Israeli and Palestinian National Identities: The Role of the Other in Existential Conflicts." *Journal of Social Issues,* vol. 55, no. 3 (1999).

Shin, Gi-wook. "Identity Politics and Policy Disputes in U.S.-Korea Relations." *Political Science Quarterly,* vol. 127, no. 2 (2012).

10장

1. 국문 단행본

김성경. 『갈라진 마음들: 분단의 사회심리학』. 서울: 창비, 2020.

김학재·강채연·김범수·김병로·김희정·이성우·최규빈·임경훈·조용신. 『2019 통일의식조사』. 서울: 서울대학교 통일평화연구원, 2020.

서보혁. 『한반도 평화와 남북 협력 종합연구 총론: 평화·경제·화해협력 구상』. KINU 연구총서 19-20. 서울: 통일연구원, 2019.

이재영. 『회복적 정의: 세상을 치유하다』. 남양주: 피스빌딩, 2020.

이찬수. "한반도 화해의 길." 서보혁·홍석훈·나용우·김주리·이찬수·최규빈·주드 랄 페르난도 외.『화해협력 이론과 사례 그리고 한반도』. KINU 연구총서 19-05. 서울: 통일연구원, 2019.

한나 아렌트 저. 이진우 역. 『인간의 조건』. 서울: 한길사, 2017.

2. 영문 단행본

Bar—Tal, Daniel. *Intractable Conflicts: Socio—Psychological Foundations and Dynamics.* New York: Cambridge University Press, 2013.

Daly, Erin., Sarkin, Jeremy. *Reconciliation in Divided Societies: Finding Common Ground.* Philadelphia: University of Pennsylvania Press, 2007.

Fitz—Gibbon, Andrew. "Perpetual Violence? Mimesis and Anamnesis" in Rob Gildert and Dennis Rothermel (eds.) *Remembrance and Reconciliation.* Amsterdam; New York: Rodopi, 2011.

Halbwachs, Maurice. *On Collective Memory.* Chicago; London: The University of Chicago Press, 1992.

Honneth, Axel. *The struggle for recognition: the moral grammar of social conflicts.* Cambridge, the MIT Press, 1995.

Kelman, Herburt C. "Reconciliation as Identity Change: A Social—Psychological Perspective." in Bar—Simon—Tov Yaacov (ed.). *From Conflict Resolution to Reconciliation.* Oxford: Oxford University Press, 2004.

Lederach, John Paul. *Building Peace: Sustainable Reconciliation in Divided Societies.* Washington D.C: United States Institute of Peace Press, 1997.

Minow, Martha. *Between Vengeance and Forgiveness: Facing History after Genocide and Mass Violence.* Boston: Beacon Press, 1999.

Murphy, Colleen. *A Moral Theory of Political Reconciliation.* Cambridge: Cambridge University Press, 2010.

Murphy, Jeffrie G. *Getting Even: Forgiveness and Its Limits.* Oxford: Oxford University Press, 2003.

Paez, Dario. R, Liu, James Hou—Fu. "Collective Memory of Conflict."

in Daniel Bar−Tal (ed.). *Intergroup Conflict and Their Resolution: A Social Psychological Perspective*. New York; London: Psychology Press, 2011.

Philpott, Daniel. *Just and Unjust Peace*. New York: Oxford University Press, 2012.

Schaap, Andrew. *Political Reconciliation*. London; New York: Routledge, 2005.

Tavuchis, Nicholas. *Mea Culpa: A Sociology of Apology and Reconciliation*. Stanford: Stanford University Press, 1991.

Verdeja, Ernesto. *Unchopping a Tree: Reconciliation in the Aftermath of Political Violence*. Philadelphia: Temple University Press, 2009.

3. 국문 논문

김병로. "화해는 어떻게 가능한가?: 이론적 고찰과 한반도에의 적용."『통일과 평화』, 제11권 2호 (2019).

김종곤. "분단적대성의 역사적 발원과 감정구조."『통일인문학』, 제75권 (2018).

_____. "'분단적대성 지표'(IKAI)의 개발과 타당성,"『통일인문학』, 제81권 (2020).

_____. "분단폭력 트라우마의 치유와 '불일치'의 정치."『통일인문학』, 제73권 (2018).

_____. "한국인의 분단적대성 구축 서사의 유형과 의미,"『통일인문학』, 제81권 (2020).

김학성·장인숙. "한반도 신뢰프로세스에 대한 상호이해적 접근: 이론적 검토와 실천방향 모색."『정치정보연구』, 제17권 1호 (2014).

문인철. "남북한 관계 개선에 대한 새로운 패러다임 모색: 응보적 정의에서 회복적 정의로."『국제학논총』, 제28권 (2018).

박의경. "화해, 공존, 평화의 조건: 한반도 평화공동체를 향하여."『동북아연구』, 제35권 1호 (2020).

안승대. "분단 구조와 분단 의식 극복을 위한 통일교육의 과제."『통일인문학』, 제54권 (2012).

윤여상. "남북화해·협력시대 북한이탈주민의 역할과 사회적응."『한국동북아논총』, 제21권 (2001).

전영선. "적대의 이미지와 기억으로 본 북한."『문화와 정치』, 제5권 3호 (2018).

정영철. "남북한 대립 상징의 구조와 변화."『북한연구학회보』, 제11권 1호 (2007).

주봉호. "남북관계의 과제: 화해와 협력."『국제정치연구』, 제17권 2호 (2014).

황수환. "남북정상회담의 지속과 변화: 화해를 중심으로."『정치정보연구』, 제23권 2호 (2020).

4. 영문 논문

Bar−Tal, Daniel. "Sociopsychological Foundations of Intractable Conflicts." *American Behavioral Scientist*, vol. 50, no.11 (2007).

Barkan, Elazar. "Historical Reconciliation: Redress, Rights, and Politics." *Journal of International Affairs*, vol. 60, no. 1 (2006).

Dwyer, Susan. "Reconciliation for Realists." *Ethics & International Affairs*, vol. 13, no. 1 (1999).

Govier, Trudy, and Wilhelm Verwoerd. "Trust and the Problem of National Reconciliation." *Philosophy of the Social Sciences*, vol. 32, no. 2 (2002).

Hammack, Phillip L. and Pilecki, Andrew. "Narrative as a Root Metaphor for Political Psychology." *Political Psychology*, vol. 33, no.

1 (2012).

Schaap, Andrew. "Agonism in divided societies." *Philosophy & Social Criticism*, vol. 32, no. 2 (2006).

11장

1. 국문 단행본

서보혁·박종철·정은이·장철운·임해용·김일한·안병민 외. 『평화경제의 비전과 추진방향: 남북 육상·해양협력을 중심으로』. 서울: 통일연구원, 2020.

이 석. 『북한경제의 대외의존성과 한국경제의 영향력』. 서울: 통일연구원, 2006.

2. 영문 단행본

Keohane, Robert O. *After hegemony: cooperation and discord in the world political economy*. Princeton, N. J: Princeton University Press, 2005.

_____. "The demand for international regime." *International Organization,* vol. 36, no. 2, 1982.

Keohane, Robert O., and Joseph S. Nye. *Power and Interdependence.* New York: HarperCollins college, 1989.

Russett, Bruce. *International Regions and the International System.* Chicago: Rand−McNally, 1967.

3. 국문 논문

김연철. "한반도 평화경제론; 평화와 경제의 선순환." 『북한연구학회보』, 제

10권 1호 (2006).

김진철. "상호의존론." 『국제정치논총』, 제27권 2호 (1988).

오일환. "남북정상회담 이후 북한의 대남 전술의 특징과 대응책." 『국제정치논총』, 제43권 3호 (2003).

오종문. "북한의 경제적 상호의존과 군사분쟁의 상호인과성 분석." 『북한연구학회보』, 제23권 2호 (2019).

이상섭. "현실주의 국제정치이론과 상호의존이론." 『고시계』, 제31권 10호 (1986).

이재철. "경제적 상호의존과 국제 분쟁의 상관관계: 경제적 상호의존의 측정 문제." 『국제정치논총』, 제46권 3호 (2006).

이중구. "북한 핵담론의 당론화 과정과 당론강화 동학." 서울대학교 정치외교학부 박사학위논문, (2016).

_____. "북한 핵정책 동향의 결정 요인에 관한 연구(1998.1 – 2007.8)." 『통일연구』, 제15권 1호 (2011).

이진명. "동북아시아에서 경제적 상호의존과 분쟁: 상생 또는 동상이몽?" 『국제정치논총』, 제53권 3호 (2013).

임해용 · 서보혁. "평화경제론과 한반도: 분쟁 후 국가의 평화구축의 관점." 『국제정치논총』, 제61권 1호 (2021).

정영철. "김정은 시대 북한의 세계경제 인식의 전환." 『통일과 평화』, 제10권 1호 (2018).

정종욱. "북한은 과연 변했는가?" 『철학과 현실』, 2000년 12월호 (2000).

조 민. "평화경제론." 『통일정책연구』, 15(1) (2006).

주성환 · 김진수. "남북한 간 교역이 분쟁에 미치는 효과: 자유주의 이론을 중심으로." 『국제지역연구』, 제10권 3호 (2006).

최천운 · 정태용 · 김동훈. "북한지역 경제특구의 입지분석 연구." 『국가전략』, 제24권 3호 (2018).

4. 영문 논문

Arad, Ruth and Seev Hirsch. "Peacemaking and Vested Interests." *International Studies Quarterly,* vol. 25, no. 3 (1981), pp. 439~468.

Babieri, Katherine. "Economic Interdependence: A Path to Peace or a Source of Interstate Conflict?" *Journal of Peace Research,* vol. 33, no. 1 (1996).

Babieri, Katherine, and Jack Levy. "Sleeping with the Enemy: The Impact of War on Trade." *Journal of Peace Research,* vol. 36, no. 4 (1999).

Bennett, S. Scott and Allan Stam. *The Behavioral Origins of War.* MI: The University of Michigan Press, (2004).

Bettes, Richard. "Wealth, Power, and Instability: East Asia and the United States after the cold war." *International Security,* vol. 18, no. 3 (1993).

Copeland, Dale C. "Economic Interdependence and War: A Theory of Trade Expectation." *International Security,* vol. 20, no. 4 (1996).

Dorussen, Han. "Heterogeneous Trade Interest and Conflict: What You Trade Matters." *Journal of Conflict Resolution,* vol. 50, no. 1 (2006).

Gartzke, Erik, Quan Li, and Charles Boehmer. "Investing in the Peace: Economic Interdependence and International Conflict." *International Organization,* vol. 55 (2001).

Gasiorowski, Mark. "Economic Interdependence and International Conflict: Some Cross–National Evidence." *International Studies Quarterly,* vol. 30, no. 1 (1986).

Gowa, Joanna and Edward Mansfield. "Power and International Trade." *American Political Science Review,* vol. 87, no. 2 (1993).

Krustev, Valentin. "Interdependence and the Duration of Militarized

Conflict." *Journal of Peace Research,* vol. 43, no. 3 (2006).

Oneal, John, and Bruce Russet. "Assessing the Liberal Peace with Alternative Specification: Trade Still Reduces Conflicts." *Journal of Peace Research,* vol. 36, no. 4 (1999).

_____. "The Classical Liberals were Right: Democracy, Interdependence, and Conflict, 1950 – 1985." *International Studies Quarterly,* vol. 41, no. 2 (1997).

Oneal, John, and James Ray. "New Tests of the Democratic Peace: Controlling for Economic Interdependence, 1950 – 1985." *Political Research Quarterly,* vol. 50, no. 4 (1997).

Oneal, John, Burce Russett and Michael Berbaum. "Causes of Peace: Democracy, Interdependence, and International Organizations, 1885 – 1992." *International Studies Quarterly,* vol. 47, no. 3 (2003).

Polacheck, Solomon. "Conflict and Trade," *Journal of Conflict Resolution,* vol. 24, no. 1 (1980).

Sheppard, Eric. "Constructing Free Trade: From Manchester Boosterism to Global Management." *Transactions of the Institute of British Geographers,* vol. 30, no. 2 (2005).

Wallesteen, Peter. *Structure and War.* Stockholm: Rabn and Sjgren, (1973).

12장

1. 국문 단행본

김병로·정동준·정근식·천경효·최규빈·황창현. 『북한주민 통일의식 2016』. 서울: 서울대학교 통일평화연구원, 2017.

김학재 · 강채연 · 김범수 · 김병로 · 김희정 · 이성우 · 최규빈 외. 『통일의식조사 2019』. 서울: 서울대학교 통일평화연구원, 2020.

김학재 · 김병로 · 문인철 · 엄현숙 · 조동준 · 천경효 · 임경훈 외. 『북한주민 통일의식 2019』. 서울: 서울대학교 통일평화연구원, 2020.

김학재 · 엄현숙 · 문인철 · 김병로 · 천경효 · 조동준 · 임경훈 외. 『북한주민 통일의식 2020』. 시흥: 서울대학교 통일평화연구원, 2021.

송영훈 · 김병로 · 박명규. 『북한주민 통일의식 2008 – 2013』. 서울: 서울대학교 통일평화연구원, 2014.

정동준 · 정근식 · 조동준 · 서보혁 · 천경호 · 문인철 · 이정옥. 『북한주민 통일의식 2017』. 서울: 서울대학교 통일평화연구원, 2018.

정동준 · 천경호 · 문인철 · 엄현숙 · 조동준 · 임경훈 · 이정옥. 『북한주민 통일의식 2018』. 서울: 서울대학교 통일평화연구원, 2019.

정은미 · 김병로 · 박명규 · 송영훈. 『북한주민 통일의식 2014』. 서울: 서울대학교 통일평화연구원, 2015.

정은미 · 김병로 · 박명규 · 최규빈. 『북한주민 통일의식 2015』. 서울: 서울대학교 통일평화연구원, 2016.

조용환. 『질적 연구: 방법과 사례』. 파주: 교육과학사, 2016.

Hogg, A. M., Abrams, D. "Socal Identifications: A social psychology of intergroup relations and group processes(1998)." 한양대 사회인지발달연구모임 편. 『사회정체성이론에서 본 집단심리』. 서울: 정민사, 2001.

KBS 남북교류협력단. 『2020 국민 통일의식 조사』. 서울: KBS 한국방송, 2020.

2. 영문 단행본

Tajfel, Henri. *Human Groups and Social Categories: Studies in Social Psychology*. Cambridge: University Press, 1981.

Worchel, Stephen and Austin, William G. editors. *Psychology of*

Intergroup Relations. Chicago: Nelson−Hall, 1986.

3. 국문 논문

박주화. "20~30대 통일의식에 대한 변명."『Online Series』, 2018.01.30.

엄현숙. "북한 여성의 패션과 취향에 관한 연구."『북한의 민속』, 서울: 민속원, (2020).

이명진. "한중일 사회 정체성 비교 연구: 직업위세의 감성적 기초를 중심으로."『한국사회』, 제18집 2호 (2017).

조정아. "2030 세대의 통일의식과 통일교육의 새로운 패러다임 모색."『통일교육연구』, 제15권 2호 (2018).

최훈석·이하연·정지인. "층소된 사회 정체성 구조에서 정체성 불확실성과 내집단 동일시, 남북한 화해 태도 및 행동 의도 간 관계."『사회 및 성격』, 제33권 4호 (2019).

함택영. "남북한 평화체제의 건설과 통일교육: 연합제와 낮은 단계의 연방제의 수렴을 중심으로."『국가전략』, 제9권 3호 (2003).

4. 영문 논문

Baker, Coleman A. "Social Identity Theory and Biblical Interpretation." *Bilbical Theology Bulle−tin*, Vol. 42, No. 3 (2012).

Hogg, A. M., Abrams, D., Otten, S., & Hinkle, S. "The Social Identity Perspective: Intergroup Relations, Self−Conception, and Small Groups." *Small Group Resarch,* Vol. 35 (2004).

Tajfel, H. "Social Psychology in Intergroup Reiations." *Annual review of psychology,* Vol. 33 (1982).

찾아보기

저자소개(목차순)

서보혁

서보혁은 통일연구원 연구위원으로 재직하고 있다. 한국외대에서 정치학 박사학위를 취득하고 서울대와 이화여대에서 연구교수, 국가인권위원회에서 전문위원, 현대북한연구회 회장, 비교평화연구회 회장을 역임했다. 현재 북한연구학회 부회장과 편집위원장을 맡고 있다. 북한·통일연구에서 평화연구로 나아가고 있다. 근래 저작으로 『한국 평화학의 탐구』, 『분쟁의 평화적 전환과 한반도』(공편), 『한국인의 평화사상 Ⅰ·Ⅱ』(공편), 『분단폭력』(공편), 『평화경제의 비전과 추진방안』(공저), 『한반도 평화체제 관련 쟁점과 이행방안』(공저) 등이 있다.

이승열

이승열은 국회입법조사처 외교안보팀 입법조사관으로 재직하고 있다. 북한대학원대학교에서 북한학 박사학위를 취득하고 이화여대 통일학연구원 객원연구위원, 스웨덴 ISDP(Institute for Security and Development Policy) 객원연구위원을 역임했다. 북한 후계체제 연구를 시작으로 체제변화에 대한 연구로 나아가고 있다. 주요 논문은 "Changes in North Korea's Military and Security Policies and Implications of the Kim Jong Un Era", "Political Transition in North Korea in the Kim Jong−un Era: Elites' Policy Choices" 외 다수의 국회입법조사처 보고서가 있다.

이대근

이대근은 우석대학교 국방정책대학원 교수로 재직하고 있다. 고려대학교에서 정치학 박사학위를 취득하고, 경향신문 편집국장 및 논설고문, 국가안전보장회의 사무처 자문위원, 북한대학원대학교 겸임교수를 역임했다, 북한군사 문제를 넘어 한반도 평화 문제에 관심을 갖고 있다. 저서로는 『북한 군부는 왜 쿠데타를 하지 않나』, 『김정은 시대 조선로동당』(공저), 『북한군사문제의 재조명』(공저), 『북한의 당·국가기구·군대』(공저) 등이 있다.

문인철

문인철은 서울연구원 부연구위원으로 재직하고 있다. 성균관대학교에서 정치학 박사학위를 취득했다. 성균관대학교 사회과학연구원와 서울대학교 통일평화연구원에서 선임연구원을 역임했다. 주요 연구 분야는 남북관계와 지자체 남북교류협력, 장기갈등과 갈등전환, 평화와 통일, 도시평화와 도시안보 등이다. 근래 저작으로는 『하계올림픽 서울－평양 공동 개최 방안』(공저), 『감염병 시대, 도시 변화의 방향을 묻다』(공저), 『통일과 평화 그리고 북한』(공저), 『북핵위기와 북미 간 전략환경 인식: 전망이론을 통한 분석과 한국의 대응방향』(공저), 『맛있게 읽는 북한이야기』(공저), 『통일교육』(공저), 『김정은시대 조선로동당: 제7차 당 대회와 북한 정치·경제』(공저), 『한반도 평화의 국제정치학』(공저) 등이 있다.

임상순

임상순은 평택대학교에서 통일학전공 주임교수로 재직하고 있다. 동국대 북한학과에서 북한정치 전공으로 정치학 박사학위를 취득하였고, 북한 핵 개발, 북한 인권에 대한 연구를 진행하고 있다. 주요 연구성과로는 『국제정치에서 전쟁과 변화』(역서), 『통일과 평화 그리고 북한』(공저), 『인권의 정치학』(역서), 『통일로 가는 보훈』(공저), "The reality of reunification education in universities and the research for an alternative model"(논문) 등이 있다.

황수환

황수환은 경남연구원 남북교류협력연구센터 팀장으로 재직하고 있다. 한국외대에서 정치학 박사학위를 취득하고 고려대 일민국제관계연구원 연구교수, 강원대 통일강원연구원 선임연구원, 평화나눔연구소 연구위원을 역임했다. 주요 연구분야는 남북한 관계, 한반도 통일, 평화연구이다. 주요 연구로는 『분쟁의 평화적 전환과 한반도』(공편), 『DMZ 평화와 가치』(공편), 『평화공감대 확산 추진전략과 정책과제』(공편), 『한반도 통일과 비정부기구: 국제기구와 NGO의 역할』(공편) 등이 있다.

최규빈

최규빈은 통일연구원 부연구위원으로 재직하고 있다. 한동대학교를 졸업하고 맨체스터대학교에서 국제개발학 석사 학위, 리즈대학교에서 국제정치학 박사학위를 받았다. 서울대학교 통일평화연구원에서 책임연구원을 역임했다. 평화와 인권, 발전에 대한 연구에 관심을 가지고 있다. 최근 논저로는 『한반도 평화학: 보편성과 특수성의 전략적 연계』(공저), 『평화의 여러 가지 얼굴』(공저), "유엔의 지속가능발전목표(SDGs)"에 대한 북한의 인식과 대응" 등이 있다.

박영민

박영민은 대진대학교 창의미래인재대학 교수로 재직하고 있다. 한국외대에서 정치학 박사학위를 취득했으며, 한국외대, 한라대 등에서 강의했다. 한국국제정치학회 기획위원장(2017), 한국정치학회 연구이사(2018), 한국세계지역학회 회장(2020)을 역임했다. 경계, DMZ의 시·공간적 조건과 평화 전환에 연구 관심을 두고 있다. 최근 저작으로 『미주 언론에 바친 한국』(공저), 『김정은 시대, 유럽연합과 북한』(공저), 『DMZ 평화와 가치』(공저), 『DMZ 평화와 접경협력』(공저) 등이 있다.

전수미

전수미는 숭실대학교 숭실평화통일연구원 교수이자 인권변호사이다. 연세대학교에서 정치학 박사학위를 취득하고 경희대학교, 아주대학교에서 겸임교수, 대통령직속 북방경제협력위원회 전문위원 등을 역임했다. 현재 국가정보원 자문위원, 남북하나재단 자문위원, 법무부 통일법무지원단 자문위원, 통일부 북한인권조사자문단 및 하나원 자문위원 등으로 활동 중이다. 연구분야는 북한이탈주민·통일연구에서 시작하여 북향여성·평화연구로 나아가고 있다. 근래 저작으로 『린치핀 코리아』(공저), 『통일로 가는 보훈』(공저), "북향여성이 겪는 국가폭력에 대한 고찰", "북향민의 삶의 질 향상을 위한 법적 고찰", "북한인권법에 대한 소고" 등이 있다.

허지영

허지영은 서울연구원 초빙 부연구위원으로 재직하고 있다. 더블린 트리니티대학교에서 국제평화학을 전공하고 베를린 자유대학교에서 평화·갈등 이론의 관점에서 남남갈등을 연구한 논문으로 정치학 박사학위를 취득하였다. 주요 연구분야는 갈등, 갈등전환, 평화 등의 이론과 다자주의 평화구축 방안 등이고, 유럽연합의 외교, 평화정책과 대이란 및 대북 비확산정책, 북아일랜드나 이스라엘·팔레스타인을 비롯한 다양한 국제 분쟁사례 등을 연구하고 있다.

강혁민

강혁민은 강원대학교 통일강원연구원의 선임연구원이다. 아일랜드에서 국제평화학을 공부한 뒤 뉴질랜드로 넘어가 평화학 박사학위를 취득했다. 박사학위 논문은 국가폭력 피해자들의 관점에서 보는 고통과 화해의 문제에 대해서 썼다. 최근에는 탈자유주의 로컬평화론과 경합주의에 관심을 두고 이론화 작업을 진행하고 있다. 주요 논문으로는 "내러티브 이론으로 보는 피해자 회복탄력성 연구"와 "분단적대성의 평화적 전환을 위한 최대주의 화해연구"가 있다.

이중구

이중구는 한국국방연구원 선임연구원으로 재직하고 있다. 서울대학교에서 외교학 박사학위를 취득했으며, 국회 외교통상통일위원회 보좌관, 중국인민대 국제관계학원 방문학자, 서울대학교 국제문제연구소 선임연구원 등을 역임했다. 북핵문제를 외교적 차원과 군사적 차원에서 포괄적으로 연구하며, 주로 북한의 대외관계 및 한국의 대북정책을 연구한다. 근래 저작으로 "북한 핵증강론의 담론적 기원과 당론화 과정", "KEDO의 해체와 북한 핵에너지 정책의 방향전환", 『북한과 국제정치』(공저), 『4차 산업혁명과 신흥 군사안보』(공저) 등이 있다.

엄현숙

엄현숙은 북한대학원대학교 연구교수로 재직하고 있다. 북한대학원대학교에서 북한학 박사학위를 취득하였고 국민대학교와 서울교육대학교, 신한대학교에서 강의를 하고 있다. 제17–19기 민주평화통일자문회의 자문위원, 제22기 통일교육위원이다. 북한사회 및 통일, 남북한 사회통합을 주요 연구주제로 삼고 있다. 근래 저작으로는 『'지식경제시대' 북한의 대학과 고등교육』(공저), 『통일과 평화 그리고 북한』(공저), 『북한주민 통일의식 2020』(공저) 등이며 논문에는 "간접 경험을 통한 대학생의 북한 인식 연구", "정보화 시대 북한의 사이버 교육에 관한 연구", "김정은 시대 고등교육정책연구: 박사학위제도를 중심으로" 등이 있다.

12개 렌즈로 보는 남북관계

초판발행	2021년 8월 15일
엮은이	서보혁 · 문인철
펴낸이	안종만 · 안상준
편 집	우석진
기획/마케팅	이영조
표지디자인	벤스토리
제 작	고철민 · 조영환
펴낸곳	(주) **박영사**
	서울특별시 금천구 가산디지털2로 53, 210호(가산동, 한라시그마밸리)
	등록 1959. 3. 11. 제300-1959-1호(倫)
전 화	02)733-6771
f a x	02)736-4818
e-mail	pys@pybook.co.kr
homepage	www.pybook.co.kr
ISBN	979-11-303-1334-4 93340

* 파본은 구입하신 곳에서 교환해 드립니다. 본서의 무단복제행위를 금합니다.
* 엮은이와 협의하여 인지첩부를 생략합니다.

정 가   22,000원